21 世纪高等院校创新课程规划教材

金融市场学

彭莉戈　主　编

王小霞　副主编

中国财经出版传媒集团

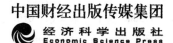

经济科学出版社

Economic Science Press

图书在版编目（CIP）数据

金融市场学 / 彭莉戈主编 . —北京：经济科学出版社，2020.5

21 世纪高等院校创新课程规划教材

ISBN 978 - 7 - 5218 - 1261 - 9

Ⅰ.①金…　Ⅱ.①彭…　Ⅲ.①金融市场 - 经济理论 - 高等学校 - 教材　Ⅳ.①F830.9

中国版本图书馆 CIP 数据核字（2020）第 009871 号

责任编辑：周胜婷
责任校对：郑淑艳
责任印制：邱　天

金融市场学

彭莉戈　主　编

王小霞　副主编

经济科学出版社出版、发行　新华书店经销

社址：北京市海淀区阜成路甲 28 号　邮编：100142

总编部电话：010 - 88191217　发行部电话：010 - 88191522

网址：www. esp. com. cn

电子邮箱：esp@ esp. com. cn

天猫网店：经济科学出版社旗舰店

网址：http：// jjkxcbs. tmall. com

固安华明印业有限公司印装

787 × 1092　16 开　19.25 印张　420000 字

2020 年 8 月第 1 版　2020 年 8 月第 1 次印刷

ISBN 978 - 7 - 5218 - 1261 - 9　定价：58.00 元

前　言

金融市场（financial market）是指以金融资产为交易对象、以金融资产的供给方和需求方为交易主体形成的交易机制及其关系的总和。金融市场学是研究市场经济条件下各个金融子市场的运行机制及其各主体行为的科学，随着世界经济一体化、金融全球化的发展趋势不断明显，金融市场在现代市场经济中的重要地位日益凸显。党的十九大报告指出要深化金融体制改革，增强金融服务实体经济能力，提高直接融资比重，促进多层次资本市场健康发展，健全货币政策和宏观审慎政策双支柱调控框架，深化利率和汇率市场化改革，健全金融监管体系，守住不发生系统性金融风险的底线。这为我国金融市场的发展勾画了新的发展蓝图，同时也提出了更多新的要求。因此，对于当代大学生，特别是金融专业的高校大学生来说，应该通过金融市场学的学习，熟悉并掌握金融市场的基本构成、运行机制、风险管理，这不仅是适应社会发展的潮流，更是提高个人金融素养的基本需要。

为适应当前高等教育内涵建设的需要，切实提高高等院校应用型、高素质专业人才的培养质量，我们经过对大量有关金融市场的资料搜集、整理、筛选、分析、提炼后，结合经典案例，编写了此教材。

本书在编写过程中，一方面充分综合了金融市场所包含的各个知识点，内容丰富全面，并且在经典知识的基础上吸取更多新的成果，紧密联系现代金融市场的特色，体现出时代性、实用性、创新性的特点，以满足社会及高校不同专业、不同层面的人员的学习需要；另一方面结合大量案例分析现阶段金融市场的发展，通俗易懂，深入浅出，以激发学生兴趣，调动学生参与的积极性，丰富学生的知识面。因此本书不仅方便教师选取其中的内容有针对性地组织教学，也有助于学生的自学和思考，同时也为其他需要学习金融市场学的人员提供了非常实用的指导性资料。

面对瞬息万变的金融市场环境，本书在原有经典教材的基础上又做了很大改进，以体现时代发展的需要和学科建设的成果，为了更好地适应当前市场环境，本书在编写过程中力争在以下几个方面实现创新：

（1）适合本土课堂教学使用。本书的内容编排结构适合课堂教学，语言的表达方式和思维方式适合于中国本土，同时也糅合了国际上的学术理论及观点。

（2）确保本书的"精"与"新"。金融市场日新月异，相关课程设置也不断变化。本书在章节安排及案例选用方面尽量做到与时俱进，在章节安排上增加了互联网金融市场、资产证券化等内容。在写作方面，将一些烦琐的理论尽量精简，便于学生学习和理解。

（3）本书每章都有本章要点、本章小结、习题等栏目，方便读者学习使用。

本书由彭莉戈编写大纲并统稿，具体编写分工如下：王小霞老师编写第一章、第二章、第三章、第六章和第十一章，彭莉戈老师编写第四章、第七章、第八章和第十章，周晶老师编写第五章和第九章。这几位老师都是高等院校金融专业的一线教师，具有丰富的教学经验和科研经验，本书内容是这些老师在长期教学工作中的知识与经验以及科研工作中的积累与成果的再现。此外，本书得到了西安财经大学出版基金的资助，是西安财经大学2018年立项教材之一。

在本书的编写过程中，编者参阅了大量的国内外著作和文章，恕不能一一列举，这里谨向这些论著的编者表示深深的敬意和由衷的感谢。由于编者水平有限，书中定有疏漏之处，恳切希望广大同仁和读者对本书提出宝贵的意见和建议，使之更加成熟。

目　录

第一章　金融市场概论

【本章要点】

金融市场学是一门介绍金融市场及其各子市场内容和结构的学科。本章的主要学习目标是让学生了解金融市场的概念以及在国民经济中的地位、金融市场的要素构成及功能等。

1. 掌握金融市场的概念、功能及要素构成；
2. 掌握金融市场的类型和功能；
3. 掌握金融市场的形成和发展。

【关键术语】

金融市场主体；金融市场工具；货币市场；资本市场；投资银行；投资基金；初级市场；二级市场；第三市场；第四市场；公开市场；议价市场；有形市场；无形市场；金融全球化；金融自由化；资产证券化；金融工程化

第一节　金融市场的概念及主体

一、市场经济下的金融体系

现代经济的一个重要组成部分就是它的金融体系，即它与金融市场和机构的联结。任何金融体系的这两部分都使得一个高度复杂且专业化的经济能够以分散的方式运作。金融机构把借方与贷方集中起来，培育较高的经济效率，更好地使用社会资源，促进更高的经济整体资本存量，提高居民的生活水平。

如果缺乏一个发达的金融体系，社会机构、企业、家庭便只能按照自发而又分散的经济模式进行运作。结果，由于无法对自己的资源进行有效的外部配置而难以实现合理的储蓄，同时因为不能从其现有的产出中进行有效的储蓄而无法进一步实现新的投资。而金融体系的存在允许个体间通过金融交易达到各自的目的。

金融体系使储蓄者能延迟消费而获取等待的收益。金融市场的发展为储蓄者提供了越来越多样化的金融产品，增加了储蓄者的可选择范围，满足储蓄者不同偏好的储蓄要求，因而能最大限度地动员社会闲散资金；金融市场越来越发达的交易机制、便利的交易方式和交易条件使储蓄者不断降低储蓄成本、增加储蓄收益；另外，金融市场为储蓄者提供了储蓄资产变现的机会。发达的金融市场存在着金融产品活跃的交易机制，从而使储蓄资产流动性大大提高；金融市场还为储蓄者提供了分散风险的机会。专业化的风险管理和多样化的资产组合可以有效地防范、化解或减少储蓄风险。金融市场既为储蓄者提供各种专业化的储蓄资产管理手段，同时，又提供多样化的金融产品，以满足客户不断提高的防范和规避储蓄风险的需要。总之，金融市场是动员储蓄、增加资本供给的场所，而多样化的储蓄工具、便利的交易条件、低廉的交易成本成为动员储蓄的物质保障。

金融体系还能够使投资者配置大于其所拥有财富的资源而获取投资收益。金融市场聚集储蓄并使之转化为投资，金融市场是储蓄者与融资者集中的场所，通过金融市场的各种融资工具的发行、承购、包销和分销等活动，使储蓄资金进入生产和流通过程，从而推动经济的快速增长。金融市场为融资者提供融资决策标准，为融资者选择融资工具，决定融资数量、融资利率、融资时机与融资方法提供依据；为融资者提供各种融资服务，不但提高了融资效率，而且节约了融资成本；金融市场集中了资金供给，为融资者提供资金来源。金融市场聚集储蓄资金并使之转化为投资，最根本的目的在于灵活调节社会资金，促进社会资源的有效分配。

经济本身也能从金融体系中获益，因为投身于金融市场中的家庭和企业都在推动着福利、产出和经济的增长。

在经济体系中运作的市场有要素市场、产品市场和金融市场。

金融市场在经济体系中起着举足轻重的作用。金融市场把储蓄融通给工人与企业，支付他们超过自身当前收入所提供的资金需求。金融市场是整个金融体系的中心，起着吸引、分配储蓄，并确定利率与证券价格的重要作用。有效的金融市场对实际经济运营的作用十分巨大。从储蓄者的角度来看，有效的金融市场为他们提供了通过允许融资者使用其过剩的当期收入而获取收益的机会。储蓄者从金融资产中获得的当期潜在收益帮助他们实现未来更高的消费。

同时，投资者可以从一个有效的金融市场所允许的实物资源中受益。通过提供给企业用于增加厂房、设备和其他各种生产资料的资金，一个有效的金融市场为企业创造了能够投资于未来具有巨大发展潜力项目的条件。由于资金的获得相对稳定而便利，企业可以尽可能地把握回报率较高的各种机会。

在任何市场经济体系当中，金融体系是一个核心的制度安排。金融体系对于市场经济来讲，就像血液对于一个人，如果没有金融体系良好的资金循环，整个经济活动就会难以正常运转。就经济整体而言，一个有效的金融市场可以为投资者创造更高的收益，增加全社会的福利水平。它的存在促进了融资的专业化以及借款者与贷款者之间复杂的资金流量体系。如果没有复杂的金融投资，任何发达的经济都无法维持高水平的消费和进一步的增长。

二、金融市场的概念及构成要素

（一）金融市场的概念

不同的研究角度，不同的分析侧重，不同的方法，不同的场合，可以使金融市场具有不同的含义。

"金融市场"一般是指各种金融商品（或金融资产）进行交易的场所，"金融市场是指货币的借贷、融通和票据、证券的汇兑、买卖关系的总和""金融市场是金融资产交易和确定价格的场所或机制""金融市场是多种金融交易关系的总和""金融市场是金融工具交易领域"等，每个定义虽然都把金融工具的交易作为金融市场的立足点，但又具有其不同的侧重点。

金融市场是指以金融资产为交易对象、以金融资产的供给方和需求方为交易主体形成的交易机制及其关系的总和。这一概念有三个要点：一是金融资产的交易场所既可以是有形的亦可以是无形的。二是金融资产的供给方和需求方（资金供给者和资金需求者）形成的供求关系会在金融市场中得到反映。它反映了金融资产的供应者和需求者之间所形成的供求关系，揭示资金的集中与传递过程。三是金融资产交易过程中的运行机制，特别是价格机制（利率、汇率、证券价格等），是影响金融市场健康运行的主要因素。

金融市场可分为广义的金融市场和狭义的金融市场。广义的金融市场包括协议贷款市场（negotiated-loan markets）和公开金融市场（open financial markets）。协议贷款市场是借款人和贷款人之间通过个别协商借贷合同条件，从而实现资金借贷的市场。存款市场、贷款市场、贴现市场都属于协议贷款市场的范畴。协议贷款市场的主要特点是金融交易以固定客户的交易关系为限；交易价格（存贷款利率）和条件由双方协商协定，其协议价格既不适用于下次交易，也不适用于与他人交易。因此，协议贷款市场又称客户市场。

公开金融市场又称非个人性市场，是任何人、任何机构都可以自由进出的市场。在这个市场上，交易工具的价格和条件对所有市场参加者都是公开、公正、公平的。任何符合条件的机构和个人都可以参加交易活动。货币市场、股票市场、债券市场是公开金融交易市场的典型代表。

金融市场是市场体系中的一个重要组成部分，它既具有市场体系的共性，又有自身的特点，这些特点奠定了金融市场在市场体系中的特殊地位。全面、系统地考察金融市场是发展和利用金融市场的基础。

第一，在金融市场上，市场参与者之间的关系已不是一种单纯的买卖关系，而是一种借贷关系或委托代理关系，是以信用为基础的资金的使用权和所有权的暂时分离或有条件的让渡。

第二，市场交易的对象是一种特殊的商品即货币资金。

第三，市场交易的场所在大部分情况下是无形的，通过电信及计算机网络等进行交易的方式已越来越普遍。

在市场经济条件下，市场在配置社会资源中起着基础性作用。市场体系分为产品市场和要素市场，而金融市场是要素市场的重要组成部分。在现代市场经济中，各种交易活动都要通过资金的流动来实现，因此金融市场在整个市场体系中起着举足轻重的作用（见图1-1）。

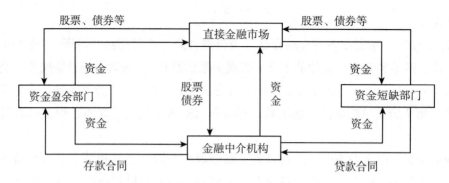

图 1-1　金融转化机制中的资金流动

（二）金融市场的构成要素

金融市场的构成要素主要有三个方面：交易主体、交易对象和交易机制。

1. 金融市场的交易主体

金融市场主要的交易主体包括资金需求者、资金供给者和金融中介。资金供给者，也即投资者，是指为了获取收益而购买金融工具的经济主体；资金需求者，也即筹资者，是指因资金短缺而在金融市场上筹集资金的经济主体；金融中介，是指为资金需求者和供给者提供中介服务，以获取相应报酬的一类特定的金融交易主体。

除投资者、筹资者和金融中介这三类最基本的交易主体之外，金融市场的交易主体还包括套期保值者（通过金融市场转嫁风险）、套利者（利用市场定价的低效率以获取无风险利润）和监管者（指中央银行和其他监管机构）等。

除此之外，在金融市场上，还有着众多的参与者，比如企业、居民、金融机构、政府机构、中央银行等。这些参与者都扮演着一个或多个交易主体的角色。

（1）企业。在大多数国家，企业是金融市场最重要的资金需求者，它们既通过市场筹集短期资金从事经营，以提高企业财务杠杆比例和增加盈利；又通过发行股票或中长期债券等方式筹措资金用于扩大再生产和经营规模。同时，企业也是金融市场重要的资金供给者。企业在生产经营过程中，产生资金闲置，为了保值、增值，企业也会暂时将资金的使用权转让出去，从而获取收益。除此之外，企业也有套期保值的需要，从而能够更好地规避各种风险。

（2）居民。一般来说，居民个人往往是金融市场上的主要资金供应者。居民希望手中的资金能够得到增值，同时闲散的资金能聚集起来以备不时之需，这都使得居民有在金融市场上投资的需要。居民通过在金融市场购买各种有价证券进行投资，可以满足日常的流动性需求，也可以获得收益。居民有时还是资金的需求者。由于居民有时会面临大额消费的情况，如购买房产、汽车等，但自身又无法提供足够的资金，这时他们便会成为资金的需求者，需要从外部获得资金来满足购买的需求，最常见的形式是向银行贷款。还有一部分居民将闲散资金投向金融市场，有时也会成为套利者。

（3）政府机构。在大多数国家特别是我国，政府机构主导的建设工程是基础设施建设的主要方式，这就需要政府机构能够筹集到足够的资金。从这个角度上讲，政府机构在金融市场上是非常重要的一类资金需求者。它主要通过发行财政债券、地方债券，甚至通过发行国际债券来筹资。政府机构有时也会扮演资金供给者的角色，例如财政收入在没有支出时往往会交给银行投资，再如政府机构参与一些金融投资。总而言之，政府机构也是金融市场的重要参与者。

（4）存款性金融机构。存款性金融机构是通过吸收存款而获得可利用资金，又将资金贷放给其他需要资金的经济主体及投资于证券等以获取收益的金融机构。它们在金融市场上，同时扮演着金融中介、套期保值者、套利者等多种交易主体的角色。

企业作为资金的需求者，既可以向公众直接筹集资金，也可以通过间接融资的方式，即向存款性金融机构（商业银行、信用合作社等）贷款。此时，存款性金融机构便作为金融中介，服务于金融市场，它是资金供给者和需求者之间的中介和纽带。如果将其拆分来看，相对于金融市场上的资金供给者而言，存款性金融机构是资金需求者；相对于资金需求者而言，它是资金供给者。也就是说，存款性金融机构通过将一对"供给—需求"关系拆分成两对，来发挥它的中介职能。

我国的存款性金融机构，主要包括商业银行、储蓄机构和信用合作社。其中商业银行是占据主导地位的存款性金融机构。信用合作社由于其具有规模小、经营灵活的特点，目前主要活跃于我国的农村金融市场。

（5）非存款性金融机构。非存款性金融机构，也是重要的金融中介。与存款性金融机构不同，非存款性金融机构并非是资金的中介，而是服务的中介、信息的中介。因此，通过非存款性金融机构进行的融资，属于直接融资。

投资银行是最为重要的一类非存款性金融机构，它是资本市场上从事证券的发行、买卖及相关业务的一类机构。投资银行最重要的职能是证券的发行和承销，还兼营证券的买卖。因此，一方面，它为资金需求者提供筹资服务（投资银行只是为其筹资提供便利，资金需求者最终得到的资金还是来自金融市场；而商业银行则是直接向资金需求者提供资金）；另一方面，它还充当证券买卖活动的经纪人或交易商。目前，投资银行除了证券发行承销和买卖之外，它往往还提供公司理财、企业并购、风险管理、咨询等服务，在资本市场上充当着相当重要的角色。在我国，投资银行一般被称作证券公司。

保险公司是提供保险服务的金融机构，它通过收取保险费的方法，建立保险基金，依据保险合同，对被保险人遭受的经济损失进行补偿。保险公司可以分为人寿保险公司（为人们因意外事故或死亡等造成的经济损失提供保险）和财产保险公司（为企业和居民提供财产意外损失保险）两大类。一般来说，人寿保险公司保险费来源和支出比较稳定，而财产保险公司的保险费来源和支付具有偶然性和不确定性。这样的差别，决定了两类公司资金运用方向的不一致。人寿保险公司的投资往往追求较高的收益，投资周期长，这样使得人寿保险公司成为金融市场重要的一类资金供给者。在一些西方国家，人寿保险公司是最为活跃的一类机构投资者。财产保险公司相比于人寿保险公司而言，更加重视资金的流动性，因此其投资方向更为谨慎，投资周期相对较短。

投资基金是集合众多投资者资金，并将资金进行组合投资的金融中介机构。投资基金的资金来源是分散的，而投资策略也往往会投向多样化的证券组合。除上面提到的一些典型的非存款性金融机构外，养老基金、信托公司等金融机构，也都是金融市场的重要参与者。投资基金最初产生于英国，但目前最发达的是美国。不同国家和地区对其称谓不同。美国称为"共同基金"（mutual fund），或投资公司（investment companies）；英国和中国香港地区称为"单位信托基金"（unit trust）；日本和中国台湾地区称为"证券投资信托基金"（securities investment trust）；中国称为投资基金（investment fund）。

（6）中央银行。中央银行是金融市场上非常特殊的一类参与者。中央银行是一国金融市场重要的监管者，它参与金融市场交易是为了实施货币政策、调控货币供应，为国家的宏观经济目标服务。中央银行以公开市场业务的方式参与金融市场活动，在货币市场通过买卖政府债券投放和回笼基础货币，以影响货币供应量和市场利率；同时在外汇市场买卖本国或外国货币，以维持汇率的稳定。此外，为了调节外汇储备，中央银行也会参与国际金融市场的交易，并投资于外国政府债券或进行金融衍生工具交易。由此可见，中央银行也会在金融市场上扮演资金的供给者和需求者两种角色。然而，中央银行的活动不以营利为目的，只是为了调节金融市场上其他经济主体的行为。

2. 金融市场的交易对象

金融市场的交易对象是金融资产。金融资产是代表未来收益或资产合法要求权的凭证，因此也被称作金融工具。一般而言，一切可以在金融市场上进行交易、具有现实价格和未来估价的金融工具都是金融资产。其最突出的特征是，相比于实物资产而言，金融资产不仅能够取得收益，而且更加容易转化为货币。早期的金融资产只包括债务性和权益性资产，这些资产统称为原生性金融资产。随着金融市场的发展和金融创新的推动，现代金融资产除原生性金融资产外，还包括远期、期货、期权和互换等衍生性金融资产。金融资产一般具有以下特征。

第一，期限性。金融资产一般都有固定的偿还期限。例如贷款，到期必须还本付息。债券往往都有固定的期限要求，以满足不同的筹资者和投资者的需要。当然，金融市场上也有无限期的资产，如永久债券、股票等。

第二，收益性。金融资产可以取得收益，或是价值增值。这相当于投资者让渡资金使用权的回报。无论是股息、利息，还是买卖的价差，都是金融资产的收益。衡量金融资产收益能力的指标是收益率，也就是净收益和本金的比率。

第三，流动性。金融资产的流动性是指其迅速以合理价格转化为现金的能力。金融资产的一大特点，就是可以在金融市场上以合理的价格迅速获得现金。因而，一项金融资产越容易变现，这项资产的流动性就越强。金融工具的期限性约束了投资者的灵活偏好，但它的流动性以变通的方式满足了投资者对现金的需求。

第四，风险性。金融资产可能到期不会带来收益，甚至会带来损失，这种不确定性，就是金融资产的风险。一般而言，金融资产的期限性与收益性、风险性成正比，与流动性成反比。也就是说，一般而言，期限长的金融资产，往往具有更高的收益能力，但风险更大，流动性也较低；期限短的金融资产，收益能力虽差，但风险较小，流动性也较强。

3. 金融市场的交易机制

金融市场的交易机制，是金融资产交易过程中所产生的运行机制，其核心是价格机制。价格机制，是指在竞争过程中，与供求相互联系、相互制约的市场价格的形成和运行机制。金融市场要发挥作用，必须通过价格机制才能顺利实现。这是因为：

（1）价格是金融信息的传播者，价格变动情况是反映金融市场活动状况的一面镜子，是金融市场运行的晴雨表。

（2）价格是人们经济交往的纽带，金融资产在各个经济单位、个人之间的不停流转，必须通过价格机制才能实现。

（3）价格是人们经济利益关系的调节者，在金融市场中，任何价格的变动，都会引起不同部门、地区、单位、个人之间经济利益的重新分配和组合。

金融资产的价格一般体现在利率、汇率、资产价格这类金融市场所特有的价格形式上，而这些价格形式往往又有其各自复杂的价格形成机制。

第二节 金融市场的类型

一、按交易标的物划分

按照金融市场交易标的物划分是金融市场最为常见的划分方法。按照这一划分方法，金融市场分为货币市场、资本市场、外汇市场、资产证券化市场和互联网金融市场等。

（一）货币市场

货币市场（money market）又名短期金融市场、短期资金市场，是指融资期限在 1 年或 1 年以下，也即作为交易对象的金融资产其期限在 1 年或 1 年以下的金融市场。该市场所容纳的金融工具，主要是短期信用工具。从资金需求上讲，它满足了筹资者的短期资金需求；从资金供给上讲，它满足了闲置资金投资的要求。相对于资本市场而言，货币市场具有期限短、交易量大、流动性强、风险小、电子化程度高和公开性强等特点。

货币市场主要包括同业拆借市场、票据市场、国库券市场、回购协议市场和货币市场基金等。此外，短期政府债券、大额可转让定期存单等短期信用工具的买卖，以及央行票据市场和短期银行贷款也属于货币市场的业务范围。

1. 同业拆借市场

同业拆借市场，又叫同业拆放市场，是指金融机构之间以货币借贷方式进行短期资金融通活动的市场。同业拆借的资金主要用于弥补银行短期资金的不足、票据清算的差额以及解决临时性资金短缺需要。

同业拆借市场具有以下特点：

（1）融通资金的期限一般比较短。

（2）参与拆借的机构基本上是在中央银行开立存款账户，交易资金主要是该账户上的多余资金。

（3）同业拆借资金主要用于短期、临时性需要。

（4）同业拆借基本上是信用拆借。同业拆借可以使商业银行在不用保持大量超额准备金的前提下，就能满足存款支付的需要。1996年1月3日，我国建立起了全国统一的同业拆借市场并开始试运行。

同业拆借市场对资金供求状况十分敏感，利率变动频繁，直接反映了准备金的供求状况，间接反映了银行信贷、市场银根和整个经济的状况，因而它被中央银行视为反映货币市场情形的"晴雨表"。

2. 回购市场

回购市场是指通过回购协议进行短期资金融通交易的市场。所谓回购协议，是指在出售证券的同时，和证券的购买商签订协议，约定在一定期限后按原定价格或约定价格购回所买证券，从而获得即时可用资金的一种交易行为。从本质上讲，回购协议是一种抵押贷款，证券就是这类贷款的抵押品。回购协议市场一般没有集中的有形交易场所，交易多以电信方式进行。大多数交易由资金供给者和需求者之间直接进行，但也有少数交易通过市场专营商进行。回购协议中的证券交付一般不采用实物交付的方式，特别是在期限较短的回购协议中。

3. 货币市场基金

货币市场基金是以货币市场金融工具为投资对象的一类基金产品。因此，货币市场基金虽然是一类基金，但这类基金交易的市场同样具有货币市场的性质。与其他类型基金相比，货币市场基金具有风险低、流动性好的特点。货币市场基金是厌恶风险、对资产流动性和安全性要求较高的投资者进行短期投资的理想工具，或暂时存放现金的理想场所。相对于直接购买货币市场上的产品来说，货币市场基金的投资门槛更低，因此，货币市场基金为普通投资者进入货币市场提供了重要通道。

4. 大额可转让定期存单市场

大额可转让定期存单市场是大额可转让定期存单发行和流通的市场。大额可转让定期存单（negotiable certificates of deposits，NCDs）是金融创新的产物。与传统的定期存单相比，大额可转让定期存单具有一些不同之处。首先，定期存款记名，不可转让；而大额可转让定期存单不记名，可以转让；其次，定期存款金额没有限制；而大额可转让定期存单面额较大。再其次，定期存款的利率一般是固定的；而大额定期可转让存单既有固定利率的，又有浮动利率的。最后，大额可转让定期存单是不能提前支取的，要想变现，必须在二级市场上进行转让。

大额可转让定期存单（以下简称大额存单）首创于美国，是最早的金融创新。1961年之前，美国所有的存单都是不可转让的，同时受到利率管制的"Q条例"① 利率上限的限制。为了避开利率管制并使存单更具流动性，花旗银行于 1961 年发行了第一张 10 万美元以上、可在二级市场上转让的大额可转让存单。当时为了保证市场的流动性，花旗银行还特地请专门办理政府债券的贴现公司为大额存单的二级市场提供交易服务。大额存单一问世即受到市场的追捧，其他银行相继效仿。

截至 1967 年，在短短几年时间内大额存单的市场规模就超过了大宗商业票据。美联储1973 年准许金融机构发行的大额存单可以不受"Q条例"利率上限的限制。

我国的大额可转让定期存单的发展到目前为止可分为两个阶段。第一阶段，我国曾于1986～1997 年间发行过大额存单，但是限于当时没有一个统一的交易市场并且出现了伪造票据进行欺诈的现象，大额存单于 1997 年 4 月暂停发行。第二阶段，2015 年中国人民银行发布《大额存单管理暂行办法》重新启动了大额可转让定期存单的发行。《大额存单管理暂行办法》的相关规定如下：大额存单采用标准期限的产品形式。个人投资人认购大额存单起点金额不低于 30 万元，机构投资人认购大额存单起点金额不低于 1 000 万元。大额存单期限包括 1 个月、3 个月、6 个月、9 个月、1 年、18 个月、2 年、3 年和 5 年共 9 个品种。

5. 短期政府债券市场

短期政府债券市场是指短期政府债券发行和流通的市场。短期政府债券是指政府以债务人身份承担到期偿付本息责任的期限在 1 年以内的债务凭证。短期政府债券这个概念，并不完全等同于国库券。国库券只是财政部门发行的短期债券，不包括地方政府和政府代理机构所发行的证券。在国外，财政部门发行的短期债券，叫作国库券，财政部门发行的长期债券，叫作公债。短期政府债券的发行，既可以满足政府部门短期资金周转的需要，也可以为中央银行的调控活动提供可操作的工具。而短期政府债券由于其风险小、流动性强等特征，也深受投资者的欢迎。而且在一些国家，政府债券还具有免税的特点。

（二）资本市场

资本市场（capital market）又称长期金融市场、长期资金市场，是指作为交易对象的金融资产期限在 1 年以上，各种资金借贷和证券交易的金融市场。这一市场包括所有关系到提供和需求长期资本的机构和交易。资本市场的作用并非满足短期资金需要，而是用以满足中长期投资的需要。相对于货币市场而言，资本市场的期限更长，流动性也相对较弱，风险性也更强。资本市场是政府、企业、个人筹措长期资金的市场，包括长期借贷市场和长期证券市场。在长期借贷市场中，一般是银行对个人提供的消费信贷；在长期证券市场中，主要是股票市场和长期债券市场。

---

① Q条例是指美国联邦储备委员会按字母顺序排列的一系列金融条例中的第 Q 项规定。1929 年之后，美国经历了一场经济大萧条，金融市场随之也开始了一个管制时期，与此同时，美国联邦储备委员会颁布了一系列金融管理条例，并且按照字母顺序为这一系列条例进行排序，如第一项为 A 项条例，其中对存款利率进行管制的规则是 Q 项，因此该项规定被称为 Q 条例。后来，Q 条例成为对存款利率进行管制的代名词。Q 条例是指美联储禁止会员银行向活期储户支付利息，同时规定定期存款支付利息的最高限额的条例。

资本市场上的交易对象是 1 年以上的长期证券。因为在长期金融活动中,涉及资金期限长、风险大,具有长期较稳定收入,类似于资本投入,故称之为资本市场。

(三) 外汇市场

外汇市场 (foreign exchange market) 实际上是以不同种货币计值的两种票据之间的交换。狭义的外汇市场指银行间的外汇交易市场,又称批发外汇市场。广义的外汇市场有着更加广泛的市场参与者,包括银行、商业公司、中央银行、投资银行、对冲基金、散户、货币发行机构、发钞银行、跨国组织、政府等。广义的外汇市场不仅包括批发市场,也包括外汇零售市场。

(四) 资产证券化市场

资产证券化市场 (asset-backed securitization market) 是金融市场上的一个新市场,20世纪 80 年代才在全球流行。资产证券化是将那些缺乏流动性,但能够产生可预见现金收入的资产 (如住房贷款、学生贷款、信用卡应收款等) 出售给特定发行人,通过创设一种以该资产产生的现金流为支持的金融工具或权利凭证,进而将这些不流动的资产转换成可以在金融市场上出售和流通的证券的一种融资过程或融资方法。

资产证券化是近 50 年来国际金融市场上最重要的金融创新产品之一。资产证券化起源于 20 世纪 60 年代末美国的住宅抵押贷款市场。1968 年,美国政府国民抵押协会首次公开发行 "过手证券",从此开启了全球资产证券化先河。此后资产证券化得以迅速发展。

(五) 互联网金融市场

互联网金融是传统金融机构与互联网企业利用互联网技术和信息通信技术实现资金融通、支付、投资和信息中介服务的新型金融业务模式,它不是互联网和金融业的简单结合,而是在实现安全、移动等网络技术水平上,在获得用户一定认可的基础上,为适应新的需求而产生的新模式及新业务,是传统金融行业与互联网技术相结合的新兴领域。

2012 年,著名学者谢平提出 "互联网金融" 这一概念,自此 "互联网金融" 成为我国经济金融学界和业界最热议的话题。通过与传统金融的对比,互联网金融的特征主要体现在金融技术数据化、金融服务普惠化、金融服务高效化三个方面。

【专栏】

借贷等互联网金融风险专项整治进入攻坚阶段

中证网讯 (记者　陈莹莹　欧阳剑环) 中国证券报记者 2019 年 11 月 3 日获悉,近日,互金整治领导小组和网贷整治领导小组联合召开了加快网络借贷机构分类处置工作推进会。会议认真传达学习了党中央、国务院的指示精神,全面分析了当前互联网金融和网贷风险形势。

在总结各地经验的基础上，会议明确，下一阶段要坚定持续推进行业风险出清，将稳妥有序化解存量风险、多措并举支持和推动机构良性退出或平稳转型作为重点，切实保护投资人合法权益，维护各地经济金融和社会政治稳定。

专项整治工作启动以来，全国网络借贷等互联网金融行业风险持续收敛，网贷领域风险形势发生根本好转。截至 2019 年 10 月末，全国纳入实时监测的在运营机构数量已降至 427 家，比 2018 年末下降 59%；借贷余额比 2018 年末下降 49%，出借人次比 2018 年末下降 55%；行业机构数量、借贷规模及参与人数已连续 16 个月下降。

会议指出，网络借贷等互联网金融风险专项整治已进入攻坚阶段。后续工作要坚持以市场风险出清为目标，继续深入彻底整治。对于未接入国家互联网应急中心实时监测系统的机构，要限期退出。对于已接入实时监测系统的机构，抓紧核查其按照监管办法和监管要求进行整改的情况，对于不符合金融信息中介定位的机构要尽早劝其退出。各地方政府和专项整治工作联合办公室，要严格按照规定审查申请进入试点的机构，落实各方责任。

下一步工作要坚定以退出为主要方向，压实股东、平台的责任，推动大多数机构良性退出，有计划、分步骤限期停止业务增量。支持机构平稳转型，引导无严重违法违规行为、有良好金融科技基础和一定股东实力的机构转型为小贷公司。对于极少数具有较强资本实力、满足监管要求的机构，可以申请改制为消费金融公司或其他持牌金融机构。对于严重违法违规的机构，要加大打击力度。要依法保护投资人合法权益，加大追赃挽损力度，严厉打击恶意逃废债，加大失信惩戒力度，切实维护金融安全和社会稳定大局。

资料来源：http://www.cs.com.cn/xwzx/hg/201911/t20191103_5995231.html。

二、按交易对象的交割方式划分

按照交易对象的交割方式，可以将金融市场分为即期交易市场和远期交易市场。即期交易市场是指在交易确立后，若干个交易日内办理资产交割的金融市场。而远期交易市场是指交易双方约定在未来某一确定的时间，按照确定价格买卖一定数量金融资产的金融市场。

三、按交易对象是否依赖于其他金融要素划分

按照交易对象是否依赖于其他金融要素，可以将金融市场分为原生金融市场和衍生金融市场。

原生金融市场，即交易原生金融工具的市场。原生金融工具，又名原生性金融产品、基础性金融工具，它体现了实际的信用关系，如债券的债权债务凭证，又如股票、基金等所有权凭证，是基本的金融工具。

衍生金融市场，是交易金融衍生工具的市场。金融衍生工具，又名金融衍生品、衍生性金融资产，这类金融工具的回报是根据其他一些金融要素的表现状况衍生出来的。这里的金融要素，既包括原生金融工具，也包括一些其他要素，如汇率、利率、指数等。衍生

品既可以用来转移风险，也可以用于投机。常见的衍生品有期权、期货、远期、互换等。

四、按交易对象是否新发行划分

按照交易对象是否新发行，可以将金融市场划分为初级市场和次级市场。

初级市场，又称发行市场、一级市场，是指进行金融资产发行活动的市场。金融资产的发行有公募和私募两种形式，公募是将金融资产向社会公众发行，私募是将金融资产向机构投资者发行。次级市场，又名流通市场、二级市场，是指发行之后的金融资产进行买卖的市场，是金融资产流动性得以形成的市场。二级市场的交易，可以通过场内市场完成，也可以通过场外交易完成。场内市场，一般而言就是证券交易所；场外交易，又称柜台交易、店头交易，指在证券交易所之外进行证券买卖。

次级市场可以用来衡量一国金融市场的发达程度，例如我国基本没有人寿保险、按揭贷款的次级市场。又如，原本只有未上市公司的证券才需要进行场外交易，而现在一些本来在交易所上市的证券，也转移到场外进行交易，这便形成了第三市场。再如，随着金融市场的发展，越来越多的机构投资者希望能够避开证券经纪人，直接进行交易，这便形成了第四市场。

五、按融资方式划分

按照融资方式的不同，可以将金融市场划分为直接融资市场和间接融资市场。

直接融资是指资金需求方直接从资金供给方获得资金的方式，反过来说，就是投资者不通过信用中介机构直接向筹资者进行投资的资金融通形式。一般而言，直接融资的融资方式是发行股票或债券。间接融资是指资金需求方通过银行等信用中介机构筹集资金的方式。在这种方式下，银行等信用中介机构首先从资金供给方吸收资金，再将资金贷放给资金需求方。

需要注意的是，直接金融市场上也存在着金融中介机构，但与银行等信用中介机构不同，直接金融市场的中介机构主要向资金供需双方提供的是信息和服务，而非信用。

六、按价格形成机制划分

按照价格形成机制的不同，可以将金融市场划分为竞价市场和议价市场。竞价市场，又称公开市场，是指金融资产交易价格通过多家买方和卖方公开竞价形成的市场。

议价市场，是指金融资产交易价格通过买卖双方协商形成的市场。一般情况下，证券交易所采用的是竞价方式，未上市股票采用的是议价方式。竞价方式原本是为了解决议价方式的低效率而创造的一种价格形成方式，但是随着现代电子技术的发展，议价市场的交易效率已经得到了很大提高。

七、按交易场所划分

按照交易场所的不同，金融市场可以划分为有形市场和无形市场。顾名思义，有形市场是有固定交易场所的市场，无形市场则是没有固定交易场所的市场。有形市场一般指证券交易所这一类有固定场地的金融资产交易市场，在证券交易所，投资人需要委托证券交易商买卖证券；而无形市场则在证券交易所等机构之外进行交易，无形市场上的交易一般通过现代化的电信工具来实现。

八、按地域范围划分

按照金融市场地域范围的不同，可以将金融市场划分为国内金融市场和国际金融市场。国内金融市场指一国范围内的金融市场；国际金融市场指金融资产进行国际交易的市场。国际金融市场又可以分为传统国际金融市场和离岸金融市场。

第三节　金融市场的功能

金融市场的存在为资金供应者和需求者提供了便利的融资途径。金融市场的存在提高了金融资产的流动性，有利于各经济主体灵活地调整资产、负债结构，使其资金达到最充分利用。金融市场的存在，有利于为国民经济的发展提供宏观和微观的信息。

一、结算与支付功能

通过提供结算与支付手段促进商品交换和国际贸易发展，这里提到的结算和支付功能既包括国内经济实体之间的，又包括国际经济实体之间的，这一功能主要由商业银行来承担。

二、资金聚敛功能

所谓聚敛功能，就是金融市场能够引导小额分散资金，汇聚成能够投入社会再生产的资金集合功能。在这里，金融市场起着资金"蓄水池"的作用。不同经济部门的资金收入和支出在时间上并不总是对称的，一些部门可能会存有闲置资金，而另一些部门可能会有融资缺口。金融市场为两者的相互融通提供了便利。因此这一功能，又被称作融通功能。金融市场是资金供求双方融通资金的场所；资金融通是金融市场的基本功能，也是金融市场的初始功能。

在金融市场上，有资金剩余的经济主体，即资金供给者，可以通过购买金融产品的方式，将过剩资金融通给资金短缺的资金需求者；而有资金缺口的经济主体，即资金需求者，可以通过出售金融资产的方式，筹集所需资金。金融市场借助货币资金和金融产品这两种媒介，沟通了资金供给者和需求者，方便其调节资金余缺。在经济中，各经济主体自身的资金是相对有限的，零散的资金是无法满足大规模投资要求的。金融市场的聚敛功能，能够将社会储蓄转化为社会投资。这里的储蓄，并非日常生活中的银行储蓄，而是指推迟当前消费的行为，实质上就是社会各经济主体的资金盈余。投资则是经济主体以营利为目的的，对资本的经营和运用。大额投资往往需要借入资金。一般而言，一个经济主体不会既是资金的盈余者，又同时是资金的需求者。因此，储蓄与投资的主体也并非相同。因此，金融市场在促进储蓄向投资转化时，就必须通过提供多种可供金融市场参与者选择的金融产品来实现。

金融市场之所以具有资金的聚敛功能，在很大程度上是由于金融市场创造了金融资产的流动性。金融市场的这一功能又被称作流动性创造。金融工具的一大特点，就是可以在金融市场上以较低的成本迅速获得现金。流动性是指金融资产迅速转化为现金的能力，如果一项金融资产越容易变现，这项资产的流动性就越强。在所有金融资产中，现金的流动性是最强的，它能够随时随地地用来购买其他资产；但现金的收益率是所有金融资产中最低的，而且面对通货膨胀，其购买力还会下降。因此，投资者往往会在金融资产的持有中，尽量做到收益率与流动性两方面都不忽视，保持两者的平衡。金融市场的流动性，是金融市场正常运转的基础。

发达的金融市场可以提供多种多样的金融工具和交易方式，为金融市场参与者提供尽可能多的选择，满足他们的各种偏好。在高效的金融市场上，资金需求者可以很方便地通过直接或间接的融资方式获取资金，资金供给者可以根据自己的收益风险偏好和流动性要求选择合适的投资工具，实现收益的最大化。金融市场的聚敛功能，能够挖掘资金的潜力，提高资金的利用效率，加速资金的流通，促进经济的发展。

三、资源配置与风险分散功能

金融市场的配置功能表现在三个方面。

（一）资源的配置及风险分散

金融市场通过将资源从低效率利用的部门转移到高效率的部门，使社会的经济资源能最有效地配置在效率最高或效用最大的用途上，实现稀缺资源的合理配置和有效利用。一般来讲，资金总是流向最有发展潜力、能够为投资者带来最大潜在利益的部门和企业，这样，通过金融市场的作用，有限的社会资源就能够得到合理的利用。

在现代经济生活中，不同的主体对风险的厌恶程度各不相同。利用各种金融工具，风险厌恶程度较高的人可以把风险转嫁给风险厌恶程度较低的人，从而实现风险的再分配。金融市场的存在，使投资者可以通过资产组合分散化，化解、降低、抵消投资的风险。同时，金融工具的应用使得大额投资分散为小额零散资金投资，从而将较大的投资风险分由大量投资者共同承担，既使投资者的利益得到保证，同时又便于筹资者融资目标的实现。另外，金融机构通过远期合约、期货合约、期权合约和互换等可以为客户提供各种套利、投机和套期保值的方式。

（二）财富的再分配

这是通过金融市场价格的波动来实现的。经济单位如政府、企业及个人通过持有金融资产的方式所持有的财富，随金融市场上其价格的波动发生变化，从而使社会财富也通过金融市场价格的波动实现再分配。

（三）调节及反映功能

调节功能是指金融市场对宏观经济的调节作用。金融市场一边连着储蓄者，另一边连着投资者，金融市场的运行机制通过对储蓄者和投资者的影响而发挥作用。

首先，金融市场具有直接调节作用。只有符合市场需要、效益高的投资对象，才能获得投资者的青睐。而且，投资对象在获得资本后，只有保持较高的经济效益和较好的发展势头，才能继续进行扩张。否则，它继续在金融市场上筹资就会面临困难，发展就会受到后续资本供应不足的抑制。这实际上是金融市场通过其特有的引导资本形成及合理配置的机制首先对微观经济部门产生影响，进而影响到宏观经济活动的一种有效的自发调节机制。

其次，金融市场的存在及发展，为政府实施对宏观经济活动的间接调控创造了条件。货币政策属于调节宏观经济活动的重要经济政策，如存款准备金政策、再贴现政策、公开市场操作等这些政策的实施都以金融市场的存在、金融部门及企业成为金融市场的主体为前提。金融市场既为货币政策提供实施的场所，也为政府提供货币政策得以顺利实现的决策信息。另外，财政政策的实施同金融市场的关联也日益增强，政府通过发行国债等方式对各经济主体的行为加以引导和调节，并为中央银行提供进行公开市场操作的手段，也对宏观经济产生巨大的影响。

最后，金融市场产生于高度发达的市场经济，是一国整个市场体系的枢纽。由于证券买卖大部分都在证券交易所进行，人们可以随时通过这个有形的市场了解各种上市证券的交易行情，并据此判断自己的投资趋向。在一个有效的市场中，证券价格的涨跌实际上反映着发行企业的经营管理情况和发展前景。一个健全、有序的市场要求证券上市公司定期或不定期地公布其经营信息和财务前景，来帮助投资者及时有效地了解及推断上市公司及其相关企业、行业的发展前景。所以说金融市场首先是反映微观经济运行状况的指示器。

同时，金融市场交易直接和间接地反映国家货币供应量的变动。货币的紧缩或放松均是通过金融市场为媒介而实现的，实施货币政策时，金融市场通过出现相应的波动来反映货币紧缩或放松的程度。金融市场反映所反馈的宏观经济运行方面的信息，有助于政府部门及时制定和调整宏观经济政策。金融市场还有大量专门人员长期从事商情研究和分析，他们与各类工商企业保持着不间断的直接接触，能及时充分了解企业的发展动态。另外，金融市场有着广泛而及时地收集和传播信息的通信网络，使人们可以及时了解世界经济发展变化情况。

第四节　金融市场的发展趋势

第二次世界大战后，世界政治经济格局发生了重大变化，金融市场也进入了急剧变革的时期。规模巨大的国际金融市场先后形成，新的金融市场不断地产生和发展。

整个全球金融市场的巨变始于 20 世纪 80 年代中期，信息处理和电子通信领域的科技进步、资本国际间流动限制的取消和宽松、国内资本市场放松监管、经营业务混业化、离岸市场的发展，这些使金融市场在宏观上形成了自由化、全球化的发展趋势，而在微观上则形成了资产证券化和金融工程化的发展趋势。

一、金融全球化

金融市场的全球化已成为当今世界的一种重要趋势。20 世纪 70 年代末期以来，西方国家兴起的金融自由化浪潮，使各国政府纷纷放宽对金融业活动的管制。随着外汇、信贷及利率等方面管制的放松，资本在国际间的流动日渐自由，国际利率开始趋同。目前，国际金融市场正在成为一个密切联系的整体市场，在全球各地的任何一个主要市场上都可以进行相同品种的金融交易，并且由于时差的原因，由伦敦、纽约、东京和新加坡等国际金融中心组成的市场可以实现 24 小时不间断的金融交易，世界上任何一个局部市场的波动都可能马上传递到全球的其他市场上。这就是金融的全球化。

（一）金融全球化的内容

金融体系是一个复杂的整体，金融的全球化意味着资金可以在国际间自由流动，金融交易的币种和范围超越国界。它具体包括以下内容：

1. 市场交易的国际化

在金融全球化的背景下，实际上意味着各个金融子市场交易的国际化。在资产证券化的趋势影响之下，传统的以国际银行为主的间接信贷市场已让位于直接的证券买卖和发行。而各国间资金的流动必然又涉及各国货币的交易及兑换，这也对外汇市场的全球化提出了要求。以下就从国际货币市场交易的全球化、国际资本市场交易的全球化和外汇市场的全球一体化三个方面加以说明。

首先，从货币市场交易的国际化来看。国际货币市场主要指欧洲货币市场。它涉及银行间的拆借、定期存单的发行及交易和各国大银行进行的银团贷款活动。此外，还有 20 世纪 80 年代资产证券化所产生的证券发行便利和欧洲票据市场。西方主要发达国家及部分发展中国家的银行及其他一些大金融机构通过欧洲货币市场筹集或运用短期资金，参与国际金融市场的活动。一些跨国公司也通过国际货币市场发行短期商业票据来融通资金。目前，伦敦是最重要的国际货币市场中心，另外，巴黎、卢森堡市、巴林、新加坡市、香港等地在国际货币市场的交易中也占据着重要地位。

其次，从国际资本市场交易的角度来看。为适应企业跨国经营和国内企业对外融资的需要，一些国家的政府和一些大企业纷纷进入国际资本市场融资。国际资本市场的融资主要是通过发行国际债券和到国际性的股票市场直接募资。国际债券市场一般分为两类。一种是各发达国家国内金融市场发行的以本币计值的外汇债券，如美国的扬基债券、日本的武士债券都是这种类型。另一种是离岸债券市场，即欧洲债券市场发行的以多种货币计值的债券。它是以政府名义在国外发行的以本币计值的债券，但不受本国法规的约束，其发行地也不一定局限于欧洲。股票市场交易的国际化体现在两个方面。一方面是一些重要的股票市场纷纷向外国的公司开放，允许国外公司的股票到其国家的交易所上市交易。像英国的伦敦、德国的法兰克福、美国的纽约等都是国外上市公司的上市可选地之一。另一方面表现为一些国家既允许外国投资者参与本国股票市场上股票的买卖，也允许本国投资者买卖在国外市场交易的股票。虽然目前资本市场的开放还有地区性及国别的差异，但由于一些主要发达国家在市场上所占份额很大，这些国家市场的国际化对国际金融市场的影响是非常巨大的。

最后，从外汇市场的全球一体化角度来看。由于外汇市场涉及的是各国间的货币交易，因此，它的国际性更加明显。尤其是浮动汇率制实行以来，各国中央银行为了稳定汇率，在外汇市场上进行的外币买卖使外汇市场交易更加活跃。外汇市场上的新工具层出不穷，诸如互换、期权等创新日新月异。

2. 市场参与者的国际化

金融市场的全球化还表现为市场参与者的国际化。传统的以大银行和主权国政府为代表的国际金融活动主体正为越来越多样化的国际参与者所代替。大企业、投资银行、保险公司、投资基金甚至私人投资者也纷纷步入国际金融市场，参与国际投资组合，以分散投资风险、获取高收益。在这个过程中，银行和各种非银行金融机构纷纷向全球各金融中心扩散，代理本国或外国的资金供求者的投资与筹资活动，或直接在金融市场上参与以营利为目的的交易活动。特别值得一提的是，近几十年来各国金融机构之间并购重组浪潮风起云涌，各种各样的投资基金在全球金融市场上所取得的空前大发展更是大大地促进了金融市场交易的国际化。

（二）金融全球化的原因

全球金融的一体化发展与国际经济之间的交往日益密切是分不开的。这种趋势正以过去所未有的速度向前推进。产生这一趋势的原因主要有：

（1）金融管制放松所带来的影响。各国对金融机构跨国经营的限制减少以及对外汇管制政策的放宽，大大地促进了国际资本的流动及金融市场的国际化。

（2）现代电子通信技术的快速发展，为金融的全球化创造了便利的条件。现代计算机及自动化技术的发展，使国际金融交易中信息传递更及时、交易成本更低、手续更简便，这构成了现代金融市场全球化的技术基础。

（3）金融创新的影响。20世纪70年代以来的国际金融创新浪潮产生了许多新型的金融工具，它们有的本身就具有浓厚的国际性质，如利率互换等。此外，高新技术在金融领域的广泛运用不断地为国际金融交易提供更方便、成本更低的交易手段。

（4）国际金融市场上投资主体的变化推动了其进一步的全球化。如前所述，国际金融市场的参与者已越来越多样化，特别是各种类型的投资基金的崛起大大地改变了投资结构及交易性质，产生了一批专为套利而参与买卖的机构投资者，他们为了获利，必然频频出没于全球各国的金融市场，寻找获利机会。这种频繁的交易更加促进了各国市场间的联系。

（三）金融全球化的影响

金融全球化促进了国际资本的流动，有利于稀缺资源在国际范围内的合理配置，促进了世界经济的共同增长。金融市场的全球化也为投资者在国际金融市场上寻找投资机会，合理配置资产持有结构、利用套期保值技术分散风险创造了条件。一个金融工具丰富的市场也提供筹资者更多的选择机会，有利于其获得低成本的资金。这些都是金融全球化的有利影响的一面。

金融全球化的不利影响首先表现在国际金融风险的防范上。由于全球金融市场的联系更加紧密，一旦发生利率和汇率波动或局部的金融动荡，会马上传递到全球各大金融中心，使金融风险的控制显得更为复杂。其次是造成政府在执行货币政策与金融监管方面的难度。由于国际资本流动加快，一些政策变量的国际影响增强，政府在实施货币政策和进行宏观调控时往往更难估计其传导过程及影响。此外，涉及国际性的金融机构及国际资本的流动问题，往往不是一国政府所能左右的，也使政府金融监管部门在金融监管及维护金融稳定上产生了一定的困难。

总体来看，金融的全球化是大势所趋。通过国际协调及共同监管，建立新型的国际金融体系，是摆在金融全球化面前必须解决的一项重要课题。

二、金融自由化

金融自由化的趋势是指20世纪70年代中期以来在西方国家，特别是发达国家所出现的一种逐渐放松甚至取消对金融活动的一些管制措施的过程。金融的自由化和金融的证券化、全球化在进入90年代以来，表现得尤其突出，它们相互影响，互为因果，共同促进。

（一）金融自由化的主要表现

由于金融业的活动涉及全社会各部门的利益，一旦某一金融机构倒闭必然牵连很大，引起一些不利的连锁反应，甚至导致金融动荡和危机。因此，基于安全和稳健的理由，从历史上看，金融业一直是受政府管制最严厉的部门之一。20世纪70年代中期以来，无论是过去管制较严的国家，还是管制较为宽松的国家，都出现了放松管制的趋势。其主要表现为：

（1）减少或取消国与国之间对金融机构活动范围的限制。这是直到现在为止金融业务活动全球化的最主要推动因素之一。国与国之间相互开放本国的金融市场，允许外国银行等金融机构在本国经营和国内金融机构一样的业务，给予外国金融机构国民待遇，使国际金融交易急剧活跃，金融的全球化进程大为加快。

（2）对外汇管制的放松或解除。英国已于20世纪70年代末取消了外汇管制，法国和日本也随后逐渐地予以取消。美国在外汇管制较为宽松的情况下，1990年又取消了对外资银行账户的某些限制。外汇管制的放松或取消，使资本的国际流动进程大大加快，促进了国际金融的一体化。

（3）放宽金融机构业务活动范围的限制，允许金融机构之间的业务适当交叉。在西方国家，除了少数实行全能银行制度的国家如德国、奥地利、瑞士等国家外，绝大多数国家都在20世纪30年代经济危机的基础上建立起严格的分业经营制度，即银行业务和证券业务的严格分离。但这一管制措施自70年代末期以来已经有缓和的趋势。特别是进入80年代后期，由于各国间金融竞争的日趋激烈，金融国际化进程的加快，各国为了抢占国际金融市场，提高本国金融机构在国际金融竞争中的地位，尤其在国际金融领域，这些限制已大为放宽。

（4）放宽或取消对银行的利率管制。美国已经取消了"Q条例"所规定的银行存款利率上限，其他一些主要发达国家也纷纷步其后尘，这导致了银行领域内的自由化的快速发展。

除了上述管制措施的放宽或解除外，西方各国对金融创新活动的鼓励，对新金融工具交易的支持与放任，实际上也是金融自由化的重要表现。

（二）金融自由化的原因

从金融自由化的内容可以看出，自由化实际上是对不适应经济金融环境变化的管制措施的废除，这与其背后的基本经济金融因素的变化分不开。其原因主要表现为：

（1）经济自由主义思潮的兴起。由于20世纪70年代以来西方经济的"滞胀"，凯恩斯学派的经济思潮受到质疑，代之以新经济自由主义思潮的崛起。例如，在70年代兴起的货币学派和供应学派都强调市场机制的作用，反对政府的过度干预，并在当时受到了较为广泛的欢迎，从而为金融的自由化奠定了理论和实践的基础。

（2）金融创新的作用。20世纪70年代末和80年代初，西方国家出现了两位数字的恶性通货膨胀，导致市场利率高企，而银行等金融机构受存款利率上限的限制，在市场竞争中处于不利的地位。为了缓解经营困境，并应付来自国内外金融同业之间的竞争，金融机构纷纷采取金融创新措施以绕过管制，加之现代计算机及通信技术的飞速发展，一些新的金融工具不断地被开发出来。这些新的金融工具有效地避开和绕过了原有的管制条例，使监管者意识到许多旧的条例已不适应形势的变化，从而在客观上促进了管制的放松。

（3）金融的证券化和全球化的影响。金融市场的证券化、金融全球化与金融自由化是相互促进、相互影响、共同发展的。证券化过程中不断出现的新型金融工具总体已大大超出了原有管制条例的范围，而全球 24 小时的不间断的金融市场交易活动对资本自由流动和外汇、利率及信贷等管制的放松提出了客观的要求。在国际金融市场的交易中，机会是稍纵即逝的。要参与国际金融的竞争，提高本国金融业在国际市场上的地位，放松管制，推行金融自由化是必然的。

（三）金融自由化的影响

金融自由化导致了金融竞争的更加激烈，这在一定程度上促进了金融业经营效率的提高。在金融自由化过程中，产生了许多新型的信用工具及交易手段，大大地方便了市场参与者的投融资活动，降低了交易成本。金融自由化也极大地促进了资本的国际自由流动，有利于资源在国际间的合理配置，在一定程度上促进了国际贸易的活跃和世界经济的发展。

金融自由化也同样面临着诸多问题。国际资本的自由流动，既有机遇，也充满了风险。金融市场上管制的放松，对金融机构的稳健经营提出了较高的要求，一旦处理不好，有可能危及金融体系的稳定，并导致金融动荡和经济危机。金融自由化还给货币政策的实施及金融监管带来了困难。

面对金融自由化利弊兼有的特点，国际金融界对金融自由化问题有一些不同的看法，赞成者有之，批评者有之，还有一些人持有折中的观点。实际上，自由化并不意味着没有政府的干预和管制，任何时候政府都没有对金融业的运行放任自流过，只不过在不同的时间由不同的趋势占上风罢了。问题的关键不在于是否要管制还是要自由化，而是如何适应新的发展态势采取适当的管制措施以趋利避害。无论从历史还是从现实来看，金融业的发展都是一个"管制—放松—再管制"的循环过程。当然，每一轮新的管制和新的自由化趋势都被赋予了新的内容。

三、资产证券化

所谓资产证券化（asset securitization），是指把流动性较差的资产，如金融机构的一些长期固定利率放款、企业的应收账款等，通过商业银行或投资银行的集中及重新组合，以这些资产作抵押来发行证券，以实现相关债权的流动化。资产证券化最早起源于美国。最初是储蓄银行、储蓄贷款协会等机构的住宅抵押贷款的证券化，接着商业银行也纷纷仿效，对其债权实行证券化，以增强资产的流动性和市场性。从 20 世纪 80 年代后期开始，证券化已成为国际金融市场的一个显著特点，传统的以银行为中心的融资借贷活动开始发生了新的变化。

（一）资产证券化的内容

资产证券化的主要特点是将原来不具有流动性的融资形式变成流动性的市场性融资。

以住宅抵押融资的证券化为例。住宅抵押融资虽然信用度较好，但属小额债权，且现金流动不稳定。为此，有关金融机构就将若干小额债权集中起来，通过政府机构的担保，使其转换成流动性较高的住宅抵押证券。又如对信用度较低的借款人融资的证券化。一些信用度较低的风险企业和中小企业，其资金大都依靠商业银行的贷款，因为受自身信用度的限制，它们难以在资本市场上筹资。但是，随着流通市场的扩大，这种低信用等级的企业发行的债券迅速增加，出现了一种高收益债券市场。这种高收益债券可视为银行向低信用企业融资证券化的一种形式。此外对于某些信用度较低的发展中国家贷款也开始出现证券化的趋向，从而提高其流动性，以便于解决不断积累的债务问题。

随着 20 世纪 80 年代以来住宅抵押证券市场的不断扩大，资产证券化又有了一些新的发展：

（1）将住宅抵押证券的做法应用到其他小额债权上，对这些小额债权进行证券化。这使资产证券化的领域大大拓宽，如汽车贷款、信用卡应收款、住宅资产净值贷款和大型设备的租赁等。

（2）商业不动产融资的流动化。从 1984 年起，市场上出现了公募形式的商业不动产担保证券。它以商业不动产的租金收入作为还债金，与原所有者完全分离。

（3）担保抵押债券。它是将住宅抵押凭证（pass-through）、住宅抵押贷款等汇集起来，以此为担保而发行的债券。其发行方式是由某个金融企业作为发行人，收买住宅抵押凭证并设立集合基金，再以此为担保同时发行 3～4 组债券。发行者以抵押集合基金每月产生的资金流动为资金来源，在对各组债券支付利息的同时，只对其中的某一组债券的持有人偿还本金。发行此种债券在某种程度上是为了解决住宅抵押凭证在到期偿还时现金流动不稳定的问题。

当前，西方国家资产的证券化趋势正深入金融活动的各个方面，不仅是传统银行贷款的证券化，而且经济中以证券形式持有的资产占全部金融资产的比例越来越大。社会资产金融资产化、融资非中介化都是这种趋势的反映。国内有人认为，现代金融正由传统的银行信用发展到证券信用阶段。在证券信用阶段，融资活动以有价证券作为载体，有价证券把价值的储藏功能和价值的流通功能统一于一身，即意味着短期资金可以长期化，长期资金亦可短期化，从而更好地适应了现代化大生产发展对资金调节的要求。

（二）资产证券化的原因

资产证券化之所以在 20 世纪 80 年代以来成为一种国际性的趋势，与以下原因是分不开的：

（1）金融管制的放松和金融创新的发展。如前所述，西方发达国家纷纷采取放松管制的措施，刺激本国金融业的发展。在这一过程中，金融创新起了推波助澜的作用。金融创新本身是适应市场需要的产物，也是金融机构规避管制的结果。金融管制的放松和金融创新的发展，促进了金融市场的活跃及效率的提高，从而构成了资产证券化的基础。

（2）国际债务危机的出现。国际债务危机的出现导致了巨额的呆账，一些国际性的大银行深受债务拖欠之苦，希望通过加强资产的流动性来解决资金周转的困难，而证券的发行无疑是途径之一。资产的证券化，既使原有债权得以重新安排，又可使新增债权免受流动性差的困扰。因此，银行越来越多地开始介入国际证券市场。银行的介入，又对资产的证券化起着巨大的促进作用。

（3）现代电信及自动化技术的发展为资产的证券化创造了良好的条件。一方面，随着信息传递和处理技术的发达，获取信息的成本降低。完全依赖金融机构的服务以消除借贷者之间的信息不对称的情况已有了很大变化。另一方面，交易过程中的计算机技术的广泛使用，使数据处理成本大大下降，信息流通渠道大为畅通，从而证券交易成本大幅度下降。另外，交易技术的改进，也为新的金融工具的开发创造了条件。这些都支持了资产证券化的发展。

（三）资产证券化的影响

资产证券化的影响主要表现在以下几个方面：首先，对投资者来说，资产的证券化趋势为投资者提供了更多的可供选择的新证券种类，投资者可以根据自己的资金额大小及偏好来进行组合投资。其次，对金融机构来说，通过资产的证券化，可以改善其资产的流动性，特别是对原有呆账债权的转换，对其资金周转效率的提高是一个很大的促进；而且，资产的证券化，也是金融机构获取成本较低的资金来源、增加收入的一个新的渠道。最后，对整个金融市场来说，资产的证券化为金融市场注入了新的交易手段，这种趋势的持续将不断地推动金融市场的发展，增加市场活力。

但是，看到资产证券化有利的一面的同时，也应看到，资产证券化中的许多资产实际上是一些长期的贷款和应收账款的集合，它们所固有的风险也不可避免地影响到新证券本身的质地。资产的证券化涉及发起人、还本付息者、担保人、受托者及投资者等多个当事人，从而使传统贷款功能分散给几个有限责任的承担者，这样，资产证券化中的风险就表现出一定的复杂性，一旦处理不当，就会影响到整个金融体系的稳定。同时，资产证券化也使金融监管当局在信贷扩张及货币供应量的估计上面临更复杂的问题，对金融的调控监管产生一定的不利影响。

四、金融工程化

金融工程是指将工程思维引入金融领域，综合采用各种工程技术方法（主要有数学建模、数值计算、网络图解、仿真模拟等）设计、开发新型的金融产品，创造性地解决金融问题。这里的新型和创造性指的是金融领域中思想的跃进、对已有观念的重新理解与运用，或者是对已有的金融产品进行分解和重新组合。

金融工程化的动力来自20世纪70年代以来社会经济制度的变革和电子技术的进步。70年代以来国际金融领域内社会经济制度的最大的变革是布雷顿森林体系的崩溃。汇率的浮动化使当时的国际贸易和国际投资活动的风险大大加剧，工商企业不仅要应付经营上的风险，还要面对汇率波动的风险。为保证国际贸易和国际投资的稳定，各国货币当局力图通过货币政策控制汇率的波动幅度，其中最常用的是改变贴现率。这样汇率的波动就传导到了利率上。70年代的另外一个重大的冲击是石油提价引起的基础商品价格的剧烈变动。这些变化共同形成了对风险管理技术的需求。

当今的金融市场日益依赖于信息的全球传播速度、交易商迅速交流的能力和个人电脑及复杂的分析软件的出现。金融工程采用图解、数值计算和仿真技术等工程手段来研究问题，金融工程的研究直接而紧密地联系着金融市场的实际。大部分真正有实际意义的金融工程研究，必须有计算机技术的支持。图解法需要计算机制表和作图软件的辅助，数值计算和仿真则需要很强的运算能力，经常用到百万甚至上亿次的计算，没有计算机的高速运算和设计，这些技术将失去意义。电信网络的发展能够实现即时的数据传送，这样在全球范围内进行交易才成为可能。技术的进步使得许多古老的交易思想旧貌换新颜，在新的条件下显示出更大的活力，譬如利用股票现货市场与股指期货之间的价格不均衡性来获利的计算机程序交易，其基本的套利策略本身是十分陈旧的，这种策略被应用于谷物交易已经有一个多世纪了，但是将该策略扩展到股票现货与股指期货上则要求复杂的数学建模、高速运算以及电子证券交易等条件才能实现。

金融工程化的趋势为人们创造性地解决金融风险提供了空间。金融工程的出现标志着高科技在金融领域内的应用，它大大提高了金融市场的效率。值得注意的是，金融工程一把"双刃剑"：1997年东南亚金融危机中，国际炒家正是利用它来设计精巧的套利和投机策略，从而直接导致这一地区的金融、经济动荡；反之，在金融市场日益开放的背景下，各国政府和货币当局要保卫自己经济和金融的稳定，也必须求助于这种高科技的手段。

本章小结

金融是现代经济的核心，金融市场则处于现代市场体系的核心地位，金融市场由市场主体、客体、中介、组织方式等要素组成，金融市场的主体是资金的供给者或需求者，也可能以双重身份出现。市场交易主体的多寡决定了金融市场的规模及活跃程度。金融市场作为金融资产交易的场所，在现代经济体系的运行中发挥着非常重要的作用。具有融通资金、优化配置、综合反映和宏观调控功能。现代金融市场表现出金融全球化、金融自由化、资产证券化、金融工程化的趋势。

习题

1. 金融市场包括哪些交易者？
2. 金融市场通常划分哪几种类型？
3. 简述中国金融市场发展的现状。
4. 试述国际金融市场的发展趋势。
5. 试述金融市场在经济发展中的作用。

第二章　货币市场

【本章要点】

货币市场又称短期资金市场，它是指资金占用期限在 1 年以内（包括 1 年）的、以短期金融工具为媒介进行资金融通和借贷的交易市场。

1. 了解货币市场主要子市场的基本知识、基本理论及其运行机制；

2. 掌握短期借贷市场、同业拆借市场、商业票据市场、银行承兑汇票市场、短期政府债券市场、大额可转让定期存单市场、货币市场共同基金市场、回购协议市场等有关理论和实际问题。

【关键术语】

短期借贷市场；同业拆借市场；商业票据市场；银行承兑汇票市场；短期政府债券市场；大额可转让定期存单市场；货币市场共同基金市场；回购协议市场

【要闻导入】

招联金融等 13 家机构获银行间同业拆借市场准入资格

中国外汇交易中心、全国银行间同业拆借中心 2018 年 4 月 24 日发布公告称，招联消费金融有限公司等 13 家金融机构获批准入全国银行间同业拆借市场。拆借公告发布当日，招联金融已经完成 3 笔拆借业务，累计金额 3.1 亿元。

同业拆借市场是金融机构之间进行短期资金融通的市场。由于同业拆借属于信用拆借，金融机构以其信誉参与拆借活动，中国人民银行对该市场实行准入审核制，在严格审查和防范风险的基础上，批准符合条件的金融机构进入全国银行间同业市场。

对于消费金融公司来说，同业拆借作为融资渠道之一，需消费金融公司连续盈利两年，才可获得准入资格。据 2016 年中国人民银行、银监会联合印发的《关于加大对新消费领域金融支持的指导意见》，其中第十二条指出，鼓励符合条件的消费金融公司拓宽多元化融资渠道，通过同业拆借市场补充流动性，盘活信贷存量，扩大消费信贷规模，提升消费信贷供给能力。对于招联金融来说，获得准入资格，将为其资金供给发掘新来源，进一步拓宽了融资渠道，提升了公司资金业务的市场参与度，同时有效降低了融资成本。此次招联金融获批加入全国银行间同业拆借市场，不仅标志着其在融资工作上取得了新的进展和突破，也侧面反映了公司良好的盈利能力与稳健的经营实力。

据悉，目前已有多家银行机构为招联金融提供同业借款。此次加入银行间拆借市场，是招联金融在强监管、去杠杆的大背景下，为满足业务快速发展开辟新型融资渠道的一项创举。

资料来源：经济日报，http://www.ce.cn/xwzx/gnsz/gdxw/201804/25/t20180425_28948618.shtml。

第一节　货币市场概述

一、货币市场的概念

金融市场按流通于其间的金融工具的期限、性质、特点及作用不同，可大致分为货币市场和资本市场两大类。

货币市场是短期资金市场，系指融资期限在 1 年期以内的短期金融工具交易所形成的供求关系和运行机制的总和，是金融市场的重要组成部分。由于该市场所容纳的金融工具主要是政府、银行及工商企业发行的短期信用工具，具有期限短、流动性强和风险小的特点，在货币供应量层次划分上被置于现金货币和存款货币之后，称之为"准货币"，所以将该市场称为"货币市场"。

一个有效率的货币市场应该是一个具有广度、深度和弹性的市场，其市场容量大，信息流动迅速，交易成本低，交易活跃且持续，能吸引众多的投资者和投机者参与。货币市场由同行业拆借市场、商业票据市场、银行承兑汇票市场、大额可转让定期存单市场、国库券市场、回购协议市场和货币市场共同基金市场构成。

二、货币市场的参与者

货币市场中的参与者指在货币市场中参与交易的各种主体，按照它们参与货币市场交易的目的，可分为以下几类：

（一）资金需求者

货币市场上的资金需求者主要是由于短期资金不足或是日常经营需要更多的短期资金并希望通过货币市场交易获得短期资金的主体。这类参与者主要有商业银行、非银行金融机构、政府和政府机构以及企业。

（二）资金供给者

货币市场上的资金供给者主要是指满足了日常经营需要后仍然拥有多余闲置资金，并希望通过货币市场交易将这部分资金借出以获得一定收益的主体。这类主体主要有商业银行、非银行金融机构和企业。

（三）交易中介

货币市场的交易中介是为货币市场交易中的资金融通双方提供服务从而获得手续费或价差收益的主体。这类参与者主要有商业银行以及一些非银行金融机构。

（四）中央银行

中央银行参与货币市场交易的目的是实施货币政策，控制货币供应量，引导市场利率，实现宏观金融调控。

（五）政府和政府机构

政府和政府机构主要是作为短期政府债券的供给者和短期资金的需求者而参与货币市场交易的。

（六）个人

个人参与货币市场，一般都是作为资金供给者，但由于货币市场单笔交易数额较大以及监管的需要，个人一般不能直接参与货币市场的交易，主要通过投资货币市场基金间接参与货币市场的交易，但也有个人持有短期政府债券和大额可转让存单的情况。

三、货币市场的特征

（一）市场参与者的特征

这个市场上并不存在固定的借方或贷方，同一机构经常同时操作于市场的两方。譬如，一家大商业银行可通过同业拆借、大额可转让定期存单或其他货币市场工具借入资金，此时它是货币市场的资金借入方；同时它可向工商企业发放短期流动性贷款，此时它又是货币市场的资金贷出方。但市场参与者有一个例外：政府通常是这一市场的资金借入方，譬如美国政府就是世界货币市场的最大借款人。

（二）风险特征

一般来说，金融市场上存在以下几类风险：利率风险，即金融资产的市价（利率）下跌导致出售资产时资产损失的可能；再投资风险，即利率下跌迫使投资者将原先的投资本利再投资于低回报领域的可能；违约风险，即借款者拒不偿还本金或支付利息的可能；通胀风险，即价格普遍上涨导致投资收益购买力下跌的可能；汇兑风险，即汇率变动给跨国投资者带来资本净损失的可能；政治风险，即国家法律规章变更造成的投资者损失的可能。

总体上看，货币市场是一个风险较小的市场。第一，由于货币市场工具期限短，流动性强，因而其利率风险小并且易于规避；第二，易变现，价格稳定，再投资风险小；第三，注重于声誉（通常借款者必须有完美无缺的履约声誉才得以进入这一市场发行其证券，一次违约足以使其完全被市场摒弃），因而违约风险小；第四，通货膨胀风险和汇兑风险固难避免，但其强流动性使其易于撤离市场，不至于被套牢；第五，一国的法律和规章在短期内也不至于频繁变动，因此其政治风险也不大。

当然，风险大小通常与回报成正比，货币市场工具风险小，价格稳定，为投资者带来稳定而合理的利息收入，它固然不会使投资者遭受重大的资产损失，但也不太可能为投资者带来丰厚利润或投资回报。

（三）交易特征

与股票交易不同，货币市场并没有统一的如证券交易所似的集中交易场所，它是一个虚拟市场，交易者们主要通过电话或计算机网络进行交易。

（四）市场深度、广度和弹性特征

市场深度指市场交易的活跃程度；市场广度指市场参与者的多样化程度；市场弹性则指市场在应付突发事件或大额成交之后的价格迅速调整的能力。对比其他类型市场，货币市场在这三方面的特征都是很突出的：该市场进入障碍小，工具庞杂，交易途径多，吸引了众多机构及个人投资者和筹资者；该市场工具价格稳定、流动性强、易变现，市场交投异常活跃，交易频繁不断；尤其值得一提的是，由于市场上充斥着各式各样的证券交易商、投资银行家和基金管理者，他们日夜守在屏幕之前搜寻套利机会，一旦良机出现，巨额资金即刻蜂拥而至，价格于瞬时之间即得到调整，因此，这一市场可称得上是世界上最有效率的市场。

（五）世界货币市场

世界货币市场基本由纽约、伦敦、东京、新加坡等地的不足百家超大金融机构占据主导地位，它们垄断了世界货币市场的大部分交易，起到做市商的作用；大部分个人交易是通过为数众多的基金进行的，而基金交易数额动辄数百万上千万美元，因此，货币市场通常是资金的"批发市场"（wholesale market）。各国政府和中央银行则通常是世界货币市场的规则制定者和监管者。

四、货币市场的功能

货币市场就其结构而言，包括同业拆借市场、票据贴现市场、短期政府债券市场、证券回购市场、大额可转让定期存单等。货币市场产生和发展的初始动力是为了保持资金的流动性，它借助于各种短期资金融通工具将资金需求者和资金供应者联系起来，既满足了资金需求者的短期资金需要，又为资金溢余者的暂时闲置资金提供了获取盈利的机会。但这只是货币市场的表面功能，将货币市场置于金融市场以至市场经济的大环境中可以发现，货币市场的功能远不止此。货币市场既从微观上为银行、企业提供灵活的管理手段，使他们在对资金的安全性、流动性、盈利性相统一的管理上更方便灵活，又为中央银行实施货币政策以调控宏观经济提供手段，为保证金融市场的发展发挥巨大作用。

（一）短期资金融通功能

市场经济条件下的各种经济行为主体客观上有资金盈余方和资金短缺方之分，从期间上可分为一年期以上的长期性资金余缺和一年期以内的短期性资金余缺两大类，相对于资本市场为中长期资金的供需提供服务，货币市场则为季节性、临时性资金的融通提供了可行之径。相对于长期投资性资金需求来说，短期性、临时性资金需求是微观经济行为主体最基本的、也是最经常的资金需求，因为短期的临时性、季节性资金不足是由于日常经济行为的频繁性所造成的，是必然的、经常的；这种资金缺口如果不能得到弥补，就连社会的简单再生产也不能维系，或者只能使市场经济处于初级水平。短期资金融通功能是货币市场的一个基本功能。

（二）管理功能

货币市场的管理功能主要是指通过其业务活动的开展，促使微观经济行为主体加强自身管理，提高经营水平和盈利能力。

（1）同业拆借市场、证券回购市场等有利于商业银行业务经营水平的提高和利润最大化目标的实现。同业拆借和证券回购是商业银行在货币市场上融通短期资金的主渠道。充分发达的同业拆借市场和证券回购市场可以适时有度地调节商业银行准备金的盈余和亏缺，使商业银行无须为了应付提取或兑现而保有大量的超额准备金，从而将各种可以用于高收益的资产得以充分运用，可谓"一举两得"。为此，商业银行要运用科学的方法进行资金的流动性管理，这使商业银行资产负债管理跃上一个新的台阶。

（2）票据市场有利于以盈利为目的的企业加强经营管理，提高自身信用水平。票据市场从票据行为上可以分为票据发行市场、票据承兑市场、票据贴现市场，从签发主体上可以分为普通企业票据和银行票据。只有信誉优良、经营业绩良好的主体才有资格签发票据并在发行、承兑、贴现各环节得到社会的认可和接受，不同信用等级的主体所签发和承兑的票据在权利义务关系上有明显的区别，如利率的高低、票据流动能力的强弱、抵押或质押的金额的大小，等等。所以，试图从票据市场上获得短期资金来源的企业必须是信誉优良的企业，而只有管理科学、效益优良的企业才符合这样的条件。

（三）政策传导功能

货币市场具有传导货币政策的功能。众所周知，市场经济国家的中央银行实施货币政策主要是通过再贴现政策、法定存款准备金政策、公开市场业务等的运用来影响市场利率和调节货币供应量以实现宏观经济调控目标的，在这个过程中货币市场发挥了基础性作用。

（1）同业拆借市场是传导中央银行货币政策的重要渠道。中央银行通过同业拆借市场传导货币政策是借助于对同业拆借利率和商业银行超额准备金的影响。首先，同业拆借利率是市场利率体系中对中央银行的货币政策反应最为敏感和直接的利率之一，成为中央银行货币政策变化的"信号灯"。这是因为，在发达的金融市场上，同业拆借活动涉及范围广、交易量大、交易频繁，同业拆借利率成为确定其他市场利率的基础利率。国际上已形成在同业拆借利率的基础上加减协议幅度来确定利率的方法，尤其是伦敦同业拆借利率更成为国际上通用的基础利率。中央银行通过货币政策工具的操作，首先传导影响同业拆借利率，继而影响整个市场利率体系，从而达到调节货币供应量和调节宏观经济的目的。其次，就超额准备而言，发达的同业拆借市场会促使商业银行的超额准备维持在一个稳定的水平，这显然给中央银行控制货币供应量创造了一个良好的条件。

（2）票据市场为中央银行提供了宏观调控的载体和渠道。传统的观念认为票据市场仅限于清算，甚至短期资金融通功能也经常被忽略。实际上除了上述两个基本功能外，票据市场还为中央银行执行货币政策提供了重要载体。首先，再贴现政策必须在票据市场实施。一般情况下，中央银行提高再贴现率，会起到收缩票据市场的作用，反之则扩展票据市场。同时，中央银行通过票据市场信息的反馈，适时调整再贴现率，通过货币政策中介目标的变动，达到货币政策最终目标的实现。另外，随着票据市场的不断完善和发展，票据市场的稳定性不断增强，会形成一种处于均衡状态下随市场规律自由变动的、供求双方均能接受的市场价格，反映在资金价格上就是市场利率，它无疑是中央银行利率政策的重要参考。其次，多种多样的票据是中央银行进行公开市场业务操作的工具之一，中央银行通过买进或卖出票据投放或回笼货币，可以灵活地调节货币供应量，以实现货币政策的最终目标。

（3）国库券等短期债券是中央银行进行公开市场业务操作的主要工具。公开市场业务与存款准备金政策和再贴现政策相比有明显优势，它使中央银行处于主动地位，其规模根据宏观经济的需要可大可小，交易方法和步骤可以随意安排，不会对货币供给产生很大的冲击，同时，其操作的隐蔽性不会改变人们的心理预期，因此易于达到理想的效果。但是，开展公开市场业务操作需要中央银行具有相当规模、种类齐全的多种有价证券，其中国债尤其是短期国债是主要品种。因为国债信用优良、流动性强，适应了公开市场业务操作的需要，同时，公开市场业务操作影响的主要是短期内货币供应量的变化。所以对短期债券和票据要求较多。因此，具有普遍接受性的各种期限的国库券成为中央银行进行公开市场业务操作的主要工具。

（四）促进资本市场尤其是证券市场发展的功能

货币市场和资本市场作为金融市场的核心组成部分，前者是后者规范运作和发展的物质基础。首先，发达的货币市场为资本市场提供了稳定充裕的资金来源。从资金供给角度看，资金盈余方提供的资金层次是由短期到长期、由临时性到投资性的，因此货币市场在资金供给者和资本市场之间搭建了一个"资金池"，资本市场的参加者必不可少的短期资金可以从货币市场得到满足，而从资本市场退出的资金也能在货币市场找到出路。因此，货币市场和资本市场就如一对"孪生兄弟"，不可偏废于任何一方。其次，货币市场的良性发展减少了由于资金供求变化对社会造成的冲击。从长期市场退下来的资金有了出路，短期游资对市场的冲击力大减，投机活动被最大可能地抑制。因此，只有货币市场发展健全了，金融市场上的资金才能得到合理的配置，从世界上大多数发达国家金融市场的发展历程中可以总结出"先货币市场，后资本市场"是金融市场发展的基本规律。

由以上分析可以看出，货币市场在金融市场和市场经济的良性发展中都发挥着重要的作用，是微观主体和宏观经济正常运行的基础环节。但是货币市场功能的正常发挥是需要有前提条件的。货币市场本身的发达和完善是其功能得以发挥的首要前提。例如，发达的同业拆借市场需要有广泛的参与主体、频繁而广泛的交易行为、随行就市的市场价格；发达的票据市场要求票据行为的主体必须是信用良好的真正的市场经济行为主体，票据行为合法规范；国库券市场的形成要求政府发行的国库券达到一定规模，并且期限、档次合理。这些条件的具备为货币市场功能的发挥提供了良好的载体。其次，货币市场功能的发挥尤其是政策功能的发挥需借助于其他金融市场子市场的发展。货币市场在这个功能的发挥中实际上最早反映中央银行货币政策的变化，并通过进一步作用于长期金融市场即资本市场进而作用于更广范围的市场。这是因为，在市场经济条件下，利益关系的变化引起经济行为的改变基本上都是借助货币这个载体，在这个过程中，货币市场和资本市场分别担任着"二传手"和"三传手"的作用。发达的市场经济是货币市场功能发挥的第三个条件。金融市场本身就是市场经济的产物。在市场经济中，政府通过间接调控的方式对市场和微观经济行为主体进行宏观管理，微观主体成为真正的"经济人"和"理性人"，为满足盈利最大化和效用最大化而进行营运和消费，供求关系成为价格变动的基本因素，价格成为资源配置变化的基本信号，发达的市场经济本身既需要货币市场，同时又为货币市场的发展提供良好的外部环境。

因此可以很容易地得出结论，货币市场是金融市场和市场经济良性发展的前提，金融市场和市场经济的完善又为货币市场的正常发展提供了条件，三者是相辅相成的统一体。在这一关系中，货币市场起着基础性作用。重资本市场，轻货币市场，其结果是削弱了货币市场的基础作用，使得市场经济行为主体失去了短期融资市场的依托，同时破坏了货币市场和资本市场的协调发展，造成大量本应属于货币市场的资金流向资本市场，一方面是货币市场因资金缺乏日渐萎缩，另一方面是不断膨胀的资本市场积聚了太多的短期游资，资本市场的泡沫成分日渐明显。同时，上述结果的延伸，将使中央银行借以调节宏观经济的联系纽带被割断，在很大程度上削弱中央银行货币政策的效应。因此，认识货币市场在整个金融市场以及市场经济中的基础功能与作用对于金融市场的发展具有深刻的意义。

五、货币市场的分类

货币市场就其结构而言，大致可分为短期借贷市场、同业拆借市场、回购市场、商业票据市场、银行承兑汇票市场、大额可转让定期存单市场、短期政府债券市场及货币市场共同基金市场等若干子市场。

第二节　短期借贷市场

所谓短期借贷市场，是指商业银行发放期限 1 年以内的短期贷款所形成的市场。一个完整的货币市场体系必须包括短期借贷市场。

一、短期借贷市场的形成机理

分析短期借贷市场的形成机理，必须同时考察短期借贷资金的需求方和供给方。

（一）资金需求方

在一个不断循环的再生产过程中，工商企业必须连续不断地购进各种原材料并销售完工的产成品，其间必然形成相当数量的存货和半成品，于是造成相当数额的资金占用；在一个信用发达的社会里，企业间的短期信用是不可避免的，于是应收账款、应收票据成为企业会计账户中的常用科目，这也形成一定的短期资金占用；另外，企业为应付一些不时之需，也应持有相当数量的货币性流动资产。应收账款、应收票据和货币性流动资产在资金周转过程中，形成一个稳定的、经常性占用的流动资金量。不仅如此，由于企业的生产经营活动受到来自内外部诸多因素的影响，因此企业的再生产各阶段资产占用常会出现失衡，引起流动资金占用数量不断增减涨落，从而形成非经常性流动资金需要。

一个企业拥有的资本金是有限的，其大部分已用于固定资产的投资，短期内难以回收，因此其经常性和非经常性的流动资金需求只能求助于货币市场。

（二）资金供给方

就商业银行而言，其信贷资金主要来源于各项存款，其中相当大的一部分是活期存款、储蓄存款等短期待用资金。对这部分资金的运用，安全性和流动性是第一位的。企业再生产过程中的流动资金，以货币资金为起点，依次经过购、产、销三个阶段，价值一次性转移到产品成本中去，并随着销售的实现返回到货币形态得到补偿；另外，在生产过程和销售过程中货币资本还有货物实物作为其物质基础，因此，贷款于这一领域是比较安全的。流动性贷款期限短，且可由银行灵活安排，方便于银行将之与流动性负债业务进行期限对称性搭配，从而满足流动性要求。于是，流动性贷款遂成为商业银行短期资金运用的首选。

二、短期借贷市场的定价规律

贷款定价合理与否是商业银行经营管理成功的关键之一，定价偏低使贷款收入不能补偿贷款的违约损失和发放贷款的经营成本，导致银行经营亏损；定价过高又会使银行失去客户，损失市场份额。一般来说，贷款定价应遵循以下四原则：利润最大化、扩大市场份额、保证贷款安全、维护银行形象。

当前最为流行的贷款定价方法是客户利润分析（customer profitability analysis）模型。该法的基本思路是评估银行与客户业务往来中的所有成本和收益，然后给该客户的贷款定价，以达到银行既定的利润目标。先考察账户总成本，它包括所有的服务和管理费、资金成本以及违约成本；再考察账户总收入，它包括客户存款投资收入、服务费收入和贷款的利息收入；最后，比较账户总收入和账户总成本，参照目标利润决定贷款与否。

三、短期贷款发放程序

原则上，与其他贷款相同，短期贷款的发放应遵循下列程序：
（1）贷款申请。
（2）贷款调查。
（3）对借款人的信用评估。
（4）贷款审批。
（5）借款合同的签订和担保。
（6）贷款发放。
（7）贷款检查。
（8）贷款回收。

四、短期贷款的种类

（一）发达国家（如美国）的短期贷款形式

（1）贷款承诺（loan commitments）：指银行根据合约在一定期间内向借款者提供的一定金额限度的固定或浮动利率贷款，借款者在合约期内和金额限度内自行决定借款时间和数量。银行一般根据所承诺的贷款额按一定比例收取承诺费（通常不超过 1%），利息则按实际借款额计算。

（2）信贷额度（line of credit）：指银行同意在一定限度内基本上随时根据企业的贷款需求进行放款的一种安排，信贷额度的时限一般是 1 年。除非企业资信状况严重恶化，在其信贷额度内银行或多或少要保证对之放款；企业则除对其已使用的金额支付利息外，还要对额度内尚未使用的部分承担一定的费用。作为替代的办法，企业也可获得一种循环贷款的安排；它既能在一定额度内借款，也可以随时自行决定偿还这些贷款而不必支付罚金；此后，它可以再次借款直至事先设定的额度。

（二）我国理论界划分的短期贷款类型

（1）临时性流动资金贷款是银行为解决企业生产经营过程中由于季节性、临时性原因引起的非经常性占用的流动资金需要而发放的贷款。此种贷款通常采用逐笔核贷、一次使用的管理方法，遵循较为严格的贷款程序。

（2）周转性流动资金贷款是银行为解决企业在正常生产经营过程中经常性占用的流动资金需要而发放的贷款。此种贷款对企业而言具有短期周转、长期使用的性质，在事先确定的贷款期间内，借款人可随用随借，多次循环使用贷款，这一点类似于国外的信贷额度。相应地，其贷款程序、手续也较为简化。

第三节 同业拆借市场

一、同业拆借市场的概念

同业拆借市场，也可以称为同业拆放市场，是指金融机构之间以货币借贷方式进行短期资金融通活动的市场，是金融机构之间进行短期、临时性头寸调剂的市场。同业拆借的资金主要用于弥补短期资金的不足、票据清算的差额以及解决临时性的资金短缺需要。同业拆借市场交易量大，能敏感地反映资金供求关系和货币政策意图，影响货币市场利率，因此，它是货币市场体系的重要组成部分。

同业拆解市场的基本特点是：融通资金的期限一般比较短；参与拆借的机构基本上是在中央银行开立存款账户，交易资金主要是该账户多余资金；同业拆借资金主要用于短期、临时性需要；同业拆借基本上是信用拆借。同业拆借可以使商业银行在不用保持大量超额准备金的前提下，就能满足存款支付的需要。

二、同业拆借市场的类型

（一）银行同业拆借市场

银行同业拆借市场是指银行业同业之间短期资金的拆借市场。各银行在日常经营活动中会经常发生头寸不足或盈余的情况，银行同业间为了互相支持对方业务的正常开展，并使多余资金产生短期收益，就会自然产生银行同业之间的资金拆借交易。这种交易活动一般没有固定的场所，主要通过电信手段成交。期限按日计算，有1日、2日、5日不等，一般不超过1个月，最长期限为120天，期限最短的甚至只有半日。拆借的利息叫"拆息"，其利率由交易双方自定，通常高于银行的筹资成本。拆息变动频繁，灵敏地反映资金供求状况。同业拆借每笔交易的数额较大，以适应银行经营活动的需要。日拆一般无抵押品，单凭银行间的信誉。期限较长的拆借常以信用度较高的金融工具为抵押品。

（二）短期拆借市场

短期拆借市场又叫"通知放款"，主要是商业银行与非银行金融机构（如证券商）之间一种短期资金拆借形式。其特点是利率多变，拆借期限不固定，随时可以拆出，随时偿还。交易所经纪人大多采用这种方式向银行借款。具体做法是，银行与客户间订立短期拆借协议，规定拆借额度和担保方式，在额度内随用随借，担保品多是股票、债券等有价证券。借款人在接到银行还款通知的次日即须偿还，如到期不能偿还，银行有权出售其担保品。

三、同业拆借市场的形成和发展

同业拆借市场产生于存款准备金政策的实施，伴随着中央银行业务和商业银行业务的发展而发展。为了控制货币流通量和银行的信用扩张，美国最早于1913年以法律的形式规定，所有接受存款的商业银行都必须按存款余额计提一定比例的存款准备金，作为不生息的支付准备存入中央银行，准备金数额不足就要受到一定的经济处罚。1921年，在美国纽约形成了以调剂联邦储备银行会员银行的准备金头寸为内容的联邦资金市场，实际上就是美国的同业拆借市场。在英国，伦敦同业拆借市场的形成，则是建立在银行间票据交换过程的基础之上的。各家银行在轧平票据交换的差额时，有的银行头寸不足，从而就有必要向头寸多余的银行拆入资金，由此使不同银行之间出现经常性的资金拆借行为。

在经历了20世纪30年代的第一次资本主义经济危机之后，西方各国普遍强化了中央银行的作用，相继引入法定存款准备金制度作为控制商业银行信用规模的手段。与此相适应，同业拆借市场也得到了较快发展。在经历了较长时间的发展过程之后，当今的同业拆借市场，无论在交易内容、开放程度方面，还是在融资规模、功能作用方面，都发生了深刻的变化。拆借交易不仅发生在银行之间，还出现在银行与其他金融机构之间。以美国为例，同业拆借市场形成之初，市场仅局限于联储的会员银行之间。后来，互助储蓄银行和储蓄贷款协会等金融机构也参与了这一市场。80年代以后，外国银行在美分支机构也加入了这个市场。市场参与者的增多，使得市场融资规模也迅速扩大。

我国的同业拆借市场自1986年起步，如今已经发展成为颇具规模的重要市场，在国民经济的发展中发挥着越来越重要的作用。

四、同业拆借市场的交易原理

同业拆借市场主要是银行等金融机构之间相互借贷在中央银行存款账户上的准备金余额，用以调剂准备金头寸的市场。一般来说，任何银行可用于贷款和投资的资金数额只能小于或等于负债额减法定存款准备金余额。然而，在银行的实际经营活动中，资金的流入和流出是经常化的和不确定的，银行时时处处要保持在中央银行准备金存款账户上的余额恰好等于法定准备金余额是不可能的。如果准备金存款账户上的余额大于法定准备金余额，即拥有超额准备金，那么就意味着银行有资金闲置，也就产生了相应的利息收入的损失；如果银行在准备金存款账户上的余额等于或小于法定准备金余额，在出现有利的投资机会，而银行又无法筹集到所需资金时，银行就只有放弃投资机会，或出售资产、收回贷款等。为了解决这一矛盾，有多余准备金的银行和存在准备金缺口的银行之间就出现了准备金的借贷。这种准备金余额的买卖活动就构成了传统的银行同业拆借市场。

随着市场的发展，同业拆借市场的参与者也开始呈现出多样化的格局，交易对象也不仅限于商业银行的准备金了。它还包括商业银行相互间的存款以及证券交易商和政府拥有的活期存款。拆借的目的除满足准备金要求外，还包括轧平票据交换的差额、解决临时性、季节性的资金要求等。但它们的交易过程都是相同的。

五、同业拆借市场的参与者

同业拆借市场的主要参与者首推商业银行。商业银行既是主要的资金供应者，又是主要的资金需求者。由于同业拆借市场期限较短，风险较小，许多银行都把短期闲置资金投放于该市场，以及时调整资产负债结构，保持资产的流动性。特别是那些市场份额有限、承受经营风险能力脆弱的中小银行，更是把同业拆借市场作为短期资金运用的经常性的场所，力图通过该市场提高资产质量，降低经营风险，增加利息收入。

非银行金融机构也是金融市场上的重要参与者。非银行金融机构如证券商、互助储蓄银行、储蓄贷款协会等参与同业拆借市场的资金拆借，大多以贷款人身份出现在该市场上，但也有需要资金的时候，如证券商的短期拆入。此外，外国银行的代理机构和分支机构也是同业拆借市场的参与者之一。市场参与者的多样化，使商业银行走出了过去仅仅重新分配准备金的圈子，同业拆借市场的功能范围有了进一步的扩大，并促进了各种金融机构之间的密切联系。

同业拆借市场中的交易既可以通过市场中介人，也可以直接联系交易。市场中介人指为资金拆入者和资金拆出者之间进行媒介交易以赚取手续费的经纪商。同业拆借市场的中介人可以分为两类：一类是专门从事拆借市场及其他货币市场子市场中介业务的专业经纪商，如日本的短资公司就属这种类型；另一类是非专门从事拆借市场中介业务的兼营经纪商，大多由商业银行承担。这些大中型商业银行不仅充当经纪商，其本身也参与该市场的交易。

六、同业拆借市场的拆借期限与利率

同业拆借市场的拆借期限通常以 1～2 天为限，一般不超过 1 个月，当然也有少数同业拆借交易的期限接近或达到 1 年的。同业拆借的拆款按日计息，拆息额占拆借本金的比例为"拆息率"。拆息率每天不同，甚至每时每刻都有变化，其高低灵敏地反映着货币市场资金的供求状况。

在国际货币市场上，比较典型的有代表性的同业拆借利率有三种，即伦敦银行同业拆借利率（LIBOR）、新加坡银行同业拆借利率和香港银行同业拆借利率。伦敦银行同业拆借利率，是伦敦金融市场上银行间相互拆借英镑、欧洲美元及其他欧洲货币时的利率。由报价银行在每个营业日的上午 11 时对外报出，分为存款利率和贷款利率两种报价。资金拆借的期限为 1 个月、3 个月、6 个月和 1 年等几个档次。自 20 世纪 60 年代初，该利率即成为伦敦金融市场借贷活动中的基本利率。目前，伦敦银行同业拆借利率已成为国际金融市场上的一种关键利率，一些浮动利率的融资工具在发行时，也以该利率作为浮动的依据和参照物。相比之下，新加坡银行同业拆借利率和香港银行同业拆借利率的生成和作用范围是两地的亚洲货币市场，其报价方法与拆借期限与伦敦银行同业拆放利率并无差别，但它们在国际金融市场上的地位和作用，则要差得多。

第四节　回购市场

回购市场是指通过回购协议进行短期资金融通交易的市场。所谓回购协议（repurchase agreement），指的是在出售证券的同时，和证券的购买商签订协议，约定在一定期限后按原定价格或约定价格购回所卖证券，从而获取即时可用资金的一种交易行为。从本质上说，回购协议是一种抵押贷款，其抵押品为证券。

在银行间债券市场上回购业务的类型可以分三种类型：一是质押式回购业务；二是买断式回购业务；三是开放式回购业务。

质押式回购是指持券方有资金需求时将手中的债券出质给资金融出方的一种资金交易行为。

买断式回购是指债券持有人（正回购方）将债券卖给债券购买方（逆回购方）的同时，交易双方约定在未来某一日期，正回购方再以约定价格从逆回购方买回相等数量同种债券的交易行为。作为一种新型的市场工具，买断式回购具有质押式回购同样的融资功能，因为回购期间债券的所有权会发生转移，在实现融资目标的同时也具备一定的融券功能。买断式回购的推出，大大改观质押债券被大量冻结的格局，从而有效地盘活债券存量、活跃现券交易；为市场参与者提供新的有效规避风险、增加收益的工具。

质押式回购和买断式回购最大的区别在于：质押式回购不改变债券的所有权，所有权不发生转移，而买断式回购可以看成两次现券买卖，在回购过程中债券的所有权发生了两次转移。即：在回购开始，正回购方将债券卖给逆回购方；在回购到期日，正回购方又从逆回购方买入相同数量及品种的债券。

开放式回购业务与质押式回购业务的性质是相同的，只是质押式业务通过网上交易办理，而开放式回购业务是针对不能在网上交易但又托管在国债登记公司的一些企业债券开办的一项业务，回购双方通过纸质的合同在网下进行交易。

一、回购协议交易原理

回购协议的期限从 1 日至数月不等。当回购协议签订后，资金获得者同意向资金供应者出售政府债券和政府代理机构债券以及其他债券以换取即时可用的资金。一般地,回购协议中所交易的证券主要是政府债券。回购协议期满时,再用即时可用资金做相反的交易。从表面上看,资金需求者通过出售债券获得了资金,而实际上,资金需求者是从短期金融市场上借入一笔资金。对于资金借出者来说,他获得了一笔短期内有权支配的债券,但该债券到期时要按约定的数量返还。所以,出售债券的人实际上是借入资金的人,购入债券的人实际上是借出资金的人。出售一方允许在约定的日期,以原来买卖的价格再加若干利息购回该证券。这时,不论该证券的价格是升还是降,均要按约定价格购回。在回购交易中,若贷款或证券购回的时间为 1 天,则称为隔夜回购,如果时间长于 1 天,则称为期限回购。

还有一种逆回购协议(reverse repurchase agreement),实际上与回购协议是一个问题的两个方面。它是从资金供应者的角度出发相对于回购协议而言的。回购协议中,卖出证券取得资金的一方同意按约定期限以约定价格购回所卖出证券。在逆回购协议中,买入证券的一方同意按约定期限以约定价格出售其所买入证券。从资金供应者的角度看,逆回购协议是回购协议的逆进行。

二、回购协议的优点

(1)对于资金借入方来说,回购协议既解决了资金问题,又可以免受购回金融资产时市场价格上升引起的损失。

(2)对于资金借出方来说,既减少了债务人无法按期还款的风险,也免受出售金融资产时市场价格下降引起的损失。

(3)对于商业银行而言,加大了资金运用的灵活性以及扩张业务的积极性。

(4)对于中央银行而言,可以实现货币政策的微调,同时也降低了操作成本。

三、回购市场及风险

回购协议市场没有集中的有形场所,交易以电信方式进行。大多数交易由资金供应方和资金获得者之间直接进行。但也有少数交易通过市场专营商进行。这些专营商大多为政府证券交易商,它们同获得资金的一方签订回购协议,并同供应资金的另一方签订逆回购协议。

大银行和政府证券交易商是回购协议市场的主要资金需求者。银行利用回购协议市场作为其资金来源之一。作为资金获得者,它有着与众不同的优势。首先,它持有大量的政府证券和政府代理机构证券,这些都是回购协议的正宗抵押品。其次,银行利用回购协议所取得的资金不属于存款负债,不用缴纳存款准备金。政府证券交易商也利用回购协议市场为其持有的政府证券或其他证券筹措资金。回购协议中的资金供给方很多,如资金雄厚的非银行金融机构、地方政府、存款机构、外国银行及外国政府等。其中资金实力较强的非银行金融机构和地方政府占统治地位。对于中央银行来说,通过回购交易可以实施公开市场操作，所以，回购市场是其执行货币政策的重要场所。

回购协议中的回购价格的计算公式为：

$$I = PP \times RR \times T/360$$

$$RP = PP + I \tag{2-1}$$

式中，PP 表示本金，RR 表示证券商和投资者所达成的回购时应付的利率，T 表示回购协议的期限，I 表示应付利息，RP 表示回购价格。

尽管回购协议中使用的是高质量的抵押品，但是交易的双方当事人也会面临信用风险。回购协议交易中的信用风险来源如下：如果到约定期限后交易商无力购回政府债券等证券，客户只有保留这些抵押品。但如果适逢债券利率上升，则手中持有的证券价格就会下跌，客户所拥有的债券价值就会小于其借出的资金价值；如果债券的市场价值上升，交易商又会担心抵押品的收回，因为这时其市场价值要高于贷款数额。

减少信用风险的方法有两种。第一，设置保证金。回购协议中的保证金是指证券抵押品的市值高于贷款价值的部分，其大小一般在 1% ~ 3% 之间。对于较低信用等级的借款者或当抵押证券的流动性不高时，差额可能达到 10% 之多。第二，根据证券抵押品的市值随时调整的方法。既可以重新调整回购协议的定价，也可以变动保证金的数额。如在回购协议的条款中规定，当回购协议中的抵押品价值下跌时，回购协议可以要求按新的市值比例追加保证金，或者降低贷款的数额。

回购协议中证券的交付一般不采用实物交付的方式，特别是在期限较短的回购协议中。但为了防范资金需求者在回购协议期间将证券卖出或与第三方做回购所带来的风险，一般要求资金需求方将抵押证券交给贷款人的清算银行的保管账户中，或在借款人专用的证券保管账户中以备随时查询。

四、回购利率的决定

在回购市场中，利率是不统一的，利率的确定取决于多种因素，这些因素主要有：

（1）用于回购的证券的质地。证券的信用度越高，流动性越强，回购利率就越低，否则，利率就会相对来说高一些。

（2）回购期限的长短。一般来说，期限越长，由于不确定因素越多，因而利率也相应高一些。但这并不是一定的，实际上利率是可以随时调整的。

（3）交割的条件。如果采用实物交割的方式，回购利率就会较低，如果采用其他交割方式，利率就会相对高一些。

（4）货币市场其他子市场的利率水平。回购协议的利率水平不可能脱离货币市场其他子市场的利率水平而单独决定，否则该市场将失去其吸引力。它一般是参照同业拆借市场利率而确定的。由于回购交易实际上是一种用较高信用的证券特别是政府证券作抵押的贷款方式，风险相对较小，因而利率也较低。

第五节　商业票据市场

商业票据又称商业证券，是大公司为了筹措资金，以贴现方式出售给投资者的一种短期无担保承诺凭证。其内涵不同于以商品信用交易为基础的商业汇票、本票等广义上的商业票据，而是一种没有抵押和担保，出票人凭自身的信用发行并允诺到期付款的短期流动票据。美国的商业票据属本票性质，英国的商业票据则属汇票性质。由于商业票据没有担保，仅以信用作保证，因此能够发行商业票据的一般都是规模巨大、信誉卓著的大公司。商业票据市场就是这些信誉卓著的大公司所发行的商业票据交易的市场。

商业票据是从商业信用工具逐渐演化而来的。在商品交易的过程中，每笔交易的成交，通常在货物运出或劳务提供以后，卖方向买方取款，买方则可按合约规定，开出一张远期付款的票据给卖方。卖方可以持有票据，也可以拿到金融市场上去贴现。由此可见，这种商业信用工具既是商品交易的工具，又可作为融通资金的工具。随着金融市场的发展，这种工具的融资职能与商品交易相分离，变成了单纯债权债务关系的融资工具。促使企业以发行商业票据的方式筹集短期资金的外部原因是银行对单一借款人放款金额的限制。西方国家为了使商业银行放款风险分散，减少银行倒闭对经济的影响，通常用法律限制对单一借款人的放款比例。这样需要大量资金的企业就不得不直接向社会发行商业票据集资。20世纪20年代，美国的一些大公司为刺激销售，实行商品赊销和分期付款，因需要大量资金而开始发行商业票据。此后，商业票据的发行不断扩大，成为工商企业筹资的重要方式。

一、商业票据的历史

商业票据是货币市场上历史最悠久的工具，最早可以追溯到19世纪初。早期商业票据的发展和运用几乎都集中在美国，发行者主要为纺织品工厂、铁路、烟草公司等非金融性企业。大多数早期的商业票据通过经纪商出售，主要购买者是商业银行。20世纪20年代以来，商业票据的性质发生了变化。汽车和其他耐用消费品的进口产生了消费者对短期季节性贷款的需求。这一时期产生了大量的消费信贷公司，以满足消费品融资购买的需要。而其资金来源则通过发行商业票据来进行。首家发行商业票据的大消费信贷公司是美国通用汽车承兑公司，它发行商业票据主要为购买通用汽车公司的汽车融资。通用汽车承兑公司进行的改革是将商业票据直接出售给投资者，而不通过商业票据经纪商销售。

20世纪60年代，商业票据的发行迅速增加。其原因有三：

（1）持续8年的经济增长。这段时间企业迅速增加，资金短缺，从银行贷款的费用增加，于是企业便转向商业票据市场求援。

（2）联储体系实行紧缩的货币政策。1966年和1969年，那些过去使用银行短期贷款的公司发现由于"Q条例"利率上限的限制而无法获得银行的贷款。这样，许多公司转向商业票据市场寻找替代的资金来源。

（3）银行为了满足其资金需要，自己发行商业票据。为逃避"Q条例"的限制，银行仅在1969年就发行了110多亿美元的商业票据。

历史上，商业银行是商业票据的主要购买者。自20世纪50年代初期以来，由于商业票据风险较低、期限较短、收益较高，许多公司也开始购买商业票据。现在，商业票据的主要投资者是保险公司、非金融企业、银行信托部门、地方政府、养老基金组织等。商业银行在商业票据的市场需求上已经退居次要地位，但银行在商业票据市场上仍具有重要作用。这表现在商业银行代理发行商业票据、代保管商业票据以及提供商业票据发行的信用额度支持等。由于许多商业票据是通过"滚动发行"偿还，即发行新票据取得资金偿还旧票据，加之许多投资者选择商业票据时较为看重银行的信用额度支持，因此，商业银行的信用额度对商业票据的发行影响极大。

二、商业票据市场的要素

（一）发行者

商业票据的发行者包括金融性和非金融性公司。金融性公司主要有三种：附属性公司、与银行有关的公司及独立的金融公司。第一类公司一般是附属于某些大的制造公司，如前述的通用汽车承兑公司；第二类是银行持股公司的下属子公司；其他则为独立的金融公司。非金融性公司发行商业票据的频次较金融公司少，发行所得主要解决企业的短期资金需求及季节性开支如应付工资及交纳税收等。

（二）主要投资者

在美国，商业票据的投资者包括中央银行、非金融性企业、投资公司、政府部门、私人抚恤基金、基金组织及个人。另外，储蓄贷款协会及互助储蓄银行也获准以其资金的20%投资于商业票据。投资者可以从三个方面购买商业票据：从交易商手中购买；从发行者那里购买；购买投资商业票据的基金份额。

（三）面额及期限

同其他货币市场信用工具一样，发行者利用商业票据吸收大量资金。在美国商业票据市场上，虽然有的商业票据的发行面额只有25 000美元或50 000美元，但大多数商业票据的发行面额都在100 000美元以上。二级市场商业票据的最低交易规模为100 000美元。据统计，商业票据市场上每个发行者平均拥有1.2亿美元的未到期的商业票据，一些最大的单个发行者拥有的未到期的商业票据达数十亿美元之多。

商业票据的期限较短，一般不超过270天。市场上未到期的商业票据平均期限在30天以内，大多数商业票据的期限在20～40天之间。

（四）销售与收益

商业票据的销售渠道有二：一是发行者通过自己的销售力量直接出售；二是通过商业票据交易商间接销售。究竟采取何种方式，主要取决于发行者使用这两种方式的成本高低。非金融性公司主要通过商业票据间接交易商销售，因为他们的短期信用需求通常具有季节性及临时性，建立永久性的商业票据销售队伍不合算。但有一些规模非常大的公司则通过自己的下属金融公司直接销售，在这样的大公司中，其未到期的商业票据一般在数亿美元以上，其中大多数为大金融公司和银行持股公司。

商业票据均为贴现发行，即以低于面额的价格发行，到期按面额兑付，其利率就是贴现率。其收益率的计算公式如下：

$$票据收益率 = \frac{面额 - 发行价格（或交易价格）}{发行价格（或交易价格）} \times \frac{360}{成交日至到期日的天数}$$

（五）信用评估

美国主要有四家机构对商业票据进行评级，它们是穆迪投资服务公司、标准普尔公司、德莱·费尔普斯信用评级公司和费奇投资公司。商业票据的发行人至少要获得其中的一个评级，大部分获得两个。商业票据的评级和其他证券的评级一样，也分为投资级和非投资级。美国证券交易委员会认可两种合格的商业票据：一级票据和二级票据。一般说来，要想成为一级票据，必须有两家评级机构对所发行的票据给予"1"的评级；要成为二级票据则必须有一家给予"1"的评级，至少还有一家或两家的评级为"2"。二级票据为中等票据，货币市场基金对其投资会受到限制。

（六）发行商业票据的非利息成本

同发行商业票据有关的非利息成本有：

（1）信用额度支持的费用，一般以补偿余额的方式支付，即发行者必须在银行账号中保留一定金额的无息资金。有时则按信用额度的 0.375% ~ 0.75% 一次性支付。后一种方法近年来较受商业票据的发行者欢迎。

（2）代理费用，主要是商业银行代理发行及偿付的费用。

（3）信用评估费用，是发行者支付给信用评估机构的报酬。在美国，国内出票人每年支付 5 000 ~ 25 000 美元，国外出票人还要多支付 3 500 ~ 10 000 美元。

三、商业票据市场的类型

商业票据市场主要是指商业票据的流通及转让市场，包括票据承兑市场和票据贴现市场。

（一）票据承兑市场

承兑是指汇票到期前，汇票付款人或指定银行确认票据记明事项，在票面上做出承诺付款并签章的一种行为。汇票之所以需要承兑，是由于债权人作为出票人单方面将付款人、金额、期限等内容记载于票面，从法律上讲，付款人在没有承诺前不是真正的票据债务人。经过承兑，承兑者就成了汇票的主债务人，因此，只有承兑后的汇票才具有法律效力，才能作为市场上合格的金融工具转让流通。由于承兑者以自己的信用作保证，负责到期付款，故若委托他人或银行办理承兑，需支付承兑手续费。在国外，汇票承兑一般由商业银行办理，也有专门办理承兑的金融机构，如英国的票据承兑所。

（二）票据贴现市场

票据贴现是指票据持有者为取得现金，以贴付利息为条件向银行或贴现公司转让未到期票据的融资关系。票据贴现可以使工商企业的资本从票据债权形式转化为现金形式，从而有利于资金周转，使资金循环顺利进行。贴现交易的工具是经过背书的汇票和本票以及政府国库券与短期债券。商业银行贴入票据，目的在于获取利润，一般情况下，会将购入票据保存到期，向承兑人收取票款，还复本息。如在实际经营中急需资金，商业银行可用贴入票据向中央银行再贴现，中央银行运用再贴现率来调节或控制商业银行的信贷规模，保持适当的市场货币供给量。

【专栏】

中国票据市场四十年发展回顾

一、票据市场规模迅速扩大

我国四十年票据发展历程根据市场规模增长速度可以大致划分为三个阶段：

第一阶段：1979～1999 年是起步探索阶段。随着社会主义市场经济的发展以及商品加速生产和流通，票据成为 20 世纪 90 年代解决企业间"三角债"问题的主要工具，这一阶段的特征是票据业务呈自然发展状态，承兑业务发展较快，贴现业务相对较少，票据交易极不活跃。

第二阶段：2000～2015 年是迅猛增长阶段。这一阶段，经济繁荣带动实体经济融资需求和票源增加，票据的多重功能迎合了中小银行的需求。因此，票据市场规模快速增长，承兑业务增速高于宏观经济增长，票据资产交易属性更加明显，流通周转速度加快。

第三阶段：2016 年至今是规范稳健发展阶段。这一阶段，经济发展进入转型期，金融去杠杆和监管强化逐步推进和深化，票据市场前期高速增长所积累的风险集中爆发后，加强整治，票据业务开始回归本源，交易规模大幅萎缩。

二、票据业务功能不断发掘和丰富

第一阶段：1979～1999 年，票据主要作为支付结算工具，起到商业信用保证作用。

第二阶段：2000～2009 年，票据主要作为银行的信贷规模调节工具，起到"蓄水池"作用。

第三阶段：2010 年至今，受信贷规模调控限制，票据调节规模的作用逐渐弱化，其交易、投融资和调控功能越来越显著。

三、市场参与者更趋多元化

1999 年及以前，票据业务主要以企业支付结算用途为主，市场参与主体基本局限于国有独资商业银行、少数大型企业及企业集团。在中国人民银行有关政策措施的引导下，参与的市场主体逐步增加，众多的中小金融机构和中小企业逐步成为票据市场的重要参与者。股份制商业银行、城市商业银行、财务公司和信用社等金融机构纷纷开展票据业务，票据市场活跃程度明显提高。

2000 年 11 月 9 日，我国第一家票据专营机构——中国工商银行票据营业部在上海成立，表明银行业已逐步形成专业化的票据经营机制。

之后，农信社、外资银行、信托公司、资产管理公司、证券公司、基金公司等均已或多或少地参与到了票据市场。

2016 年 12 月 8 日，上海票据交易所正式成立，标志着票据市场迈入全国统一、信息透明、标准化资产的新时代。

四、制度颁发与法规逐步完善

1984 年 12 月，中国人民银行颁布了《商业汇票承兑、贴现暂行办法》。

1988 年 12 月，中国人民银行颁布了《银行结算办法》。

1995 年 5 月 10 日，《中华人民共和国票据法》获得通过。

1996 年 6 月，中国人民银行颁布了《贷款通则》。

1997 年，中国人民银行印发了《票据管理实施办法》《支付结算办法》《商业汇票承兑、贴现与再贴现管理暂行办法》。

2009 年 10 月，中国人民银行建成电子商业汇票系统并印发了《电子商业汇票业务管理办法》。

2016 年 8 月，中国人民银行印发《关于规范和促进电子商业汇票业务发展的通知》；2016 年 12 月，中国人民银行颁布《票据交易管理办法》。

2016 年 12 月，上海票交所发布《票据交易主协议》《上海票据交易所票据交易规则》等十几项配套业务规则，有效解决了我国票据市场制度体系不健全的问题。

五、票据利率市场化水平不断提高

在我国恢复办理票据业务初期，票据利率的形成主要以行政手段进行规定。

1998 年 3 月，中国人民银行决定改进和完善票据再贴现利率和贴现利率形成机制，将再贴现利率单列为央行的一项法定基准利率，与再贷款利率脱钩，由央行根据市场资金的供求状况进行调整；贴现利率由再贴现利率加点生成，与同期贷款利率脱钩，贴现利率的浮动幅度得以扩大。

2007 年 1 月，上海银行间同业拆借利率（Shibor）机制正式运行，中国人民银行积极推进以 Shibor 为基准的票据贴现利率定价模式。在此期间，随着票据业务的快速发展和央行取消了对再贴现利率加点上浮的限制，金融机构也基本采用了市场化的方式确定贴现利率和转贴现利率。

2014 年 2 月，《商业银行服务价格管理办法》将"承兑银行应按票面金额向出票人收取万分之五的手续费"改为"市场调节价"，银行承兑费率开始与企业信用等级、承兑保证金比例等因素挂钩，票据价格体系市场化进程更进一步。

六、票据风险事件不断积累并得到有效控制

随着上海票据交易所成立和电子化程度不断提高以及加强监管，2017 年以来，票据市场进入规范稳健发展阶段，票据审验、交付、保管等环节的传统重大风险显著降低，票据风险管理重点开始转向频繁交易引发的市场风险和监管日趋强化导致的合规风险，风险管理方法也从以定性为主向定性和定量相结合转变，在票交所提供的实时全面的数据和信息基础上搭建了风险量化管理模型，对新环境下的票据风险进行有效识别、科学计量、实时监测，并建立完善的风险管控和风险缓释机制。

七、创新产品不断涌现

2009 年 10 月，中国人民银行建成电子商业汇票系统并投产运行，标志着我国票据市场进入了电子化发展阶段。2009～2011 年，票据理财产品迅速兴起发展，并随着监管加强，从传统银行理财演化为银信合作等模式，延伸出票据信托业务。2013 年以来，票据资产管理计划开始出现，并先后以证券公司和基金公司作为通道方。同年底，随着金融脱媒愈演愈烈，互联网票据理财模式开始兴起并迅速发展起来，一度成为票据市场热点。2016 年，随着监管治理不断强化，基于票据收益权发行的资产证券化产品开始初步尝试，但由于发行周期长、成本高等原因未完全推广开来。

这些票据创新产品增加了市场多样性，降低了交易成本，提高了市场流动性和运作效率，推动票据市场实现跨越式发展。

资料来源：肖小和．中国票据市场改革开放回顾与展望［EB/OL］．
http：//finance. sina. com. cn/money/bank/yhpl/2018 - 09 - 11/doc - ihiixzkm7131804. shtml。

第六节　银行承兑汇票市场

在商品交易活动中，售货人为了向购货人索取货款而签发的汇票，经付款人在票面上承诺到期付款的"承兑"字样并签章后，就成为承兑汇票。经购货人承兑的汇票称商业承兑汇票，经银行承兑的汇票即为银行承兑汇票。由于银行承兑汇票由银行承诺承担最后付款责任，实际上是银行将其信用出借给企业，因此，企业必须交纳一定的手续费。这里，银行是第一责任人，而出票人则只负第二责任。以银行承兑票据作为交易对象的市场即为银行承兑票据市场。

一、银行承兑汇票原理

银行承兑汇票是为方便商业交易活动而创造出的一种工具，在对外贸易中运用较多。当一笔国际贸易发生时，由于出口商对进口商的信用不了解，加之没有其他的信用协议，出口方担心对方不付款或不按时付款，进口方担心对方不发货或不能按时发货，交易就很难进行。这时便需要银行信用从中作保证。一般地，进口商首先要求本国银行开立信用证，作为向国外出口商的保证。信用证授权国外出口商开出以开证行为付款人的汇票，可以是即期的也可是远期的。若是即期的，付款银行（开证行）见票付款。若是远期汇票，付款银行（开证行）在汇票正面签上"承兑"字样，填上到期日，并盖章为凭。这样，银行承兑汇票就产生了。

在国际贸易中运用银行承兑汇票至少具有如下三方面的优点：

（1）出口商可以立即获得货款进行生产，避免由货物装运引起的时间耽搁。

（2）由于进口国银行以本国货币支付给出口商，避免了国际贸易中的不同货币结算上的麻烦及汇率风险。

（3）由于有财力雄厚、信誉卓著的银行对货款的支付作担保，出口商无须花费财力和时间去调查进口商的信用状况。

二、银行承兑汇票的市场交易

（一）初级市场

银行承兑汇票不仅在国际贸易中运用，也在国内贸易中运用。在有些货币为国际硬通货的国家如美国，银行承兑汇票还因其他国家周期性或季节性的美元外汇短缺而创造，这种承兑汇票称外汇承兑汇票。但总的来说，为国际贸易创造的银行承兑汇票占着绝大部分。国际贸易承兑主要包括三个部分：为本国出口商融资的承兑、为本国进口商融资的承兑以及为其他国家之间的贸易或外国国内的货物包仓储融资的第三国承兑。为国内贸易融资创造的银行承兑汇票，主要是银行应国内购货人的请求，对国内售货人签发的向购货人索取货款的汇票承兑，从而承担付款责任而产生的汇票。外汇承兑汇票指由一国季节性外汇短缺而引起的承兑汇票，它只是单纯的银行承兑汇票，不以指定的交易或库存为基础。这种承兑汇票只在中央银行指定的国外有效，数量非常少。

（二）二级市场

银行承兑市场被创造后，银行既可以自己持有银行承兑汇票当作一种投资，也可以拿到二级市场出售。如果出售，银行通过两个渠道，一是利用自己的渠道直接销售给投资者，二是利用货币市场交易商销售给投资者。因此，银行承兑汇票二级市场的参与者主要是创造承兑汇票的承兑银行、市场交易商及投资者。

二级市场上的银行可分为五个层次。第一层次是若干家最大的国内银行。它们创造的银行承兑汇票最安全，市场性最强，因而利率（贴现率）最低。第二层次是略逊于最大银行的银行，它们创造的银行承兑汇票的利率通常接近第一层次的银行的承兑汇票的利率。余下的银行属于第三及第四层次，它们的利率远高于前两层次的银行承兑汇票的利率。第五层次的银行为外国银行在美国的分支机构，它们创造的承兑汇票利率要高出国内承兑汇票很多，主要是因为投资者对它们的信誉缺乏足够的信任。

三、银行承兑汇票价值分析

同其他货币市场信用工具相比，银行承兑汇票在某些方面更能吸引储蓄者、银行和投资者，因而它是既受借款者欢迎又为投资者青睐，同时也受到银行喜欢的信用工具。

（一）从借款人角度看

首先，借款人利用银行承兑汇票较传统银行贷款的利息成本及非利息成本之和低。要求银行承兑汇票的企业实际上就是借款者，它必须向银行交付一定的手续费。当它向银行贴现后，又取得现款，故其融资成本为贴息和手续费之和。传统的银行贷款，除必须支付一定的利息外，借款者还必须在银行保持超过其正常周转资金余额的补偿性最低存款额，这部分存款没有利息，构成企业的非利息成本。对比而言，使用传统银行贷款的成本比运用银行承兑汇票的成本高。

其次，借款者运用银行承兑汇票比发行商业票据筹资有利。能在商业票据市场上发行商业票据的都是规模大、信誉好的企业。许多借款者都没有足够的规模和信誉以竞争性的利率发行商业票据筹资，这部分企业却可以运用银行承兑票据来解决资金上的困难。即使是少数能发行商业票据的企业，其发行费用和手续费加上商业票据利息成本，总筹资成本也高于运用银行承兑票据的成本。

（二）从银行角度看

首先，银行运用承兑汇票可以增加经营效益。银行通过创造银行承兑汇票，不必动用自己的资金，即可赚取手续费。当然，有时银行也用自己的资金贴进承兑汇票。但由于银行承兑汇票拥有大的二级市场，很容易变现，因此银行承兑汇票不仅不影响其流动性，而且提供了传统的银行贷款所无法提供的多样化的投资组合。

其次，银行运用其承兑汇票可以增加其信用能力。一般地，各国银行法都规定了其银行对单个客户提供信用的最高额度。通过创造、贴现或出售符合中央银行要求的银行承兑汇票，银行对单个客户的信用可在原有的基础上增加10%。

最后，银行法规定出售合格的银行承兑汇票所取得的资金不要求缴纳准备金。这样，在流向银行的资金减少时期，这一措施将刺激银行出售银行承兑汇票，引导资金从非银行部门流向银行部门。

(三) 从投资者角度看

投资者最重视的是投资的收益性、安全性和流动性。投资于银行承兑汇票的收益同投资于其他货币市场信用工具，如商业票据、大额可转让定期存单等工具的收益不相上下。银行承兑汇票的承兑银行对汇票持有者负不可撤销的第一责任，汇票的背书人或出票人承担第二责任，即如果银行到期拒绝付款，汇票持有人还可向汇票的背书人或出票人索款。因此，投资于银行承兑汇票的安全性非常高。另外，一流质量的银行承兑汇票具有公开的贴现市场，可以随时转售，因而具有高度的流动性。

第七节 大额可转让定期存单市场

一、大额可转让定期存单市场概述

大额可转让定期存单，是 20 世纪 60 年代以来金融环境变革的产物。由于 60 年代市场利率上升而美国的商业银行受 Q 条例的存款利率上限的限制，不能支付较高的市场利率，大公司的财务主管为了增加临时闲置资金的利息收益，纷纷将资金投资于安全性较好，又具有收益的货币市场工具，如国库券、商业票据等。这样，以企业为主要客户的银行存款急剧下降。为了阻止存款外流，银行设计了大额可转让定期存单这种短期的有收益票据来吸引企业的短期资金。这种存单形式的最先发明者应归功于美国花旗银行。

同传统的定期存款相比，大额可转让定期存单具有以下几点不同：

(1) 定期存款记名、不可流通转让；而大额定期存单则是不记名的、可以流通转让。

(2) 定期存款金额不固定，可大可小；而可转让定期存单金额较大，在美国向机构投资者发行的面额最少为 10 万美元，二级市场上的交易单位为 100 万美元，但向个人投资者发行的面额最少为 100 美元。在中国香港地区最少面额为 10 万港元。

(3) 定期存款利率固定；可转让定期存单利率既有固定的，也有浮动的，且一般来说比同期限的定期存款利率高。

(4) 定期存款可以提前支取，提前支取时要损失一部分利息；可转让存单不能提前支取，但可在二级市场流通转让。

大额定期存单一般由较大的商业银行发行，主要是由于这些机构信誉较高，可以相对降低筹资成本，且发行规模大，容易在二级市场流通。

二、大额可转让定期存单的种类

按照发行者的不同，大额存单可以分为四类：

（一）国内存单

国内存单是四种存单中最重要、也是历史最悠久的一种，它由美国国内银行发行。存单上注明存款的金额、到期日、利率及利息期限。向机构发行的面额为 10 万美元以上，二级市场最低交易单位为 100 万美元。国内存单的期限由银行和客户协商确定，常常根据客户的流动性要求灵活安排，期限一般为 30 天到 12 个月，也有超过 12 个月的。流通中未到期的国内存单的平均期限为三个月左右。

初级市场上国内存单的利率一般由市场供求关系决定，也有由发行者和存款者协商决定的。利息的计算通常按距到期日的实际天数计算，一年按 360 天计。利率又有固定和浮动之分。在固定利率条件下，期限在一年以内的国内存单的利息到期时偿还本息。期限超过一年的，每半年支付一次利息。如果是浮动利率，则利率每一个月或每三个月调整一次，主要参照同期的二级市场利率水平。

国内存单以记名方式或无记名方式发行，大多数以无记名方式发行。

（二）欧洲美元存单

欧洲美元存单是美国境外银行（外国银行和美国银行在外的分支机构）发行的以美元为面值的一种可转让定期存单。欧洲美元存单市场的中心在伦敦，但欧洲美元存单的发行范围并不仅限于欧洲。

欧洲美元存单最早出现于 1966 年，它的兴起应归功于美国银行条例，尤其是"Q 条例"对国内货币市场筹资的限制。由于银行可以在欧洲美元市场不受美国银行条例的限制为国内放款筹资，欧洲美元存单数量迅速增加。美国大银行过去曾是欧洲存单的主要发行者，1982 年以来，日本银行逐渐成为欧洲存单的主要发行者。

（三）扬基存单

扬基存单是外国银行在美国的分支机构发行的一种可转让的定期存单。其发行者主要是西欧和日本等地的著名的国际性银行在美分支机构。扬基存单期限一般较短，大多在三个月以内。

早期由于扬基存单发行者资信情况不为投资者了解，只有少数扬基存单由发行者直接出售给同其建立了关系的客户，大多数扬基存单通过经纪商销售。以后随着外国银行的资信逐渐为美国投资者所熟悉，扬基存单也广为人们接受，这时发行者直接以零售形式出售扬基存单变得更为普遍。外国银行发行扬基存单之所以能在美国立足基于如下两个方面的原因：一是这些银行持有美国执照，增加了投资者对扬基存单的安全感；二是其不受联储条例的限制，无法确定准备金要求，使其与国内存单在竞争上具有成本优势。因为外国银行在美国发行证券一般都比美国国内银行支付更高的利息，但由于扬基存单在准备金上的豁免，使得其成本同国内存单的成本不相上下，甚至更低。

（四）储蓄机构存单

这是出现较晚的一种存单，它是由一些非银行金融机构（储蓄贷款协会、互助储蓄银行、信用合作社）发行的一种可转让定期存单。其中，储蓄贷款协会是主要的发行者。储蓄机构存单或因法律上的规定，或因实际操作困难而不能流通转让。因此其二级市场规模很小。

三、大额可转让定期存单的市场特征

（一）利率和期限

20 世纪 60 年代，可转让存单主要以固定利率的方式发行，存单上注明特定的利率，并在指定的到期日支付。这在当时利率稳定时深受投资者欢迎。那些既注重收益又要求流动性的投资者购买短期可转让存单，而那些更注重收益的投资者则购买期限稍长的存单。

20 世纪 60 年代后期开始，金融市场利率发生变化，利率波动加剧，并趋于上升。在这种情况下，投资者都希望投资于短期的信用工具，可转让存单的期限大大缩短。60 年代存单的期限为 3 个月左右，1974 年以后缩短为 2 个月左右。

（二）风险和收益

对投资者来说，可转让存单的风险有两种：一是信用风险；二是市场风险。信用风险指发行存单的银行在存单期满时无法偿付本息的风险。市场风险指的是存单持有者急需资金时，存单不能在二级市场上立即出售变现或不能以较合理的价格出售。尽管可转让存单的二级市场非常发达，但其发达程度仍比不上国库券市场，因此并非完全没有市场风险。

一般地说，存单的收益取决于三个因素：发行银行的信用评级、存单的期限以及存单的供求量。另外，收益和风险的高低也紧密相连。可转让存单的收益要高于同期的国库券收益，主要原因是国库券的信用风险低并且具有免税优惠。另外，国库券市场的流动性也比存单市场高。

四、大额可转让定期存单的投资者

大企业是存单的最大买主。对于企业来说，在保证资金流动性和安全性的情况下，其现金管理目标就是寻求剩余资金的收益的最大化。企业剩余资金一般用途有两种：一种用于应付各种固定的预付支出如纳税、分红及发放工资等；一种用于意想不到的应急。企业可将剩余资金投资于存单，并将存单的到期日同各种固定的预期支出的支付日期联系起来，到期以存单的本息支付。至于一些意外的资金需要，则可在企业急需资金时在二级市场上出售存单来获取资金。

金融机构也是存单的积极投资者。货币市场基金在存单的投资上占据着很大的份额。其次是商业银行和银行信托部门。银行可以购买其他银行发行的存单，但不能购买自己发行的存单。此外，政府机构、外国政府、外国中央银行及个人也是存单的投资者。

五、大额可转让定期存单价值分析

大额可转让定期存单，对许多投资者来说，既有定期存款的较高利息收入特征，又同时有活期存款的可随时获得兑现的优点，是追求稳定收益的投资者的一种较好选择。

对银行来说，发行存单可以增加资金来源，而且由于这部分资金可视为定期存款而能用于中期放款。发行存单的意义不仅在于增加银行存款，更主要是由发行存单所带来的对银行经营管理方面的作用。存单发行使银行在调整资产的流动性及实施资产负债管理上具有了更灵活的手段。

存单市场在很大程度上是通过存单交易商维持的。存单交易商的功能主要有两个：一是以自己的头寸买进存单后再零售给投资者；二是支持存单的二级市场——为存单的不断买卖创造市场。交易商购买存单的资金头寸主要是通过回购协议交易进行的。由于存单较政府证券的风险要大，因而以存单做抵押进行回购协议交易时，买回存单的价格要高于买回政府债券的价格。在美国，存单交易商的数量一度超过 30 家，但今天只有很少的交易商为存单做市。因此，存单的流动性大为降低。

第八节　短期政府债券市场

短期政府债券，是政府部门以债务人身份承担到期偿付本息责任的期限在 1 年以内的债务凭证。从广义上看，政府债券不仅包括国家财政部门所发行的债券，还包括地方政府及政府代理机构所发行的证券。狭义的短期政府债券则仅指国库券（T-bills）。一般来说，政府短期债券市场主要指的是国库券市场。

一、短期政府债券的发行

短期政府债券以贴现方式进行，投资者的收益是证券的购买价与证券面额之间的差额。由财政部发行的短期债券一般称为国库券。值得注意的是，在我国不管是期限在 1 年以内还是 1 年以上的由政府财政部门发行的政府债券，均有称为国库券的习惯。但在国外，期限在 1 年以上的政府中长期债券称为公债，1 年以内的证券才称为国库券。政府短期债券的发行，其目的一般有两个。一是满足政府部门短期资金周转的需要。政府部门弥补长期收支差额，可通过发行中长期公债来筹措。但政府收支也有季节性的变动，每一年度的预算即使平衡，其间可能也有一段时间资金短缺，需要筹措短期资金以资周转。这时，政府部门就可以通过发行短期债券以保证临时性的资金需要。此外，在长期利率水平不稳定时，政府不宜发行长期公债，因为如果债券利率超过将来实际利率水平，则政府将承担不应承担的高利率。而如果预期利率低于将来实际利率水平，则公债市场价格将跌至票面之下，影响政府公债的销售。在这种情况下，最好的办法就是先按短期利率发行国库券，等长期利率稳定后再发行中长期公债。二是为中央银行的公开市场业务提供可操作的工具。政府短期债券是中央银行进行公开市场操作的极佳品种，是连接财政政策与货币政策的契合点。目前，由于政府短期证券的发行数额增长很快，其在货币政策调控上的意义，有时超过了平衡财政收支的目的。

新国库券大多通过拍卖方式发行，投资者可以两种方式来投标。一是竞争性方式，竞标者报出认购国库券的数量和价格（拍卖中长期国债时通常为收益率），所有竞标根据价格从高到低（或收益率从低到高）排队；二是非竞争性方式，由投资者报出认购数量，并同意以中标的平均竞价购买。竞标结束时，发行者首先将非竞争性投标数量从拍卖总额中扣除，剩余数额分配给竞争性投标者。发行者从申报价最高（或从收益率最低）的竞争性投标开始依次接受，直至售完。当最后中标标位上的投标额大于剩余招标额时，该标位中标额按等比分配原则确定。

竞争性招标又可以分为单一价格（即"荷兰式"）招标方式或多种价格（即"美国式"）招标方式。按单一价格招标时，所有中标者都按最低中标价格（或最高收益率）获得国库券。按多种价格招标时，中标者按各自申报价格（收益率）获得国库券。非竞争性投标者则按竞争性投标的平均中标价格来认购。

在多种价格投标方式中，竞争性投标者竞价过高要冒认购价过高的风险，竞价过低又要冒认购不到的风险，从而可以约束投标者合理报价。而在单一价格招标方式中，所有中标者均按最低中标价格（或最高中标收益率）中标，各投标者就有可能抬高报价，从而抬高最后中标价。而非竞争性投标者多为个人及其他小投资者，他们不会因报价太低而冒丧失购买机会的风险，也不会因报价太高冒高成本认购的风险。非竞争性投标方式认购的国库券数额较少。

国库券通过拍卖方式发行，具有如下优点：

（1）传统的认购方式下，财政部事先设置好新发行证券的息票和价格，实际上出售之前就决定了发行收益，若认购金额超过发行额，可足额发行，若认购金额少于发行金额，则只能部分发行。采用拍卖方式，较认购方式简单，耗时也少。在拍卖过程中，市场决定收益，因而不存在发行过多或不足的问题。财政部仅决定国库券的供应量，其余皆由市场决定。

（2）采用拍卖方式发行，也为财政部提供了灵活的筹资手段。因为财政部负债中的少量变化可简单地通过变动每周拍卖中的国库券的供应来实现。

二、短期政府债券的市场特征

同其他货币市场信用工具不同，短期国库券交易具有一些较明显的投资特征。这些特征对投资者购买国库券具有很大影响。国库券的四个投资特征是：

（1）违约风险小。由于国库券是国家的债务，因而它被认为是没有违约风险的。相反，即使是信用等级最高的其他货币市场票据，如商业票据、可转让存单等，都存在一定的风险，尤其在经济衰退时期。国库券无违约风险的特征增加了对投资者的吸引力。

国库券的这一特征还间接地影响到投资者对国库券的需求，因为各种法令和条例赋予了国库券在投资者中的特殊地位。对商业银行和地方政府来说，利用国库券可以解决其他形式的货币市场票据如商业票据和银行承兑票据所无法解决的问题。

（2）流动性强。国库券的第二个特征是具有高度的可流通性。这一特征使得国库券能在交易成本较低及价格风险较低的情况下迅速变现。国库券之所以具有这一特征，是由于它是一种在高组织性、高效率和竞争市场上交易的短期同质工具（short-term and homogeneous instrument）。当然，当投资者需要资金时，究竟是出卖国库券还是通过其他手段来筹集资金，很大程度上取决于其所需资金的期限及筹集资金的机会成本问题，它包括对风险的考虑、通信费用等从属性交易成本及报价和出价之差额所形成的成本。

（3）面额小。相对于其他货币市场票据来说，国库券的面额较小。对许多小投资者来说，国库券通常是他们能直接从货币市场购买的唯一有价证券。

（4）收入免税。以美国为例，免税主要是指免除州及地方所得税。假定州所得税税率为 T，那么商业票据收益率和国库券收益率之间的关系可以通过下式表示：

$$RCP(1 - T) = RTB \qquad\qquad (2-2)$$

式中，RCP 表示商业票据利率，RTB 表示国库券利率，T 表示州及地方税率。

从公式（2-2）可以看出，国库券的免税优点的体现取决于投资者所在州及地方税率的高低和利率的现有水平。州及地方税率越高，国库券的吸引力越大。市场利率水平越高，国库券的吸引力也越大。

三、国库券收益计算

国库券的收益率一般以银行贴现收益率（bank discount yield）表示，其计算方法为：

$$Y_{BD} = \frac{10\,000 - P}{10\,000} \times \frac{360}{t} \times 100\% \qquad\qquad (2-3)$$

式中，Y_{BD} 表示银行贴现收益率，P 表示国库券价格，t 表示距到期日的天数。

【例 2-1】一张面额 10 000 美元、售价 9 818 美元、到期期限 182 天（半年期）的国库券，其贴现收益率为：

$$[(10\,000 - 9\,818)/10\,000] \times 360/182 = 3.6\%$$

若已知某国库券的银行贴现收益率，就可以算出相应的价格，其计算方法为：

$$P = 10\,000 \times [1 - Y_{BD} \times (t/360)] \qquad\qquad (2-4)$$

实际上，用银行贴现收益率计算出来的收益率低估了投资国库券的真实年收益率（effective annual rate of return）。真实年收益率指的是所有资金按实际投资期所赚的相同收益率再投资的话，原有投资资金在一年内的增长率，它考虑了复利因素。其计算方法为：

$$Y_E = \left[1 + \left(\frac{10\,000 - P}{P} \right) \right]^{365/t} \qquad (2-5)$$

式中 Y_E 表示真实年收益率。

在［例2-1］中，该国库券的真实年收益率为：

$$[1 + (10\,000 - 9\,818)/9\,818]^{365/182} = 3.74\%$$

从以上数字可以看出，银行贴现收益率低估了国库券的真实收益率。与真实年收益率相比，银行贴现收益率存在三个问题：首先，在折算为年率时，银行贴现收益率用的是360天而不是365天；其次，它用单利计算法而不是复利计算法；最后，公式的分母用的是面额而不是投资额。

由于在实践中期限小于1年的大多数证券的收益率都是按单利计算的，因此《华尔街日报》在国库券行情表的最后一栏中所用的收益率既不是银行贴现收益率，也不是真实年收益率，而是债券等价收益率（bond equivalent yield）。其计算方法为：

$$Y_{BE} = \frac{10\,000 - P}{P} \times \frac{365}{t} \times 100\% \qquad (2-6)$$

式中 Y_{BE} 表示债券等价收益率。

债券等价收益率考虑了365天（闰年时为366天）和分母应为投资额的问题，但未考虑复利问题。［例2-1］中国库券的债券等价收益率为：

$$[(10\,000 - 9\,818)/9\,818] \times 365/182 = 3.71\%$$

可见，债券等价收益率低于真实年收益率，但高于银行贴现收益率。

第九节　货币市场共同基金市场

货币市场共同基金是美国20世纪70年代以来出现的一种新型投资理财工具。共同基金是将众多的小额投资者的资金集合起来，由专门的经理人进行市场运作，赚取收益后按一定的期限及持有的份额进行分配的一种金融组织形式。而对于主要在货币市场上进行运作的共同基金，则称为货币市场共同基金。

一、货币市场共同基金的发展历史

货币市场共同基金最早出现在1972年。当时，由于美国政府出台了限制银行存款利率的"Q条例",银行存款对许多投资者的吸引力下降,他们急于为自己的资金寻找到新的能够获得货币市场现行利率水平的收益途径。货币市场共同基金正是在这种情况下应运而生。它能将许多投资者的小额资金集合起来,由专家操作。货币市场共同基金出现后,其发展速度是很快的。目前,在发达的市场经济国家,货币市场共同基金在全部基金中所占比重最大。

二、货币市场共同基金的市场运作

(一)货币市场共同基金的发行及交易

货币市场共同基金一般属开放型基金,即其基金份额可以随时购买和赎回。当符合条件的基金经理人设立基金的申请经有关部门许可后,它就可着手基金份额的募集。投资者认购基金份额与否一般依据基金的招募说明书来加以判断。基金的发行方式有公募与私募两种。具体来说,基金的发行可采取发行人直接向社会公众招募、由投资银行或证券公司承销或通过银行及保险公司等金融机构进行分销等办法。

基金的初次认购按面额进行,一般不收或收取很少的手续费。由于开放型基金的份额总数是随时变动的,因此,货币市场共同基金的交易实际上是指基金购买者增加持有或退出基金的选择过程。但货币市场共同基金与其他投资于股票等证券交易的开放型基金不同,其购买或赎回价格所依据的净资产值是不变的,一般是每个基金单位1元。同时,对基金所分配的赢利,基金投资者可以选择是转换为新的基金份额还是领取现金两种方式。一般情况下,投资者用投资收益再投资,增加基金份额。由于货币市场基金的净资产值是固定不变的,因此,衡量该类基金表现好坏的标准就是其投资收益率。

(二)货币市场共同基金的特征

货币市场共同基金首先是基金中的一种,同时,它又是专门投资货币市场工具的基金,与一般的基金相比,除了具有一般基金的专家理财、分散投资等特点外,货币市场共同基金还具有如下一些投资特征:

(1)货币市场基金投资于货币市场中高质量的证券组合。1991年2月,美国证券交易委员会(SEC)要求货币市场基金要提高在顶级证券上的投资比例,规定其投资在比顶级证券低一档次的证券数量不超过5%,对单个公司发行的证券的持有量不能超过其净资产的1%。这里所谓的顶级证券是指由一些全国性的证券评级机构中的至少两家评级在其最高的两个等级之中。由于货币市场共同基金投资的高质量证券具有流动性高、收益稳定、风险小等特点,而资金较少的小投资者除了在货币市场上可以购买短期政府债券外,一般不能直接参与货币市场交易。货币市场基金的出现满足了一部分小额资金投资者投资货币市场获取稳定收益的要求,因此受到投资者的青睐。

(2)货币市场共同基金提供一种有限制的存款账户。货币市场共同基金的投资者可以签发以其基金账户为基础的支票来取现或进行支付。这样，货币市场共同基金的基金份额实际上发挥了能获得短期证券市场利率的支票存款的作用。尽管货币市场共同基金在某种程度上可以作为一种存款账户使用，但它们在法律上并不算存款，因此不需要提取法定存款准备金及受利率最高限的限制。

（3）货币市场共同基金所受到的法规限制相对较少。由于货币市场共同基金本身是一种绕过存款利率最高限的金融创新，因此，最初的发展中对其进行限制的法规几乎没有，其经营较为灵活。这使货币市场共同基金在同银行等相关金融机构在资金来源的竞争中占有一定的优势；货币市场共同基金也不用缴纳存款准备金，所以，即使是保持和商业银行等储蓄性金融机构一致的投资收益，由于其资金的运用更充分，其所支付的利息也会高于银行储蓄存款利息。

三、货币市场共同基金的发展方向

货币市场共同基金的发展方向取决于其在金融市场中的作用。从目前的发展趋势看，货币市场共同基金的一部分优势仍得以保持，如专家理财、投资于优等级的短期债券等，但另一些优势正逐渐被侵蚀，主要表现在两个方面。一方面是货币市场共同基金没有获得政府有关金融保险机构提供的支付保证，另一方面是投资于货币市场共同基金的收益和投资与有银行等存款性金融机构创造的货币市场存款账户的收益差距正在消失。一个原因是由于银行面对竞争，在不断地推出新的更有吸引力的信用工具；另一个原因是货币市场基金受到管制较少的历史正逐渐成为过去。货币市场共同基金在追求高收益的过程中，必然伴随着高风险。一些货币市场共同基金出现了巨额的亏损，给基金持有人带来了损害，从而使政府不得不干预该市场。

即使货币市场基金今天的发展面临着一些问题，但货币市场基金仍将和其他存款性金融机构在竞争中一道发展。在这个过程中，货币市场共同基金市场将面临兼并重组要求，通过优胜劣汰、不断创新，以求在市场竞争中立足。

📅 本章小结

本章主要介绍了现存的货币市场子市场：短期借贷市场、同业拆借市场、回购市场、商业票据市场、银行承兑汇票市场、大额可转让定期存单市场、短期政府债券市场、货币市场共同基金市场的基本知识、基本理论及其运行机制。

📖 习题

1. 货币市场的界定标准是什么？它包括哪些子市场？
2. 简述同业拆借市场的主要参与者、交易对象及利率形成机制。

3. 回购市场的交易原理及其与同业拆借市场的区别是什么?

4. 商业票据市场和银行承兑票据市场的联系和区别是什么?

5. 大额存单市场是如何产生的,有哪些特征?

6. 为什么国库券市场具有明显的投资特征?

第三章　股票市场

【本章要点】

股票市场是已经发行的股票转让、买卖和流通的场所，包括交易所市场和场外交易市场两大类别。股票市场的结构和交易活动比发行市场（一级市场）更为复杂，其作用和影响力也更大。

1. 了解股票的概念、种类以及股票市场的运作；
2. 熟悉证券交易所和场外交易市场；
3. 掌握股票价格指数的含义、计算方法，了解主要股价指数及其特点等。

【关键术语】

普通股；剩余索取权；剩余控制权；优先股公募；私募；包销；承销；证券交易所；场外交易市场；报价驱动制度；委托驱动制度；连续竞价；集合竞价；市价委托；限价委托；信用交易；保证金购买；卖空；股价指数

第一节　股票市场概述

股票市场也称权益市场（equity market），因为股票是一种权益工具；而其组织结构可分为一级市场和二级市场。股票市场是已经发行的股票转让、买卖和流通的场所，包括交易所市场和场外交易市场两大类别。由于它是建立在发行市场基础上的，因此又称作二级市场。股票市场的结构和交易活动比发行市场（一级市场）更为复杂，其作用和影响力也更大。

股票市场的前身起源于1602年荷兰人在阿姆斯特河大桥上进行荷属东印度公司股票的买卖，而正规的股票市场最早出现在美国。股票市场是投机者和投资者双双活跃的地方，是一个国家或地区经济和金融活动的寒暑表，股票市场的不良现象，例如无货沽空等，可以导致股灾等各种危害的产生。股票市场唯一不变的就是它时时刻刻都是变化的。中国内地有上交所和深交所两个交易市场。

一、股票的概念和特征

（一）股票的概念

股票是投资者向公司提供资本的权益合同，是公司的所有权凭证。股东的权益在利润和资产分配上表现为索取公司对债务还本付息后的剩余收益，即剩余索取权（residual claims）；在公司破产的情况下股东通常将一无所获，但只负有限责任，即公司资产不足以清偿全部债务时，股东个人财产也不受追究。同时，股东有权投票决定公司的重大经营决策，如经理的选择、重大投资项目的确定、兼并与反兼并等，对于日常的经营活动则由经理作出决策。换言之，股东对公司的控制表现为合同所规定的经理职责范围之外的决策权，称为剩余控制权（residual rights of control）；但同样地，如果公司破产，股东将丧失其控制权。概括而言，在公司正常经营状态下，股东拥有剩余索取权和剩余控制权，这两者构成了公司的所有权。

股票本身没有价值，但它作为股本所有权的证书，代表着取得一定收入的权利，因此具有价值，可以作为商品转让。但股票的转让并不直接影响真实资本的运动。股票一经认购，持有者就不能要求退股，但可到二级市场上交易。

股票作为股东进行投资的凭证和获取收益的凭证，是股份、股权关系的具体体现。拥有了股票，也就意味着拥有了股份和股权。按照公司法的规定，在诸种公司类型中，只有股份有限公司才可以发行股票。股票是一种只适合于股份有限公司的有价证券。对于发行公司来说，股票是筹集自有资金的工具；对于资金所有者来说，股票是其具体的投资对象。股票像一般商品一样，有价格、能出售，也能作为抵押品，其根本原因在于股票能给其合法持有者带来一定的股息收入。

（二）股票的性质

（1）股票是反映财产权的有价证券。
（2）股票是证明股东所有权的法律凭证（股票是一种证权证券）。
（3）股票是投资行为的法律凭证。

股票是代表股份资本所有权的证书，但它自身没有任何价值，而是一种独立于实际资本之外的虚拟资本。

这一性质的理解应着重把握两个方面。一方面，股票是一种虚拟的资本商品。实际资本是商品，股票是虚拟的资本商品。二者既相互联系，相互制约，又具有不同的运动形式。另一方面，股票是以价值形态存在的生产要素。实际资本以厂房、机器、原材料等形式存在，是实物形态的生产要素；虚拟资本以股票的形式存在，是价值形态的生产要素。

（三）股票的特征

股票具有以下基本特征：

第一，不可偿还性。股票是一种无偿还期的有价证券，投资者认购了股票后，就不能要求退股，只能到二级市场上转让。股票的转让只意味着公司股东的改变，并不减少公司资本。从期限上看，只要公司存在，它所发行的股票就存在，股票的期限等于公司存续的期限。

第二，参与性。股东有权出席股东大会，选举公司董事会，参与公司重大决策。股票持有者的投资意志和享有的经济利益，通常是通过行使股东参与权来实现的。

第三，收益性。股东凭其持有的股票，有权从公司领取股息或红利，获取投资的收益。股息或红利的大小，主要取决于公司的盈利水平和公司的盈利分配政策。股票的收益性，还表现在股票投资者可以获得股票投资的资本收益。

第四，流通性。股票的流通性是指股票在不同投资者之间的可交易性。流通性通常以可流通的股票数量、股票成交量以及股价对交易量的敏感程度来衡量。可流通股票越多，成交量越大，价格对成交量越不敏感，股票的流通性就越好，反之就越差。

第五，风险性。股票在交易市场上作为交易对象，同商品一样，有自己的市场行情和市场价格。由于股票价格要受到诸如公司经营状况、供求关系、银行利率、大众心理等多种因素的影响，其波动性有很大的不确定性。正是这种不确定性，有可能使股票投资者遭受损失。价格波动的不确定性越大，投资风险也就越大。

二、股票种类

在证券市场上，公司根据自身经营活动的需要和满足投资者不同的投资心理，发行各种不同的股票，其所代表的股东地位和股东权利是不同的。

（一）股票的基本类型

以股票所赋予的股东权利划分，分为普通股票和优先股。

1. 普通股

普通股是指对股东不加以特别限制、享有平等权利，并随着股份有限公司利润的大小而取得相应收益的股票。

（1）普通股的特点。

第一，它是股份有限公司发行的最基本、最重要的股票种类。股份公司最初发行的股票一般都是普通股，通过发行普通股所筹集到的资金通常是股份有限公司股本的基础。

第二，它是股份有限公司发行的标准股票，其有效性与股份有限公司的存续期间相一致。普通股的持有者构成了股份公司的基本股东，他们平等地享有股东权利。

第三，它是风险最大的股票。主要表现在：一是收益的不确定性；二是交易价格的波动性。

普通股股东之间的法律地位是平等的，不依股东的信誉、身份、财产状况和工作能力等人身条件的不同而改变。

（2）普通股股东的权利。

在股份公司存续期间，普通股股东享有下列权利（法律对此不给予任何特别限制）：

第一，经营参与权。这主要是指在股东大会上的发言权、表决权和选举权，以及账簿记录检查权。

第二，红利享有权。普通股股东有权凭其所持的股权份额从公司的净利润中分取红利，这是普通股股东经济利益的直接体现。

第三，认股优先权。公司为增加公司资本而决定增加发行新的普通股股票时，现有的普通股股东有权优先认购，以保持其在公司中的股份权益。

第四，剩余财产分配权。股份公司破产或解散清算时，普通股股东有权按持股比例分得剩余财产。

（3）普通股的分类。

根据股票发行公司的法律和经济地位、公众形象以及普通股的风险让渡、投资功能等不同，普通股分为以下几种：

第一，干股（递延股）。股份公司无偿赠送给发起人的一种股票，或者是以奖励等目的赠送给公司员工的一种股票。

第二，蓝筹股。一些具有雄厚金融实力的、有稳定盈余记录的大公司发行的普通股，也称热门股。

第三，成长股。销售额和收益额的增长幅度高于整个国家及其所在行业的增长水平的股份有限公司所发行的股票。

第四，收入股。公司当前能支付较高收益的股票。

第五，周期股。股票收益随商业周期而波动的公司所发行的股票。

第六，防守股。在经济条件普遍恶化时，收益高于其他股票的平均收益的股票。

第七，投机股。价格很不稳定或公司前景不确定的股票。

第八，垃圾股。经营业绩很差的公司发行的股票。

2. 优先股

优先股是股份公司发行的在分配公司收益和剩余资产比普通股有优先权的股票。

（1）优先股的特征。

第一，约定股息率。即在公司发售股票时，就已确定了今后的股息率，股息是固定的，一般不随公司利润的增减而波动。

第二，优先分派股息和清偿剩余财产。当公司利润不足支付全体股东的股息和红利时，优先股股东可先于普通股股东分得股息；当公司破产或解散清算时，优先股股东可先于普通股股东清偿公司的剩余资产。

第三，表决权有限。在通常情况下，优先股股东的表决权要受到严格限制，不享有公司经营参与权，没有选举权。当公司活动和议案涉及优先股股东的权益时，优先股股东则享有相应的表决权。

第四，优先股股票可由公司赎回。优先股股东不能要求退股，但可以依照优先股票上所附的赎回条款，由公司予以赎回。

优先股在一定条件下，具有投票权，犹如普通股；但明确规定了应付股息，又类似债券，是一种混合证券。

（2）发行优先股的原因。

对于发行公司而言：一是优先股可吸收保守的投资者。它比普通股风险小，收益比公司债券高。二是当普通股销售困难，而公司又必须筹集更多的扩大再生产资金时，优先股就是一种比较好的选择。三是许多大公司为了获得或者合并另一家公司。四是发行优先股便于公司增发新股票，在不降低普通股在公司股份中的比例和不削弱其对公司控制权的情况下实现增资，并减少公司的股息负担。五是发行优先股可以避免公司经营决策权的分散，因为优先股股东一般无表决权。

对于投资者而言，优先股能够使投资者得到保障的收益，而且收益率要高于公司债券以及其他债券的收益率。大多数情况下，其所获收入是免税的。

（3）优先股的分类。

为了适应各种不同的情况和不同的投资者，优先股根据所包含的权利的不同，有多种分类方式。例如：按股息是否可以累积划分，可分为累积优先股和非累积优先股；按优先股是否可以超过设定股息率分派股息划分，可分为不参加优先股、部分参加优先股、完全参加优先股；按优先股是否可以转换为普通股划分，可分为可转换优先股和不可转换优先股；按股份公司是否可以赎回优先股划分，可分为可赎回优先股和不可赎回优先股；等等。

3. 普通股与优先股的主要区别

（1）普通股拥有股东大会的发言权与表决权，而优先股一般不具备。

（2）普通股有优先认股权，优先股一般不具备。

（3）普通股的股利随公司经营情况而定，优先股的股息则是固定的，虽风险较小，但不能享受公司利润增长而进行的分红，所以优先股的风险性与收益性都不如普通股高。

（4）普通股的股利发放与公司剩余资产分配均在优先股之后。

（二）股票的其他分类

1. 记名股票与无记名股票

这是以股票的票面（背书）是否记载股东姓名为依据。

记名股票是指将股东姓名记载在股票上和股东名册上的股票。无记名股票是指股票票面上不记载股东姓名的股票。记名股票与无记名股票在股东权利上没有任何差别，不同的只是记载方式、权利行使方法、对股东的通知方法等。公司向记名股票的股东发出通知时，按股东名册上记载的地址发送即可；对于无记名股票，公司只能采取公告的形式发布通知。

一般来说，无记名股票可以请求改换为记名股票，但记名股票不能改换为无记名股票。

2. 面额股票与无面额股票

这是以股票是否用票面金额加以表示为依据。

面额股票是指在股票票面上标明金额的股票；无面额股票是指股票票面上不标明金额，只注明它是公司股本总额若干分之几的股票。两种股票在权利内容上完全一致。

发行面额股票，一是为了防止与公司内部人员有联系的投资者以较低的价格获得新股票；二是设定面额也是为了便于股票在交易中有一个可供参考的开盘价格。

发行无面额股票的原因有以下几点：

（1）由于在股票市场上股票的市场价格与面额之间的关系逐渐偏离，票面金额存在的意义变得模糊。

（2）由于股票在发行市场上，时价发行不断扩大，票面金额也逐步失去了存在的意义。

（3）无面额股票有利于促使投资者在购买股票时注意计算股票的实际价值，而不被股票面额所迷惑。

（4）面额股票不能以低于面额的价格发行，无面额股票则无此限制，发行者对发行价格的掌握更为灵活自由。

（5）面额股票有最低面额的制约，无面额股票则无此制约，发行者可以适时地进行股票分割，提高股票的流通性。

3. 表决权股票与无表决权股票

这是以股东是否对股份有限公司的经营管理享有表决权为划分依据。

表决权股票是指股票持有人对发行公司的经营管理享有表决权的股票。根据股东享有表决权情况的不同，又可分为普通表决权股票、多数表决权股票、限制表决权股票、表决权优先股票。

无表决权股票是指根据法律和公司章程的规定，对股份有限公司的经营管理事务不享有表决权的股票。持有这类股票的股东无权参与公司的经营管理。

表决权股票是非常普通的，无表决权股票则是较为特殊，通常会限于优先股票，特别是累积优先股票，其实质是以优先权作为无表决权的补偿。

发行无表决权股票的目的：一是满足那些为了获取投资利益而又不愿意参与公司经营管理的投资者的需要，加快资本的筹资；二是有利于少数大股东对股份有限公司的控制，保持公司经营活动的稳定。

（三）我国特殊的股票主要种类

1. A 股、B 股与 H 股

它是我国目前按股票的币种和发行对象的不同所作的分类。

A 股是指在我国境内发行的、由境内投资者用人民币买卖的股票。后面所列举的国家股、法人股和个人股三类都是人民币股票，统称为 A 股。

H 股是指注册地在我国内地、在香港发行并上市的股票。H 股面值以人民币作价，但以港币交易。

B 股又称人民币特种股票，是指以人民币标明面值，以外币认购和买卖，在我国境内证券交易所上市交易的外资股。

2. 国家股、法人股、个人股与外资股

它是我国国有企业股份制改造时的一种特殊分类，与西方国家有很大不同，它是以投资主体的不同作为区分依据的。

（1）国家股是指由国家作为投资主体而持有的股票。国家股大多是在对国有企业进行股份制改造时，将其资产折算成股份形成的。

（2）法人股是指由法人作为投资主体所持有的股票。其投入的资金来自其依法可支配的资金。

（3）个人股是指由个人作为投资主体所持有的股票。这里的个人是指中华人民共和国的公民，但目前中国港澳台地区的投资者不包括在内。

（4）外资股是指允许外国和我国香港、澳门、台湾地区的投资者以购买人民币特种股票形式向公司投资形成的股份。外资股按上市地域可以分为境内上市外资股和境外上市外资股。它以人民币标明面值，在发行、交易和分红时，均采用外汇进行计价支付的特种股票。

我国证券市场上，除 A、B、H 三种股票外，目前还有 C 股、N 股和 S 股等。C 股是指可转换成债券的股票；N 股是指我国股份公司以存托股票形式在美国纽约证券交易所直接上市的股票；S 股是我国股份公司在新加坡挂牌交易的股票。

第二节　股票的一级市场

一、一级市场的概念及特点

股票一级市场（primary market）也称为发行市场（issuance market），它是指公司直接或通过中介机构向投资者出售新发行的股票。所谓新发行的股票包括初次发行和再发行的股票，前者是公司第一次向投资者出售的原始股，后者是在原始股的基础上增加新的份额。通过一级市场，发行人筹措到公司所需资金，而投资人则购买公司的股票成为公司的股东，实现了储蓄转化为资本的过程。

在西方国家，一级市场又称证券发行市场、初级金融市场或原始金融市场。在一级市场上，需求者可以通过发行股票、债券取得资金。在发行过程中，发行者一般不直接同持币购买者进行交易，需要有中间机构办理，即证券经纪人。所以一级市场又是证券经纪人市场。

一级市场的主要功能：为资金需求者提供筹措资金的渠道；为资金供应者提供投资机会，实现储蓄向投资的转化；形成资金流动的收益导向机制，促进资源配置的不断优化。

一级市场的主要特点：发行市场是一个抽象市场，其买卖活动并非局限在一个固定的场所；发行是一次性的行为，其价格由发行公司决定，并经过有关部门核准，投资人以同一价格购买股票。

二、股票发行制度

股票发行制度主要有三种，即审批制、核准制和注册制，每一种发行监管制度都对应一定的市场发展状况。在市场逐渐发育成熟的过程中，股票发行制度也应该逐渐地改变，以适应市场发展需求，其中审批制是完全计划发行的模式，核准制是从审批制向注册制过渡的中间形式，注册制则是目前成熟股票市场普遍采用的发行制度。

审批制是一国在股票市场的发展初期，为了维护上市公司的稳定和平衡复杂的社会经济关系，采用行政和计划的办法分配股票发行的指标和额度，由地方政府或行业主管部门根据指标推荐企业发行股票的一种发行制度。公司发行股票的首要条件是取得指标和额度，也就是说，如果取得了政府给予的指标和额度，就等于取得了政府的保荐，股票发行仅仅是走个过场。因此，审批制下公司发行股票的竞争焦点主要是争夺股票发行指标和额度。证券监管部门凭借行政权力行使实质性审批职能，证券中介机构的主要职能是进行技术指导，这样无法保证发行公司不通过虚假包装甚至伪装、做账达标等方式达到发行股票的目的。

注册制是在市场化程度较高的成熟股票市场所普遍采用的一种发行制度，证券监管部门公布股票发行的必要条件，只要达到所公布条件要求的企业即可发行股票。发行人申请发行股票时，必须依法将公开的各种资料完全准确地向证券监管机构申报。证券监管机构的职责是对申报文件的真实性、准确性、完整性和及时性做合规性的形式审查，而将发行公司的质量留给证券中介机构来判断和决定。这种股票发行制度对发行人、证券中介机构和投资者的要求都比较高。

2020 年 3 月 1 日起修订后的《中华人民共和国证券法》正式施行。国务院办公厅印发了《关于贯彻实施修订后的证券法有关工作的通知》（下称《通知》），明确在不同板块和市场分步实施股票公开发行注册制，相关板块和市场在注册制改革正式落地前，仍继续实施核准制。《通知》强调了充分认识证券法修订的重要意义、稳步推进证券公开发行注册制、依法惩处证券违法犯罪行为、加强投资者合法权益保护、加快清理完善相关规章制度五方面内容。按照《通知》要求，股票公开发行注册制改革分步实施。证监会将会同有关方面进一步完善科创板相关制度规则，提高注册审核透明度，优化工作程序；研究制订在创业板试点注册制的总体方案，并积极创造条件，适时提出在证券交易所其他板块和国务院批准的其他全国性证券交易场所实行股票公开发行注册制的方案。相关方案须经国务院批准后实施。

核准制则是介于注册制和审批制之间的中间形式。它一方面取消了政府的指标和额度管理，并引进证券中介机构的责任，判断企业是否达到股票发行的条件；另一方面证券监管机构同时对股票发行的合规性和适销性条件进行实质性审查，并有权否决股票发行的申请。在核准制下，发行人在申请发行股票时，不仅要充分公开企业的真实情况，而且必须符合有关法律和证券监管机构规定的必要条件，证券监管机构有权否决不符合规定条件的股票发行申请。证券监管机构对申报文件的真实性、准确性、完整性和及时性进行审查，还对发行人的营业性质、财力、素质、发展前景、发行数量和发行价格等条件进行实质性审查，并据此做出发行人是否符合发行条件的价值判断和是否核准申请的决定。

表3-1 比较了审批制、核准制和注册制的异同。

表 3-1　　　　　　　　　　　　三种主要股票发行制度的比较

比较内容	审批制	核准制	注册制
发行指标和额度	有	无	无
发行上市标准	有	有	有
主要推（保）荐人	政府或行业主管部门	中介机构	中介机构
对发行做出实质判断的主体	证监会	中介机构、证监会	中介机构
发行监管性制度	证监会实质性审核	中介机构和证监会分担实质性审核职责	证监会形式审核，中介机构实质审核
市场化程度	行政体制	逐步市场化	完全市场化

三、一级市场的运作

一级市场的整个运作过程通常由咨询与管理、认购与销售两个阶段构成。

（一）咨询与管理

咨询与管理是股票发行的前期准备阶段，发行人（公司）须听取投资银行的咨询意见并对一些主要问题做出决策。

1. 发行方式的选择

股票发行的方式一般可分成公募（public placement）和私募（private placement）两类。公募是指面向市场上大量的非特定的投资者公开发行股票。其优点是可以扩大股票的发行量，筹资潜力大；无须提供特殊优厚的条件，发行者具有较大的经营管理独立性；股票可在二级市场上流通，从而提高发行者的知名度和股票的流动性。其缺点则表现为工作量大，难度也大，通常需要承销者的协助；发行者必须向证券管理机关办理注册手续；必须在招股说明书中如实公布有关情况以供投资者做出正确决策。私募是指只向少数特定的投资者发行股票，其对象主要有个人投资者和机构投资者两类，前者有使用发行公司产品的用户或本公司的职工，后者有大的金融机构或与发行者有密切业务往来关系的公司。私募具有节省发行费、通常不必向证券管理机关办理注册手续、有确定的投资者从而不必担心发行失败等优点，但也有需向投资者提供高于市场平均条件的特殊优厚条件、发行者的经营管理易受干预、股票难以转让等缺点。

对于再发行的股票还可以采取优先认股权（preemptive right）方式，也称配股，它给予现有股东以低于市场价值的价格优先购买一部分新发行的股票，其优点是发行费用低并可维持现有股东在公司的权益比例不变。在认股权发行期间，公司设置一个除权日（ex-rights date），在这一天之前，股票带权交易，即购得股票者同时也取得认股权；而除权日之后，股票不再附有认股权。

2. 选定作为承销商的投资银行

公开发行股票一般都通过投资银行来进行，投资银行的这一角色称为承销商（underwriter）。许多公司都与某一特定承销商建立起牢固的关系，承销商为这些公司发行股票而且提供其他必要的金融服务。但在某些场合，公司通过竞争性招标的方式来选择承销商，这种方式有利于降低发行费用，但不利于与承销商建立持久牢固的关系。承销商的作用除了销售股票外，事实上还为股票的信誉作担保，这是公司试图与承销商建立良好关系的基本原因。

当发行数量很大时，常由多家投资银行组成承销辛迪加（syndicate）或承销银团（banking group）来处理整个发行，其中一家投资银行作为牵头承销商（lead underwriter）起主导作用。

在私募的情况下，发行条件通常由发行公司和投资者直接商定，从而绕过了承销环节。投资银行的中介职能减弱许多，通常是寻找可能的投资者、帮助发行公司准备各项文件、进行尽责调查和制定发行日程表等。

3. 准备招股说明书

招股说明书（prospectus）是公司公开发行股票的计划书面说明，并且是投资者准备购买的依据。招股说明书必须包括：财务信息和公司经营历史的陈述；高级管理人员的状况；筹资目的和使用计划；公司内部悬而未决的问题如诉讼；等等。

在招股说明书的准备过程中，一般组建专家工作团并有较明确的专业分工，发行公司的管理层在其律师的协助下负责招股说明书的非财务部分，作为承销商的投资银行负责股票承销合约部分，发行公司内部的会计师准备所有的财务数据，独立的注册会计师对财务账目的适当性提供咨询和审计。招股说明书各部分起草完成后，还须一遍遍地修改以寻求最完善的定稿。该稿称为预备说明书，它包括发行股票的大部分主要事实，但不包括价格。然后，将预备说明书连同上市登记表（registration statement）一起交送证券管理机关审查，后者要确认这些信息是否完整与准确，并可以要求发行公司做一些修改或举行听证会。在认定没有虚假陈述和遗漏后，证券管理机关才批准注册，此时的招股说明书称为法定说明书，它应标明发行价格并送给可能的投资者。应该指出的是，证券管理机关批准新股票的发行，仅表明法定说明书内有充分公正的信息披露能使投资者对这只股票的价值做出判断，但并不保证股票发行的投资价值。

在私募的情况下，注册豁免并不意味着发行公司不必向潜在的投资者披露信息。发行公司通常会雇用一家投资银行代理起草一份类似于招股说明书的文件——招股备忘录（offering memorandum），两者的区别在于，招股备忘录不包括证券管理机构认为是"实质"

的信息，而且不需要送证券管理机构审查。

4. 发行定价

发行定价是一级市场的关键环节。如果定价过高，会使股票的发行数量减少，进而使发行公司不能筹到所需资金，股票承销商也会遭受损失；如果定价过低，则股票承销商的工作容易，但发行公司却会蒙受损失，对于再发行的股票，价格过低还会使老股东受损。发行价格主要有平价、溢价和折价三种。平价发行就是以股票票面所标明的价格发行；溢价就是按超过票面金额的价格发行；折价发行就是按低于票面金额的价格发行。其中溢价发行又可分为时价发行和中间价发行，前者即按发行时的市场供求状况决定发行价格，后者则介于时价和平价之间。

首次公开发行（initial public offering，IPO）的股票通常要进行三次定价。第一次定价是在发行公司选定（牵头）投资银行的时候，发行公司会要求几家竞争承销业务的投资银行给出他们各自的发行价格估计数，在其他条件相同的情况下，发行公司倾向于选择估价较高的投资银行作为它的（主）承销商。第二次定价是在编制预备的招股说明书的时候，（牵头）投资银行完成了绝大部分的尽职调查（due diligence investigation）工作后对发行公司业务和经营状况有了一个全面的了解，再与发行公司谈判协商确定一个合适的价格区域。第三次定价是在证券管理机构批准注册之后，（牵头）投资银行就开始与发行公司商讨确定发行定价，对招股说明书做最后的修正；与前两次定价相比，这最后一次的定价尤为重要，因为它一旦确立就具备法律约束力，承销商需按此价发售新股，故（牵头）投资银行不得不慎重行事，与发行公司进行激烈谈判并通常在公开发行的前一天确定最后的发行定价。

（1）影响发行定价的因素。

①宏观因素。宏观因素分析是指分析影响股票价格波动的宏观面因素，如宏观经济形势、影响经济发展的重要因素、金融形势和政治性因素等。

宏观经济形势：宏观经济形势好，投资者对未来股价上升走势就会有信心，买进并持有股票的投资者占多数，股票价格便呈上升趋势；反之，股票价格便呈下降趋势。

重要的经济因素：重要的经济因素是指影响宏观经济发展的一些因素，如能源、人口和财税政策等。通过对这些因素的分析，可以认识经济发展的大势，从而认清未来的市场走势。

宏观金融形势：宏观金融形势的好坏，也会对股价高低产生直接的影响。宏观金融形势分析的对象主要是政府的金融政策、宏观金融运行状况和国际金融形势等。

政治性因素：政治局势的好坏直接影响到经济运行的状况，对投资者的投资信心也有直接的影响。

②行业因素。就行业因素而言，不但应考虑本行业所处的发展阶段，例如，是成长期还是衰退期等，还应进行行业间的横向比较和考虑不同行业的技术经济特点。

③自身因素。自身因素即本体因素，就是发行人内部经营管理对发行价格制定的影响因素。一般而言，发行价格随发行人的实质经营状况而定。这些因素包括公司现在的盈利水平及未来的盈利前景、财务状况、生产技术水平、成本控制、员工素质、管理水平等，其中最为关键的是利润水平。

④股市行情。制定的发行价格要使股票上市后价格有一定的上升空间；在股市处于通常所说的牛市阶段时，发行价格可以适当偏高，若股市处于通常所说的熊市时，价格宜偏低；通过金融市场各金融品种的收益与风险的比较，供求关系也体现在股市走向中。

（2）确定理论价值。

①协商定价法。协商定价法也称议价法，是指股票发行人直接与股票承销商议定承销价格和公开发行的价格。承销价格与公开发行价格之间的差价为承销商的收入。议价法一般有两种方式：固定价格方式（fixed price）和市场询价方式（book building）。

固定价格方式的基本做法是由发行人和主承销商在新股公开发行前定一个固定价格，然后根据这个价格进行公开发售。在我国台湾地区，新股发行价格是根据影响新股价格的因素进行加权平均得出的。市场上惯用的公式为：

$$P = A \times 40\% + B \times 20\% + C \times 20\% + D \times 20\% \tag{3-1}$$

式中，P 为新股发行价格，A 为公司每股税后纯收益×类似公司最近 3 年的平均市盈率，B 为公司每股股利×类似公司最近 3 年的平均股利率，C 为最近期每股净值，D 为预计每股股利/1 年期定期存款利率。

市场询价方式就是当新股销售采用包销方式时，一般采用市场询价。这种方式确定新股发行价格的一般步骤包括两步。首先，根据新股的价格（一般用现金流量贴现法确定），以及股票发行时的大盘走势、流通量的大小、公司所处行业股票的市场表现等因素确定新股发行的价格区间；然后，主承销商协同上市公司的管理层进行路演，向投资者介绍和推介该股票，并向投资者发送预订邀请文件，征集在各个价位上的需求量，通过对反馈回来的投资者的预定股份单位进行统计，主承销商和发行人对最初的发行价格进行修正，最后确定新股发行价格。

②竞价法。竞价法是由各股票承销商或者投资者以投标方式相互竞争，确定股票发行价格。在具体实施过程中，又有以下三种形式：

一是网上竞价。通过证券交易所电脑交易系统按集中竞价原则确定新股发行价格。

二是机构投资者（法人）竞价。新股发行时，采取对法人配售和对一般投资者上网发行相结合的方式，通过法人投资者竞价来确定股票发行价格。

三是券商竞价。在新股发行时，发行人事先通知股票承销商，说明发行新股的计划、发行条件和对新股承销的要求，各股票承销商根据自己的情况拟定各自标书，以投标方式相互竞争股票承销业务，中标标书中的价格就是股票发行价格。

③现金流贴现法。现金流贴现估值模型的基石是现值规律，任何资产的价值等于其预期未来全部现金流的现值总和。贴现现金流模型也称拉巴波特模型（Rappaport model），因其具有公认的严密的理论基础而获得广泛的应用。按照收入的资本化定价方法，任何资产的内在价值都是由拥有这种资产的投资者在未来时期中所接受的现金流决定的。一种资产的内在价值等于预期现金流的贴现值。对于股票来说，贴现现金流模型的公式如下：

$$V = \frac{D_1}{1+y} + \frac{D_2}{(1+y)^2} + \frac{D_3}{(1+y)^3} + \cdots = \sum_{t=1}^{\infty} \frac{D_t}{(1+y)^t} \qquad (3-2)$$

式中，D 代表在未来时期以现金形式表示的每股股票的股利，y 代表在一定风险程度下现金流合适的贴现率，V 代表股票的内在价值。

国外股票市场对新上市公路、港口、桥梁、电厂等基础设施公司的估值和发行定价主要采用现金流贴现法。

④净资产倍率法。净资产倍率法又称资产净值法，是指通过资产评估和相关会计手段确定发行人拟募股资产的每股净资产值，然后根据证券市场的状况将每股净资产乘以一定的倍率，以此确定股票发行价格的方法。其计算公式为：

发行价格 = 每股净资产值 × 溢价倍率

该方法在国外常用于房地产公司或资产现值重于商业利益的公司的股票发行。

⑤市盈率法。市盈率法是目前在国内外证券市场上应用最为广泛的一种方法。采用市盈率法确定新股内在价值，首先需要根据可比公司的平均市盈率估算出发行人的发行市盈率，再将其乘以每股预期收益就可以得出初步的新股发行价格。公式为：

新股发行价 = 每股收益（每股税后利润）× 预计市盈率

确定每股收益有两种方法：一种是完全摊薄法，即用发行当年预测全部税后利润除以总股本，直接得出每股税后利润；另一种是加权平均法，其计算公式为：

每股税后利润 = $\dfrac{\text{发行当年预测税后利润}}{\text{发行前总股本} + \text{本次发行股本} \times (12 - \text{发行月份}) \div 12}$

不同的方法得出不同的发行价格。每股收益采用加权平均法较为合理。因为股票发行的时间不同，资金实际到位的先后对企业效益有影响，同时投资者在购股后才有权益。

【例 3 – 1】 采用市盈率法进行 IPO 定价

2018 年某日，某股份有限公司采取上网定价发行方式在深圳证券交易所向社会公众首次公开发行 80 000 000 股 A 股。

按照市盈率法确定发行价格为每股 14.77 元，按 2015 年、2016 年、2017 年三年平均每股税后利润 1.14 元计算，发行市盈率为 13.00 倍。其具体计算方法如下：

2015 年、2016 年、2017 年三年平均每股税后利润

　　= （2017 年税后利润 34 129.84 万元 + 2016 年税后利润 25 993.93 万元

　　　+ 2015 年税后利润 21 692.75 万元）÷ 24 000 万股 ÷ 3 = 1.14 元

发行价格 = 平均每股税后利润 1.14 元 × 发行市盈率 13.00 倍 = 14.77 元

（二）认购与销售

发行公司着手完成准备工作之后即可按照预定的方案发售股票。对于承销商来说，就是执行承销合同批发认购股票，然后售给投资者。具体方式通常有以下几种：

1. 包销

包销（firm underwriting）是指承销商以低于发行定价的价格把公司发行的股票全部买进，再转卖给投资者，这样承销商就承担了在销售过程中股票价格下跌的全部风险。承销商所得到的买卖差价（spread）是对承销商所提供的咨询服务以及承担包销风险的报偿，也称为承销折扣（underwriting discount）。

在包销发行时，发行公司与承销商正式签订合同，规定承销的期限和到期承销商应支付的款项，如到截止期股票销售任务尚未完成，承销商必须按合同规定如数付清合同确定的价款，若财力不足又不能商请延期，就须向银行借款支付。为了增加潜在投资者的基础，以便在较短的时间内把股票销售出去，牵头承销商往往会组织销售集团（selling group），这个集团包括承销银团成员和不属银团的金融机构，其作用相当于零售商。

在销售过程中，如果股票的市场价格跌到发行报价之下时，主承销商可能会根据承销协议在市场上按市价购买股票以支持发行价格。但如果市场价已显著低于发行价从而预定的发行额难以完成，则承销银团只好解散，各个成员尽力去处理自己承诺完成的部分，最终损失也各自承担。

2. 代销

代销（best-effort underwriting），即"尽力销售"，指承销商许诺尽可能多地销售股票，但不保证能够完成预定销售额，任何没有出售的股票可退给发行公司。这样，承销商不承担风险。

3. 备用包销

通过认股权来发行股票并不需要投资银行的承销服务，但发行公司可与投资银行协商签订备用包销（standby underwriting）合同，该合同要求投资银行作为备用认购者买下未能售出的剩余股票，而发行公司为此支付备用费（standby fee）。但应该指出的是，在现有股东决定是否购买新股或出售他们的认股权的备用期间，备用认购者不能认购新股，以保证现有股东的优先认股权。

与承销相比，私募条件下的认购和销售则较为简单，它通常是根据认购协议（subscription arrangement）直接出售给投资者，而投资银行为安排投资者和提供咨询而得到酬金收入。

第三节　股票的二级市场

二级市场（secondary market）也称交易市场，是投资者之间买卖已发行股票的场所。这一市场为股票创造流动性，即能够迅速脱手换取现值。

二级市场通常可分为有组织的证券交易所和场外交易市场，但也出现了具有混合特型的第三市场（the third market）和第四市场（the fourth market）。

一、证券交易所

证券交易所（stock exchange）是由证券管理部门批准的，为证券的集中交易提供固定场所和有关设施，并制定各项规则以形成公正合理的价格和有条不紊的秩序的正式组织。

（一）证券交易所的组织形式

世界各国证券交易所的组织形式大致可分为两类：

（1）公司制证券交易所。公司制证交所是由银行、证券公司、投资信托机构及各类公司等共同投资入股建立起来的公司法人。

（2）会员制证券交易所。会员制证交所是以会员协会形式成立的不以营利为目的的组织，主要由证券商组成。只有会员及享有特许权的经纪人才有资格在交易所中进行证券交易。会员对证交所的责任仅以其交纳的会费为限。会员制证交所通常也都是法人，属于社团法人。

由于公司制证券交易所具有较为明显的优势，目前世界上越来越多的证券交易所实行公司制。从我国证券市场的实际出发，为保证证券市场健康、稳健发展，依照国务院批准发布的《证券交易所管理办法》第三条的规定，目前我国的证券交易所是实行自律性管理的会员制的事业法人。

（二）证券交易所的会员制度

为了保证证券交易有序、顺利地进行，各国的证交所都对能进入证交所交易的会员作了资格限制。各国确定会员资格的标准各不相同，但主要包括会员申请者的背景、能力、财力，有否从事证券业务的学识及经验、信誉状况等。此外，有些国家和地区（如日本、澳大利亚、新加坡、巴西、我国的上海和深圳等）证交所只吸收公司或合伙组织的会员，而大多数国家和地区的证交所则同时允许公司、合伙组织和个人成为证交所会员。按会员所经营业务的性质和作用划分，各证交所的会员又可分成不同的种类。如纽约证交所的会员可分为佣金经纪人、交易所经纪人、交易所自营商、零股交易商、特种会员五种；伦敦证交所的会员可分为经纪商和自营商两种；日本证交所的会员则分为正式会员和经纪会员两种。

（三）证券交易所的上市制度

股票的上市（listing）是指赋予某种股票在某个证交所进行交易的资格。对上市公司来说，上市可增加其股票的流动性并提高公司的声望和知名度。股票上市后，公司经营者的责任也加重了。股票发行后并不一定就能上市，而要满足条件和程序后方可上市。各国的法律虽然很少直接对股票的上市条件做出明确规定，但各证交所为了提高在本证交所交易股票的质量，都要求各种股票在本证交所交易之前办理申请上市手续，经审查合格后，由股票的发行公司与交易所签订上市协议，缴纳上市费后，才能在本证交所交易。各证交所的上市标准大同小异，主要包括如下内容：要有足够的规模；要满足股票持有分布的要求，私募股票通常无法满足这个标准因而不能上市；发行者的经营状况良好；等等。

（四）证券交易所的交易制度

1. 交易制度优劣的判别标准

交易制度是证券市场微观结构（market microstructure）的重要组成部分，它对证券市场功能的发挥起着关键的作用。交易制度的优劣可从以下六个方面来考察：流动性、透明度、稳定性、效率、成本和安全性。

（1）流动性是指以合理的价格迅速交易的能力，它包含两个方面：即时性和低价格影响。前者指投资者的交易愿望可以立即实现；后者指交易过程对证券价格影响很小。流动性的好坏具体可以三个指标来衡量：市场深度（market depth）、市场广度（market breadth）和弹性（resiliency）。如果说在现行交易价格上下较小的幅度内有大量的买卖委托，则市场具有深度和广度。如果市场价格因供求不平衡而改变，而市场可以迅速吸引新的买卖力量使价格回到合理水平，则称市场具有弹性。

（2）透明度指证券交易信息的透明，包括交易前信息透明、交易后信息透明和参与交易各方的身份确认。其核心要求是信息在时空分布上的无偏性。

（3）稳定性是指证券价格的短期波动程度。证券价格的短期波动主要源于两个效应：信息效应和交易制度效应。合理的交易制度设计应使交易制度效应最小化，尽量减少证券价格在反映信息过程中的噪声。

（4）效率交易制度的效率主要包括信息效率、价格决定效率和交易系统效率。信息效率指证券价格能否迅速、准确、充分反映所有可得的信息。价格决定效率指价格决定机制的效率，如做市商市场、竞价市场中价格决定的效率等。

（5）证券交易成本包括直接成本和间接成本。前者指佣金、印花税、手续费、过户费等，后者包括买卖价差、搜索成本、迟延成本和市场影响成本等。

（6）安全性主要指交易技术系统的安全。

2. 交易制度的类型

根据价格决定的特点，证券交易制度可以分为做市商交易制度和竞价交易制度。

（1）做市商交易制度也称报价驱动（quote-driven）制度。在典型的做市商制度下，证券交易的买卖价格均由做市商（market maker）给出，买卖双方并不直接成交，而向做市商买进或卖出证券。做市商的利润主要来自买卖差价。但在买卖过程中，由于投资者的买卖需求不均等，做市商就会有证券存货（多头或空头），从而使自己面临价格变动的风险。做市商要根据买卖双方的需求状况、自己的存货水平以及其他做市商的竞争程度来不断调整买卖报价，从而决定了价格的涨跌。

（2）竞价交易制度也称委托驱动（order-driven）制度。在此制度下，买卖双方直接进行交易或将委托通过各自的经纪商送到交易中心，由交易中心进行撮合成交。按证券交易在时间上是否连续，竞价交易制度又分为间断性竞价交易制度和连续竞价交易制度。

间断性竞价交易制度也称集合竞价制度。在该制度下，交易中心（如证券交易所的主机）规定时段内收到的所有交易委托并不进行一一撮合成交，而是集中起来在该时段结束时进行。因此，集合竞价制度只有一个成交价格，所有委托价在成交价之上的买进委托和委托价在成交价之下的卖出委托都按该唯一的成交价格全部成交。成交价的确定原则通常是最大成交量原则，即在所确定的成交价格上满足成交条件的委托股数最多。集合竞价制度是一种多边交易制度，其最大优点在于信息集中功能，即把所有拥有不同信息的买卖者集中在一起共同决定价格。当市场意见分歧较大或不确定性较大时，这种交易制度的优势就较明显。因此，很多交易所在开盘、收盘和暂停交易后的重新开市都采用集合竞价制度。

连续竞价制度是指证券交易可在交易日的交易时间内连续进行。在连续竞价过程中，当新进入一笔买进委托时，若委托价大于等于已有的卖出委托价，则按卖出委托价成交；当新进入一笔卖出委托时，若委托价小于等于已有的买进委托价，则按买进委托价成交。若新进入的委托不能成交，则按"价格优先，时间优先"的顺序排队等待。这样循环往复，直至收市。连续竞价制度是一种双边交易制度，其优点是交易价格具有连续性。

目前世界上大多数证券交易所都是实行混合的交易制度。对于大宗交易，各个证券交易所都实行了较特殊的交易制度，其中最常见的是拍卖和标购。

3. 证券交易委托的种类

证券交易委托是投资者通知经纪人进行证券买卖的指令。

（1）市价委托（market order），是指委托人自己不确定价格，而委托经纪人按市面上最有利的价格买卖证券。市价委托的优点是成交速度快，能够快速实现投资者的买卖意图。其缺点是当行情变化较快或市场深度不够时，执行价格可能跟发出委托时的市场价格相去甚远。

（2）限价委托（limit order），是指投资者委托经纪人按其规定的价格，或比限定价格更有利的价格买卖证券。具体地说，对于限价买进委托，成交价只能低于或等于限定价格；对于限价卖出委托，成交价只能高于或等于限定价格。限价委托克服了市价委托的缺陷，为投资者提供了以较有利的价格买卖证券的机会。但限价委托常常因市场价格无法满足限定价格的要求而无法执行，使投资者坐失良机。

（3）停止损失委托（stop order），是一种限制性的市价委托，是指投资者委托经纪人在证券价格上升到或超过指定价格时按市价买进证券，或在证券价格下跌到或低于指定价格时按市价卖出证券。

（4）停止损失限价委托（stop limit order），是停止损失委托与限价委托的结合。当时价达到指定价格时，该委托就自动变成限价委托。

4. 信用交易

信用交易又称"保证金交易"（margin trading）和垫头交易，是指证券交易的当事人在买卖证券时，只向证券公司交付一定的保证金，或者只向证券公司交付一定的证券，而由证券公司提供融资或者融券进行交易。信用交易可以分为信用买进交易和信用卖出交易。

（1）信用买进交易。信用买进交易又称为保证金购买，是指对市场行情看涨的投资者交付一定比例的初始保证金（initial margin），由经纪人垫付其余价款，为其买进指定证券。

最低初始保证金比率通常是由中央银行规定的。如美联储目前规定的最低初始保证金比率是50%。

保证金交易对于经纪人来说相当于在提供经纪服务的同时，又向客户提供了一笔证券抵押贷款。这种贷款的风险是很小的，因为保证金购买的客户必须把所购证券作为抵押品托管在经纪人处。而且如果未来该证券价格下跌，客户遭受损失而使保证金低于维持保证金（maintenance margin）的水平时，经纪人就会向客户发出追缴保证金通知（margin call）。客户接到追缴保证金通知后，得立即将保证金水平补足到初始保证金的水平。

对于客户来说，通过保证金购买可以减少自有资金不足的限制，扩大投资效果。当投资者对行情判断正确时，其盈利可大增。当然，如果投资者对市场行情判断错误，则其亏损也是相当严重的。

我们举一个例子来说明保证金购买的原理。

【例3-2】假设A股票每股市价为10元，某投资者对该股票看涨，于是进行保证金购买。该股票不支付现金红利。假设初始保证金比率为50%，维持保证金比率为30%。保证金贷款的年利率为6%，其自有资金为10 000元。这样，他就可以借入10 000元共购买2 000股股票。

假设一年后股价升到14元，如果没有进行保证金购买，则投资收益率为40%。而保证金购买的投资收益率为：

$$[14 \times 2\,000 - 10\,000 \times (1 + 6\%) - 10\,000]/10\,000 = 74\%$$

假设一年后股价跌到7.5元，则投资者保证金比率（等于保证金账户的净值/股票市值）变为：

$$(7.5 \times 2\,000 - 10\,000)/(7.5 \times 2\,000) = 33.33\%$$

那么，股价下跌到什么价位（X）投资者会收到追缴保证金通知呢？这可以从下式来求解：

$$(2\,000X - 10\,000)/2\,000X = 30\%$$

解得：$X = 7.143$元。因此当股价跌到7.14元时投资者将收到追缴保证金通知。

假设一年后该股票价格跌到5元，则保证金购买的投资收益率将是：

$$[5 \times 2\,000 - 10\,000 \times (1 + 6\%) - 10\,000]/10\,000 = -106\%$$

（2）卖空交易（short sales）。信用卖出交易又称为卖空交易，是指对市场行情看跌的投资者本身没有证券，就向经纪人交纳一定比率的初始保证金（现金或证券）借入证券，在市场上卖出，并在未来买回该证券还给经纪人。

在实践中，经纪人可以将其他投资者的证券借给卖空者而不用通知该证券的所有者。该证券的所有者要卖出该证券时，经纪人就向其他投资者或其他经纪人借入股票。因此，卖空的数量在理论上是无限的。但如果经纪人借不到该证券，则卖空者就要立即买回该证券还给经纪人。因此其期限也是不确定的。在卖空证券期间，该证券的所有权益均归原所有人所有。因此若出现现金分红的情形，虽然卖空者未得到现金红利，但他还得补偿原持有者该得而未得的现金红利。

为了防止过分投机，证交所通常规定只有在最新的股价出现上升时才能卖空。卖空的所得也必须全额存入卖空者在经纪人处开设的保证金账户。

当股价上升超过一定限度从而使卖空者的保证金比率低于维持保证金比率时，卖空者就会收到追缴保证金通知。此时他要立即补足保证金，否则经纪人有权用卖空者账户上的现金或卖掉该账户上的其他证券来买回卖空的证券，损失由卖空者承担。

我们举一个例子来说明卖空的原理。

【例 3 - 3】假设小红有 9 000 元现金，并对 B 股票看跌。该股票不支付红利，目前市价为每股 18 元。初始保证金比率为 50%，维持保证金比率为 30%。这样小红就可以向经纪人借入 1 000 股卖掉。

假设该股票跌到 12 元，小红就可以按此价格买回股票还给经纪人，每股赚 6 元，共赚 6 000 元。投资收益率为 66.67%。

假设该股票不跌反升，那么小红就有可能收到追缴保证金通知。到底股价升到什么价位（Y）小红才会收到追缴保证金通知呢？这可以用下式来求解：

$$(18\ 000 + 9\ 000 - 1\ 000Y)/1\ 000Y = 30\%$$

求出 $Y = 20.77$ 元。

假设股价升到 26 元，则投资收益率为：

$$(18 \times 1\ 000 - 26 \times 1\ 000)/9\ 000 = -88.89\%$$

二、场外交易市场

场外交易是相对于证券交易所交易而言的，凡是在证券交易所之外的股票交易活动都可称作场外交易。由于这种交易起先主要是在各证券商的柜台上进行的，因而也称为柜台交易（over-the-counter，OTC）。

场外交易市场与证交所相比，没有固定的集中的场所，而是分散于各地，规模有大有小，由自营商（dealers）来组织交易。自营商与证交所的专营商作用类似，他们自己投入资金买入证券然后随时随地将自己的存货卖给客户，维持市场流动性和连续性，因而也被称作"做市商"，买卖差价可以看作自营商提供以上服务的价格。但是，自营商又不像交易所的特种会员一样有义务维持市场的稳定，在价格大幅波动的情况下，这些"做市商"将会停止交易以避免更大的损失。

场外交易市场无法实行公开竞价，其价格是通过商议达成的，一般是由自营商挂出各种证券的买入和卖出两种价格，如果某种证券的交易不活跃，只需一两个自营商作为市场组织者，当交易活动增加，更多的市场组织者会加入竞争，从而降低买卖差价。

场外交易比证交所上市所受的管制少，灵活方便，因而为中小型公司和具有发展潜质的新公司提供二级市场。但是，场外市场也存在缺乏统一的组织、信息不灵等缺点，为此美国于 1939 年建立了全国证券交易商协会（National Association of Securities Dealers，NASD）的自我规范组织，受权在证券交易委员会的监督下代表和管理场外交易市场的证券交易商。1971

年该组织开始启用一套电子报价系统，称为全国证券交易商协会自动报价系统——纳斯达克（NASDAQ），从而改变了以前依靠"粉红单"（pink sheet）和电话公布与查询行情的做法，对美国场外交易市场的发展起了革命性作用。为了与传统的 OTC 市场划清界线，纳斯达克多年来一直声称自己不是 OTC 市场的同义语，并且不再使用大写的 NASDAQ，而改用小写的 Nasdaq 股票市场，或简称 Nasdaq。

Nasdaq 与其他 OTC 市场最大的区别就在于它跟证券交易所一样有挂牌标准。Nasdaq 股票市场还分为两个部分：全国市场与小公司市场，前者的挂牌要求较高，挂牌公司也较多（4 000 家左右）。

以入市者获取信息的权限来划分，Nasdaq 市场被分成 3 个层次。级别最高的是第 3 层次，这个层次只允许做市商进行报价或修改报价。第 2 层次将做市商与经纪人或其他自营商连接起来，允许用户查看所有做市商的报价。第 1 层次的用户是那些不经常买卖证券的投资者，他们只能获得每只股票买卖报价的中位数（median）或称为代表性报价。

近年来，Nasdaq 系统发展很快，其成交量已超过纽约证交所，成为第一大股票市场。目前有近 5 000 家公司的股票在 Nasdaq 交易。

三、第三市场

第三市场是指原来在证交所上市的股票移到以场外进行交易而形成的市场，换言之，第三市场交易是既在证交所上市又在场外市场交易的股票，以区别于一般含义的柜台交易。

第三市场最早出现于 20 世纪 60 年代的美国。长期以来，美国的证交所都实行固定佣金制，而且未对大宗交易折扣佣金，导致买卖大宗上市股票的机构投资者（养老基金、保险公司、投资基金等）和一些个人投资者通过场外市场交易上市股票以降低交易费用，这种形式的交易随着 60 年代机构投资者的比重明显上升以及股票成交额的不断增大获得了迅速的发展，并形成专门的市场，该市场因佣金便宜、手续简单而备受投资者欢迎。

但在 1975 年 5 月 1 日，美国的证券交易委员会宣布取消固定佣金制，由交易所会员自行决定佣金，而且交易所内部积极改革，采用先进技术，提高服务质量，加快成交速度，从而使第三市场不像以前那样具有吸引力了。

四、第四市场

第四市场是指大机构（和富有的个人）绕开通常的经纪人，彼此之间利用电子通信网络（electronic communication networks，ECNs）直接进行的证券交易。这些网络允许会员直接将买卖委托挂在网上，并与其他投资者的委托自动配对成交。由于没有买卖价差，其交易费用非常便宜。而且有些 ECNs 允许用户进行匿名交易，从而满足了一些大机构投资者的需要。

以前的 ECNs 通常只允许大的机构投资者进入，但目前中小投资者也可以通过网上网下等方式通过经纪人在 ECNs 上交易。可以说，ECNs 的出现已给包括纽约证交所和 Nasdaq 在内所有的证券市场造成极大的挑战。到 2000 年底，已有 40% 的 Nasdaq 交易量是通过 ECNs 完成的。

目前 ECNs 正像雨后春笋般地发展着，较著名的有：Instinet，Island ECN，REDIBook，Archipeligo，Brass Utilities，Strike Technologies，POSIT，Crossing Network 等。它的发展一方面对证交所和场外交易市场产生了巨大的竞争压力，从而促使这些市场降低佣金、改进服务；另一方面也对证券市场的管理提出了挑战。

第四节 普通股价值分析

一、股息贴现模型——收入资本化法的应用

收入资本化法认为，任何资产的内在价值取决于持有资产可能带来的未来的现金流收入的现值。由于未来的现金流取决于投资者的预测，其价值采取将来值的形式，所以，需要利用贴现率将未来的现金流调整为它们的现值。在选用贴现率时，不仅要考虑货币的时间价值，而且应该反映未来现金流的风险大小，用数学公式表示为（假定对于所有未来的现金流选用相同的贴现率）：

$$V = \frac{C_1}{1+y} + \frac{C_2}{(1+y)^2} + \frac{C_3}{(1+y)^3} + \cdots = \sum_{t=1}^{\infty} \frac{C_t}{(1+y)^t} \qquad (3-3)$$

式中，V 代表资产的内在价值，C_t 表示第 t 期的现金流，y 是贴现率。债券的现金流（C_t）采取利息或本金的形式，并用市场利率代表贴现率。

收入资本化法运用于普通股价值分析中的模型，又称股息贴现模型。其函数表达式如下：

$$V = \frac{D_1}{1+y} + \frac{D_2}{(1+y)^2} + \frac{D_3}{(1+y)^3} + \cdots = \sum_{t=1}^{\infty} \frac{D_t}{(1+y)^t} \qquad (3-4)$$

式中，V 代表普通股的内在价值，D_t 是普通股第 t 期支付的股息和红利，y 是贴现率，又称资本化率（the capitalization rate）。假定某投资者在第三期期末卖出所持有的股票，根据式（3-4），该股票的内在价值应该等于：

$$V = \frac{D_1}{1+y} + \frac{D_2}{(1+y)^2} + \frac{D_3}{(1+y)^3} + \frac{V_3}{(1+y)^3} \qquad (3-5)$$

式中 V_3 代表在第三期期末出售该股票时的价格。根据股息贴现模型，该股票在第三期期末的价格应该等于当时该股票的内在价值，即：

$$V_3 = \frac{D_4}{1+y} + \frac{D_5}{(1+y)^2} + \frac{D_6}{(1+y)^3} + \cdots = \sum_{t=1}^{\infty} \frac{D_{t+3}}{(1+y)^t} \qquad (3-6)$$

由式（3-5）和式（3-6）可得：

$$\frac{D_{t+3}/(1+y)^t}{(1+y)^3} = \frac{D_{t+3}}{(1+y)^{t+3}}$$

$$V = \frac{D_1}{1+y} + \frac{D_2}{(1+y)^2} + \frac{D_3}{(1+y)^3} + \frac{D_4/(1+y) + D_5/(1+y)^2 + \cdots}{(1+y)^3} \tag{3-7}$$

式（3-7）可以简化为：

$$V = \frac{D_1}{1+y} + \frac{D_2}{(1+y)^2} + \frac{D_3}{(1+y)^3} + \frac{D_4}{(1+y)^{3+1}} + \frac{D_5}{(1+y)^{3+2}} + \cdots$$

$$= \sum_{t=1}^{\infty} \frac{D_t}{(1+y)^t} \tag{3-8}$$

如果用 g_t 表示第 t 期的股息增长率，则其数学表达式为：

$$g_t = \frac{D_t - D_{t-1}}{D_{t-1}} \tag{3-9}$$

（1）股息贴现模型之一：零增长模型（zero-growth model）。

零增长模型是股息贴现模型的一种特殊形式，它假定股息是固定不变的。换言之，股息的增长率等于零。

$$V = \frac{D_0}{y}$$

（2）股息贴现模型之二：不变增长模型（constant-growth model）。

$$V = \frac{D_1}{1+y} + \frac{D_2}{(1+y)^2} + \frac{D_3}{(1+y)^3} + \cdots = \sum_{t=1}^{\infty} \frac{D_t}{(1+y)^t}$$

$$= \frac{D_0(1+g)}{1+y} + \frac{D_0(1+g)^2}{(1+y)^2} + \cdots + \frac{D_0(1+g)^{\infty}}{(1+y)^{\infty}}$$

$$= D_0 \left[\frac{1+g}{1+y} + \left(\frac{1+g}{1+y} \right)^2 + \cdots + \left(\frac{1+g}{1+y} \right)^{\infty} \right]$$

$$= D_0 \left[\frac{(1+g)/(1+y) - [(1+g)/(1+y)]^{\infty}}{1 - [(1+g)/(1+y)]} \right]$$

$$= \frac{D_0(1+g)}{y-g} = \frac{D_1}{y-g}$$

（3）股息贴现模型之三：三阶段增长模型（three-stage-growth model）。

$$g_t = g_a - (g_a - g_n)\frac{t-A}{B-A}$$

$$V = D_0 \sum_{t=1}^{A} \left(\frac{1+g_a}{1+y} \right)^t + \sum_{t=A+1}^{B-1} \left[\frac{D_{t-1}(1+g_t)}{(1+y)^t} \right] + \frac{D_{B-1}(1+g_n)}{(1+y)^{B-1}(y-g_n)}$$

（4）股息贴现模型之四：多元增长模型（multiple-growth model）。

多元增长模型假定在某一时点 T 之后股息增长率为一常数 g，但是在这之前股息增长率是可变的。多元增长模型的内在价值计算公式为：

$$V = \sum_{t=1}^{T} \frac{D_t}{(1+y)^t} + \frac{D_{T+1}}{(y-g)(1+y)^T}$$

二、利用股息贴现模型判断股票投资价值

第一种方法，计算股票投资的净现值。如果净现值大于零，说明该股票被低估；反之，该股票被高估。用数学公式表示为：

$$NPV = V - P = \left[\sum_{t=1}^{\infty} \frac{D_t}{(1+y)^t} \right] - P \qquad (3-10)$$

式中，NPV 代表净现值，P 代表股票的市场价格。当 NPV 大于零时，可以逢低买入；当 NPV 小于零时，可以逢高卖出。

第二种方法，比较贴现率与内部收益率的差异。如果贴现率小于内部收益率，证明该股票的净现值大于零，即该股票被低估；反之，当贴现率大于内部收益率时，该股票的净现值小于零，说明该股票被高估。内部收益率（internal rate of return，IRR），是当净现值等于零时的一个特殊的贴现率，即：

$$NPV = V - P = \left[\sum_{t=1}^{\infty} \frac{D_t}{(1+IRR)^t} \right] - P = 0$$

第五节　股票价格指数

为了判断市场股价变动的总趋势及其幅度，我们必须借助股价平均数或指数。在计算时要注意以下四点：

（1）样本股票必须具有典型性、普遍性，为此，选择样本股票应综合考虑其行业分布、市场影响力、规模等因素。

（2）计算方法要科学，计算口径要统一。

（3）基期的选择要有较好的均衡性和代表性。

（4）指数要有连续性，要排除非价格因素对指数的影响。

一、股票价格平均数的计算

股票价格平均数（averages）反映一定时点上市场股票价格的绝对水平，它可分为简单算术股价平均数、修正的股价平均数和加权平均数三类。

（一）简单算术股价平均数

简单算术股价平均数是将样本股票每日收盘价之和除以样本数得出的，即：

$$简单算术股价平均数 = \frac{1}{n}(P_1 + P_2 + P_3 + \cdots + P_n) = \frac{1}{n}\sum_{i=1}^{n} P_i$$

式中，n 为样本的数量，P_n 为第 n 只股票的价格。

世界上第一个股票价格平均数——道琼斯股票价格平均数在 1928 年 10 月 1 日前就是使用简单算术平均法计算的。

简单算术平均数虽然计算较简便，但它有两个缺点：

（1）它未考虑各样本股票的权重，从而未能区分重要性不同的样本股票对股价平均数的不同影响。

（2）当样本股票发生拆细、派发红股、增资等情况时，股价平均数就会失去连续性，使前后期的比较发生困难。

（二）修正的股价平均数

修正的股价平均数有两种：

（1）除数修正法，又称道氏修正法。这是美国道琼斯公司为克服简单算术平均法的不足，在 1928 年创始的一种计算股价平均数的方法。该法的核心是求出一个除数，以修正因股票拆细、增资、发放红股等因素造成的股价平均数的变化，以保持股价平均数的连续性和可比性。具体做法是以新股价除以旧股价平均数，求出新除数，再以计算期的股价总额除以新除数，从而得出修正的股价平均数，即：

$$新除数 = 变动后的新股价总额 / 旧股价平均数$$
$$修正的股价平均数 = 报告期股价总额 / 新除数$$

例如，拥有 30 只样本股票的道琼斯工业股票价格平均数经过多年的修正，2019 年，其除数值只有 0.147。这样，30 只股票同时上涨 1 美元，就会使指数值上升 204 点。

（2）股价修正法。将发生股票拆细等变动后的股价还原为变动前的股价，使股价平均数不会因此变动。例如，假设第 j 种股票进行拆细，拆细前股价为 P_j，拆细后每股新增的股数为 R，股价为 P_j'，则修正的股价平均数的公式为：

$$修正的股价平均数 = \frac{1}{n}[P_1 + P_2 + \cdots + (1+R) \times P_j' + \cdots + P_n]$$

由于 $(1+R)P_j' = P_j$，因此该股价平均数不会受股票分割等的影响。美国《纽约时报》编制的 500 种股价平均数就是采用股价修正法来计算的。

（三）加权股价平均数

加权股价平均数就是根据各种样本股票的相对重要性进行加权平均计算的股价平均数，

其权数 Q 可以是成交股数、股票总市值、股票总股本等，其计算公式为：

$$\text{加权股价平均数} = \frac{1}{n} \sum_{i=1}^{n} P_i Q_i$$

二、股价指数的计算

股价指数（indexes）是反映不同时点上股价变动情况的相对指标。通常是将报告期的股票价格与选定的基期价格相比，并将两者的比值乘以基期的指数值，即为报告期的股价指数。股价指数的计算方法主要有两种：简单算术股价平指数和加权股价指数。

（一）简单算术股价指数

计算简单算术股价指数的方法有两种：相对法和综合法。

（1）相对法，又称平均法，就是先计算各样本股价指数，再加总求总的算术平均数。其计算公式为：

$$\text{股价指数} = \frac{1}{n} \sum_{i=1}^{n} \frac{P_1^i}{P_0^i}$$

式中，P_0^i 表示第 i 种股票的基期价格，P_1^i 表示第 i 种股票的报告期价格，n 为样本数。英国的《经济学家》普通股价格指数就是采用这种计算方法计算出来的。

（2）综合法，是先将样本股票的基期和报告期价格分别加总，然后相比求出股价指数，即：

$$\text{股价指数} = \frac{\sum_{i=1}^{n} P_1^i}{\sum_{i=1}^{n} P_0^i}$$

（二）加权股价指数

加权股价指数是根据各期样本股票的相对重要性予以加权，其权重可以是成交股数、总股本等。按时间划分，权数可以是基期权数，也可以是报告期权数。以基期成交股数（或总股本）为权数的指数称为拉斯拜尔指数，其计算公式为：

$$\text{加权股价指数} = \frac{\sum P_1 Q_0}{\sum P_0 Q_0}$$

以报告期成交股数（或总股本）为权数的指数称为派许指数。其计算公式为：

$$\text{加权股价指数} = \frac{\sum P_1 Q_1}{\sum P_0 Q_1}$$

式中，P_0 和 P_1 分别表示基期和报告期的股价，Q_0 和 Q_1 分别表示基期和报告期的成交股数

（或总股本）。拉斯拜尔指数偏重基期成交股数（或总股本），而派许指数则偏重报告期的成交股数（或总股本）。目前世界上大多数股价指数都是派许指数，只有德国法兰克福证券交易所的股价指数为拉斯拜尔指数。

📅 本章小结

　　股票市场组织结构可分为一级市场和二级市场。一级市场是发行新的股票和债券的市场；二级市场是买卖已发行股票和债券的市场。二级市场通常可分为场内交易场所和场外交易市场，以及具有混合特征的第三市场和第四市场等层次。

　　股票的价格受许多因素的影响，但股票的价格不是随意变动的，股票也有其内在的价值。

　　在一级市场和二级市场上，股票有各自不同的价格，即发行价格和交易价格。发行价格，是股票在一级市场上发行时的价格。交易价格，是指在证券市场上买卖股票时，由买卖双方所决定的价格。

　　股票的发行是指股份有限公司出售股票以筹集资本的过程。

　　股票价格指数是指由金融机构编制的，通过对股票市场上一些有代表性的公司发行的股票价格进行平均计算和动态对比后得出的数值。

📖 习题

　　1. 中国的 A 股和 B 股的区别和联系是什么？

　　2. 优先股和普通股的区别有哪些？

　　3. 公募和私募发行的差别是什么？

　　4. 什么是股票价格指数？国内外具有代表性的股价指数有哪些？

第四章 债券市场

【本章要点】

债券是按法定程序发行并按事先约定的方式支付利息和偿还本金的债务凭证，属于固定收益证券。债券是政府和公司筹措资金的重要手段，不同发行主体的债券的信用风险不同。与股票市场一样，债券市场也是金融市场的重要组成部分。它发挥着重要的融资、资源配置以及形成金融市场基准利率的功能，债券市场由发行市场和流通市场构成。

1. 掌握债券的概念、特征和种类；
2. 掌握债券市场的功能；
3. 熟悉债券的发行市场和流通市场；
4. 了解政府债券市场；
5. 了解公司债券市场。

【关键术语】

债券；违约风险；政府债券；公司债券；信用债券；抵押债券；担保信托债券；设备信托证；固定利率债券；浮动利率债券；指数债券；零息债券；金融债券；绿色债券；直接发行；间接发行；信用评级；现货交易；期货交易；期权交易；信用交易

【要闻导入】

2019 年 4 月 3 日，第 133 次朗润·格致论坛暨国际货币基金组织（IMF）新书《中国债券市场的未来》发布会在北京大学国家发展研究院（北大国发院）举行。出席活动的中外专家学者对中国债券市场的现状和未来发展展开探讨。

北大国发院副院长黄益平教授指出，作为金融基础设施的重要组成部分，中国债券市场的发展对我国实现利率自由化和人民币国际化均具有重要意义。

IMF 经济学家、北大国发院研究教授席睿德（Alfred Schipke）指出，当前正值中国国债和政策性银行债券被纳入全球主流指数，这对中国金融市场来说是一个具有里程碑意义的事件。他预测，中国资本市场尤其是债券市场的地位将在未来十年显著提升。银行在中国金融体系的比重将会下降，更多资金将通过债券或其他证券流入实体经济。席睿德还援引 IMF 的研究指出，随着人民币与世界其他货币关联性的增强，以人民币计价的资产特别是人民币债券也将会被越来越多的外国投资者所持有。

资料来源：中国财富网，http：//www.cfbond.com/zclb/detail/20190405/
1000200000020131554368027366762279_1.html。

第一节 债券概述

一、债券的概念

债券是投资者向政府、公司或金融机构提供资金的债权债务合同，该合同是载明发行者在指定日期支付利息并在到期日偿还本金的承诺。

（一）债券的内涵

（1）债券发行人（借款人）是资金的借入者。

（2）债券投资者是资金的供给者。

（3）发行人需要按约定的条件还本付息。

（4）债券投资者与发行者之间是一种债权债务关系。债券发行人即债务人，投资者（或债券持有人）即债权人，债券是实质的证明书，具有法律效力。

（二）债券票面的基本要素

债券票面的基本要素主要有票面价值、票面利率、偿还期限以及债券发行者名称。

1. 债券的票面价值

票面价值又包括两个内容：

（1）票面价值的币种，即以何种货币作为债券价值的计量标准。币种的选择主要依其发行的对象和需要来确定。若是对国内市场发行，债券的币种就是本国货币，如在国际金融市场筹资，一般以债券发行地国家或国际通用货币等币种作为计量标准。

（2）债券的票面金额。票面金额大小的不同对于债券的发行成本和持有者分布具有不同的影响。票面金额较小，小额投资者也可购买，持有者分布面广，但债券印刷及发行工作量大，可能增加发行费用；票面金额过大，则购买者仅为少数大投资者，一旦这些投资者认购积极性不高，可能导致发行失败。

2. 债券的偿还期限

债券的偿还期限即从债券发行日起至偿清本息之日为止的时间。对于债券发行者来说，必须根据不同条件确定债券的期限。首先发行人要考虑资金使用目的和周转期的长短，保证在完成筹资目的的同时有能力在规定的时间内偿还债务。其次，要考虑未来市场利率的发展趋势。一般情况下，市场利率呈下降趋势，多发行短期债券，反之则应发行长期债券，这样可避免由利率风险导致的筹资成本增加。最后，要考虑流通市场的发达程度。流通市场发达，则债券变现能力强，购买长期债券的投资者多，发行长期债券容易取得成功。

3. 债券的票面利率

债券的票面利率是指债券的利息与债券票面价值的比率。例如，某种债券票面利率为10%，即表示认购票面价值为 100 元债券，每年可得到 10 元利息。债券的票面利率主要受基准利率、发行者资信、偿还期限、利息计算方式和资本市场资金的供求情况等因素的影响。

4. 债券发行者名称

债券发行者，即该债券的债务主体。债券发行者必须具备公开发行债券的法定条件，并对债券到期的还本付息承担法律责任。

（三） 债券与股票的区别

（1）是否偿还本金的区别。股票一般是永久性的，因而是无须偿还本金的；而债券是有期限的，到期日必须偿还本金，且每半年或一年支付一次利息。因而对于公司来说若发行过多的债券就可能资不抵债而破产，而公司发行越少的债券，其破产的可能性就越小。

（2）风险不同。股东从公司税后利润中分享股利，而且股票本身增值或贬值的可能性较大；债券持有者则从公司税前利润中得到固定利息收入，而且债券面值本身增值或贬值的可能性不大。

（3）求偿等级不同。在求偿等级上，股东排在债权人之后。当公司由于经营不善等原因破产时，债权人有优先取得公司财产的权力，其次是优先股股东，最后才是普通股股东。同时，债券按索取权的排列次序也区分为不同等级，高级（senior）债券是指具有优先索取权的债券，而低级或次级（subordinated）债券是指索取权排名于一般债权人之后的债券，一旦公司破产清算时，先偿还高级债券，然后才偿还次级债券。

（4）享受的权利不同。限制性条款涉及控制权问题，股东可以通过投票来行使剩余控制权，而债权人一般没有投票权，但债务合同的限制性条款会赋予债权人对大的投资决策有一定的发言权，这主要表现在债务合同的限制性条款内容，如在公司进行重大的资产调整时要征求大债权人的意见；另外在公司破产的情况下，剩余控制权将由股东转移到债权人手中，债权人有权决定是清算公司还是重组公司。

（5）抵押担保情况不同。权益资本是一种风险资本，不涉及抵押担保问题，而债务资本可要求以某一或某些特定资产作为保证偿还的抵押，以提供超出发行人通常信用地位之外的担保，这实际上降低了债务人无法按期还本付息的风险，即违约风险（default risk）或称信用风险（credit risk）。

（6）选择权不同。在选择权方面，股票主要表现为可转换优先股和可赎回优先股，而债券则更为普遍。一方面多数公司在公开发行债券时都附有赎回条款，在某一预定条件下，由公司决定是否按预定价格（一般比债券面值高）提前从债券持有者手中购回债券。另一方面，许多债券附有可转换性（convertible），这些可转换债券在到期日或到期日之前的某一期限内可以按预先确定的比例（称为转换比率）或预先确定的价格（转换价格）转换成股票。

二、债券的特征

债券作为一种金融工具，有以下特征：

1. 收益性

收益性是指债券能为投资者带来一定的收入。这种收入表现为两种形式：

（1）债券投资者能定期取得的利息收入。

（2）投资者可以通过在二级市场买卖债券而获取买卖差价。

债券的二级市场价格随着市场利率的变化而发生变化。当市场利率下跌时，债券的价格上升；反之，当市场利率上升时，债券的价格则下跌，两者呈反向变化关系。投资者只要根据债券市场价格的变化，在价格较低时买进，价格较高时卖出，就可获得买卖差价。

2. 流动性

债券流动性指债券能够以其理论值或接近于理论值的价格出售的难易程度。当债券持有人急需资金时，可在市场上售出取得现金以收回投资。不同的债券在不同的情况下，其流动性的强弱是各不相同的。如果证券市场较为发达，债券发行人的资信较高，或债券期限较短，投资者购买踊跃，则该种债券的流动性就强；反之，证券市场不发达，发行人资信较差，或债券期限较长，投资者不愿购买，则该种债券流动性就弱。一般流动性强的债券收益性较低，两者呈反向关系。

3. 安全性

债券与股票等其他有价证券相比，投资风险低，安全性较高，主要原因是：

（1）债券的发行要经过有关部门的严格审查，一般只有信誉较高的筹资人才能获准发行债券，因此债券到期的还本付息有较为可靠的保证。

（2）债券票面利率固定，二级市场价格也较为稳定，可以避免因市场价格剧烈波动而遭受严重损失。

（3）债券流动性较强，当投资者急需资金时，可在二级市场卖出以收回投资。

（4）在企业破产时，债券持有者享有优先于股票持有者对企业剩余资产的索取权。

4. 偿还性

偿还性是指债券有规定的偿还期限，债务人必须按期向债权人支付利息和偿还本金。

债券的偿还性使得资金筹措者不能无限期地占用债券购买者的资金，换言之，他们之间的借贷经济关系将随偿还期结束、还本付息手续完毕而消失。这一特征与股票的永久性有很大的区别。在历史上，债券的偿还性也有例外，英国就曾发行过无期公债或永久性公债，这种公债无固定的偿还期，持券者不能要求政府清偿，只能按期取息。

三、债券的种类

债券的种类繁多，按发行主体不同可分为政府债券、公司债券和金融债券三大类，而各类债券根据其要素组合的不同又可细分为不同的种类。

（一）政府债券

政府债券是指中央政府、政府机构和地方政府发行的债券，它以政府的信誉作保证，因而通常无须抵押品，其风险在各种投资工具中是最小的。

1. 中央政府债券

中央政府债券是中央政府财政部发行的以国家财政收入为保证的债券，也称为国家公债。其特点首先表现为一般不存在违约风险，故又称为"金边债券"；其次是可享受税收优惠，其利息收入可豁免所得税。在我国，中央政府债券是由财政部发行的，以解决由政府投资的公共设施或重点建设项目的资金需要和弥补国家财政赤字为主要目的的债券。

在美国，国债按期限可分为1年以内的短期国库券（treasury bills）、1~10年的中期国债（treasury notes）和10~30年的长期国债（treasury bonds），第一种属货币市场工具，是一种贴现证券（discount securities），后两者属资本市场工具，是一种息票证券（coupon securities），通常是每六个月付一次息，到期偿还本金。此外，按是否与物价挂钩，国债可分为固定利率公债和保值公债。前者在发行时就确定名义利率，投资者得到的真实利率取决于投资期的通货膨胀率，而后者的本金则随通货膨胀指数做调整，利息是根据调整后的本金支付的，因而不受通胀影响，可以保护债券的价值。

2. 政府机构债券

在美国、日本等不少国家，除了财政部外，一些政府机构也可发行债券。这些债券的收支偿付均不列入政府预算，而是由发行单位自行负责。有权发行债券的政府机构有两种：一种是政府部门机构和直属企事业单位，如美国联邦住宅和城市发展部下属的政府全国抵押协会（GNMA）；另一种是虽然由政府主办却属于私营的机构，如联邦全国抵押贷款协会（FNMA）和联邦住宅抵押贷款公司（FHLMC）。这些政府机构或政府资助的企业具有某些社会功能，它们通过发行债券增加信贷资金以及降低融资成本，其债券最终由中央政府作后盾，因而信誉也很高。

3. 市政债券

根据自身的信用状况和融资需要，市政债券的发行者可以有选择地发行不同类型的债券。在美国，市政债券又称为州和地方政府债券，是由地方政府为筹措学校、道路和其他大型市政建设项目的开支而发行的长期债务工具，有时为了满足日常预算的需要，地方政府也会发行市政债券。

美国市政债券一般分为两类，一般责任债券（general obligation bonds）和收益债券（revenue bond）。一般责任债券是由州、市、县或镇（政府）以当地的税收能力为后盾（以一种或几种税收）发行的债券，是与中央政府发行的国债相对应的另一种类型公债，属于真正的地方政府债券。一般责任债券中违约的情况较少，有些一般债务债券不仅以税收作保证，而且还以拨款和专项收费等来保证，这类债券又被称为双重担保的债券。而收益债券一般是基础设施建设机构和授权机构发行的，如修建供水设施、污水处理、医院、收费公路等所发行的债券，其偿债资金来源于这些设施有偿使用带来的收益，而不是由地方政府税收担保偿付。收益债券主要通过项目的有偿使用收入来偿还，因此不同项目的收益债券安全性也并不相同，性质接近于一般意义上的企业债券。由于收益债券的风险存在违约风险，高于一般责任债券，因此其收益率也相对较高。美国市政债券发行规模主要以收益债券为主，一般责任债券为辅，收益债券占比通常在 60% ~ 70% 之间，一般责任债券维持在 25% ~ 40% 之间。

（二）公司债券

公司债券是公司为筹措营运资本而发行的债券。该合同要求不管公司业绩如何都应优先偿还其固定收益，否则将在相应破产法的裁决下寻求解决，因而其风险小于股票，但比政府债券高。公司债券的种类很多，通常可分为以下几类：

（1）按抵押担保状况分为信用债券、抵押债券、担保信托债券和设备信托证。

信用债券（debenture bonds）是完全凭公司信誉，不提供任何抵押品而发行的债券。其持有者的求偿权排名于有抵押债权人对抵押物的求偿权之后，对未抵押的公司资产有一般求偿权，即和其他债权人排名相同。发行这种债券的公司必须有较好的声誉，一般只有大公司才能发行。而且期限较短，利率较高。

抵押债券（mortgage bonds）是以土地、房屋等不动产为抵押品而发行的一种公司债，也称固定抵押公司债。如果公司不能按期还本付息，债权人有权处理抵押品以资抵偿。在以同一不动产为抵押品多次发行债券时，应按发行顺序分为第一抵押债券和第二抵押债券，前者对抵押品有第一置留权，首先得到清偿；后者只有第二置留权，只能待前者清偿后，用抵押品的剩余款偿还本息。

担保信托债券（collateral trust bonds）是以公司持有的各种动产或有价证券为抵押品而发行的公司债券，也称流动抵押公司债。用作抵押品的证券必须交由受托人保管，但公司仍保留股票表决及接受股息的权利。

设备信托证（equipment trust certificates）是指公司为了筹资购买设备并以该设备为抵押品而发行的公司债券。发行公司购买设备后，即将设备所有权转交给受托人，再由受托人以出租人的身份将设备租赁给发行公司，发行公司则以承租人的身份分期支付租金。由受托人代为保管及还本付息，到债券本息全部还清后，该设备的所有权才转交给发行公司。这种债券常用于铁路、航空或其他运输部门。

（2）按利率可分为固定利率债券、浮动利率债券、指数债券和零息债券。

固定利率债券是指事先确定利率，每半年或一年付息一次，或一次还本付息的公司债券。这种公司债券最为常见。

浮动利率债券是在某一基础利率（例如同期限的政府债券收益率、最优惠利率、LIBOR 等）之上增加一个固定的溢价，以防止未来市场利率变动可能造成的价值损失。对某些中小型公司或状况不太稳定的大公司来说，发行固定利率债券发生困难或成本过高时，可考虑选择浮动利率债券。

指数债券（indexed bonds）是通过将利率与通货膨胀率挂钩来保证债权人不致因物价

上涨而遭受损失的公司债券。挂钩办法通常为：债券利率＝固定利率＋通胀率＋固定利率×通胀率。有时，用来计算利息的指数并不与通胀率相联系，而与某一特定的商品价格（油价、金价等）挂钩，这种债券又称为商品相关债券（commodity-linked bonds）。

零息债券（zero-coupon bonds）即以低于面值的贴现方式发行，到期按面值兑现，不再另付利息的债券。它与短期国库券相似，可以省去利息再投资的麻烦，但该债券价格对利率变动极为敏感。

（3）按内含选择权可分成可赎回债券、偿还基金债券、可转换债券和带认股权证的债券。

可赎回债券（redemption bonds）是指公司债券附加早赎和以新偿旧条款（call and re-fund provisions），允许发行公司选择于到期日之前购回全部或部分债券。当市场利率降至债券利率之下时，赎回债券或代之以新发行的低利率债券对债券持有人不利，因而通常规定在债券发行后至少5年内不允许赎回。

偿还基金债券（sinking fund bonds）是要求发行公司每年从盈利中提存一定比例存入信托基金，定期偿还本金，即从债券持有人手中购回一定量的债券。这种债券与可赎回债券相反，其选择权在债券持有人一方。

可转换债券（convertible bonds）是指公司债券附加可转换条款，赋予债券持有人按预先确定的比例（转换比率）转换为该公司普通股的选择权。大部分可转换债券都是没有抵押的低等级债券，并且是由风险较大的小型公司所发行的。这类公司筹措债务资本的能力较低，使用可转换债券的方式将增强对投资者的吸引力；另外，可转换债券可被发行公司提前赎回。

带认股证的债券是指公司债券可把认股证作为合同的一部分附带发行。与可转换债券一样，认股证允许债券持有人购买发行人的普通股。但对于公司来说，认股证是不能赎回的。

（三）金融债券

金融债券是银行等金融机构为筹集信贷资金而发行的债券。在西方国家，由于金融机构大多属于股份公司组织，故金融债券可纳入公司债券的范围。

发行金融债券，表面看来同银行吸收存款一样，但由于债券有明确的期限规定，不能提前兑现，所以筹集的资金要比存款稳定得多。更重要的是，金融机构可以根据经营管理的需要，主动选择适当时机发行必要数量的债券以吸引低利率资金，故金融债券的发行通常被看作银行资产负债管理的重要手段，而且由于银行的资信度比一般公司要高，金融债券的信用风险也较公司债券低。

四、绿色债券

世界银行（World Bank）和经济合作与发展组织（OECD）以气候变化为基点，将绿色债券定义为一种由政府、跨国银行或企业发行的，为促进低碳经济和适应气候变化项目筹集必要资金的固定收益债券。

国际绿色金融债券发行主体具有多元化的特征。第一支绿色债券由欧洲投资银行于

2007 年发行。2014 年，第一套国际标准《绿色债券原则》发布，公司绿色债券的发行量开始上升；2015 年，全球绿色债券市场规模约 400 亿美元；而截至 2019 年三季度，这个数字已经接近 1 900 亿美元①。世界银行作为重要的国际金融组织，对绿色金融债券的相关发行问题起到重要的作用，在欧洲投资银行以及世界银行的带动下，绿色金融债券的发行主体不断地扩大，包括商业银行以及多种金融主体。

2015 年，我国的第一只绿色金融债券由中国农业银行在伦敦发行；2016 年 1 月兴业银行和浦发银行获准额度不超过 500 亿人民币的绿色金融债券。我国的绿色金融债券的发行已经拉开了帷幕。

【专栏】

央行加大政策支持力度，绿色债券展现广阔空间

自 2016 年《关于构建绿色金融体系的指导意见》发布后，我国绿色金融发展势头强劲。2018 年，中国绿色债券市场一跃成为仅次于美国的世界第二大绿色债券市场，发行额突破 300 亿美元。《中国城市绿色金融报告 2018》对浙江、江西、广东、贵州、新疆五个绿色金改试验区的绿色金融推进工作进行了盘点和梳理。根据该报告，截至 2018 年底，我国已经有 100 多个地级城市，公布了各自的绿色金融建设方案。仅仅启动不到 3 年的中国绿色金融工作，已经从概念设计进入了落地发芽、蓬勃发展的阶段。特别是国务院划定的国家级绿色金改实验区，在制度建设、平台建设、项目建设、人才建设、评价机制等多方面，取得了重要进展，为全国积累了大量值得借鉴的宝贵经验。设立近两年来，试验区总体方案中 85% 以上的试点任务已经启动推进，绿色金融改革创新试验区建设初见成效。

2019 年 5 月 13 日，人民银行发布了《关于支持绿色金融改革创新试验区发行绿色债务融资工具的通知》（以下简称《通知》），支持试验区内企业注册发行绿色债务融资工具。

《通知》一是明确了试验区内绿色债务融资工具可以投资绿色基金；二是明确了绿色企业发行的融资工具不用对应具体绿色项目。《通知》明确，探索试验区内绿色企业注册发行绿色债务融资工具，主要用于企业绿色产业领域的业务发展，可不对应到具体绿色项目。此前，无论是绿色企业债券、绿色中期票据还是银行绿色信贷，都需要对应到具体的绿色项目。此次《通知》同时放宽了绿色债务融资工具募集资金的要求。

《通知》还探索扩大了绿色债务融资工具募集资金用途，研究探索试验区内企业发行绿色债务融资工具投资于试验区绿色发展基金。明确了绿色债券可以用于投资绿色基金，将有利于拓宽其资金来源，缓解绿色基金的发展瓶颈。

资料来源：中国人民银行官网，http：//www.pbc.gov.cn/goutongjiaoliu/

113456/113469/3824914/index.html。

---

① 张志伟，张晓玉.2019 信用债"大年"2020 绿色债券前景广阔［N］.证券日报，2020 - 01 - 02.

第二节　债券市场的运行

一、债券市场的功能

债券市场是发行、买卖债券的场所，是金融市场重要的组成部分，在社会经济中占有重要的地位，纵观世界各个成熟的金融市场，无不有一个发达的债券市场。

债券市场有以下几个重要的功能：

1. 融资功能

债券市场作为金融市场的一个重要组成部分，具有调剂闲散资金、为资金不足者筹集资金的功能。与股票市场一样，债券市场为资金供求者提供了一个直接融资的方式，为融资者筹集了大量资金。

2. 资金流动导向功能

效益好的企业发行的债券通常较受投资者的欢迎，因而发行利率低、筹资成本小；相反，效益差的企业所发行的债券风险相对较大，受投资者欢迎的程度较低，筹资成本较大。因此，债券市场可使资金向优势企业集中，从而有利于资源的优化配置。

3. 宏观调控功能

中央银行作为国家货币政策的制定与实施者，主要依靠存款准备金、公开市场业务、再贴现和利率等政策工具进行宏观金融调控。其中，公开市场业务是中央银行通过在证券市场上买卖国债或发行央行票据、调节货币的供应量以实现间接宏观调控的重要手段。在经济过热，需要减少货币供应量时，中央银行卖出债券或发行央行票据收回基础货币，从而控制经济的过热运行；当经济萧条需要增加货币供应量时中央银行便买入债券，增加基础货币的供应。

4. 提供市场基准利率

基准利率也叫中心利率，是指带动和影响其他利率的利率，它能为金融市场提供基本收益率。从国际金融市场的一般运行规律来看，在比较健全的金融市场上，有条件成为基准利率的是信誉高、流通性强的金融产品的利率。而国债利率一直被视为无风险资产的利率，是其他资产和衍生工具进行定价的基准。同时，只有具备高流动性、开放的特征和价格发现机制成熟的债券市场才能提供有代表性的市场基准利率。

5. 防范金融风险

一个较为完备的债券市场可以有效地降低金融系统的风险。一个高流动性的、开放的国债市场不仅提供了市场基准利率，同时也是本币国际化的重要基础条件。金融债的发行可以极大地补充银行的附属资本，尤其是次级债券的发行使得银行不仅获得了中长期资金来源，并且在股东之外还增加了债权人的约束，有利于银行的稳健经营。债券市场上投资者的行为高度市场化，企业如果不履行债务将迅速导致债权人抛售债券，甚至通过法律手段追索债权，使得企业无度融资的冲动受到有效遏制。在债券融资的背景下，公司一旦出现不履行债务的情况，也会迅速导致公司在投资者群体中的名誉损失，并且通过债市信息披露使广大社会公众知悉，从而使这种惩罚自动扩散到整个社会。

二、债券发行市场

（一）债券发行目的

债券发行是发行人以借贷资金为目的、依照法律规定的程序向投资人要约发行一定债权和兑付条件的债券的法律行为。发行债券的主体不同，目的也不一样。一般来说政府发行债券是为了弥补财政赤字、扩大政府投资、解决临时资金需要；企业发行债券有筹集资金、灵活运用资金、降低资金成本、维持对企业的控制权等目的；金融机构发行债券是为了负债来源多样化、获得长期资金来源和扩大资产业务。

1. 政府发行债券的目的

（1）弥补财政赤字。政府发行债券主要是为了弥补财政赤字，并且发行政府债券也是弥补财政赤字的基本手段，与增加税收、通货膨胀的财政赤字弥补方式比较，发行政府债券有着明显的优越性。增加税收通常会抑制投资，通货膨胀则通常会对经济产生较大的扰动。

（2）扩大政府公共投资。政府的职能有多种，它在社会经济中往往要承担一些大型基础性项目的投资，如修建铁路和公路，这些项目耗资十分巨大，在私人投资和消费不足的情况下，常由政府通过举借债务筹集专项资金来建设。在经济增长乏力的情况下，政府会实行积极的财政政策，增加公共投资额，以求拉动经济增长，在财政收入有限的情况下，需要发行政府债券满足资金需要。

（3）解决临时性资金需要。政府的支出在一年中是持续发生的，但由于税收的季节性特征，收入往往在后期才能取得，有时出现支出在前、收入在后的情况，需要发行国债筹集短期资金，以应付短期资金不足的局面。由于是国库临时性的资金需要，因此短期政府债券通常称之为国库券。国库券期限可以很短，如 3 个月、6 个月或 12 个月。

（4）归还前期债务的本息。当债务规模较大、政府债务负担过重时，能通过发新债还旧债的办法筹集资金偿还已到期债务的本金和利息。

（5）战争的需要。战争需要投入大量的人员和物资，参战国政府通常需要发行债券为庞大的战争经费进行融资。

2. 金融债券的发行目的

金融机构是经营货币资金的特殊企业，通过对负债与资产进行科学管理使负债与资产实现最佳组合，从而达到资金的流动性、安全性和收益性三者统一的目的。一般来说发行金融债券有以下目的：

（1）促使负债来源多样化，增强负债的稳定性。金融机构的负债有各种存款、向央行借款、发行金融债券等。存款资金来源众多，此存彼取，稳定性差，一旦发生挤兑现象，就有可能迫使金融机构破产。向央行借款一般也是应付临时性资金需求，并且受中央银行控制。金融债券有稳定的偿还期限，债权人一般无权要求债务人在到期日前偿还债务，因而可以为金融机构提供稳定的资金来源。

（2）扩大资产业务。对于金融机构来说，发行金融债券是一种主动负债，不同于吸收存款这类被动负债业务。因此，金融机构可以根据开展资产业务的需要，灵活地发行金融债券进行融资，改变金融机构根据负债结构和规模确定资产结构和规模的传统业务特征。

3. 公司债券的发行目的

（1）筹集资金。筹集资金是企业发行债券的主要目的。在发达国家，当企业需要资金时，发行债券已成为企业向外部筹资的重要手段甚至是主要手段。

（2）灵活运用资金，维持企业的控制权。企业发行债券融资，主动权完全掌握在自己手中，企业可以自己灵活确定债券期限、数量。而贷款的期限和数量则需要谈判、协商才能确定，有时不能完全达到自己的要求。发行股票涉及企业股权的分配等实质问题，灵活性相对较差。企业可以使债券的发行量、期限与资金的需要量、使用时间一致，并可根据债券到期时是否仍需继续占用资金，来确定是否连续发行新债。总之，企业可随时根据自己需要资金的时间、数量决定是否发行债券、到期期限和发行额度以及时满足资金需要。

（3）调节负债规模，实现最佳的资本结构。按照现代公司财务理论，公司可以通过调节负债与资本的比例，降低公司的融资成本和代理成本，提高公司的价值。通过公司债券这一工具，可以有效地实现上述目的。

（二）债券发行市场的要素

债券发行市场主要由发行人、投资者（认购者）和承销商等中介人三部分构成。

（1）债券发行人，即筹资者，也就是债务人，包括国内外的政府和政府机构、大型公司企业及金融机构。他们是债券市场上资金的需求者。

（2）债券投资者，即债权人，包括个人、公司企业及政府机构，他们是债券市场上的资金供给者。

（3）承销商，是代理发行人办理债券的发行和销售业务的中介人，由他们负责把债券转售给投资者，通常由投资银行等担任。在债券发行量不大时，一家投资银行就可承销，但如果债券发行的数量和金额较大，一家投资银行单独难以承担承销任务就可邀请其他一些投资银行参加，组成承销团（承销辛迪加），按各家认购比例共同筹集巨资包销，原来的这家投资银行则担任主承销商。

（三）债券的发行条件

1. 债券发行的基本条件

债券发行的基本条件包括面值、利率、偿还期限和发行价格。

（1）面值。即债券的票面价值，包括面值的单位、数额和币种。面值有三个含义；对于附息债券表明债券偿还本金的依据；对于贴现债券表明到期偿还总额；对于二手债券，面值是计算收益率的主要依据。

（2）利率。年利息额对票面金额的比率称为利率。大多数债券都是固定利率债券，在债券有效期限内不变。因此，利率的确定应该根据市场情况及发展趋势全面考虑。

（3）偿还期。从发行到兑付的期间称为偿还期。债券期限分为长期、中期和短期三种情况。通常短期为1年以内，中期为1～10年，长期为10年以上。

（4）价格。债券的价格是债券价值的表现形式。附息债券发行价格可以分为三种情况：票面金额发行，即以票面价格发行，又称平价发行；折价发行，以低于票面金额的价格发行；溢价发行，是以高于票面金额的价格发行。贴现债券从票面金额中扣除贴现额后发行，属于折价发行。

2. 不同种类债券发行条件的差异

在同一市场条件下，发行人的信用度决定发行条件。信用度是通过信用等级来判断的，信用等级是表示债券发行主体信用程度的指标。对于公司债券的评级有六个基准：资本；净资产；净资产倍率；自有资本比率；股息；使用总资本的企业盈利。以此作为基准，评出信用等级。

为了防止发行人因举债过多影响其财务的健全性、安全性，防止债权人蒙受意外损失，各国对债券发行人都有一定的条件规定。由于国债和金融债的资信较好，违约风险较低，所以，对国债和金融债的发行限制较少。各国对公司债的发行条件规定较为具体：

（1）无担保公司债的发行总额不得超过公司现有全部资产减去全部负债及无形资产余额的1/2。

（2）无论有无担保，公司债的发行总额都不得超过公司现有全部资产减去全部负债及无形资产后的余额。

（3）对于以前发行的公司债或其他债务，曾有违约或延迟支付本息情况的公司，事情虽已了结，也不得发行无担保公司债。如果违约或不履约事实仍在继续之中则既不能发行无担保公司债，也不能发行担保公司债。

（4）无论发行何种债券，发行人都必须有足够的偿债能力及偿债措施。

（四） 债券发行方式

债券的发行方式分为直接发行和间接发行两种。

1. 直接发行

它是发行人自己完成发行程序进行募集的方式。直接发行又可以分为直接募集和出售发行两种情况：

（1）直接募集是发行人不通过中介机构，自己承包发行事务的方式。

（2）出售发行预先不规定发行数额，由发行人在确定的时间内向公众出售债券，该期限内出售的债券总额即为发行总额。

2. 间接发行

它是发行人通过中介机构处理债券的发行事务。现代债券发行，特别是国债发行大部分是采取间接发行的方式，主要有承购包销、招标发行等方式。

（1）承购包销是由若干家银行、证券公司等组成承销团包销全部债券，再由承销团成员利用自己的销售网络将债券分销给公众投资者的发行方式。发行人和承销团之间的权利义务关系由承销合同确定，一旦债券由承销团承销，债券发行即告结束，如果分销不出去，由承销团的成员自己认购。德国、日本一直采取集团认购的方式发行国债。

（2）招标发行是债券发行者通过招标的方法决定债券投资者和债券发行条件的发行方式。根据标的物不同，招标发行可分为价格招标、收益率招标和缴款期招标；根据中标规则不同，可分为荷兰式招标（单一价格中标）和美式招标（多种价格中标）。荷兰式招标是按招标人所报买价（收益率）从高（低）到低（高）的顺序排序，直至满足预定发行额为止，所有中标者以满足发行额的最低价格（最高收益率）中标。美国式招标的过程与荷兰式相似，但是投标人在中标后，分别以各自出价认购债券。两者的区别在于荷兰式是所有中标人以单一价格认购，美国式招标是中标人以多种价格认购。招标发行是公开进行的属于公募性质，故亦称"公募招标"。

（五）发行合同书

发行合同书也称信托契据（trust deed），是说明公司债券持有人和发行债券公司双方权益的法律文件，由受托管理人（trustee，通常是银行）代表债券持有人利益监督合同书中各条款的履行。

债券发行合同书一般很长，其中各种限制性条款占很大篇幅。对于有限责任公司来说，一旦资不抵债而发生违约时，债权人的利益会受损害，这些限制性条款就是用来设法保护债权人利益的，它一般可分成否定性条款（negative covenants）和肯定性条款（positive covenants）。

1. 否定性条款

否定性条款是指不允许或限制股东做某些事情的规定。最一般的限制性条款是有关债券清偿的条款，例如利息和偿还基金的支付，只要公司不能按期支付利息或偿还基金，债券持有人有权要求公司立即偿还全部债务。

典型的限制性条款包括对追加债务、分红派息、营运资金水平与财务比率、使用固定资产抵押、变卖或购置固定资产、租赁、工资以及投资方向等都可能作出不同程度的限制。这些限制实际上为对公司设置某些最高限。

有些债券还包括所谓"交叉违约"（cross default）条款，该条款规定，对于有多笔债务的公司，只要对其中一笔违约，则认为公司对全部债务违约。

2. 肯定性条款

肯定性条款是指公司应该履行某些责任的规定，如要求营运资金、权益资本达到一定水平以上。这些肯定性条款可以理解为对公司设置某些最低限。

无论是肯定性条款还是否定性条款，公司都必须严格遵守，否则可能导致"违约"。但在违约的情况下，债权人并不总是急于追回全部债务，一般情况下会设法由债券受托管理人找出变通办法，要求公司改善经营管理，迫使公司破产清算一般是债权人的最后手段，因为破产清算对于债权人通常并不是最有利的。

（六）债券发行程序

1. 公司债券发行程序

（1）制订发行计划和发行章程。即对本次发行的目的、可行性和实时内容进行统筹规划和具体部署。

（2）董事会决议。公司债发行计划和发行章程须经公司董事会决议通过才有效，而且也须由 2/3 以上董事出席，并获得超过半数出席董事的赞成通过，才能付诸实施。

（3）评定信用等级。债券的信用评级指的是证券评级机构根据对债券发行人的基本经营状况分析，从本利支付可靠度和信用度两个方面对发行者的债券评定等级。

（4）提出发行申请。发行债券都须经国家证券主管机关审查核准，未经批准不得擅自发行。

（5）签订委托代理协议。公开间接发行债券时，发行公司需与承销机构就本次债券的发行承销问题进行谈判，就发行总额、发行方式、承销方式、发行价格、发行期间等有关事宜进行磋商，并规定承销者所承担的责任和义务，承销者的报酬和承销者缴款的日期通过签订协议的方式确定下来。

（6）签订信托合同。在发行抵押公司债券时，发行公司必须与受托公司签订信托合同。在信托合同中主要规定受托人的权利和义务，根据信托合同，受托公司取得抵押资产的留置权。

（7）发布发行公告。发行公司应以公告形式公布发行内容，主要包括公司经营管理情况、公司财务状况、发行计划、发行债券的目的、债券总金额、发行条件、还本付息方式、募集期间等。

（8）认购人应募交割。在募集期间，认购人填写认购申请书，在规定认购期间认购人缴纳债券价款，发行公司则交割认购人的债券，进行钱券两清的了结。

（9）发行总结。债券募集期结束后，由发行公司进行债券发行总结，将本次债券发行的成效及其原因进行汇总分析，并在一定时间内向政府主管机关呈报。

2. 政府债券的发行程序

政府债券与公司债券相比，具有发行量大、信誉高、发行次数多等特点，常采用公募招标方式。美国国债的发行程序大致如下：

（1）认购者索取投标单。

（2）联邦储备银行接受投标单。

（3）决定中标者及中标价格。

（4）由财政部宣布投标结果。

（5）财政部正式发行国债。

（七）债券的信用评级

信用评级是信用评级机构对于公开发行的企业债券按照其偿还能力的大小对其信用质量进行级别的评定，以供投资者参考。进行债券信用评级的最主要原因是方便投资者进行债券投资决策。投资者购买债券是要承担一定风险的。如果发行者到期不能偿还本息，投资者就会遭受损失。对广大投资者尤其是中小投资者来说，由于受到时间、知识和信息的限制，无法对众多债券进行分析和选择，因此需要专业机构对准备发行的债券还本付息的可靠程度进行客观、公正和权威的评定，以方便投资者决策。债券信用评级的另一个重要原因是减少信誉高的发行人的筹资成本。一般说来，资信等级越高的债券越容易得到投资者的信任，能够以较低的利率出售；而资信等级低的债券，风险较大，只能以较高的利率发行。

目前国际上公认的最具有权威性的信用评级机构主要有标准普尔公司、穆迪投资服务公司和惠誉公司。评级的债券很广泛，包括地方政府债券、公司债券、外国债券等。由于它们占有详尽的资料，采用先进科学的分析技术，又有丰富的实践经验和大量专门人才，因此它们所做出的信用评级具有很高的权威性。

1. 标准普尔公司评级

标准普尔（S&P）由普尔出版公司和标准统计公司于 1941 年合并而成。普尔出版公司的历史可追溯到 1860 年，当时其创始人普尔先生（Henry V. Poor）出版了《铁路历史》及《美国运河》，率先开始金融信息服务和债券评级。1966 年标准普尔被麦克劳希尔公司（McGraw Hill）收购。公司主要对外提供关于股票、债券、共同基金和其他投资工具的独立分析报告，为世界各地超过二十多万家证券及基金进行信用评级。

标普的长期评级主要分为投资级和投机级两大类，投资级的评级具有信誉高和投资价值高的特点，投机级的评级则信用程度较低，违约风险逐级加大。投资级包括 AAA、AA、A 和 BBB，投机级则分为 BB、B、CCC、CC、C 和 D。信用级别由高到低排列，AAA 级具有最高信用等级；D 级最低，视为对条款的违约。

从 AA 至 CCC 级，每个级别都可通过添加"＋"或"－"来显示信用高低程度。例如，在 AA 序列中，信用级别由高到低依次为 AA＋、AA、AA－。

2. 穆迪评级

穆迪（Moody）公司的创始人是约翰·穆迪，他在 1909 年出版的《铁路投资分析》一书中发表了债券资信评级的观点，使资信评级首次进入证券市场，他开创了利用简单的资信评级符号来分辨 250 家公司发行的 90 种债券的做法，正是这种做法才将资信评级机构与普通的统计机构区分开来，因此后人普遍认为资信评级最早始于穆迪的铁道债券资信评级。1913 年，穆迪将资信评级扩展到公用事业和工业债券上，并创立了利用公共资料进行第三方独立资信评级或无经授权的资信评级方式。穆迪评级和研究的对象以往主要是公司和政府债务、机构融资证券和商业票据。最近几年开始对证券发行主体、保险公司债务、银行贷款、衍生产品、银行存款和其他银行债以及管理基金等进行评级。其股票在纽约证交所上市交易（代码 MCO）。穆迪长期评级针对一年期以上的债务，评估发债方的偿债能力，预测其发生违约的可能性及财产损失概率。而短期评级一般针对一年期以下的债务。

穆迪长期评级共分九个级别：Aaa、Aa、A、Baa、Ba、B、Caa、Ca 和 C。其中 Aaa 级债券的信用质量最高，信用风险最低；C 级债券为最低等级债券，收回本金及利息的机会微乎其微。

在 Aa 到 Caa 的六个级别中，还可以添加数字 1、2 或 3 进一步显示各类债务在同类评级中的排位，1 为最高，3 则最低。通常认为，从 Aaa 级到 Baa3 级属于投资级，从 Ba1 级以下则为投机级。

3. 惠誉评级

惠誉国际（Fitch）是 1913 年由约翰·惠誉（John K. Fitch）创办的，起初是一家出版公司，于 1924 年就开始使用 AAA 到 D 级的评级系统对工业证券进行评级。近年来，惠誉进行了多次重组和并购，规模不断扩大。1997 年公司并购了另一家评级机构 IBCA，2000 年并购了 DUFF & PHELPS，随后又买下了 Thomson Bankwatch。该公司业务主要包括国家、地方政府、金融机构、企业和机构融资评级。惠誉的规模较其他两家评级机构稍小，是唯一的欧资国际评级机构，总部设在纽约和伦敦。

惠誉的长期信用评级分为投资级和投机级，其中投资级包括 AAA、AA、A 和 BBB，投机级则包括 BB、B、CCC、CC、C、RD 和 D。以上信用级别由高到低排列，AAA 等级最高，表示最低的信贷风险；D 为最低级别，表明一个实体或国家主权已对所有金融债务违约。

惠誉的短期信用评级大多针对到期日在 13 个月以内的债务。短期评级更强调的是发债方定期偿付债务所需的流动性。

以上三家信用评级机构都是独立的私人企业，不受政府控制，也独立于证券交易所和证券公司。它们所做出的信用评级不具有向投资者推荐这些债券的意思，只是供投资者决策时参考，因此，它们对投资者负有道义上的义务，但并不承担任何法律上的责任。

三、债券流通市场

（一）债券流通市场结构

从各国情况来看，债券流通市场主要有两种形式：一种是场内市场；另一种是场外市场。

1. 场内市场

证券交易所是专门进行证券买卖的场所。在证券交易所内买卖债券所形成的市场是场内交易市场。债券在交易所上市交易，要符合一定的条件和规定并经过严格的审核。交易所作为债券交易的组织者，本身不参加债券的买卖和价格的决定，只是为债券买卖双方创造条件，提供服务，并进行监管。

2. 场外市场

有大量债券因不符合证券交易所的上市条件或其他原因而没有上市交易，为了实现其流动性，满足买卖双方的需求，形成了场外交易。许多证券经营机构都设有专门的证券柜台，通过柜台进行债券买卖。在柜台交易中，证券经营机构既是交易的组织者，又是交易的参与者。此外，场外交易还包括银行间交易市场以及一些机构投资者通过电话、计算机等通信手段形成的市场等。

（二）债券的交易程序

证券交易所与柜台交易市场的债券交易程序是有区别的。

1. 证券交易所债券交易的程序

（1）投资者委托证券经纪商买卖债券，签订开立债券交易账户的契约，填写开户有关内容，明确经纪商与委托人之间的权利和义务。投资者以书面、电话、计算机等方式向证券经纪商下达委托指令。

（2）证券经纪商通过它在证券交易所内的代表人或代理人按照委托指令实施债券买卖业务。

（3）办理成交后的手续。成交后，经纪人应于成交的当日填制买卖报告书，通知委托人（投资人）按时将交割的款项或债券交付委托经纪商。

（4）经纪商核对交易记录办理清算交割手续。委托经纪商于营业终了时按债券类别与交易所记录核对无误后，就受托成交的同种债券买卖双方数额进行抵销，抵销后的差额在证券交易所办理清算交割手续。随后受托经纪商再与委托人办理交割过户手续。

2. 柜台交易市场的交易程序

柜台交易市场的交易分为自营买卖和代理买卖两种业务。

（1）自营买卖。它指证券公司作为交易商为自己买卖债券，赚取价差。基本程序是：证券公司以批发价格从其他证券公司买进债券，然后再以零售价格将债券出售给客户；或者证券公司以零售价格向客户买进债券，然后再以较高的价格批发给其他证券公司。

（2）代理买卖。它指证券公司作为经纪人，根据客户的委托，代理客户买卖债券，赚取佣金。其程序与交易所交易类似。

（三）债券交易方式

目前世界各国常用的交易方式有现货交易、期货交易、期权交易、信用交易等。

1. 现货交易

现货交易是交易双方在成交后立即交割或在极短的期限内交割的交易方式，通常为 $T+1$ 至 $T+3$，即在交易达成之后的 $1 \sim 3$ 个工作日内进行交割。

2. 期货交易

债券期货交易源自商品期货交易，是为了规避债券价格波动风险的一项金融创新。市场利率与债券价格存在着反向变动关系，利率水平上升，债券价格下降，利率水平下降，债券价格上升。正是由于利率与债券价格存在这种关系，投资者的债券价格面临利率波动的风险。

3. 期权交易

期权交易又称选择权交易投资者在给付一定的期权费后，取得一种可按约定价格在规定期限内买进或卖出一定数量债券的权利，买卖这一权利的交易即为债券期权交易。

4. 信用交易

信用交易又称垫头交易，是指交易者凭自己的信用，通过交纳一定数额的保证金取得经纪人信用进行债权买卖的交易方式。信用交易可分为保证金买空和保证金卖空两种。保证金买空是相当某种证券行市看涨时交易者通过交纳一定数额的保证金，由经纪人垫款代其购入证券的交易方式；保证金卖空是指当某种证券行市看跌时，交易者通过交纳一定数额的保证金，向经纪人融券向市场抛售的交易方式。

5. 回购协议交易

回购协议交易是在卖出（或买入）债券的时候，事先约定到一定期间后按规定的价格再买回（或卖出）同一品种的债券。其实质与同业拆借一样，是一种短期资金的借贷交易，债券在此充当质押物。债券的回购交易又可以分为质押式回购和买断式回购。质押式回购又称封闭式回购，买断式回购又称开放式回购，它们之间的主要区别在于标的债券的所有权归属不同。在质押式回购中，融券方（逆回购方）不拥有标的债券的所有权，在回购期内，融券方无权对标的债券进行处置；而在买断式回购中，标的债券的所有权发生了转移，融券方在回购期内拥有标的债券的所有权，可以对标的债券进行处置，只要到期时有足够的同种债券返售给正回购方即可。

四、债券的转让价格

债券的转让价格是指在二级市场上，债券在投资者之间转手买卖的交易价格，又称债券行市。债券的行市是波动不定的，但其波动的基础是债券的理论价格。

（一）债券的理论价格

债券的价格决定于它的价值，而债权的价值体现在债券的持有者具有对本金和利息收益的索取权上。由于货币具有时间价值，从理论上讲，债券的价值应该等于将来所获得的现金收益（债券终值）贴现后的现值。因此，我们可以很容易得到债券理论价格的计算公式：

$$P = \frac{F}{(1+i)^n} \tag{4-1}$$

式中：P 为债券的理论价格；F 为将来的货币收入总和，即债券的终值；i 为贴现率；n 为债券的待偿期限。

从式（4-1）可以看出，债券的价格主要受到三个因素的影响：

（1）债券的终值。它代表债券的未来收益。显然，债券的未来收益越高，其价格就越高。债券的终值可以根据债券的面值、票面利率及期限计算。

（2）贴现率。在终值一定的条件下，贴现率越高，其贴现值越低，即债券的理论价格越低；反之，贴现率越低，债券的理论价格越高。

（3）债券待偿期限。一般说来，在终值一定的条件下，待偿期限越长，投资者要求的收益率越高，因而其价格也就越低。

运用式（4-1）计算债券理论价格时应注意以下两个问题：

第一，对于一次性还本付息债券，可以直接将已知条件代入公式（4-1）计算。但是对于分次付息债券，由于投资者的利息收入是分次获得的，因而其理论价格等于将每次收入分别按相应期限贴现后的现值之和。其公式为：

$$P = \sum_{t=1}^{n} \frac{C}{(1+i)^t} + \frac{F}{(1+i)^n} \qquad (4-2)$$

式中，C 为第 t 年的利息收入，F 为债券本金，i 为贴现率，n 为债券的到期期限。

第二，贴现率的确定。贴现率事实上就是当投资者按理论价格购买该债券时的最终收益率（最终收益率是投资者将债券持有到期满时的收益率），在现实操作中一般以一年期银行定期储蓄存款利率来代替贴现率，这样计算出来的结果与实际情况有一定的偏差。

最后需要指出的是，通过上述公式计算出来的价格只能是债券的理论价格。债券的实际转让价格要受到市场供求状况等诸多因素的影响，因而波动不定，难以准确计算。当然，债券的实际转让价格是围绕理论价格进行波动的，并且由于债券的终值是固定的（浮动利率债券除外），因而实际转让价格偏离理论价格的范围也是十分有限的。

（二）债券的实际价格及其影响因素

债券的实际价格是指债券在流通市场上实际进行交易的价格，它总是围绕其理论价格不断波动。决定债券实际价格最直接的因素就是债券的供求关系，而影响债券供求关系的因素主要有以下几个方面：

（1）市场利率。债券的市场价格与市场利率呈反方向变动。

（2）经济发展状况。经济发展状况的变化会影响债券的供求，进而影响债券的价格。在经济景气时，企业会增加投入从而引起对资金的需求。因此，一方面，它会卖掉手中持有的债券，将其转化成生产性投资；另一方面，它本身也会通过发行债券筹集资金用于生产。同时，银行为满足企业不断增长的贷款需求，也可能会发行金融债券。这样，就使整个市场的供给大于需求，从而引起债券价格下降，利率上升。相反，在经济萧条时期，生产停滞，资金需求量小，企业可能将闲置资金转向债券投资，对债券筹资的需求也会减少。银行由于贷款减少，也可能将资金转向债券投资，并且金融债券的发行也相应减少，从而导致整个债券市场供不应求，债券价格上升，利率降低。

（3）财政收支状况。财政部门是债券市场的重要投资者和发行者。当财政部门有剩余资金时，不仅可能买进一些债券，而且财政债券的发行量也会适当减少。这些行为会促进债券价格上升。反之，当财政资金紧张时，财政部门不仅会抛出原来持有的债券，而且还会发行大量的政府债券以弥补财政赤字，这必将影响债券的供求状况，促使债券价格下降。

（4）货币政策。各国中央银行对本国经济的发展都制定了相应的货币政策，并为实现货币政策目标采取包括法定准备金政策、再贴现政策、再贷款政策以及公开市场业务在内的一系列货币政策手段，中央银行提高存款准备金率或减少再贷款规模，都会使货币供给量减少，造成全社会范围内的资金紧缺状况。资金紧张会导致利率上升，同时引起债券的发行量增加，而投资于债券的资金减少，从而导致债券价格下降。反之，若中央银行降低存款准备金率或增加再贷款规模，则资金宽松，利率下降，债券供不应求，其价格必然上升。再贴现是直接对利率进行调控的一种手段。若中央银行提高再贴现率，则市场利率会随之上升，债券价格下降。反之，若再贴现率降低，市场利率也会相应降低，债券价格上升。中央银行在债券市场上进行公开市场操作则会直接影响债券的供求状况。若中央银行大量购进债券，则债券供不应求，价格会上升。反之，若中央银行大量抛售债券，则债券供过于求，价格会下降。

（5）微观因素。上述四个方面的因素都是宏观因素，它们对市场上所有的债券都会产生影响。对每种债券而言，也有一些微观因素会影响到各自的价格。如某家企业的经营状况发生了变化，可能会影响其还本付息的能力，这自然会对该企业发行的债券价格产生影响。

第三节　政府债券市场

政府债券市场是各国最主要的债券市场，发行和交易量最大，特别是国库券或短期国债市场，其发行市场和流通市场都比较发达。按到期期限，政府债券可分为长期债券（1 年以下）、中期债券（1～10 年）和长期债券（10 年以上）。短期政府债券即短期国债，在英国和美国称为国库券，一般期限在 1 年以内，所以属于货币市场的子市场，这里不再赘述。

政府债券按其是否记名，可分为记名债券和无记名债券；按其载体，政府债券又可以分为有纸债券和无纸债券；按其发行及募集资金方式，政府债券还可以分为公募债券和私募债券；政府债券按其发行主体，可分为中央政府债券、地方政府债券和政府机构债券。

一、中长期国债市场

一般而言，中央政府发行1年期以上的债券称之为中长期国债，主要用于筹集中长期稳定性资金，弥补中央政府财政开支的不足，为政府资助公共基础建设及长期经济开发项目提供资金。

中长期国债一般采取公开发行的方式，但公开发行的程序和销售方式又有不同，主要的发行方式有下面三种：

（一）拍卖投标发行

这种发行方式在前面已经论述过，即财政部公布发行数量，由大的投资者和政府证券经销商向财政部投标，投标内容包括认购价格（利率）和认购数量（非竞争性投标不提出价格，只提出数量），然后根据投标价格高低和投标性质向投标人分发债券。

日本的中期剪息国债和美国的政府公债均采用拍卖的方式发行。由于美国经常大量地发行中长期公债，印制票券要耗费大量的成本，所以现在为了降低成本已不再印制票券。债券的购买者在登记机关记上名字，利息通过银行直接打进投资人账户。

（二）中央银行包销

财政部所发债券由中央银行认购，然后卖给投资者。中央银行通常不会包销全部债券；因为一些有闲置资金的投资者在政府发债之前已经预先订购了一部分，中央银行只能包销其余部分。英国的政府公债基本上采取这种方式，它由英格兰银行作为政府债券包销人，从财政部购进其所发公债未被预先订购的部分。英格兰银行作为政府债券的包销人，对政府发债的规模、时间、发行的次数及发行条件等问题向政府提出建议。近年来英格兰银行对传统的发债方式作了改革，试行了美国所采用的拍卖方式发行政府债券，传统的包销方式已发生变化。

（三）通过推销团推销

各国国债发行基本上都是由中央银行代理财政部进行，即财政部委托中央银行办理具体事务。国债推销团由中央银行组织，推销团可以由银行组成也可以由证券公司组成，通常由两者共同组成。推销团与发行人就有关条件达成一致后，就着手推销国债。日本主要采用这种发行方式，日本的5年期贴现国债就是由证券公司来推销的，而10年期长期剪息国债则通过银行和证券公司组成国债推销团来推销。下面我们以日本的长期剪息国债为例来说明通过推销团推销国债的具体程序。

日本的长期剪息国债是为摆脱战后的萧条从1965年开始发行的。长期剪息国债每月发行一次，其发行额占日本国债发行总额的90%以上。由于该种债券发行数额庞大，所以需要组织国债推销团来推销。国债推销团由城市银行、地方银行等组成的银行团和证券公司组成的证券团联合组成。

这种债券主要以认购方式发行。债券的利率、期限、认购价格、付款时间等均由财政部在发行前决定，投资者报出认购单，表明愿意认购的数额。为了促进债券的销售，财政部可以制定较高的利率或较低的认购价格。如果认购额超过发行额，则采取按一定比例分配的方式。

二、地方政府债券市场

政府分为中央政府和地方政府，财政预算也分为中央财政预算和地方财政预算。地方政府为促进本地区的经济发展，加快基础建设和经济开发，除了税收收入外，还需要筹集大量的资金，以弥补地方财政收入的不足。筹集资金的一个重要渠道就是发行地方政府债券，也叫地方债。

（一）地方政府债券的种类及特点

地方政府债券可以分为一般责任债券和收益债券，一般责任债券以地方政府的税收作为担保，一般责任债券的偿还也是由地方政府的税收来保证。收益债券一般用于地方政府的特别项目，收益债券的偿还依赖于这些项目的收益。

从一般的意义上讲，美国的地方政府债券（也称市政债券）也分为这两种类型，即一般责任债券和收益债券。一般责任债券（general obligation bonds）是由州、市、县或镇政府发行，以发行者的征税能力作保证的一种地方政府债券。这种债券信用仅次于国债，安全性强，所筹措的资金往往用于修建高速公路、飞机场、公园及其他市政设施。它的偿还极少拖欠，投资者能按期收回本金并取得利息。我国发行的奥运债券，从本质上看属于一般责任市政债券。

收益债券与国债、企业债券、股票、投资基金等一起，共同构筑了完整统一的证券市场。市政债券成为这些国家地方政府融资的重要途径，在地方基础设施建设中发挥着非常重要的作用。其中，美国是世界上市政债券最发达的国家。美国的市政债券起始于19世纪20年代，在二战之后发展迅猛。根据美国《1986年税收改革法案》的规定，此类市政债券的利息收入免缴联邦所得税，因而对投资者具有较大的吸引力。收益债券在市政债券中所占的比例正在不断的提高。收益债券进一步又可以分为两类。一类用于传统意义上的公益项目，如道路和桥梁的修建、学校校舍的修建等；另一类用于非传统目的的地方政府所支持的私人投资，称为私人活动公债。由于私人活动债券获得的资金主要用于支持私人工商业投资或提升辖区内居民尤其是低收入居民的福利水平，因此其享受的免税待遇等于是政府向私人企业和居民提供的优惠信贷支持，或相当于州、地方政府通过自己或其代理机构转移其权威给私人投资者并提供免税利息来借款。市政收益债券的发行人、发行目的及其投资项目均具有特定性，故而呈现以下几个方面的特征：

（1）发行人必须是某级地方政府授权的代理机构（如市政建设公司）。

（2）所筹集的资金用于公用设施的建设，而不是用于发放工资、弥补行政经费和社会保障资金不足等方面。

（3）偿债资金来源于项目自身的收益（不排除政府给予一定限额的补助）。

（4）享有特殊的优惠待遇，一般免缴或减收利息税。

（5）采取市场化的运作方式。

地方政府债券有其独特的特点，与公司债相比，除了两者的发行者、偿还担保等不同外，两者的一个重要区别就在于地方政府债券可以免税。美国地方政府债券可以免交联邦所得税，有一些州政府，对本州居民购买本州政府债券可以免交地方所得税，但购买别州地方政府债券则不能豁免。有的州与州之间实行互惠措施，对本州居民购买别的州的地方政府债券互相免征地方所得税。日本的地方政府债券享受小额储蓄免税待遇和特别小额储蓄免税待遇，与长期剪息国债的免税优待一样。

（二）地方政府债券的发行

地方政府债券通常根据地方的有关法规而发行。这类法规规定地方财政厅可以代表当地政府根据可计的收入来源发行地方政府债券。地方政府债券的发行必须精确地预计未来的收入，从而保证还款来源。地方政府将债券的发行纳入预算，其方案经地方议会通过，由地方政府的行政长官批准执行后，即可发行地方政府债券。

地方政府债券一般采用公募发行方式，也可以与小的投资团体达成协议进行私募。公募债券发行通常由投资银行、商业银行及证券承销商组成承销团来包销，有的则由证券公司等推销。包销发行可以由包销商或包销团进行包销数额和包销价格的投标，也可以由发行者与承销商直接磋商有关包销条件。

地方政府也具有相当高的信用地位，其在一地区内有各种税收权力。但即便如此，也很难保证其不出现违约风险。所谓违约风险，就是指地方政府对所发行的债券到期不能偿还。一般责任债券以地方税收收入作为担保，收益债券以项目收益来保证偿还，但是一旦出现地方税收收入下降，项目收益不好，那么这些债券的保证就受到损害，风险增大。尤其在经济衰退、萧条时，这种风险就更大。

中央和地方政府债券的转让流通市场，远不如国库券的二级市场那样活跃发达，也不如其发行市场那样活跃发达。这是因为，认购长期政府债券多是用剩余资金，是为追求高收益而进行的长期性投资。其转让流通的主要形式及程序类似于公债债券。

第四节　公司债券市场

公司债券也称企业债券，在日本则称为事业债，是公司企业为筹集资金而发行的一种有价证券。广义的公司债包括工商企业债和金融债。在市场经济国家，发行公司债已成为公司企业筹集长期、稳定资金的主要渠道和方式。因而，公司债券市场也成为金融市场中一个非常重要的市场。

一、公司债券的收益和风险

（一）公司债券的收益

公司债投资的收益来自以下几个部分：

（1）债券的利息收入。利息收入是债券投资收入最基本的组成部分，对于固定利率债券来说，这部分收入是事先确定的，是稳定可靠的。

（2）利息的再投资收入。再投资收入是指债券持有者将持有期间收到的利息收入用于再投资所能实现的报酬。假设利息收入不进行再投资（即再投资收益率为0），那么投资者投资债券的收益将受到很大影响。

（3）债券的资本损益。资本损益即债券买卖价差带来的收益和损失。在债券市场上，利率的变动会导致债券价格发生波动，只要投资者不是持有债券一直到到期，就有可能因为债券价格的波动而发生投资损益。

（二）公司债券的风险

（1）利率风险。利率的变化有可能使债券的投资者面临两种风险：价格风险和再投资风险。价格风险是指债券的价格与利率变化呈反向变动，当利率上升（下降）时，债券的价格便会下跌（上涨）。利率变动导致的价格风险是债券投资者面临的最主要风险。债券投资者在获得利息收入时，需要进行再投资，而利息再投资收入的多少主要取决于再投资发生时的市场利率水平。如果利率水平下降，获得的利息只能按照更低的收益率水平进行再投资，这种风险就是再投资风险。

（2）信用风险是有关债券发行人信用的风险。信用风险主要有违约风险和降级风险。违约风险是指证券发行人在证券到期时无法还本付息而使投资者遭受损失的风险。

（3）提前偿还风险。提前偿还风险又名提前偿付风险，指因为借款人提前偿还贷款，导致放款人提前收回现金、资金回报降低的可能性。就抵押贷款而言，提前还款通常是因为市场利率下降，以较低的利率重新安排一个抵押贷款会比保持现状划算，因此抵押利率（在美国是与长期公债收益率挂钩的）下滑时，提前还款会趋向活跃。

（4）通货膨胀风险也称购买力风险，是指由于存在通货膨胀，对债券名义收益的实际购买力所造成的损失。

（5）流动性风险。流动性是金融资产的一个重要特性，是指一种金融资产迅速地转换为交易媒介（货币）而不致遭受损失的能力。

（6）汇率风险。如果债券的计价货币是外国货币，则债券支付的利息和偿还的本金能换算成多少本国货币还取决于当时的汇率。如果未来本国货币贬值，按本国货币计算的债券投资收益将会降低，这就是债券的汇率风险，又称货币风险。

（7）价格波动风险。根据期权定价理论，标的资产的价格波动会影响期权的价格。那么对于内嵌期权的债券来讲，债券的价格波动性会影响其内嵌期权的价值，从而影响债券的价格。这种由于价格的波动性引起的风险称为价格波动风险。

（8）事件风险。事件风险指某些突发事件的发生对债券价值的影响，如灾难、公司重组、市场游戏规则的变化、政府的政策变动等。

二、公司债券的发行市场

与其他证券发行市场一样，公司债券发行市场也是由发行人（即公司）、中介人（证券商）和投资者三方面主体及其活动所构成。

（一）公司债券的发行方式

公司债券可以公募发行，也可以私募发行。发行公司可以根据自身的条件、需要以及有关的法律规定确定是公募还是私募，是直接公募还是间接公募。一般说来，发行量大的大企业宜用间接公募的方式发行，这种方式对发行人来说较简便，而且在费用上能体现规模经济，但有时也可采用直接公募的方式发行。对于知名度较低、不符合公募条件的发行公司，要发行债券只能采用私募发行的方式。

（二）公司债券的发行要素

我们把债券的发行额、利息率及利息的支付方式、发行价格、债券的偿还期限及偿还方式称为债券发行要素。这些要素确定的结果直接影响发行人的融资成本及发行数量、投资者的购买兴趣及收益等。一般讲，发行要素的确定，应当有利于发行人以便利的方式和最低的成本筹集到所需要的资金，使投资者以最便利的方式和最少投资获得最大的收益。平衡发行公司和投资者目标的过程就是发行要素的确定过程。

1. 发行额的确定

发行额一般视发行人需要和市场可行与否而定，在考虑发行人资信、债券种类和市场行情的情况下，结合发行人的资金需要，由承销公司向发行人提出发行额建议。发行额既不能过高，也不能过低，过高会影响其他发行条件，过低则会增加成本。

2. 利率及利息支付方式的确定

利息高低直接影响发行人的融资成本和投资人的收益。利率的确定既要使发行人充分利用自己的资信条件，降低成本，又要充分吸引投资者，保证投资人在风险性、流动性一定的情况下，取得较好的收益。

一般来讲，发行人信用等级高，或所发行的债券信用级别高，则利率应当降低；发行人信用等级低，则相应要提高利率。复利计息和单利计息的票面利率应有所不同，复利计息的债券利率应比单利计息的债券利率低。

3. 发行价格的确定

发行公司应根据债券的票面利率和市场收益率来确定是平价发行、溢价发行还是折价发行。发行价格要保证使债券投资者的实际收益率与当前市场利率相一致，以吸引投资者踊跃认购公司发行的债券。

4. 偿还期限的确定

从债券发行日到债券的到期日这段时间叫作债券的偿还期限。债券的偿还期由以下几个条件确定：

（1）发行人的资金需求性质。如果发行公司的资金需求是长期的，那么债券亦应是长期的，因为在项目投产盈利之前一般无法偿还本息，所以债券的期限一般应与资金的使用性质相一致。

（2）市场利率的变化趋势。如果发行人预测市场利率下降，那么就应该发行较短期限的债券，以便在利率下降时再以低利率发行新债券，降低成本。如果预测市场利率上升，则根据资金需要的性质，尽量发行期限较长的债券，以避免市场利率上升引起的筹资成本上升。

（3）流通市场发达与否。如果流通市场发达，那么长期债券就易于推销，如果流通市场不发达，那么只好发行较短期债券。

三、公司债券的流通市场

公司债券发行后，大多是可以转让的，以使其具有流动性和吸引力。根据市场组织形式，债券流通市场又可进一步分为场内交易市场和场外交易市场。

（一）证券交易所

证券交易所是专门进行证券买卖的场所，如我国的上海证券交易所和深圳证券交易所。在证券交易所内买卖债券所形成的市场，就是场内交易市场，这种市场组织形式是债券流通市场较为规范的形式，交易所作为债券交易的组织者，本身不参加债券的买卖和价格的决定，只是为债券买卖双方创造条件，提供服务，并进行监管。

（二）柜台市场

场外交易市场是在证券交易所以外进行证券交易的市场。柜台市场为场外交易市场的主体。许多证券经营机构都设有专门的证券柜台，通过柜台进行债券买卖。在柜台交易市场中，证券经营机构既是交易的组织者，又是交易的参与者。此外，场外交易市场还包括银行间交易市场，以及一些机构投资者通过电话、计算机等通信手段形成的市场等。

目前，我国债券流通市场由三部分组成，即沪深证券交易所市场、银行间交易市场和证券经营机构柜台交易市场。

📅 本章小结

本章主要介绍了债券的概念、特征和种类；债券市场的功能；债券的发行市场和流通市场。债券具有收益性、流动性、安全性、偿还性的特征；债券的种类繁多，按发行主体不同可分为政府债券、公司债券和金融债券三大类。债券发行条件包括面值、利率、偿还期限和发行价格；债券的发行方式分为直接发行和间接发行两种；信用评级是信用评级机构对于公开发行的企业债券按照其偿还能力大小对其信用质量进行级别的评定，以供投资者参考。

债券交易市场主要有两种形式：一种是证券交易所交易，也称场内交易；另一种是柜台交易，也称场外交易。债券的交易方式有：现货交易、期货交易、期权交易、信用交易等。

政府债券市场是各国最主要的债券市场，发行和交易量最大，特别是国库券或短期国债市场，其发行市场和流通市场都比较发达。按其发行主体，政府债券可划分为中央政府债券、地方政府债券以及政府机构债券。

习题

1. 什么是债券？债券的特征有哪些？债券和股票有哪些区别？
2. 债券市场有哪些功能？
3. 发行政府债券的目的有哪些？
4. 试述债券的发行条件和发行方式。
5. 信用评价的作用是什么？
6. 债券交易的方式有哪些？
7. 企业如何在发行股票、发行债券和向银行等金融机构借款这三者之间进行选择？如何选择债券发行种类和发行条件？
8. 简述绿色债券的含义。
9. 试述政府发行债券对金融市场和经济的影响。

第五章　投资基金

【本章要点】

投资基金，是通过发行基金券（基金股份或收益凭证），将投资者分散的资金集中起来，由专业管理人员分散投资于股票、债券或其他金融资产，并将投资收益分配给基金持有者的一种投资制度。

1. 掌握投资基金的概念和特征；

2. 熟悉投资基金的作用；

3. 掌握投资基金的种类；

4. 了解投资基金的发行和交易过程。

【关键术语】

投资基金；公司型基金；契约型基金；封闭式基金；开放式基金；收入型基金；成长型基金；平衡型基金；国内基金；国家基金；区域基金；国际基金；对冲基金；套利基金；雨伞基金；基金中的基金

第一节　投资基金概述

投资基金是资本市场一个新的形态，它本质上是股票、债券及其他证券投资的机构化，不仅有利于克服个人分散投资的种种不足，而且成为个人投资者分散投资风险的最佳选择，从而极大地推动了资本市场的发展。

一、投资基金的特点

投资基金，是通过发行基金券（基金股份或收益凭证），将投资者分散的资金集中起来，由专业管理人员分散投资于股票、债券或其他金融资产，并将投资收益分配给基金持有者的一种投资制度。投资基金在不同的国家有不同的称谓，美国称"共同基金"或"互助基金"，也称"投资公司"；英国和中国香港地区称"单位信托基金"，日本、韩国和中国台湾地区称"证券投资信托基金"。

虽然称谓有所不同，但其特点却无本质区别，可以归纳如下几个方面：

（1）规模经营——低成本。投资基金将小额资金汇集起来，其经营具有规模优势，可以降低交易成本，对于筹资方来说，也可有效低其发行费用。

（2）分散投资——低风险。投资基金可以将资金分散投到多种证券或资产上，通过有效组合最大限度地降低非系统风险。

（3）专家管理——更多的投资机会。投资基金是由具有专业化知识的人员进行管理，特别是精通投资业务的投资银行的参与，能够更好地利用各种金融工具，抓住各个市场的投资机会，创造更好的收益。

（4）服务专业化——方便。投资基金从发行、收益分配、交易到赎回都有专门的机构负责，特别是可以将收益自动转化为再投资，使整个投资过程轻松、简便。

二、投资基金的产生和发展

1868 年，投资基金起源于英国。它由投资者出资，由专门的管理人负责资产运作，管理人的义务和投资者的权利均在信托契约中载明。这是世界上第一家真正意义上的证券投资基金。在随后的几十年间，英国的投资基金渐渐增至 100 家左右。1899 年英国《公司法》颁布后，英国的投资基金逐步由信托契约形式转变为股份有限公司形式。

投资基金虽然诞生于英国，但却在美国得到了更大的发展。成立于 1924 年的"马萨诸塞投资信托基金"被认为是现代开放式基金的雏形。20 世纪 30 年代到 40 年代时期，美国先后出台了《证券法》《证券交易法》《投资公司法》《投资顾问法》等，进一步规范了基金市场的运作。第二次世界大战后，美国一跃成为世界头号经济强国，其共同基金业也在良好的经济形势下得到了巨大的发展。这主要体现在两点上：一是规模不断增加；二是品种不断创新，60 年代以前，美国的共同基金以股票基金为主，60 年代后期，美国开始出现债券基金。1971 年，货币市场基金（money market mutual fund）在美国诞生。它兼具流动性和收益性，迅速得到了投资者的青睐，并且打通了美国的货币市场和资本市场，推动了银行业和证券业的融合。

与此同时，世界其他国家和地区的投资基金业也在不断进行着扩张和创新。其中发展较快的有日本、德国、加拿大以及我国的台湾和香港地区等。进入 21 世纪以后，全球的投资基金业继续稳步发展。

我国的投资基金起源于 20 世纪 80 年代。90 年代初期，我国曾出现过几十只在交易所挂牌上市的证券投资基金，但这些基金的运作很不规范。1997 年 11 月，《证券投资基金管理暂行办法》的颁布促使我国的基金业开始进入逐步规范的阶段。1998 年 4 月，我国拉开了封闭式基金试点的序幕。2001 年 9 月，开放式基金正式在我国诞生。2004 年 6 月 1 日，在《中华人民共和国证券投资基金法》开始施行，我国的投资基金市场进入了一个新的发展时期。

三、投资基金的作用

（一）投资基金成为中小投资者和资本市场的重要媒介

中小投资者由于资金规模小，交易成本高，信息、时间不充裕，通常只投资于少量证券，很难取得较好的投资收益，同时还要面临很大的系统风险，而投资基金汇集了众多中小投资者的资金，由专业的管理机构进行组合投资，其交易的品种可以多达数百种，从而拓宽了中小投资者参与资本市场的渠道，成为中小投资者和资本市场之间一种高效的媒介。

（二）投资基金有利于证券市场的稳定和发展

（1）投资基金的投资和管理由专业的基金管理人实施。他们在进行证券选择时会进行深入的投资分析，其较高的研究水平会促进信息的有效传播，从而使证券的错误定价大大减少，提高了市场的效率。

（2）投资基金的发展有助于抑制市场的过度投机。证券投资基金作为机构投资者，投资行为比较理性和成熟。证券投资基金的发展可以有效地改善以个人投资者为主的投资者结构，抑制由于个人盲目投资带来的市场异常波动。同时，投资基金投资理念的示范效应在一定程度上能教育个人投资者树立理性的投资观念，从而促进市场的稳定。

（3）投资基金由于持有上市公司的股权比例比一般的个人投资者要大很多，因此可以对上市公司起到一定的监督作用，促进上市公司改善治理结构，提高经营业绩，减少侵害投资者利益的行为。

（4）投资基金在发展的过程中，为了拓展投资对象，不断对资本市场的制度和产品创新提出要求，从而提高了资本市场的广度和深度。

（三）投资基金间接推动社会经济的增长

投资基金将筹集到的中小投资者的资金汇集起来投资于证券市场，间接为企业的直接融资提供资金来源，从而将储蓄资金转化为生产资金，通过有效的资源配置，促进产业结构的优化，推动社会经济的稳步增长。

（四）证券投资基金的发展推动了资本市场的国际化

在金融全球化的浪潮中，一国的资本市场已经不可能完全封闭。然而对于一些国家和地区，特别是对一些新兴市场而言如何开放资本市场是个关系到国家金融安全的问题。如果直接让境外投资者进入新兴资本市场，缺乏完善制度的新兴市场就会蕴含巨大的风险。另外，如果让新兴市场的投资者直接投资于境外成熟的资本市场，他们不成熟的投资理念和对交易制度和产品的不熟悉使得他们不具备防范风险的能力，从而可能遭受巨额损失。在条件不成熟的情况下，不管是直接"请进来"，还是"走出去"都可能使新兴资本市场的国际化遭受重大挫折。如果新兴市场国家和地区通过有限制地在境外发售基金份额，然后投资于境内市场，就可以既起到吸引外资的作用，又限制境外资金的投机行为。同样，在境内发行投资基金，由专业的管理人员投资于境外成熟市场，个人投资者就能够分享境外市场的收益，同时又不会承担过大的风险。因此以证券投资基金的形式逐步加强境内与境外市场的资本流动是新兴资本市场国际化的必要步骤。

第二节　投资基金的种类

投资基金根据不同的标准，有不同的类型。

一、根据基金的组织形式分

根据基金的组织形式，投资基金分为公司型基金和契约型基金。

公司型基金是依据公司法成立的、以营利为目的的股份有限公司形式的基金，其特点是基金本身是股份制的投资公司，基金公司通过发行股票筹集资金，投资者通过购买基金公司股票而成为股东，享有基金收益的索取权。

契约型基金是依据一定的信托契约组织起来的基金，其中作为委托人的基金管理公司通过发行受益凭证筹集资金，并将其交由受托人（基金保管公司）保管，基金管理公司本身则负责基金的投资营运，而投资者则是受益人，凭基金受益凭证索取投资收益。

契约型基金和公司型基金的主要区别有以下四点。

（1）基金资产的性质不同。契约型基金的资产是通过发行基金份额而筹集起来的信托财产，资产是通过发行基金股份而筹集起来的，是公司的权益资本。

（2）投资者的地位不同。契约型基金的投资者是基金契约的委托人和受益人，但是对基金资产没有直接的管理权；公司型基金的投资者是基金公司的股东，可以通过股东大会实现对基金资产管理事务的决策。因此一般而言，公司型基金的投资者比契约型基金的投资者享有更大的权力。

（3）基金运作的依据不同。契约型基金依据基金契约进行运作，公司型基金依据《公司法》和基金公司的章程进行运作。

（4）基金的期限不同。一般来说，契约型基金到期期限由基金契约约定，而公司型基金作为一个法人，只要持续经营下去，就没有到期日。

契约型基金和公司型基金的区别并不代表它们之间孰优孰劣，事实上，契约型基金和公司型基金在世界许多国家和地区的市场上是并存的，只是相对数量不同而已。美国的共同基金大多是公司型的，而我国所设立的证券投资基金都是契约型基金。

二、根据基金规模分

根据基金规模是否固定，投资基金分为封闭式基金和开放式基金。

封闭式基金是指经核准的基金份额总额在基金合同期限内固定不变、基金份额可以在依法设立的证券交易场所交易，但基金份额持有人不得申请赎回的基金运作方式。

开放式基金是指基金份额总额不固定、基金份额可以在基金合同约定的时间和场所申购或者赎回的基金运作方式。

封闭式基金和开放式基金的主要区别是：

（1）存续期不同。封闭式基金有一定的存续期，也称为封闭期。而开放式基金一般没有期限限制，如果没有特殊情况，可以一直运作下去。《中华人民共和国证券投资基金法》规定，封闭式基金在存续期结束后，可以进行展期、扩募或转换为开放式基金。目前，我国的封闭式基金的存续期大多在 15 年左右。

（2）规模不同。封闭式基金一经募集成立，其规模在存续期内一般不能改变，而开放式基金则没有规模的限制，投资者可以通过一定的程序随时进行申购和赎回，基金规模也因此发生变动。目前，我国封闭式基金的规模在 5 亿～30 亿份，而开放式基金的规模差异很大。

（3）交易方式和场所不同。封闭式基金募集完成后，在证券交易所挂牌交易。投资者只能按市场价格进行买卖，交易通过经纪人在投资者之间完成。开放式基金的投资人按照基金合同的规定，在特定的时间和场所向基金管理人或基金的代理销售机构进行申购和赎回，交易在投资者和基金管理人之间完成。目前在我国，除了上市型开放式基金（LOF），开放式基金一般不在证券交易所交易。投资者除了可以到基金管理人设立的直销中心买卖开放式基金以外，还可以通过基金管理人委托的证券公司、商业银行等代销机构进行开放式基金的申购和赎回。

（4）基金价格的形成方式不同。封闭式基金的交易价格除了受基金净值的影响外，还受到二级市场供求关系的影响。当二级市场上供不应求时，封闭式基金的价格有可能超过其份额净值，出现溢价交易的现象。若二级市场上供过于求，封闭式基金的价格就有可能低于其份额净值，出现折价交易的现象。开放式基金由于不在证券交易所交易，其买卖价格直接以基金份额净值为基础，不存在溢价或折价。我国在封闭式基金的初创期，绝大多数的基金是溢价交易的。近年来，封闭式基金的溢价逐步消失并转为折价交易，最近一两年封闭式基金的折价率有不断上升之势。

（5）基金的激励约束机制和基金的投资策略不同。封闭式基金由于基金规模固定，即使其投资业绩较好也不能吸引新资金的流入从而为基金管理人增加管理费收入；同时，如果基金的投资业绩不尽如人意，投资者也不能通过赎回基金份额使基金规模下降从而减少基金管理人的管理费收入。与此不同的是，开放式基金的业绩表现决定了申购和赎回的份额，特别是当基金业绩不理想时，基金经理可能会面临着巨额赎回的压力，因此，相对于封闭式基金而言，开放式基金的激励约束机制更有效。

但也正是这种激励约束机制使得开放式基金和封闭式基金的投资策略会有所不同。资产的流动性和收益性往往是成反比的。开放式基金因为面临随时可能的赎回，因此必须保留一定的现金，并持有一些流动性好的证券以应付赎回；同时，由于随时有不可预知的申购资金流入，开放式基金资产的收益性会受到一定的不利影响。相对而言，封闭式基金规模固定，基金管理人没有赎回压力，因此可以投资于一些流动性差但收益性高的资产，从而提高基金的长期业绩。

三、根据投资目标分

根据投资目标，投资基金分为收入型基金、成长型基金和平衡型基金。

（一）收入型基金

收入型基金（income funds）是以获取最大的当期收入为目标的投资基金，其特点是损失本金的风险小，但长期成长的潜力也相应较小，适合较保守的投资者。收入型基金又可分为固定收入型（fixed-income）和权益收入型（equity-income）两种。前者主要投资于债券和优先股股票，后者则主要投资于普通股。

（二）成长型基金

成长型基金（growth funds）是以追求资本的长期增值为目标的投资基金，其特点是风险较大，可以获取的收益也较大，适合能承受高风险的投资者。成长型基金又可分为三种：一是积极成长型，这类基金通常投资于有高成长潜力的股票或其他证券；二是新兴成长型基金，这类基金通常投资于新行业中有成长潜力的小公司或有高成长潜力行业（如高科技）中的小公司；三是成长收入基金，这类基金兼顾收入，通常投资于成长潜力大、红利也较丰厚的股票。

（三）平衡型基金

平衡型基金（balanced funds）是以净资产的稳定、可观的收入及适度的成长为目标的投资基金，其特点是具有双重投资目标，谋求收入和成长的平衡，故风险适中，成长潜力也不很大。

四、根据募集方式分

根据募集方式的不同，投资基金分为公募基金和私募基金。

公募基金是面向社会公开发售基金份额的基金，私募基金则是采取非公开方式向特定投资者发行的基金。

公募基金和私募基金的主要区别是：

（1）募集对象不同。公募基金募集的对象通常是不固定的，多为广大社会公众，即不特定的投资者。而私募基金募集的对象通常是固定的，是少数特定的投资者，包括机构和个人。

（2）募集方式不同。公募基金募集资金通常是通过公开发售的方式进行的，而私募基金则是通过非公开发售的方式募集，这是私募基金与公募基金最主要的区别。

（3）投资金额不同。公募基金的最小投资金额要求较低，而且投资者众多，而私募基金要求比较高的是低投资金额，同时投资者人数不会很多，一般达到一个上限就会停止募集。

（4）投资限制不同。公募基金在投资品种、投资比例、投资与基金类型的匹配上有严格的限制，而私募基金的投资限制完全由协议约定。

（5）业绩报酬不同。公募基金不提取业绩报酬，只收取管理费。而私募基金则收取业绩报酬，一般不收管理费。对公募基金来说，业绩仅仅是排名时的荣誉，而对私募基金来说，业绩则是报酬的基础。

（6）监管水平不同。公募基金的运作必须严格遵循法律和相关法规的规定，并受到监管部门的严格监管，公募基金对信息披露有非常严格的要求，其投资目标、投资组合等信息都要披露，因此一般投向中低风险的产品；而私募基金受到的管制较少，不需要公开披露信息，具有较强的保密性，往往会投向金融衍生工具等高风险产品。

除此以外，私募基金和公募基金在投资理念、机制、风险承担上都有较大的差别。

五、根据地域分

根据地域不同，投资基金分为国内基金、国家基金、区域基金和国际基金。

（一）国内基金

国内基金是把资金只投资于国内有价证券，且投资者多为本国公民的一种投资基金。

（二）国家基金

国家基金是指在境外发行基金份额筹集资金，然后投资于某一特定国家或地区资本市场的投资基金。这种基金大都规定了还款期限，并有一个发行总额限制，属于封闭型基金。

（三）区域基金

区域基金是把资金分散投资于某一区域各个不同国家或地区资本市场的投资基金。这种基金的风险较国内基金和国家基金小。

（四）国际基金

国际基金，也称全球基金，它不限定国家和地区，将资金分散投资于全世界各主要资本市场上，从而能最大限度地分散风险。

六、根据投资对象分

按投资对象细分，投资基金大致可分为 8 种基金。

（一）股票基金

股票基金，又称股票型基金，其投资对象是股票，这是基金最原始、最基本的品种之一。从投资策略角度，股票基金可以细分为价值型、成长型和平衡型。价值型基金多投资于公用事业、金融、工业原材料等较稳定的行业，价值型基金的风险最小，但收益也较低，更倾向于承担较小风险的投资者。成长型基金多投资产业处于成长期的公司，例如具有成长潜力的网络科技、生物制药、新能源材料类等上市公司，投资风险较高，同时赚取高收益的成长空间也相对较大，适合愿意承担较大风险的投资者。平衡型基金则是处于价值型和成长型之间的基金，风险和收益介于上述两者之间，适合大多数投资者。

与其他投资基金相比，股票基金有如下显著特点：

（1）投资风险较低。对一般投资者而言，个人资本毕竟是有限的，难以通过分散投资种类而降低投资风险。但若投资于股票基金，投资者不仅可以分享各类股票的收益，而且也可以通过投资于股票基金而将风险分散于各类股票上，大大降低投资风险。

（2）投资成本小。股票基金的投资者可以享受基金大额投资在成本上的相对优势，降低投资成本，提高投资效益，获得规模效益的好处。

（3）流动性好。从资产流动性来看，股票基金具有流动性强、变现性高的特点。股票基金的投资对象是流动性极好的股票，基金资产质量高、变现容易。

（4）收益稳定。一般来说，股票基金的风险比股票投资的风险低，因而收益较稳定。不仅如此，封闭式股票基金上市后，投资者还可以通过在交易所交易获得收益。

（5）能够在国际市场上进行融资。就股票市场而言，其资本的国际化程度较外汇市场和债券市场低，而投资者可以通过购买股票基金，投资于其他国家或地区的股票市场，从而对证券市场的国际化具有积极的推动作用。

（二）债券基金

债券基金，又称为债券型基金，是指专门投资于债券的基金，它通过集中众多投资者的资金，对债券进行组合投资，寻求较为稳定的收益。根据中国证监会对基金类别的分类标准，基金资产80%以上投资于债券的为债券基金，此外，股票市场、可转债和打新股也是债券基金获得收益的重要渠道。

在国内，债券基金的投资对象主要是国债、金融债和企业债。通常，债券为投资人提供固定的回报和到期还本，风险低于股票，所以相比较股票基金，债券基金具有收益稳定、风险较低的特点，是基金市场上规模仅次于股票基金的另一重要品种。

与其他投资基金相比，债券基金有如下显著特点：

（1）低风险，低收益。由于债券型基金的投资对象——债券收益稳定，风险也较小，所以，债券型基金风险较小，但是同时由于债券是固定收益产品，因此相对于股票基金，债券基金风险低但回报率也不高。

（2）成本较低。由于债券投资管理不如股票投资管理复杂，因此债券基金的管理费也相对较低。

（3）收益稳定。投资于债券都有定期的利息回报，到期还承诺还本付息，因此债券基金的收益较为稳定。

（4）注重当期收益。债券基金主要追求当期较为固定的收入，相对于股票基金而言缺乏增值的潜力，较适合于不愿过多冒险、谋求当期稳定收益的投资者。

（三）货币市场基金

货币市场基金（money market funds，MMF）是指投资于货币市场上短期（1年以内）有价证券的一种投资基金。该基金资产主要投资于短期货币工具，如国库券、商业票据、银行定期存单、银行承兑汇票、政府短期债券、企业债券等短期有价证券。

与其他投资基金相比，货币市场基金有如下显著特点：

（1）货币市场基金与其他投资于股票的基金最主要的不同在于基金单位的资产净值固定不变，通常是每个基金单位1元。投资者可利用投资收益再投资，不断累积以增加投资者所拥有的基金份额。比如某投资者以100元投资于某货币市场基金，可拥有100个基金单位，1年后，若投资报酬是8%，那么该投资者就多8个基金单位，总共108个基金单位，价值108元。

（2）衡量货币市场基金表现好坏的标准是收益率，这与其他基金以净资产价值增值获利不同。

（3）流动性好、资本安全性高。这些特点主要源于货币市场是一个低风险、流动性高的市场。同时，投资者可以不受到期日限制，随时可根据需要转让基金单位。

（4）风险性低。货币市场工具的到期日通常很短，货币市场基金投资组合的平均期限一般为4~6个月，因此风险较低，其价格通常只受市场利率的影响。

（5）投资成本低。货币市场基金通常不收取赎回费用，并且其管理费用也较低，货币市场基金的年管理费用大约为基金资产净值的0.25%~1%，比传统的基金年管理费率1%~2.5%低。

（6）货币市场基金均为开放式基金。货币市场基金通常被视为无风险或低风险投资工具，适合资本短期投资生息，特别是在利率高、通货膨胀率高、证券流动性下降、可信度降低时，可使本金免遭损失。

（四）专门基金

专门基金指专门投资于某个特定行业或经济部门的基金。在西方发达国家，银行或信托公司受个人、家庭和公司的委托可为其建立专门基金，该基金只属于委托人所有，只有委托人有权进出买卖，委托人姓名在法律上是可以对外保密的，是个人、家庭和公司理财管理的现代化、国际化形式。

20世纪60年代，为解决房地产投资专业性要求高、资金需求大、地域性强、流动性差等不利因素，美国出现了由房地产专业机构管理的房地产投资信托基金，在汇集众多投资者的资金后进行房地产投资，成为世界上最早成立房地产投资基金的国家之一。

在我国，具有代表性的专门基金是养老基金。养老基金是企业为向退休职工支付固定生活费而设置的基金，是我国社会保障制度的一个非常重要的组成部分。我国养老基金的基本构成包括用人单位和职工、城镇个体劳动者缴纳的基本养老保险费，基本养老保险基金的利息等增值收益，基本养老保险费滞纳金，社会捐赠，财政补贴，以及依法应当纳入基本养老保险基金的其他资金。养老基金一般由专人或专门组织管理，不属于设置该基金的企业的资产，较大的养老金组织在证券交易所或资本市场参与大量交易活动。

（五）衍生基金和杠杆基金

衍生基金指投资对象以金融衍生工具为主的基金。20 世纪 70 年代，为了防范市场风险，在股票、证券、货币、实物商品等现货市场的基础上出现了金融衍生工具，衍生工具很快被投资者及投资基金的操作者看中，并成为对世界经济带来很大影响的一种基金。由于衍生基金具有杠杆投资效应，因此衍生基金也被称为杠杆基金。

常见的衍生基金包括期货基金和期权基金。期货基金指投资标的是期货合约、互换合约等类似期货的证券的基金；期权基金是指部分投资标的是期权及类似期权的证券（例如认股权证、可转换债券与可转换优先股等）的基金。

（六）对冲基金与套利基金

对冲基金（hedge funds），又称套期保值基金，是在金融市场上进行套期保值交易，利用现货市场和衍生市场对冲的基金，这种基金能最大限度地避免和降低风险，因而也称避险基金。

套利基金（arbitrage fund）是在不同金融市场上利用其价格差异低买高卖进行套利的基金，也属低风险稳回报基金。

（七）雨伞基金

严格说来，雨伞基金（umbrella funds）并不是一种基金，只是在一组基金（称为"母基金"）之下再组成若干个"子基金"，以方便和吸引投资者在其中自由选择和低成本转换。

从本质上讲，雨伞基金只是基金的一种组织形式，是一种新的营销概念。由于市场处于不断的变化之中，投资者的需求也在不断变化，如果投资者在不同的基金之间进行重新选择，就需要支付很多销售费用。而雨伞基金的投资者可以随时根据自己的需求转换基金类型，而不需要支付转换费，能够在低成本的情况下为投资者提供较大的选择余地。

（八）基金中的基金

基金中的基金（fund of funds，FoF）是一种专门投资于其他投资基金的基金。FoF 并不直接投资股票或债券，其投资范围仅限于其他基金，通过持有其他证券投资基金而间接持有股票、债券等证券资产。FoF 是结合基金产品创新和销售渠道创新的基金新品种，选择面比雨伞基金更广。

FoF 的一大特点在于投资风险小。FoF 实际上就是帮助投资者一次性购买"一篮子基金"的基金，符合投资组合的一般理论，能够有效降低非系统风险，因此，FoF 的投资人群多集中在风险偏好较低者，这也显示了其相对于其他基金的稳定性特征。FoF 的另一个主要特点是投资收益低。FoF 在投资基金中通常并不是全部投资股票型基金，而是需要配置一定的货币或者债券型基金，因此其收益往往没有股票型基金的收益高，尤其是在牛市时这一特点更加明显。

第三节　投资基金市场运行

证券投资基金的运作及基金市场的运行，可分为发行和交易两个阶段。

一、证券投资基金发行的一般过程

证券投资基金的发行也称证券投资基金的募集，是指基金管理公司根据有关规定向证券监管机构提交募集文件，发售基金份额，募集基金的行为。一般说来，基金的发行要经过申请、核准、发售、备案和公告四个步骤。

（一）证券投资基金发行的申请

基金发行的申请是基金发行的第一步。世界各国和地区对基金的发行都有一定的条件限制，只有符合一定要求的法人机构才能作为证券投资基金的发起人，申请设立基金。尽管不同的国家和地区对基金发起人所必须具备的条件要求不同，但是主要包括以下几点：
（1）发起人必须为依法设立的证券公司、信托投资公司、基金管理公司。
（2）发起人的实收资本、从业经验和盈利记录必须达到一定要求。
（3）发起人的组织机构、管理制度和财务状况必须达到一定要求。

基金发起人向监管机构提交发行申请时，必须附上一系列文件，其中最重要的是基金合同和基金招募说明书。基金合同载明了基金管理人、基金托管人和基金份额持有人的权利义务关系；基金招募说明书则是基金的自我介绍，它向投资者提供了基金的详情，以便投资者做出是否投资该基金的决策。

（二）基金发行申请的核准

证券监管机构在收到基金发起人设立基金申请后的一定时间内，会按照相关法律法规对基金发起人的资格和发起人提交的文件进行审查，做出是否予以批准设立的答复。基金发起人只有在发行申请被批准后才能开始发售基金份额。

（三）基金份额的发售

基金管理人负责办理。基金份额在发售时会有一个规定的时间段，即募集期，基金的发售必须在募集期内完成。募集期不能太短或太长。募集期太短会使投资者的需求得不到满足，太长则会增加基金的发售成本。

证券投资基金在募集期结束后，如果符合规定的条件，即可宣告成立。这些条件包括：基金募集的份额要达到核准份额的一定比例；基金持有人必须达到一定数量；等等。

（四）基金发行完毕后的备案和公告

证券投资基金宣告成立后，基金管理人应当在法定时间内聘请验资机构验资。验资结束后，基金管理人应当向监管部门办理备案手续，并予以公告。

二、投资基金的发售与认购

封闭式基金和开放式基金交易机制不同，因此，它们的发售和认购途径也各不相同。

（一）封闭式基金的发售和认购

封闭式基金的发售一般通过证券交易所的网络系统以及网下配售进行。投资者可以委托经纪人认购封闭式基金份额。封闭式基金的发售价格一般为面额加上发售费用。如果基金份额面值为 1 元，发售费用为 0.01 元，则投资者认购每一份额基金的费用是 1.01 元。

（二）开放式基金的发售和认购

1. 开放式基金的发售

开放式基金一般不在证券交易所上市，它的发售通常由基金管理公司负责办理。基金管理公司可以委托商业银行、证券公司、证券投资咨询机构、专业基金销售机构等机构代理开放式基金份额的发售。

如同其他企业销售商品一样，基金管理公司销售开放式基金，可以通过报刊、电视、互联网等媒体对所销售的基金做宣传。由于普通投资者缺乏基金的专业知识，为了保护投资者的利益，监管部门对基金销售宣传材料做了很多禁止性规定，如禁止虚假陈述、禁止预测业绩、禁止承诺收益、禁止诋毁其他基金管理人等。

2. 开放式基金的认购

（1）开放式基金认购的一般原则。投资者一般通过基金管理公司的直销中心、商业银行以及证券公司进行开放式基金的认购。投资者进行基金的认购时，分别开立基金账户和资金账户。基金账户用于记录基金持有人的基金份额及其变动情况，资金账户则分管投资者认购、申购、赎回基金份额以及基金分红时的资金结算。

开放式基金的认购采取金额认购的方式，即投资者在认购基金时，不是按认购份数而是按认购金额认购。开放式基金一般会规定一个最低的认购金额和追加认购金额。

认购开放式基金，需要缴纳一定的认购费。认购费的支付分两种模式，前端收费模式和后端收费模式。前者是指在认购基金时必须支付认购费用，后者是指在认购基金时无须支付任何费用，到赎回时才支付认购费用。后端收费模式旨在鼓励投资者认购基金并长期持有，而且认购费用通常随着投资者赎回时间的推后而递减。

不同种类开放式基金的认购费不完全相同。一般而言，基金的认购费率随着基金风险的增加而增加。货币市场基金一般不设认购费用，债券型基金的认购费率一般低于1%，股票型基金的认购费率最高，一般可达1.5%。另外，开放式基金的认购费用会随着认购金额的增加而递减。

（2）开放式基金认购费用的确定和认购份额的计算。在前端收费的模式下，开放式基金认购费用的确定和认购份额的计算有两种方法：金额费率法和净额费率法。

金额费率法是按认购金额的一定比例计算认购费用。认购金额扣除认购费用后得到净认购金额，净认购金额除以基金份额面值就得到投资者认购的份额数。用公式表示如下：

认购费用 = 认购金额 × 认购费率

净认购金额 = 认购金额 − 认购费用

认购份数 = 净认购金额 ÷ 基金份额面值

有些时候，为鼓励基金投资者在基金发售时就购买基金，一些基金会将投资者的认购金额在募集期内产生的利息折算成基金份额，计入投资者的认购份数中，并且这些份数是不收认购费用的。此时，认购份数可调整为：

认购份数 = （净认购金额 + 募集期利息）÷ 基金份额面值

三、投资基金的交易

（一）封闭式基金的交易

封闭式基金募集完毕后，如果满足一定条件，就可以在证券交易所挂牌上市了。这些条件包括：基金的封闭期达到一定的年限；基金的募集资金额达到一定数量；基金份额的持有人达到一定数目。

与进行股票交易相类似，投资者要进行封闭式基金的交易，必须开立证券账户或是基金账户，同时必须有资金账户。封闭式基金的交易规则和在交易所挂牌的股票基本类似，只是不需要缴纳印花税，并且佣金和过户费也比买卖股票低。另外，股票的交易委托和封闭式基金的交易委托均为交易所规定的最小交易单位的整数倍。

由于封闭式基金的绝对价格一般较低，因此基金交易的最小变动价位对它的流动性有重要影响。当基金价格在1元左右时，若最小变动价位为0.01元，那么当投资者的买入委托以揭示的卖出价成交或是卖出委托以揭示的买入价成交时，投资者将承担额外的成本。例如，当揭示的买入价为1.02元，卖出价为1.03元时，投资者只能以1.03元买入，1.02元卖出，相当于损失了约1%。因此，封闭式基金的最小变动价位一般要比0.01元小。我国自2003年3月起规定，封闭式基金交易的最小变动价位为0.001元。

（二）开放式基金的申购和赎回

封闭式基金的交易在基金投资者之间进行，而开放式基金的申购和赎回，则在基金投资者和基金管理人之间进行。

1. 开放式基金申购和赎回的定义和一些基本规则

开放式基金的申购是指在基金募集期结束后申请购买基金份额的行为。开放式基金的赎回是指基金持有人要求基金管理人购回其持有基金份额的行为。开放式基金的申购和赎回会相应增加和减少基金的总份额。

开放式基金在成立后的一段时间内，由于要将募集资金用于购买证券，因此可以规定一个封闭期，在封闭期内只接受申购申请，不接受赎回申请。

与开放式基金的认购一样，投资者进行开放式基金的申购或赎回可以通过基金管理公司的直销中心或其代理机构完成。开放式基金的申购和赎回办理的时间一般与证券交易所开市的时间一致。

开放式基金的申购以金额申请，即投资者申报申购的金额而非份数；开放式基金的赎回以份额申请，即投资者申报赎回的份数而非金额。一般来说，开放式基金会规定一个最小的申购金额和赎回份数。

开放式基金的申购也存在着前端收费和后端收费两种模式，不同的收费模式会导致申购份额的差异。和认购时一样，开放式基金的申购和赎回费率一般随着基金风险的增加而增加，赎回费用随着投资者持有时间的增加而减少。另外，开放式基金的申购费用一般随申购金额的增加而减少。

2. "已知价"和"未知价"

投资者在进行开放式基金的申购和赎回时，其申购、赎回价格的确定一般分为"已知价"法和"未知价"法两种。

"已知价"是指开放式基金前一日的份额净值。"未知价"是指当日证券市场收盘后开放式基金的份额净值。采用"已知价"还是"未知价"来确定申购和赎回的价格将对投资者的收益产生很大影响。如果使用"已知价"，则投资者就有可能取得几乎无风险的利润。以股票型基金为例，如果当天股市大幅上扬，到收市前仍高出前一天收盘指数不少，投资者预期剩余时间内不会大幅下跌，那么就可以以"已知价"进行申购。由于当天股市大幅上涨，基金的净值也大幅上涨，投资者就取得了账面盈利。当然，如果股市大幅下跌，投资者也不得不承受账面损失。显然，使用"已知价"的原则是不合理的。因此，开放式基金的申购和赎回通常使用"未知价"的原则，即投资者在申购和赎回时并不知道成交的价格，只有到当天市场收盘后才能确切知道申购和赎回的价格。

3. 开放式基金申购份额和赎回金额的确定

（1）开放式基金申购份额的确定。与开放式基金的认购一样，开放式基金申购份额的确定也分金额费率法和净额费率法两种。在金额费率法下，基金申购费用和申购份额的计算公式如下：

$$申购费用 = 申购金额 \times 申购费率$$
$$净申购金额 = 申购金额 - 申购费用$$
$$申购份数 = 净申购金额 \div 当日收盘后基金份额净值$$

在净额费率法下，基金申购费用和申购份额的计算公式为：

$$净申购金额 = 申购金额 \div (1 + 申购费率)$$
$$申购费用 = 净申购金额 \times 申购费率$$
$$申购份数 = 净申购金额 \div 当日收盘后基金份额净值$$

（2）开放式基金赎回金额的确定。开放式基金持有人赎回基金时，采用的是申报赎回份额的方法。赎回份额与当日证券市场收盘后基金份额净值的乘积为赎回金额。投资者赎回基金所得到的净支付为赎回金额减去赎回费用。计算公式如下：

$$赎回金额 = 赎回份额 \times 当日收盘基金份额净值$$
$$赎回费用 = 赎回金额 \times 赎回费率$$
$$赎回所得净支付 = 赎回金额 - 赎回费用$$

4. 开放式基金的巨额赎回

开放式基金的巨额赎回是指单个开放日净赎回申请超过上一日基金总份额的 10% 的情况。巨额赎回将使基金管理人面临巨大的流动性风险，因为基金管理人必须以大量卖出股票的办法来获取现金以应付赎回，如果股票的流动性不好，基金管理人只能以低于市价的价格卖出股票，从而导致基金净值的下跌，有可能引发更大规模的巨额赎回，甚至引起恶性循环。

基金管理人处理巨额赎回时有两种办法：接受全部赎回申请或接受部分赎回申请并对剩余份额延期处理。基金管理人可以在发生巨额赎回申请的当日接受不低于上一日基金总份额 10% 的赎回申请，对其余份额延期办理。当日受理的赎回份额按每个投资者的申请份额占总申请份额的比例进行分摊，其余的份额转入下一日办理，直到全部处理完毕。当开放式基金连续两天发生巨额赎回时，基金管理人可以暂停接受赎回申请。

📅 本章小结

投资基金，是通过发行基金券（基金股份或收益凭证），将投资者分散的资金集中起来，由专业管理人员分散投资于股票、债券或其他金融资产，并将投资收益分配给基金持有者的一种投资制度。具有低成本、低风险、更多的投资机会、方便等特征。投资基金是中小投资者和资本市场的重要媒介，并具有有利于证券市场的稳定和发展、间接推动社会经济的增长、推动资本市场的国际化等作用。

投资基金根据基金的组织形式分为公司型基金和契约型基金；根据基金规模是否固定，可以分为封闭式基金和开放式基金；根据投资目标，可分为收入型基金、成长型基金和平衡型基金；根据募集方式的不同，可以分为公募基金和私募基金；根据地域不同，可分为国内基金、国家基金、区域基金和国际基金。

基金的发行要经过申请、核准、发售、备案和公告四个步骤。

📖 习题

1. 简述投资基金的概念和特征。

2. 简述投资基金的作用。

3. 简述公司型基金和契约型基金的区别。

4. 简述封闭式基金和开放式基金的区别。

5. 简述收入型基金、成长型基金和平衡型基金的区别。

6. 简述投资基金的发行过程。

7. 简述"已知价"和"未知价"法的区别。

8. 简述开放式基金申购份额和赎回金额的确定方法。

第六章　外汇市场

【本章要点】

外汇市场是金融市场的重要组成部分，是各国中央银行、外汇银行、外汇经纪人和客户之间进行外汇买卖的交易场所。

1. 了解外汇市场的形成与功能；
2. 掌握外汇市场的交易方式；
3. 了解外汇管制的利弊。

【关键术语】

外汇；汇率；外汇市场；直接标价法；间接标价法；交叉汇率；升水；贴水；即期；远期；掉期；套汇交易

【要闻导入】

稳妥有序推进资本项目开放和外汇市场建设

国家外汇管理局副局长陆磊 2019 年 10 月 27 日在中国金融四十人论坛等机构联合举办的首届外滩金融峰会上表示，将稳妥有序推进资本项目开放和外汇市场建设，鼓励境外投资者参与科创板。

陆磊认为，当前我国发展的内外部环境发生了深刻变化，金融改革开放可能成为我国供给侧结构性改革取得突破性进展的关键环节。

陆磊介绍，下一步外汇管理改革主要是三方面。一是持续促进跨境投资。进一步支持跨境货物和服务贸易方式创新，配套落实外商投资法，不断完善外商直接投资和境外直接投资的外汇管理，支持"一带一路"建设和国际产能合作，鼓励有条件、有能力的境内企业开展真实合规的对外投资。积极服务区域开放创新和地方经济发展，大力支持自贸实验区、长三角一体化等在外汇管理改革方面的先行先试。

二是稳妥有序推进资本项目开放和外汇市场建设。目前我国直接投资已实现基本可兑换，证券投资项下形成了以机构投资者制度、互联互通机制为主的跨境投资的制度安排，跨境债务融资由市场主体在全口径宏观审慎政策框架下自主进行。下一步将统筹交易环节和汇兑环节，以金融市场双向开放为重点，有序推动不可兑换项目的开放，适度增加外汇市场参与主体，丰富外汇交易品种，支持科创板的建设发展，鼓励境外投资者参与科创板。

三是完善外汇市场的"宏观审慎 + 微观监管"两位一体管理框架。宏观审慎管理以维护外汇市场基本稳定、防止大规模不稳定跨境资本流动引发的系统性风险为总体目标，针对金融市场的顺周期波动，采取必要的数量和价格工具，逆周期、市场化调控外汇市场中的企业、居民和金融机构等各类主体的交易行为。微观监管基于金融市场信息不对称、外部性等基本假设，主要采取外汇市场的合规与行为监管，目的是维护可兑换政策框架的稳定性和可信度，维护外汇市场的竞争秩序，并保护消费者和投资者的合法权益。

资料来源：欧阳剑环. 国家外汇管理局副局长陆磊：稳妥有序推进资本项目开放和外汇市场建设［EB/OL］. http：//www. xinhuanet. com//money/2019－10/28/c_1210329756. htm。

第一节　外汇市场概述

一、外汇的概念

世界上的每个国家（地区）都有自己独立的货币和货币制度，各国（地区）货币相互之间不能流通使用，因此，国际间债权债务的清偿，必然要产生国际间的货币兑换，由此产生外汇和汇率的概念。

外汇（foreign exchange）这一概念有动态和静态两种表述形式，而静态的外汇又有广义和狭义之分。

动态的外汇是指一国（地区）货币兑换或折算为另一种货币的运动过程。最初的外汇概念就是指它的动态含义。现在人们提到外汇时，更多的是指它的静态含义。

广义的静态外汇是指一切用外币表示的资产。这种含义的外汇概念通常用于国家的外汇管理法令之中。如我国的《外汇管理条例》中对外汇的定义是："……外汇，是指下列以外币表示的可以用作国际清偿的支付手段和资产：（一）外币现钞，包括纸币、铸币；（二）外币支付凭证或支付工具，包括票据、银行存款凭证、银行卡等；（三）外币有价证券，包括债券、股票等；（四）特别提款权；（五）其他外汇资产。"

狭义的静态外汇是指以外币表示的可用于进行国际间结算的支付手段。按照这一概念，只有存放在境外银行的外币资金，以及将对银行存款的索取权具体化了的外币票据才构成外汇。具体来看，外汇主要包括以外币表示的银行汇票、支票、银行存款等。人们通常所说的外汇就是指这一狭义的概念。

由此看来，外汇有三个特点：

（1）外币性，即外汇必须是以外币表示的境外资产。

（2）可偿性，即外汇必须是在境外能得到清偿的债权。

（3）可兑换性，即外汇必须是能自由兑换成其他货币表示的支付手段。

二、外汇的种类

（1）按照外汇进行兑换时的受限制程度，外汇可分为自由兑换外汇、有限自由兑换外汇和记账外汇。

自由兑换外汇，就是在国际结算中用得最多、在国际金融市场上可以自由买卖、在国际金融中可以用于偿清债权债务、并可以自由兑换其他国家（地区）货币的外汇。例如美元、英镑、加拿大元等。

有限自由兑换外汇，则是指未经货币发行方批准，不能自由兑换成其他货币或对第三方进行支付的外汇。国际货币基金组织规定凡对国际性经常往来的付款和资金转移有一定限制的货币均属于有限自由兑换货币。世界上有一大半的国家货币属于有限自由兑换货币，包括人民币。

记账外汇，又称清算外汇或双边外汇，是指记账在双方指定银行账户上的外汇，不能兑换成其他货币，也不能对第三方进行支付。

（2）根据外汇的来源与用途不同，外汇可以分为贸易外汇、非贸易外汇和金融外汇。

贸易外汇，也称实物贸易外汇，是指来源于或用于进出口贸易的外汇，即由于国际间的商品流通所形成的一种国际支付手段。

非贸易外汇是指贸易外汇以外的一切外汇，即一切非来源于或用于进出口贸易的外汇，如劳务外汇、侨汇和捐赠外汇等。

金融外汇与贸易外汇、非贸易外汇不同，是属于一种金融资产的外汇，例如银行同业间买卖的外汇，既非来源于有形贸易或无形贸易，也非用于有形贸易，而是为了各种货币头寸的管理和配置。资本在国家之间的转移，也要以货币形态出现，或是间接投资，或是直接投资，都形成在国家之间流动的金融资产，特别是国际游资数量之大，交易之频繁，影响之深刻，不能不引起有关方面的特别关注。

（3）根据外汇汇率的市场走势不同，外汇又可区分为硬外汇和软外汇。

外汇就其特征意义来说，总是指某种具体货币。在国际外汇市场上，由于多方面的原因，各种货币的币值总是经常变化的，汇率也总是经常变动的，因此根据币值和汇率走势我们又可将各种货币归类为硬货币和软货币，或叫强势货币和弱势货币。

硬币是指币值坚挺，购买能力较强，汇价呈上涨趋势的自由兑换货币。由于各国国内外经济、政治情况千变万化，各种货币所处硬币、软币的状态也不是一成不变的，经常是昨天的硬币变成了今天的软币，昨天的软币变成了今天的硬币。

三、外汇市场的含义

所谓外汇市场，是指由各国中央银行、外汇银行、外汇经纪人和客户组成的买卖外汇的交易系统。外汇市场不像商品市场和其他的金融市场那样，一定要设有具体的交易场所，它主要是指外汇供求双方在特定的地区内，通过现代化的电信设备及计算机网络系统来从事外汇买卖的交易活动。

按照外汇交易参与者的不同，外汇市场可以具体分为狭义的外汇市场和广义的外汇市场。狭义的外汇市场，又叫外汇批发市场，它特指银行同业之间的外汇交易市场，包括外汇银行之间、外汇银行与中央银行之间以及各国中央银行之间的外汇交易。广义的外汇市场，除了上述狭义外汇市场之外，还包括银行同一般客户之间的外汇交易。

按照外汇市场经营范围的不同，外汇市场有国内外汇市场和国际外汇市场之分。国内外汇市场一般适用于发展中国家，这种市场主要进行外币与本币之间的交易，其参加者主要限于本国居民，并且，所进行的外汇交易要受制于国内金融制度。而在国际外汇市场各国居民都可以自由参加多种货币的自由买卖，交易不受所在国金融制度的限制。这种外汇市场是一个基本上比较自由的市场，是一种发达的外汇市场。

按外汇交易的方式来划分，外汇市场有有形市场和无形市场之分。有形市场是指从事交易的当事人在固定的交易场所和规定的营业时间里进行外汇买卖。这种形式的外汇市场主要存在于欧洲大陆的法国巴黎、德国的法兰克福、比利时的布鲁塞尔等外汇市场。由于其交易方式和交易目的都很有限，主要用于调整即期的外汇头寸，决定对顾客交易的公定汇率，因此不是外汇市场主要形式。无形市场是指一个由电话、电报、电传和计算机终端等现代化通信网络所形成的一个抽象的市场。这种外汇市场没有固定的外汇交易场所，也没有固定的开、收盘时间。抽象的外汇市场形式普遍流行于英国、美国、瑞士等国家和地区。所以人们一般都将典型的外汇市场理解为一种抽象市场。

四、外汇市场的作用

（一）实现购买力的国际转移

国际经济交往的结果需要债务人（如进口商）向债权人（如出口商）进行支付，这种购买力的国际转移是通过外汇市场实现的。例如，一个日本出口商将一批丰田汽车卖给墨西哥进口商，这项交易的作价（invoice）货币可能有三种选择，即日元、比索或第三国货币（如美元）。一旦双方商定以何种货币成交后，交易的一方或双方就需要转移购买力。若以日元成交，则墨西哥进口商就得将购买力从比索转换成日元以便作为进口货款的支付；若交易货币是比索，则由日本出口商将购买力向其本国货币（日元）转移；若交易是以第三国货币（如美元）来计价结算时，则墨西哥进口商需要将比索兑换成美元，而日本出口商在收到美元货款后最终还得将其兑换成日元。外汇市场所提供的就是使这种购买力转移的交易得以顺利进行的经济机制，它的存在使得各种潜在的外汇出售者和外汇购买者的愿望能联系起来，使各类国际商业往来的经济合作以及各国在政治、军事、文化、体育、科技等各个领域里的交流成为可能。当市场的价格调节（即汇率变动）使得外汇供给量正好等于外汇需求量时，所有潜在的出售和购买愿望都得到了满足，外汇市场处于均衡状态之中。

（二）为国际经济交易提供资金融通

外汇市场作为国际金融市场的一个重要组成部分，在买卖外汇的同时也向国际经济交易者提供资金融通的便利，从而使国际借贷和国际投资活动能够顺利进行。例如，日本某跨国公司想在意大利设立一家子公司，它可先在外汇市场用日元兑换一定数额的里拉，然后用其在意大利购买土地、兴建厂房、添置设备并雇佣当地的工人。又如，美国财政部发行的国库券和长短期政府债券中的相当部分是由外国官方机构和私人企业购买并持有的。而这种证券投资当然是以不同货币之间可自由兑换为前提的。

此外，由于外汇市场的存在，使人们能够在一个国家借款筹资，而向另一个国家提供贷款或进行投资，从而使得各种形式的套利活动得以进行，各国的利率水平也因此出现趋同现象。

（三）提供外汇保值和投机的场所

在以外币计价成交的国际经济交易中，交易双方都面临着外汇风险。然而人们对风险的态度并不相同，由此产生外汇保值和投机两种截然不同的行为。外汇保值指交易者卖出或买进金额相当于已有的一笔外币资产或负债的外汇，使原有的这笔外币资产或负债避免汇率变动的影响，从而达到保值的目的。而外汇投机则是通过某项外汇交易故意使自己原来关闭的外汇头寸转变成敞开的多头寸或空头寸，或者是让由于某种实际经济交易所产生的外汇头寸继续敞开着而不采取任何抛补措施，以期在日后的汇率变动中得到外汇收益。由此可见，外汇套期保值与外汇投机的做法正好相反，前者是利用远期外汇交易弥补（或转移）其业务上的风险，关闭原先暴露的外汇头寸，而后者则是通过即期或远期外汇交易故意敞开头寸以期实现风险利润。因此，外汇市场的存在既为套期保值者提供了规避外汇风险的场所，又为投机者提供了承担风险、获取利润的机会。

五、外汇市场的构成因素

外汇市场由主体和客体构成，客体即外汇市场的交易对象，主要是各种可自由交换的外国货币、外币有价证券及支付凭证等。外汇市场的主体，即外汇市场的参与者，主要包括外汇银行、顾客、中央银行、外汇交易商及外汇经纪人。

（一）外汇市场的参与者

1. 外汇银行

外汇银行（foreign exchange bank）又叫外汇指定银行，是指经过本国中央银行批准，可以经营外汇业务的商业银行或其他金融机构。外汇银行可分为三种类型：专营或兼营外汇业务的本国商业银行；在本国的外国商业银行分行及本国与外国的合资银行；其他经营外汇买卖业务的本国金融机构，如信托投资公司、财务公司等。

外汇银行是外汇市场上最重要的参与者。在美国，十几家设在纽约以及几十家设在别的主要城市的大型商业银行，实际上充当着"做市商"的角色。由于它们经常在外汇市场上大规模地进行各种货币的买卖，使得外汇市场得以形成并顺利运转。

外汇银行在两个层次上从事外汇业务活动。第一个层次是零售业务，银行应客户的要求进行外汇买卖，并收兑不同国家（地区）的货币现钞。第二个层次是批发业务，这是银行为了平衡外汇头寸，防止外汇风险而在银行同业市场上进行的轧差买卖。外汇银行在为客户提供外汇买卖的过程中，难免会在营业日内出现各种外汇头寸的"多头"（long position）或"空头"（short position），统称"敞开头寸"（open position），即一些币种的出售额少于购入额，而另一些币种的出售额多于购入额。为了避免因各种币种之间汇率变动而产生的汇率风险，银行就需要借助同业交易及时进行外汇头寸的调拨，轧平各种头寸，即将多头抛出，将空头补进。然而，银行在同业市场上进行外汇买卖并不一定都是为了消除头寸进而免除汇率风险。在有些情况下，某些外汇银行会以"风险爱好者"的姿态，在该市场积极制造头寸，这实际上是一种以谋取风险利润为目的的外汇投机活动。

2. 外汇经纪人

外汇经纪人（foreign exchange broker）是指介于外汇银行之间、外汇银行和其他外汇市场参加者之间，为买卖双方接洽外汇交易而赚取佣金的中间商。如同外汇银行一样，外汇经纪商也必须经过所在国中央银行的核准方可参与市场。外汇经纪人在外汇市场上的作用主要在于提高外汇交易的效率。这主要体现在成交的速度与价格上。由于外汇经纪人本身集中体现了外汇市场上外汇买卖双方的信息，所以，经纪人在接受客户的委托后，一般总能在较短的时间内替委托人找到相应的交易对象，而且能在多家交易对象的报价中找到最好的成交价格，从而提高外汇交易的效率。

3. 顾客

在外汇市场中，凡是与外汇银行有外汇交易关系的公司或个人，都是外汇银行的客户，他们是外汇市场上的主要供求者，其在外汇市场上的作用和地位，仅次于外汇银行。这类市场的参与者有的为实施某项经济交易而买卖外汇，如经营进出口业务的国际贸易商，到外国去投资的跨国公司，发行国际债券或筹借外币贷款的国内企业，等等；有的为调整资产结构或利用国际金融市场的不均衡状况而进行外汇交易，如买卖外国证券的投资者，在不同国家货币市场上赚取利差、汇差收益的套利者和套期保值者，对市场汇率进行打赌以赚取风险利润的外汇投机者，等等。除此之外，还有其他零星的外汇供求者，如国际旅游者、出国留学生、汇出或收入侨汇者、提供或接受外币捐赠的机构和个人，等等。在上述各种外汇供求者中，最重要的是跨国公司，因为跨国公司的全球经营战略涉及许多种货币的收入和支出，所以它们进入外汇市场非常频繁。

4. 中央银行及其他官方机构

外汇市场上另一个重要的参与者是各国的中央银行（或地区的金融管理机构）。这是因为各国的中央银行都持有相当数量的外汇余额作为国际储备的重要构成部分，并承担着维持本国货币金融稳定的职责，所以中央银行经常通过购入或抛出某种国际性货币的方式来对外汇市场进行干预，以便能把本国货币的汇率稳定在一个所希望的水平上或幅度内，从而实现本国货币金融政策的意图。

以上是从横向上对外汇市场的参与者进行分类。如果从纵向上进行观察，上述参与者可分为四个层次：第一层次（也是最低层）是进出口商，他们是外汇的最终使用者和供应者。第二层次是外汇银行，它们在外汇供应者和使用者之间起着媒介作用。第三层次是外汇经纪商，外汇银行通过他们平衡银行内部外汇的流入与流出。第四层次（也是最高层次），是中央银行，它在一国（地区）总的外汇供求失衡时，运用国家（地区）外汇储备，起着"最后贷款者"的作用。外汇市场参与者的纵向构成如图6-1所示。

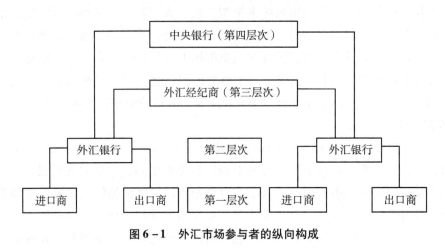

图6-1 外汇市场参与者的纵向构成

（二）外汇市场交易的三个层次

根据上述对外汇市场参与者的分类，外汇市场的交易可以分为三个层次的交易，即银行与顾客之间、银行同业之间、银行与中央银行之间的交易。在这些交易中，外汇经纪人往往起着中介作用。

1. 银行与顾客之间的外汇交易

顾客出于各种各样的动机，需要向外汇银行买卖外汇。银行在与顾客的外汇交易中，一方面从顾客手中买入外汇，另一方面又将外汇卖给顾客。实际上是在外汇的最终供给者和最终使用者之间起中介作用，赚取外汇的买卖差价。

2. 银行同业间的外汇交易

银行在每个营业日，根据顾客的需要与其进行外汇交易的结果，难免产生各种外汇头寸的多头或空头。多头表示银行该种外汇的购入额大于出售额，空头则表示银行该种外汇的出售额多于购入额。当银行各种外汇头寸处于不平衡时，银行便承担了外汇风险。若银行要回避外汇风险，就需通过银行同业间的交易，"轧平"外汇头寸，即将多头抛出，空头补进，使其所承诺的某种货币的出售数量与所承诺的同种货币的购进数量相平衡。此外，银行还出于投机、套利、套期保值等目的从事同业的外汇交易。

银行同业市场是外汇市场供求流量的汇集点，因此它决定着外汇汇率的高低。在外汇市场上，有些实力雄厚的大银行处于"做市商"的地位，由于其雄厚的实力和巨额的经营，因此其报价对市场汇价的形成有很大的影响。

3. 银行与中央银行之间的外汇交易

中央银行为了使外汇市场上自发形成的供求关系所决定的汇率能相对地稳定在某一期

望的水平上，可通过其与外汇银行之间的交易对外汇市场进行干预。

如果某种外币兑换本币的汇率低于期望值，中央银行就会向外汇银行购入该种外币，增加市场对该外币需求量，促使银行调高其汇率；反之，如果中央银行认为该外币的汇率偏高，就向银行出售该种外汇的储备，促使其汇率下降。

第二节　外汇市场中的汇率

一、汇率的概念

所谓汇率（foreign exchange rate）就是两种不同货币之间的折算比价，也就是以一国（地区）货币表示的另一国（地区）货币的价格，也称汇价、外汇牌价或外汇行市。汇率的表达方式有两种：直接标价法（direct quotation）和间接标价法（indirect quotation）。

直接标价法是以一定单位的外币为标准来折算应付若干单位的本币的汇率标价法，又称应付标价法（giving quotation），即一个外币等于几个本币，大多数国家（地区）采用这个标价方法。例如，￥6.7321/＄表示单位美元的人民币价格为6.7321。又如在某外汇市场上，英镑兑美元的汇率为＄1.6241/£，表明单位外币英镑的美元（在该外汇市场美元是本币）价格为1.6241。

在直接标价法下，外币数量固定不变，汇率涨跌都是以相对的本币数额的变化来表示的。此时汇率上升实际上意味着外汇汇率（或外币汇率）上升，本币汇率下跌。

间接标价法是以一定单位的本币为标准来折算应收若干单位的外币的标价法，又称应收标价法（receiving quotation），即一个本币等于多少外币。美国、英国、欧盟采用这种标价方法。例如，在某外汇市场上，英镑兑美元的汇率为＄1.6241/£，对该外汇市场而言是间接标价方法。可以看出，在直接标价法下，汇率的数值越大，意味着一定单位的外币可以兑换越多的本币，也就是本币的币值越低；在间接标价法下，这一关系则相反。

国际金融市场上的汇率标价方法主要有单位美元标价法和单位英镑标价法。

单位美元（英镑）标价法就是指以美元（英镑）为基准货币，数额固定不变，以另一种货币为标价货币表示基准货币的价格。目的是简化报价并广泛地比较各种货币的汇价。例如，在某外汇市场，USD/DEM＝2.2142，GBP/CAD＝2.4658；则表明＄1＝DM2.2142，£1＝Can＄2.4658。

在这类标价法中，各国（地区）货币都用三个大写英文字母缩写表示，而且全世界统一，如JPY、CHF、CNY、NYD。

二、汇率的种类

（一）按汇率制定方法划分

1. 基本汇率

在国际外汇市场上，无论是美元标价法，还是非美元标价法，其表示的汇价都是美元与另一货币的比值，也就是以美元为对象来表示其汇率。这种通过某一关键货币来标明的其他货币的汇率称为基本汇率（basic rate）。在国际外汇市场上，通常把对美元的汇率作为基本汇率。

2. 交叉汇率

交叉汇率（cross-rate）也叫作套算汇率。由于基本汇率不能直接显示两种非美货币之间的比价情况，因此，要明确除美元之外的其他两种货币间的汇率，就要通过相应的基本汇率进行套算，这种套算出来的汇率就称为交叉汇率。国际外汇市场常用的交叉汇率有：欧元兑日元，欧元兑英镑，欧元兑瑞郎，欧元兑加元，欧元兑澳元，欧元兑港币等；英镑兑日元，英镑兑欧元，英镑兑瑞郎等；日元兑欧元，日元兑英镑，日元兑瑞郎等。基本汇率与交叉汇率在市场上相互关联，相互影响汇价。

从基本汇率和交叉汇率的分类可知，一国（地区）所制定的汇率是否合理在很大程度上取决于关键货币的选择合理与否，因此各国（地区）政府对关键货币的选择都非常慎重，一般来说遵循三条原则：第一，必须是该国（地区）国际收支中，尤其是国际贸易中，使用最多的货币；第二，必须是在该国（地区）外汇储备中所占比重最大的货币；第三，必须是可自由兑换的、在国际上可以普遍接受的货币。由于美元在国际上的特殊地位，不少国家（地区）都把美元选择为关键货币，而把本币兑美元的汇率作为基本汇率。

（二）按银行买卖外汇的角度划分

1. 买入汇率（买入价）

买入汇率（buying rate）是指在交易中报价一方买入基准货币所使用的汇率，通常称为买入价。

2. 卖出汇率（卖出价）

卖出汇率（selling rate）是指在交易中报价的一方卖出基准货币所使用的汇率，通常称为卖出价。

买入价和卖出价是外汇市场中的双向报价，是以报价方所处地位而言的。在外汇交易中，买卖双方的地位是相对的，报价方的买入价当然就是询价方的卖出价，报价方的卖出价就是询价方的买入价。

一国外汇市场上的买入价实际上就是银行买入 1 单位外币付给客户的本币数量；卖出价是指银行卖出 1 单位外币需向客户收纳的本币数量。例如，美元兑人民币的外汇汇率的双向报价可记作：美元/人民币：7.0596/7.0872。外汇市场中，GBP/USD：1.4596/1.4601 的具体含义是：银行买入 1 英镑支付给客户 1.4596 美元，银行卖出 1 英镑向客户收取 1.4601 美元。

若在某市场 USD/DEM：2.2138/2.2143，则国际金融市场上报价往往写成 USD/DEM：2.2138/43。

外汇银行作为从事货币、信用业务的中间商人，盈利主要体现在买入与卖出的差价上；换句话说，外汇卖出价高于买入价的部分是银行买卖外汇的毛收益，包括外汇买卖的手续费、保险费、利息和利润等。

外汇的买价、卖价尽管都是从外汇银行交易的角度说的，但标价方法不同，买价和卖价的位置也不同。在直接标价法下，汇率数值的大小与外汇价值的高低呈正相关关系，因此，买价在前，卖价在后。如我国的外汇牌价中：1 USD = 7.0397—7.0696 RMB，"7.0397"代表我国银行买入外汇时采用的汇价，"7.0696"代表我国银行卖出美元外汇时所采用的汇价。相反，在间接标价法下，第一个数字表示卖价，第二个数字才是买价。

3. 中间汇率

中间汇率（middle rate）是买入价和卖出价的算术平均数，即中间价 =（买入价 + 卖出价）÷2。报刊、电台、电视通常报告的是中间价，它常被用作汇率分析的指标。

此外，银行在对外挂牌公布汇率时，还另注明外币现钞汇率（bank notes rate），这主要是针对一些对外汇实行管制的国家（地区）。由于外币现钞在本国（地区）不能流通，需要把它们运至境外才能使用，在运输现钞过程中需要花费一定的保险费、运费，所以银行购买外币现钞的价格要略低于购买外汇票据的价格。而卖出外币现钞的价格一般和外汇卖出价相同。

（三）按汇付方式划分

按汇付方式划分为电汇汇率（T/T）、信汇汇率（M/T）、票汇汇率（D/D）。

电汇汇率是银行以电信方式买卖外汇时所采用的汇率。电汇汇率要比信汇汇率、票汇汇率高，但电汇收付迅速安全，所以，在当前信息社会，在国际业务中基本上以电汇业务支付结算，并以电汇汇率作为基础汇率，其他汇率都以电汇汇率为基础来计算。西方外汇市场上所显示的汇率，多为银行的电汇汇率。

信汇汇率是指以信函方式通知收付款时采用的汇率。信汇业务具有收付时间慢、安全性低、交易费用低的特点，因此一般来说，信汇汇率相对于电汇汇率要低一些。

票汇汇率是指兑换各种外汇汇票、支票和其他各种票据时所采用的汇率。票汇汇率根据票汇支付期限的不同，又可分为即期票汇汇率和远期票汇汇率。即期票汇汇率（O/D rate）是银行买卖即期外汇的汇率，较电汇汇率低，大致同信汇汇率相当；远期票汇汇率（on forward rate）是银行买卖远期票汇的汇率。由于远期票汇交付时间比较长，所以其汇率比即期票汇汇率还要低。

（四）按外汇买卖交割时间划分

（1）即期汇率/现汇汇率。它是指在即期外汇买卖中所使用的汇率，如外汇现货交易。

（2）远期汇率/期汇汇率。它是指在远期外汇买卖中所使用的汇率，如期货、期权交易。

（五）按汇率管制的宽严程度划分

（1）官方汇率。汇率变化由国家政府正式宣布，称为法定贬值或升值（devaluation/re-valuation）。

（2）市场汇率。汇率波动称为下浮或上浮（depreciation/appreciation）。

（六）按外汇资金的性质划分

（1）贸易汇率。又称商业汇率，主要用于进出口贸易货价及从属费用支付方面的汇率。

（2）金融汇率。适用于资金移动、旅游事业等非贸易外汇收支的汇率。

这两种汇率的制定一般是为了鼓励出口和限制资本流出，以改善国际收支状况。

（七）按汇率制度划分

1. 固定汇率（fixed rate）

一国（地区）货币同另一国（地区）货币的汇率基本固定，汇率波动仅限制在一定的幅度之内。固定汇率的货币有的是不可自由兑换的货币，如人民币；有的是可自由兑换的货币，如卢布。

固定汇率是在金本位制和布雷顿森林货币制度下各国（地区）货币汇率安排的主要形式。在金本位制下，货币的含金量是决定汇率的基础，黄金输送点是汇率波动的界限，在这种制度下，各国（地区）货币的汇率变动幅度很小，基本上是固定的，故称固定汇率；二战后到20世纪70年代初，在布雷顿森林货币制度下，因国际货币基金组织的成员货币与美元挂钩，外汇汇率的波动幅度也规定在一定的界限以内（上下波动1%），因而也是一种固定汇率。

2. 浮动汇率（floating rate）

浮动汇率由市场供求关系决定，一国（地区）货币当局不规定本币与另一国（地区）货币的官方汇率，不规定汇率波动的上下限，不承担维持汇率波动界限的义务，汇率可自由浮动。浮动汇率中有一种是完全自由浮动的货币，如美元、欧元、日元、英镑、澳元、加元、瑞郎等；另一种是有限制的浮动汇率，在一定的范围内自由浮动，如港币。可自由浮动汇率的货币，前提是必须进入国际外汇市场挂牌交易，并可自由兑换的货币。浮动汇率是自20世纪70年代初布雷顿森林货币制度崩溃以来各国（地区）汇率安排的主要形式，但是各国（地区）所实行的浮动汇率在具体内容上还是有区别的，进一步划分如下：

（1）按一国（地区）政府是否对外汇市场进行干预分为管理浮动（managed floating）和自由浮动（free floating）两种。

管理浮动是一国（地区）在实行浮动汇率的前提下，出于一定经济目的，或明或暗地干预甚至操纵外汇市场汇率变动的汇率安排方式，这种受干预的浮动汇率又称为"肮脏浮动"（dirty floating）。

自由浮动是一国（地区）政府对外汇市场不进行任何干预，完全由外汇市场的供求关系决定汇率变动的汇率安排方式，又称为"清洁浮动"（clean floating）。管理浮动汇率是目前浮动汇率的主要形式，几乎没有一个国家能真正实行自由浮动，即便是美国、日本、德国也不时地对外汇市场进行干预。

（2）按一国（地区）货币价值是否与其他国家（地区）保持某种特殊联系分为单独浮动（independent float）、联合浮动（joint float）和盯住浮动（pegged float）三种。

单独浮动即本国（地区）货币价值不与他国（地区）货币发生固定联系，其汇率根据外汇市场的供求变化单独浮动，如美元、日元、瑞士法郎、加拿大元等均采用单独浮动。

联合浮动又称蛇形浮动（the snake system），它是指某些国家（地区）出于保护和发展本国（地区）经济的需要，组成某种形式的经济联合体，在联合体内各成员国之间订出固定汇率，规定上下波动界限，而对成员国以外其他国家（地区）的货币汇率则采取共同浮动的办法。1999 年 1 月欧元启动前，欧洲经济共同体成员国的货币一直实行联合浮动。

盯住浮动指一国（地区）货币与另一国（地区）货币挂钩或与另几国（地区）货币所组成的"篮子货币"挂钩（即定出它们之间的固定汇率），然后随所挂钩的货币汇率的波动而波动。

（八）按汇率是否经过调整划分

（1）名义汇率。有两种理解：一种是针对通胀进行调整的汇率：

实际汇率＝名义汇率±通货膨胀率

另一种是针对政府补贴进行调整的汇率。

（2）实际汇率。

实际汇率＝名义汇率±财政补贴和税收减免

（3）有效汇率，是指某种加权平均汇率指数，又可分为名义有效汇率指数和实际有效汇率指数。

（九）按汇率是否统一划分

1. 单一汇率（single rate）

一国只有一种汇率，各种收支都按这种汇率结算。通用于该国（地区）所有的国际经济交往。

2. 多种汇率（multiple rate）

多种汇率也叫复汇率，一国有两种或两种以上汇率，不同的汇率用于不同的国际经贸活动。它是外汇管制的产物。一国实行多种汇率主要是为了某些特殊的经济利益，比如鼓励出口、限制资本流入等。这种汇率安排方式在发展中国家，尤其是在较落后的发展中国家还具有一定的普遍性，不过由于各国具体情况不同，采用的复汇率在性质上也有些差异。

（1）按外汇资金用途和性质实行贸易汇率（commercial rate）和金融汇率（financial rate）

并存的复汇率。

一般来说，一国（地区）在实行这种复汇率时，金融外汇汇率要比贸易外汇汇率高一些，这样，一方面可以达到鼓励出口，改善贸易收支的目的，另一方面可以控制国际资本流动对本国（地区）国际收支和经济发展所带来的冲击。

（2）按各种汇率决定的不同方式实行官方汇率（official rate）和市场汇率（market rate）并存的复汇率。

实行官方汇率与市场汇率并存的国家（地区）主要是一些外汇管制相对较松，外汇市场又不是特别完善的国家（地区）。这些国家（地区）规定官方汇率或者只起中心汇率的作用，或者用于特定项目的支付结算，或者只是有行无市，同时也允许外汇自由买卖，因而存在着外汇买卖自由市场，这个市场决定了该国（地区）的另一个汇率——市场汇率。市场汇率往往是该国（地区）货币的实际汇率。

【案例】

"广场协议"导致日元升值

1984 年，美国的经常项目赤字达到创纪录的 1 000 亿美元，美国与各国，尤其是与主要逆差来源国日本之间的贸易摩擦加剧。为此，美国希望通过美元贬值来增加产品的出口竞争力，以改善美国国际收支不平衡状况。1985 年 9 月，美国、日本、联邦德国、法国、英国 5 个发达国家的财长及央行行长，在纽约广场饭店举行会议，决定五国政府联合干预外汇市场，使美元对主要货币有序地下跌，以增加美国产品的出口竞争能力，解决美国巨额的贸易赤字，史称"广场协议"。

"广场协议"导致美元持续大幅度贬值，其中受影响最大的是日元。1985 年 9 月，日元汇率还在 1 美元兑 250 日元上下波动；而在不到三年的时间里，美元对日元贬值了 50%，最低曾跌到 1 美元兑 120 日元。随后，日本经济进入十多年低迷期，被称为"失落的十年"。虽然日本经济持续萧条的根源在于经济结构的自身缺陷和日本政府错误的经济政策，但"广场协议"无疑也是日本经济持续萧条的重要因素之一。

资料来源：董少东. 广场协议：导致日本"失去十年"的日元升值始末［N］.

北京日报，2016 - 05 - 18。

第三节　外汇市场的交易方式

外汇市场上的各种交易可按不同的标准作不同的种类划分。若按合同的交割期限或交易的形式特征来区分，可分为即期外汇交易和远期外汇交易两大类；若按交易的目的或交易的性质来区分，除了因国际结算、信贷融通和跨国投资等所引起的一般商业性外汇交易以外，外汇买卖还可分成套利交易、掉期交易、互换交易、套期保值交易、投机交易以及中央银行的外汇干预交易等。此外，随着国际金融业的竞争发展与金融工具的创新，外汇市场上还出现了许多新的交易方式，如外汇期货、期权交易，主要介绍即期、远期、掉期、套汇等传统外汇市场上常见的外汇交易。

一、即期外汇交易

（一）基本原理

1. 定义

即期外汇交易（spot exchange transaction），又称现汇买卖，是指外汇交易双方达成交易后在两个营业日内办理交割的外汇交易。即期外汇交易是外汇市场上最常见、最重要的交易方式，主要用于满足临时性的付款需求，实现购买力的转移，调整货币头寸，保持头寸平衡，避免汇率波动风险以及进行外汇投机等。即期外汇交易还常与远期外汇交易结合使用来达到套利和套汇的投机目的，各国政府或中央银行也常通过即期外汇交易来调控外汇市场。

2. 交易惯例

即期交易的汇率是即期汇率，或称现汇汇率。通常采用以美元为中心的报价方法，即以某个货币对美元的买进或卖出的形式进行报价。除了英联邦国家的货币（如英镑、爱尔兰镑、澳大利亚元和新西兰元等）采用间接报价法（即以一单位该货币等值美元标价）以外，其他交易货币均采用直接报价法（即以一单位美元等值该币标价），并同时报出买入价和卖出价。买入价是指报价行愿意以此价买入标的货币的汇价，卖出价是报价行愿意以此价卖出标的货币的汇价，买入价与卖出价之间的价格差称为价差。

按照外汇市场的报价惯例，外汇银行在交易中报出外汇买入价或卖出价，通常用五位数字来表示买卖价。报价一般采取"双档"报价，即外汇银行在交易中同时报出买入价和卖出价，如 USD1 = HKD7.7516—7.7526，前者为买入价，后者为卖出价。银行报出的买卖价格之差（价差），就是外汇银行买卖外汇的收益，一般为 1% ~ 5%。在实际交易中，外汇银行不报全价，只报出汇率小数点后的最后两位数。如当时汇率为 USD1 = HKD7.7516—7.7526，则银行可以仅报出 16—26 或者 16/26。这是因为外汇汇率变化幅度在一天之内频繁变动的只是最后两位数，用不着报全价。这也是银行报价的习惯。

银行和客户间的零售交易大多按银行报出的汇价买卖外汇，少数按客户要求作限价交易。限价交易是指客户要求银行按指定汇价买卖一定数量的外汇。当市场汇价变化到符合客户要求时进行交易，否则银行不能进行交易。

3. 交易程序

即期外汇交易程序通常包括以下内容：

（1）自报家门：询价者必须首先说明自己的单位名称，以便让报价者知道交易对方是谁，并决定交易对策。

（2）询价：询价内容一般包括交易货币、起息日和交易金额。

（3）报价：一般只报汇率的最后两位数，并同时报出买价和卖价。

（4）成交：询价银行首先表示买或卖的金额，然后由报价银行承诺。

（5）证实：交易双方互相证实买或卖的汇率、金额、交割日期以及资金结算。

（二）交叉汇率的计算

在国际外汇市场上，各种货币的汇率普遍以美元标价，即与美元直接挂钩，非美元货币之间的买卖必须通过美元汇率进行套算。通过套算得出的汇率叫交叉汇率。交叉汇率的套算遵循以下几条规则：

（1）如果两种货币的即期汇率都以美元作为单位货币，那么计算这两种货币比价的方法是交叉相除。

【例 6 - 1】假定某市场汇率是：USD1 = HKD7. 6018—7. 6025；USD1 = JPY84. 10—84. 20。则单位港币兑换日元的汇价为：

$$HKD1 = JPY \frac{84.10}{7.6025} - \frac{84.20}{7.6018} = JPY11.06—11.08$$

即银行买入 1 单位港币，支付给客户 11. 06 日元，银行卖出 1 单位港币，向客户收取 11. 08 日元。换句话说，客户卖出 1 单位港币，可得 11. 06 日元，要买入 1 单位港币需支付 11. 08 日元。之所以这样计算，是因为如前所述，两种货币都以美元为中心报价，这样要计算港币兑日元的汇价，首先必须将港币换成美元，然后再以美元换取日元。7. 6025 为银行的美元卖出价，也就是说要从银行取得 1 美元须支付 7. 6025 港币，即 HKD1 = USD1/7. 6025。买到美元后，再以美元买日元。而银行美元兑日元的买入价为 84. 10，即客户卖 1 美元给银行可得到日元 84. 10，即 USD1 = JPY84. 10，因此，HKD1 = JPY1/7. 6025 × 84. 10 = JPY11. 06。同理可求出卖日元买港币的汇价为 HKD1 = JPY1/7. 6018 × 84. 20 = JPY11. 08。即港币兑日元的交叉汇率为 HKD = JPY11. 06—11. 08。

（2）如果两个即期汇率都以美元作为计价货币，那么汇率的套算也是交叉相除。

【例 6 - 2】假定某市场汇率是：AUD1 = USD0. 7350—0. 7360；NZD1 = USD0. 6030—0. 6040。则单位澳元换取新西兰元的汇价为：

$$AUD1 = NZD \frac{0.7350}{0.6040} - \frac{0.7360}{0.6030} = NZD1.2169—1.2206$$

即客户若要以新西兰元买入澳元，须按 AUD1 = NZD1. 2206 的汇价向银行买入澳元。若要卖澳元买新西兰元，则须按 AUD1 = NZD1. 2169 的汇价向银行卖出澳元。其道理如上所述，要计算客户卖新西兰元买澳元的汇率，首先必须卖新西兰元换美元，然后再以美元买澳元。因此可反过来考虑：客户要买入 1 澳元需按照银行的澳元卖出价 AUD1 = NZD0. 7360，支付 0. 7360 美元，而要获得 0. 7360 美元，需按银行的新西兰元买入价 NZD1 = USD0. 6030，支付 $\frac{0.7360}{0.6030}$ 澳元，即 1. 2206 新西兰元。因此，客户卖新西兰元买澳元的汇价为 AUD1 =

NZD1.2206（即银行澳元兑新西兰元的卖出价）。同理可算出客户买新西兰元卖澳元（即银行澳元兑新西兰元的买入价）为：$AUD1 = NZD\dfrac{0.7350}{0.6040} = NZD1.2169$。即澳元兑新西兰元的交叉汇率为 $AUD1 = NZD1.2169—1.2206$。

（3）如果一种货币的即期汇率以美元作为计价货币，另一种货币的即期汇率以美元为单位货币，那么这两种货币间的汇率套算应为同边相乘。

【例 6 - 3】假定某市场汇率是：USD1 = JPY84.60—84.70；GBP1 = USD1.5962—1.5970。则英镑兑日元的汇价为：

$$GBP1 = JPY84.60 \times 1.5962—84.70 \times 1.5970 = JPY135.04—135.27$$

即客户按银行英镑兑美元的买入价 GBP1 = USD1.5962，卖出 1 英镑得 1.5962 美元，然后再按银行美元兑日元的买入价 USD1 = JPY84.60，卖出 1.5962 美元，得 $84.60 \times 1.5962 = 135.04$ 日元，因此客户卖英镑买日元的汇价（即银行英镑兑日元的买入价）为 GBP1 = JPY135.04，同理可算出客户买英镑卖日元的汇价（银行英镑对日元的卖出价）为 GBP1 = JPY135.27。即英镑兑日元的交叉汇率为 GBP1 = JPY135.04—135.27。

（三）即期外汇交易的方式

即期外汇交易可分为电汇、信汇和票汇三种方式。

（1）电汇。电汇即汇款人用本国（地区）货币向外汇银行购买外汇时，该行用电报或电传通知境外分行或代理行立即付出外汇。

电汇方式下，银行在境内收进本币，在境外付出外汇的时间相隔不过一两天。由于银行不能利用顾客的汇款，而国际电报费又较贵，所以电汇汇率最高。

（2）信汇。信汇是指汇款人用本币向外汇银行购买外汇时，由银行开具付款委托书，用航邮方式通知境外分行或代理行办理付出外汇业务。

信汇方式下，由于信汇委托书的传递时间较长，银行有机会利用这部分资金来牟利，因此，其汇率要比电汇汇率低。

（3）票汇。票汇是指外汇银行开立由境外分行或代理行付款的汇票交给购买外汇的客户，由其自带或寄给境外收款人办理结算的方式。同信汇一样，票汇也需花费邮寄时间或旅行时间，银行同样可占用客户的资金，因此其汇率也较电汇汇率低。

随着电子计算机的广泛应用和国际通信的计算机化，几种汇款方式之间的差别正在逐渐消除。目前，电汇汇率已成为外汇市场的基本汇率，其他汇率都以电汇汇率作为计算标准。

二、远期外汇交易

（一）基本原理

远期外汇交易（forward transaction），又称期汇交易，是指买卖外汇双方先签订合同，规定买卖外汇的数量、汇率和未来交割外汇的时间，到了规定的交割日期买卖双方再按合同规定办理货币收付的外汇交易。在签订合同时，除交纳10%的保证金外，不发生任何资金的转移。

远期交易的期限有1个月、3个月、6个月和1年等几种，其中3个月最为普遍。远期交易很少超过1年，因为期限越长，交易的不确定性越大。

人们进行期汇交易的具体目的是多方面的，但不外乎是为了套期保值的动机。具体包括以下几方面：

（1）进出口商和外币资金借贷者为避免商业或金融交易遭受汇率变动的风险而进行期汇买卖。在国际贸易中，自买卖合同签订到货款清算之间有相当一段时间，在这段时间内，进出口商可能因计价货币的汇率变动而遭受损失，为避免汇率风险，进出口商可预先向银行买入或卖出远期外汇，到支付或收进货款时，就可按原先约定的汇率来办理交割。同样地，拥有外币的债权人和债务人可能在到期收回或偿还资金时因外汇汇率变动而遭受损失，因此，他们也可在贷出或借入资金时，就相应卖出或买入相同期限、相当金额的期汇，以防范外汇风险。

（2）外汇银行为平衡其远期外汇头寸而进行期汇买卖。进出口商等顾客为避免外汇风险而进行期汇交易，实质上就是把汇率变动的风险转嫁给外汇银行。外汇银行为满足客户要求而进行期汇交易时，难免会出现同一货币同一种交割期限或不同交割期限的超买或超卖，这样，银行就处于汇率变动的风险之中。为此，银行就要设法把它的外汇头寸予以平衡，即将不同期限不同货币头寸的余缺进行抛售或补进，由此求得期汇头寸的平衡。

（3）外汇投机者为谋取投机利润而进行期汇买卖。在浮动汇率制下，汇率的频繁剧烈波动，会给外汇投机者进行外汇投机创造有利的条件。外汇投机是指根据对汇率变动的预期，有意保持某种外汇的多头或空头，希望从汇率变动中赚取利润的行为。其特点是：

其一，投机活动并非基于对外汇有实际需求，而是想通过汇率涨落赚取差额利润。

其二，投机者与套期保值者不同，他们是通过有意识地持有外汇多头或空头来承担外汇风险，以期从汇率变动中获利。外汇投机既可以在现汇市场上进行也可以在期汇市场上进行。二者的区别在于，在现汇市场上进行投机时，由于现汇交易要求立即进行交割，投机者手中必须持有足够的现金或外汇。而期汇交易只需缴纳少量保证金，无须付现汇，到期轧抵，计算盈亏，因此，不必持有巨额资金就可进行交易。所以，期汇投机较容易，成交额也较大，但风险也较高。

外汇投机有两种形式。一是先卖后买，即卖空或称"空头"（bear）。当投机者预期某种外币的汇率将下跌时，就在外汇市场上以较高的价格预先卖出该种货币的期汇，若到时该种外币的汇率果真下跌，投机者就可按下跌后的汇率低价补进现汇，交割远期合约，赚取差价利润。二是先买后卖，即买空或称"多头"（bull）。当投机者预期某种外币的汇率将上升时，就在外汇市场上预先以低价买进该种货币的期汇，若到期时，该种货币的汇率果真上升，投机者就按上升后的汇率卖出该种货币的现汇来交割远期，从中赚取投机利润。

（二）远期汇率的标价方法与计算

远期交易的汇率也称作远期汇率（forward rate），其标价方法有两种：一种是直接标出远期汇率的实际价格；另一种是标出远期汇率与即期汇率的差价，即远期差价（forward margin），也称远期汇水。升水（premium）是远期汇率高于即期汇率时的差额；贴水（discount）是远期汇率低于即期汇率时的差额。就两种货币而言，一种货币的升水必然是另一种货币的贴水。

在不同的汇率标价方式下，远期汇率的计算方法不同。

直接标价法下，远期汇率＝即期汇率＋升水，或远期汇率＝即期汇率－贴水。

间接标价法下，远期汇率＝即期汇率－升水，或远期汇率＝即期汇率＋贴水。

不过，如果标价中将买卖价格全部列出，并且远期汇水也有两个数值时，那么，前面这些情况也可以不去考虑，只要掌握下述规则即可求出正确的远期外汇买卖价格。

（1）若远期汇水前大后小时，表示单位货币的远期汇率贴水，计算远期汇率时应用即期汇率减去远期汇水。

【例6-4】市场即期汇率为 USD1＝HKD7.7944—7.7951，1个月远期汇水为 49/44，则1个月的远期汇率为：

$$HKD7.7944—7.7951$$
$$- 0.0049—0.0044$$

1个月远期汇率 USD1＝HKD7.7895—7.7907

（2）若远期汇水前小后大时，表示单位货币的远期汇率升水，计算远期汇率时应把即期汇率加上远期汇水。

【例6-5】市场即期汇率为 GBP1＝USD1.6040—1.6050，3个月远期汇水为 64/80，则3个月的远期汇率为：

$$USD 1.6040—1.6050$$
$$+ 0.0064—0.0080$$

3个月远期汇率 GBP1＝USD1.6104—1.6130

（三）远期外汇交易方式

远期外汇交易主要有两种方式：

（1）固定交割日的远期交易（fixed maturity date forward transaction），即交易双方事先约定在未来某个确定的日期办理货币收付的远期外汇交易。这是实际中较常用的远期外汇交易方式，但它缺乏灵活性和机动性。因为在现实中外汇买卖者（如进出口商）往往事先并不知道外汇收入和支出的准确时间，因此，他们往往希望与银行约定在未来的一段期限中的某一天办理货币收付，这时，就需采用择期交易方式，即选择交割日的交易。

（2）选择交割日的远期交易（optional maturity date forward transaction），指主动请求交易的一方可在成交日的第三天起至约定的期限内的任何一个营业日，要求交易的另一方按照双方事先约定的远期汇率办理货币收付的远期外汇交易。

确定择期交割日的方法有两种。一是事先把交割期限固定在两个具体日期之间。如某一出口商在 2018 年 5 月 25 日成交一笔出口交易，预期三个月内收到货款。这样，该出口商马上在外汇市场上卖出一笔三个月的远期外汇，并约定择期日期为 5 月 29 日至 7 月 29 日。这样该出口商便可在这段时间内的任何一天，随时将收到的外汇卖给银行。二是事先把交割期限固定在不同月份之间。如上例中，出口商可视其需要，将交割期限规定为第 1 个月、第 2 个月、第 3 个月，或 3 个月中的任意 2 个月，或择期 3 个月。

由于择期交易在交割日上对顾客较为有利，因此，银行在择期交易中使用的是对顾客较不利的汇率，也就是说，银行将选择从择期开始到结束期间最不利于顾客的汇率作为择期远期交易的汇率。

【例 6-6】假设某家美国银行的报价如下：

即期 　　　　　　　GBP1 = USD1.5500—1.5550
1 月期 　　　　　　GBP1 = USD1.5600—1.5650
2 月期 　　　　　　GBP1 = USD1.5750—1.5750
3 月期 　　　　　　GBP1 = USD1.5800—1.5850

如果择期从第 1 个月开始，到第 3 个月结束，对向该行出售外汇的顾客来说适用的汇率是 GBP1 = USD1.5500，对于从该行购买外汇的顾客来说适用的汇率为 GBP1 = USD1.5850。如果择期在第 2 和第 3 两个月，则对出售外汇的顾客和购买外汇的顾客适用的汇率分别为 GBP1 = USD1.5600 和 GBP1 = USD1.5850。由此可见，对于购买者来说，适用的汇率在两种情况下都一样，面对出售外汇者来说，适用的汇率则有所差别。

三、掉期交易

掉期交易（swap），又称时间套汇（time arbitrage），是指同时买进和卖出相同金额的某种外汇但买与卖的交割期限不同的一种外汇交易，进行掉期交易的目的也在于避免汇率变动的风险。掉期交易可分为以下三种形式：

（1）即期对远期（spot against forward），即在买进或卖出一笔现汇的同时，卖出或买进相同金额该种货币的期汇。期汇的交割期限大都为 1 个星期、1 个月、2 个月、3 个月、6 个月。这是掉期交易中最常见的一种形式。

（2）明日对次日（tomorrow-next or rollover），即在买进或卖出一笔现汇的同时，卖出或买进同种货币的另一笔即期交易，但两笔即期交易交割日不同，一笔是在成交后的第二个营业日（明日）交割，另一笔反向交易是在成交后第三个营业日（次日）交割。这种掉期交易主要用于银行同业的隔夜资金拆借。

（3）远期对远期（forward to forward），指同时买进并卖出两笔相同金额、同种货币不同交割期限的远期外汇。这种掉期形式多为转口贸易中的中间商所使用。

四、套汇交易

套汇交易是套利交易在外汇市场上的表现形式之一，是指套汇者利用不同地点、不同货币在汇率上的差异进行贱买贵卖，从中套取差价利润的一种外汇交易。由于空间的分割，不同的外汇市场对影响汇率诸因素的反应速度和反应程度不完全一样，因而在不同的外汇市场上，同种货币的汇率有时可能出现较大差异，这就为异地套汇提供了条件。套汇交易又可分为直接套汇和间接套汇。

（一）直接套汇

利用两个外汇市场之间某种货币汇率的差异进行的套汇，称为直接套汇，也叫两点套汇或两地套汇。

【例6-7】假设某日在伦敦市场上，汇率为GBP1 = USD1.9480，同时，纽约外汇市场上汇率为GBD1 = USD1.9500。可见，英镑在纽约市场上的汇率高于伦敦市场上的汇率，套汇者就可在伦敦市场上用194.8万美元买入100万英镑，同时在纽约市场上卖出100万英镑，收入195万美元，从而获得2 000美元的收益。

（二）间接套汇

间接套汇又称三点套汇或三角套汇，是指套汇者利用三个不同外汇市场中三种不同货币之间交叉汇率的差异，同时在这三个外汇市场上贱买贵卖，从中赚取汇率差额的一种套汇交易。

【例6-8】假设在同一时间内，纽约、巴黎、伦敦三个外汇市场的汇率如下：

在纽约市场上：USD1 = HKD7.7944—7.7951

在巴黎市场上：GBP1 = HKD10.9863—10.9873

在伦敦市场上：GBP1 = USD1.4325—1.4335

根据这三个外汇市场的外汇行市，套汇者首先在纽约市场上以1美元兑7.7944港元的行市卖出10万美元，买进794 400港元；同时又在巴黎市场上以1英镑兑10.9873港元的行市卖出794 400港元，买进72 302英镑（794 400 ÷10.9873）；同时又在伦敦市场上以1英镑兑1.4325美元的行市卖出72 302英，买进103 572美元（72 302 ×1.4325）。结果，在纽约市场上以10万美元进行套汇，最后收回103 572美元，汇率差额利润为3 572美元（未扣除套汇费用）。

为了把握三地之间的套汇机会，可依据下述原则进行判断：将三地外汇市场的汇率均以直接标价法（或间接标价法）表示，然后相乘，如果乘积等于1或接近等于1，说明没有套汇机会，如果乘积不等于1且与1的偏差较大，说明有套汇机会（在用同一标价法表示汇率时，被标值的货币单位皆为1）。目前，由于电信技术的高度发达，不同外汇市场上的汇率差异日益缩小，因此，套汇交易的机会已大大减少。

五、套利交易

套利交易（interest arbitrage transaction）又称为利息套利，是指套利者利用不同国家或地区短期利率的差异，将资金从利率低的国家或地区转移到利率较高的国家或地区，从中获取利息差额收益的一种外汇交易。

套利与套汇一样，是外汇市场上重要的交易活动。由于目前各国或地区外汇市场联系十分密切，一旦存在套利机会，大银行或大公司便会迅速投入大量资金进行套利。最终促使各国或地区货币利差与货币远期贴水率趋于一致，使套利活动无利可图。套利活动使各国或地区货币利率和汇率形成了一种有机的联系，两者互相影响、互相制约，推动国际金融市场的一体化。

套利交易按套利者套利时是否做反方向交易轧平头寸，可分为非抵补套利和抵补套利。

（一）非抵补套利

非抵补套利（uncovered interest arbitrage）是把资金从低利率货币转向高利率货币，从而谋取利差收益，但不同时进行反方向交易轧平头寸。

【例6-9】设美国金融市场短期利率的年息为7%，而在英国则为5%。又设外汇市场的即期汇率为 GBP1 = USD1.5610，资本金额为100万英镑，投资时间为6个月。

（1）汇率不变时的套利分析。①在英国投资的本利和为 $100 \times (1 + 5\% \times 6/12) = 102.5$ 万英镑。②在美国市场投资，资本金为 $100 \times 1.5610 = 156.10$ 万美元，期满后的本利和为 $156.10 \times (1 + 7\% \times 6/12) = 161.56$ 万美元，若到期汇率不变，可折合英镑值为 $161.56 \div 1.5610 = 103.5$ 万英镑。③套利收益为 $103.5 - 102.5 = 1$ 万英镑。④套利收益折年率为 $(1/100) \times (12 个月每年/6 个月) = 2\%$，即多赚了2%的利息收益。

（2）汇率变化时的套利分析。①设6个月后，英镑升值2.5%，即 GBP1 = USD1.5610 × $(1 + 2.5\%)$ = USD1.6000。②在美国投资的本利和折合英镑仅为 $161.56 \div 1.6000 = 100.975$ 万英镑。③套利收益为 $100.975 - 102.5 = -1.525$ 万英镑，即比在英国投资还亏损或少赚1.525万英镑。

上述分析表明，高利率货币的贬值对非抵补套利影响极大，投资者在此种情况下要承受较大的风险。

（二）抵补套利

抵补套利（covered interest arbitrage）是指把资金调往高利率货币的同时，在外汇市场上卖出远期高利率货币，即在进行套利的同时做掉期交易，以避免汇率风险。抵补套利实际上就是套期保值，套利交易多为抵补套利。

在［例6-9］中，如果做抵补套利，投资者在买进美元调往纽约的同时，马上在远期市场上卖出为期6个月的远期美元（包括预计的利息收入）。这样无论汇率如何变化投资者在 6 个月后的英镑收入都有保障，从而避免了高利率货币的贬值对抵补套利的影响。

那么，如何判断是否存在抵补套利机会呢？一般来说，通过比较利差和汇差造成的损益即可判断。一方面，汇差会带来汇兑损失，在一定程度上削减套利收益，这个损失的比率就约等于基准货币的升贴水率的绝对值。升贴水率的定义式为 $(F-S)/S$，F 是基准货币的远期汇率，S 是基准货币的即期汇率。另一方面，由于投资于高利率国家的货币，利差会带来利差收益。利差率 $= \frac{n}{12} \times (i_a - i_b)$，其中，$i_a$ 是基准货币的利率，i_b 是另一国货币的利率，n 为投资期限（月）。当利差收益（利差率）大于汇兑损失（升贴水率）时，表明存在抵补套利机会；否则，不存在抵补套利机会。

因为抵补套利还要涉及如税收差异、手续费、佣金等一些交易成本，因此不一定等到利差和远期升贴水率完全一致，抵补套利就会停止。

第四节　国际主要的外汇市场

一、伦敦外汇市场

伦敦是历史悠久的国际金融中心，其货币市场、资本市场都是国际化的市场。在此基础上，伦敦外汇市场成为世界上最大的外汇市场，其外汇交易额占全球的 1/3 左右。尽管英国在世界经济中的地位已失去了第二次世界大战前的辉煌，英镑作为国际计价货币和储备货币的地位也不断下降，但伦敦作为全球最大外汇交易中心的地位并没有因之而削弱。其主要原因在于：

（1）伦敦是欧洲货币市场的中心。20 世纪 50 年代初，由于国际政治环境的变化，英国实施了外汇管制，伦敦各大商业银行成为最早开办境外美元存贷业务的机构，欧洲美元市场在伦敦形成。此后，基于多方面因素共同作用的结果，欧洲美元市场不断发展壮大并最终演变为欧洲货币市场。欧洲货币以其快节奏的自由流动引起外汇市场交易的日益繁荣，伦敦外汇市场的交易规模不断扩大而居全球外汇市场的首位。

（2）伦敦地处世界时区的中心。伦敦外汇市场在其营业时间内，和世界其他一些重要的外汇市场相衔接。由于伦敦外汇市场的营业时间目前采用欧洲大陆标准时间，它与欧洲各大市场共同形成了一个同步的大市场。在东京、香港下午闭市时，伦敦市场开盘，午后，纽约市场开盘，与伦敦市场同时交易半天。因而，从时区上考虑，伦敦市场成为外汇交易商安排外汇交易的最佳选择。

（3）伦敦外汇市场具有全世界最先进的交易设施，并拥有一大批高素质的金融专业人员。

二、纽约外汇市场

纽约外汇市场，是建立在美国的综合国力以及美元的地位之上的。第二次世界大战以后，美国成为世界头号经济强国，第二次世界大战后布雷顿森林体系建立，美元成为世界最主要的储备货币、干预货币和计价货币。尽管 20 世纪 70 年代以来，德国马克、日元的地位迅速上升，但美元目前仍是使用最多的国际储备货币和结算货币。

纽约外汇市场的银行与国外银行的外汇交易可以划分为三种类型：

（1）为满足其顾客的需要，代客买卖外汇。

（2）外国商业银行本身为了轧平外汇头寸而作的交易，90% 以上的交易是银行间的交易。

（3）纽约联邦储备银行与外国中央银行联合干预外汇市场。这是纽约外汇市场的一大特点，因为各国中央银行和国际机构在纽约联储银行存有数千亿美元的资产，这些资产主要是作为外汇平准基金。

三、巴黎外汇市场

巴黎外汇市场由有形市场和无形市场两部分组成。其有形市场主要是指在巴黎交易所内进行的外汇交易，其交易方式和证券市场买卖一样，每天公布官方外汇牌价，外汇对法郎汇价采用直接标价法。但大量的外汇交易是在交易所外进行的。在交易所外进行的外汇交易，或者是交易双方通过电话直接进行买卖，或者是通过经纪人进行。

在巴黎外汇市场上，名义上所有的外币都可以进行买卖，但实际上，目前巴黎外汇市场标价的只有美元、英镑、德国马克、里拉、荷兰盾、瑞士法郎、瑞典克朗、奥地利先令、加元等 17 种货币，且经常进行交易的货币只有 7 种。原则上，所有银行都可以中间人身份为它本身或客户进行外汇买卖，实际上，巴黎仅有较大的 100 家左右银行积极参加外汇市场的活动，外汇经纪人则参与大部分远期外汇交易和交易所外的即期交易。

四、东京外汇市场

东京外汇市场的结构与伦敦、纽约市场相似，也是由银行间市场和银行与顾客之间的零售市场组成的，其中银行间市场是外汇市场的中心。

在交易方式上，东京市场与伦敦、纽约市场相似，利用电话、电报等电信方式完成，属于无形市场。在外汇价格制定上，东京市场类似于德、法等大陆式市场，采用"订价"方式，即由主要外汇银行经过讨价还价，确定当日外汇价格，日本银行对外汇价格的形成也有重要影响。

日本外汇市场的快速发展归因于 1964 年日元的自由兑换，日本于 1964 年宣布接受国际货币基金组织第八条款，原则上取消外汇管制，使日本外汇市场交易量与日俱增。日本外汇市场的监管由中央银行——日本银行，以及大藏省共同执行。日本设立"外汇基金特别账户"，由中央银行以大藏大臣代理人的身份管理其资金。当汇率大幅度波动并对进出口以及国内经济造成不良影响时，日本银行会择时介入市场进行干预。其干预活动分为国内市场干预和海外市场干预，国内市场干预一般委托外汇经纪行进行；海外市场干预则一般委托当地货币当局进行。三大国际外汇市场中，东京较伦敦、纽约起步晚，20 世纪 60 年代以前发展较慢。随着日本金融自由化、国际化进程的加快，其外汇市场也得到相应发展。目前，日元不仅是重要的国际储备货币，也是国际外汇市场交易量最大的货币之一。

五、瑞士苏黎世外汇市场

瑞士苏黎世外汇市场是一个有历史传统的外汇市场，在国际外汇交易中处于重要地位。这一方面是由于瑞士法郎是自由兑换货币；另一方面是由于二次大战期间瑞士是中立国，外汇市场未受战争影响，一直坚持对外开放。其交易量原先居世界第四位，但近年来被新加坡外汇市场超过。

在苏黎世外汇市场上，外汇交易是由银行自己通过电话或电传进行的，并不依靠经纪人或中间商。由于瑞士法郎一直处于硬货币地位，汇率坚挺稳定，并且瑞士作为资金庇护地，对国际资金有很大的吸引力，同时瑞士银行能为客户资金严格保密，吸引了大量资金流入瑞士。所以苏黎世外汇市场上的外汇交易大部分是由于资金流动而产生的，只有小部分是出自对外贸易的需求。

六、新加坡外汇市场

新加坡外汇市场在 20 世纪 70 年代初亚洲美元市场成立后，才成为国际外汇市场。新加坡地处欧亚非三洲交通要道，时区优越，上午可与香港、东京、悉尼进行交易，下午可与伦敦、苏黎世、法兰克福等欧洲市场进行交易，中午还可同中东的巴林、晚上同纽约进行交易。根据交易需要，一天 24 小时都同世界各地区进行外汇买卖。新加坡外汇市场除了保持现代化通信网络外，还直接同纽约的清算所银行同业支付系统（CHIPS）和欧洲的环球银行金融电信协会（SWIFT）系统连接，货币结算十分方便。

新加坡外汇市场的参加者由经营外汇业务的本国银行、经批准可经营外汇业务的外国银行和外汇经纪商组成。其中，外资银行的资产、存放款业务和净收益都远远超过本国银行。

新加坡外汇市场是一个无形市场，大部分交易由外汇经纪人办理，并通过他们把新加坡和世界各金融中心联系起来。交易以美元为主，大部分交易都是即期交易。汇率均以美元报价，非美元货币间的汇率通过套算求得。

七、香港外汇市场

香港外汇市场的结构比较特殊，包括两部分：

（1）传统的外汇市场，为港币与外币的兑换。外币包括美元、日元、英镑、德国马克、加元及部分东南亚国家的货币。其中交易额最大的为港元兑美元。香港特别行政区政府为稳定币值，对港币汇率采取有限度、有弹性的干预政策，当汇率波动超过了出口商和消费者所能承受的界限时，就在传统外汇市场上进行干预。

（2）20 世纪 80 年代后发展起来的美元兑换其他货币的外汇市场，其主要是为了满足境外机构和在港外资金融机构对美元的需求。

香港外汇市场也是无形市场，没有固定的交易场所或正式的组织，是一个由电话、电传等通信工具联结起来的网络。香港外汇市场的主要参与者包括：持牌商业银行、挂牌财务公司和注册财务公司。在外汇交易中，美资银行最为活跃，欧资银行次之。香港实行联系汇率制，这种制度能自动调节港币供应量，使汇率在很小的幅度内波动，从而维持着港币币值的相对稳定。

本章小结

本章主要对外汇、外汇市场、汇率及其种类以及外汇市场的交易方式进行了介绍。首先，从外汇的概念和种类入手，阐述了外汇市场的构成要素及功能；然后，介绍了汇率的概念、报价方法及类型划分；最后，通过实例对外汇市场的各种交易方式进行了系统阐述。

习题

1. 下列银行报出了 GBP/USD 和 USD/AUD 的汇率，你想卖出英镑，买进澳元。问：

银行	GBP/USD	USD/AUD
A	1.6853/63	1.6858/68
B	1.6855/65	1.6859/69
C	1.6852/64	1.6860/70
D	1.6856/66	1.6857/67
E	1.6854/68	1.6856/66

（1）你将向哪家银行卖出英镑，买进美元？

（2）你将向哪家银行卖出美元，买进澳元？

（3）用对你最有利的汇率计算 GBP/AUD 的交叉汇率。

2. 下面方框列举的是银行报出的 GBP/USD 的即期与远期汇率：

	银行 A	银行 B	银行 C
即期	1.6830/40	1.6831/39	1.6832/42
3 个月	39/36	42/38	39/36

问：你将从哪家银行按最佳汇率买进远期英镑？

3. 设纽约市场上年利率为 8%，伦敦市场上年利率为 6%，即期汇率为 GBP1 = USD1.6025—1.6035，3 个月汇水为 30—50 点，若一投资者拥有 10 万英镑，应投放在哪个市场上较有利？如何确保其投资收益？请说明投资、避险的操作过程及获利情况。

第七章 金融衍生工具市场

【本章要点】

金融衍生工具，又称金融衍生产品，是指其价值依赖于基础金融工具价格变动的派生金融工具，如远期、期货、期权、互换等。金融衍生工具市场的历史虽然很短，但却因其在融资、投资、套期保值和套利行为中的巨大作用而获得了飞速的发展。

1. 了解金融衍生工具市场的产生；

2. 掌握金融衍生工具的特点和功能；

3. 掌握金融远期合约的概念和种类；

4. 掌握金融期货的种类及功能，期货与远期的区别；

5. 掌握金融期权的种类，金融期权价格的决定；

6. 掌握金融互换的功能和种类。

【关键术语】

金融衍生工具；金融远期合约；交割价格；远期利率协议；远期外汇综合协议；远期汇率；金融期货合约；初始保证金；维持保证金；盯市；金融期权；看涨期权；看跌期权；期权费；欧式期权；美式期权；认股权证；金融互换；平行贷款；背对背贷款；比较优势；利率互换；货币互换

【案例导入】

历史上的期货期权交易——荷兰郁金香市场

郁金香原产于土耳其，15 世纪由土耳其商人传入欧洲，17 世纪前半期，由于郁金香被引种到欧洲的时间很短，数量非常有限，因此价格极其昂贵。在崇尚浮华和奢侈的法国，很多达官显贵家里都摆有郁金香，作为观赏品和奢侈品向外人炫耀，那时曾经有法国人用价值 3 万法郎的珠宝去换取一只郁金香球茎。不过与荷兰比起来，这一切都显得微不足道。

当郁金香开始在荷兰流传后，一些机敏的投机商就开始大量囤积郁金香球茎以待价格上涨。不久，在舆论的鼓吹之下，人们对郁金香表现出一种病态的倾慕与热忱，并开始竞相抢购郁金香球茎。1634 年，炒买郁金香的热潮蔓延为荷兰的全民运动。1636 年，一株稀有品种的郁金香竟然达到了与一辆马车、几匹马等值的地步。面对如此暴利，所有人都冲昏了头脑。他们变卖家产，只是为了购买一株郁金香。就在这一年，为了方便郁金香交易，人们干脆在阿姆斯特丹的证券交易所内开设了固定的交易市场。1637 年 2 月，一株名为"永远的奥古斯都"的郁金香售价高达 6 700 荷兰盾，这笔钱足以买下阿姆斯特丹运河边的一幢豪宅，而当时荷兰人的平均年收入只有150荷兰盾。

随着郁金香市场的发展，批发商开始向客户出售郁金香的远期合约，即客户根据远期合约的约定可以在未来某时刻以确定的价格从批发商购入郁金香。但是，由于从种植者处收购郁金香的成本价格是不确定的，批发商以远期合约确定郁金香售出价格，存在一定的市场风险。为此，郁金香期权应运而生，为减少风险，确保利润，许多批发商从郁金香种植者那里购买期权，即在一个特定的时期内，按照一个预定的价格，从种植者那里购买郁金香的权利，这意味着购买了郁金香期权的批发商可以在未来根据郁金香的市场价格做出是否进货的选择，锁定了未来郁金香的进货价格。

但是，很快人们开始怀疑，花这么大的价钱买来的郁金香球茎就是开出花来到底能值多少钱？前不久还奇货可居的郁金香合同一下子就变成了烫手的山芋，在人们信心动摇之后，郁金香价格立刻就开始下降，价格下降导致人们进一步丧失对郁金香市场的信心，持有郁金香合同的人迫不及待地要脱手，可是，在这个关头很难找到"傻瓜"。由于许多郁金香合同在短时间内已经多次转手买卖且尚未交割完毕，郁金香合约的第一个空头（卖方）开始向多头（买方）讨债，这个人又向后面的人（他的多头）索债，恶性循环的结果导致郁金香市场全线崩溃。

资料来源：佚名. 神秘的郁金香金融战 [J]. 中国总会计师，2010（8）：158 – 161。

第一节　金融衍生工具市场概述

一、金融衍生工具的概念和分类

金融衍生工具（financial derivative instruments）又称金融衍生产品（financial derivative products），是与基础金融工具相对应的一个概念，指建立在基础工具或基础变量之上，其价格取决于基础金融工具价格（或数值）变动的派生金融工具。金融衍生工具的种类繁多，且在不断发展，有多种分类方式。

首先，按衍生工具所依存的基础工具划分，可分为四类。以利率为基础的衍生工具，如利率期货、利率互换交易等；以股票为基础的衍生工具，如股指期货、股指期权等；以货币为基础的衍生工具，如货币期货、货币互换等；与信用风险相关的衍生工具，如信用违约互换（credit default swap, CDS）等。在这四类衍生工具中，利率类产品一直占据第一位，占全部衍生场外交易的60%以上。近年来，以信用违约互换为主的信用衍生品发展迅速。

其次，按衍生工具交易方式分类，衍生工具大体可以分为两种：在交易所交易的场内衍生工具和柜台交易的场外衍生工具。交易所是衍生工具集中交易的场所，这类衍生工具的特点是：合约标准化、交易者要缴纳保证金、清算业务由交易所负责等。债券期货交易、股票指数期货交易、金融期货交易都是这种交易的典型。柜台交易是指衍生工具经纪商与客户不通过交易所而直接交易。这种交易形式多样，可按客户要求设计交易衍生工具。由于每笔交易的清算都由交易双方负责，因此只有资信很高的客户才能参加柜台交易。利率互换和利率远期交易通常采用这种方式。

最后，按衍生工具的形态划分，衍生工具分为两种类型：一种是按基础工具原形进行交易（如期货、远期、互换）；另一种是期权型。期权交易的基础可以是基础工具，也可以是衍生工具，这些工具也被称为"衍生的衍生工具"。

二、金融衍生工具市场的产生和发展

20世纪70年代，伴随着布雷顿森林体系的崩溃和石油危机，主要资本主义国家经济发展陷入"滞胀"。汇率波动频繁，利率不断上浮。在国际金融市场上，交易者面临的市场风险、政策风险等凸显，迫切需要市场为之提供新的金融工具和避险手段。银行和其他金融机构为了在动荡的环境中立于不败之地，纷纷绕开政府的管制，开始尝试提供新的金融服务方式、新的金融工具、新的金融制度等，掀起了金融创新的浪潮。金融创新大大弱化了原有金融管制的效力，同时为了促进金融业的发展，主要国家政府顺势而为，开始放松金融管制，比如取消外汇管制、取消利率限制、逐步取消各类金融机构业务上的限制，极大地促进了金融业的各类创新活动。20世纪80年代以来，现代信息技术、通信技术在金融领域广为应用，使得金融机构有可能向客户提供各种质优价廉的金融工具与金融服务，为金融衍生工具市场的不断发展提供了技术支持。

1972年，芝加哥商品交易所最先推出金融期货，在国际货币市场推出外汇期货合约，作为防范汇率风险的重要工具；1975年芝加哥期货交易所推出抵押证券期货交易，标志着利率期货的诞生；1977年芝加哥期货交易所推出商业票据期货。20世纪80年代，多家交易所相继推出了股价指数期货。同期，金融期货交易开始向其他国家扩展。目前，全球共有数十个金融期货市场，主要分布在北美、欧洲和亚太地区。

19世纪美国的股票市场，就有了场外的股票期权交易。1973年4月，第一家期权交易所芝加哥期权交易所成立，开始了集中性的场内股票期权交易，股票期权得到迅速发展。20世纪80年代，金融期权种类不断增加，股价指数期权、货币期权、利率期权相继推出。

1979年第一笔互换交易出现在伦敦，1981年后互换交易迅速发展，利率互换、交叉货币利率互换、互换和期权相结合的衍生工具相继推出，交易量迅速扩大。1995年，摩根大通银行首次推出信用违约互换。1998年，国际互换和衍生品协会（ISDA）创立了标准化的信用违约互换合约，在此之后，信用违约互换交易得到快速的发展。

随着全球经济金融体系的快速发展，金融衍生工具交易规模总体呈上升态势。根据美国期货业协会公布的数据，全球金融衍生工具市场上，2011年场内交易的期货和期权成交量达到了249.8亿手，2016年更是达到了252.2亿手，创历史新高。

三、金融衍生工具的特点和功能

金融衍生工具是一种契约，其交易属于"零和游戏"，遵循"有输必有赢，输赢必相等"的"会计原则"。因此，金融衍生工具的交易实际上是进行风险的再分配，它不会创造财富，甚至不会创造虚拟资本，这是金融衍生工具不同于股票等传统金融工具的特点之一。金融衍生工具的功能主要包括三方面：

（1）避险功能。通过衍生交易，或者传统交易与衍生交易的组合，或者若干衍生交易的组合，投资者在一个市场上的损失可以由另一个市场的收益来弥补。这种交易的实际效果是，汇率、利率、价格等因素即使出现不利的情况或者发生风险，损失也将大为减少。例如某投资者持有某种股票的投资组合，为了控制股价下跌的风险，可利用卖出股票指数期货的方法，以期货头寸的收益来弥补一部分现货市场的损失（具有损益互补作用），故能达到对冲的目的。这里应当提到，金融衍生工具要发挥对冲功能，市场上必须有足够多的投资者吸收对冲头寸的风险；此外，风险管理者本身对金融衍生工具的各种特性与价格决定原则也必须深入了解，只有这样，金融衍生工具才能成为理想的风险管理工具。

（2）价格发现功能。金融衍生工具交易（特别是场内交易）拥有众多的交易者，他们通过类似于拍卖的方式确定价格。这种情形接近完全竞争市场，能够在相当程度上反映出交易者对金融工具价格走势的预期。衍生工具的价格通过行情揭示和各种媒体广泛传播，为各界了解汇率、利率及金融趋势提供了重要的参考信息，有助于人们更加科学、准确地把握未来，安排好生产经营。金融衍生工具市场由于透明度高和流动性强，成为更有效的价格发现机制。通过参与各方的公开竞价，形成的价格比较真实地反映了金融市场的供求状况。

（3）盈利功能。金融衍生工具的价格变化会产生盈利。由于存在明显的杠杆效应，投资者操作正确就可以得到很高的利润。另外，金融衍生工具交易并不列入投资者的资产负债表，潜在的盈亏都不会影响财务指标，也避免了对资产状况的影响。因此，投资者不增加资产总额便可以增加收益，这种独特的盈利功能是吸引众多投资者的一大原因。

总之，金融衍生工具市场带给人们的保值避险和投机获利的功能，对于促进经济的发展意义重大。但衍生工具的发展也促成了巨大的世界性投机活动，由于衍生工具交易的高杠杆化，投机成功会带来极高的收益，失败则会造成很严重的损失。2007年美国住房抵押贷款市场的次贷危机，及其后来演化而成的全球金融危机和经济危机就是很好的例证。因此，国际社会应加强合作和交流，加强监管，增强抵御投机冲击的能力，提高信息披露的标准和要求，完善会计制度，把金融衍生工具的危害减少到最低限度。

金融衍生工具所具有的杠杆效应大大降低了交易成本，提高了市场的流动性。有了金融衍生工具以后，人们在投资组合管理、筹码转换、盈亏锁定、风险管理等方面，通过少量的金融衍生工具交易就可取代大量的现货交易，从而节省大量的交易成本，大大提高了市场的流动性。

四、金融衍生工具与金融工程

当今的金融已进入了工程化的时代，金融工程已经成为西方经济学界的一门重要学科。

新避险工具的开发和现有金融工具在避险方面的新运用，正是金融工程学的两大研究方向。随着数量化和工程化研究工具和方法运用的不断深入和金融创新思想的日益普及，这场金融革命的效应将日益充分地呈现出来。

远期、期货、期权和互换是主要的金融衍生工具，它们既是金融工程的成果，又是金融工程的工具。换句话说，任何金融衍生工具都可分解成一系列其他金融衍生工具，而几种金融衍生工具又可组合成新的更复杂的金融衍生工具。

由于各种金融工具有不同的收益、风险和流动性特征，金融设计师同样可以根据市场的需要，创造出新的金融工具及金融工具组合。现货与期货、现货与期权、期货与期权、期货与期货、期权与期权、现货与互换、期货与互换、期权与互换，不同的组合产生不同的效果，可以满足金融市场主体日益复杂的需求。

第二节　金融远期市场

一、金融远期市场概述

（一）金融远期合约的定义

金融远期合约（forward contracts）是指双方约定在未来的某一确定时间，按确定的价格买卖一定数量的某种金融资产的合约。合约中规定在将来买入标的物的一方称为多方（long position），而在未来卖出标的物的一方称为空方（short position）。合约中规定的未来买卖标的物的价格称为交割价格（delivery price）。如果信息是对称的，而且合约双方对未来的预期相同，那么合约双方所选择的交割价格应使合约的价值在签署合约时等于零。这意味着无须成本就可处于远期合约的多头或空头状态。

我们把使得远期合约价值为零的交割价格称为远期价格（forward price）。这个远期价格显然是理论价格，它与远期合约在实际交易中形成的实际价格（即双方签约时所确定的交割价格）并不一定相等。但是，一旦理论价格与实际价格不相等，就会出现套利（arbitrage）机会。若交割价格高于远期价格，套利者就可以通过买入标的资产现货、卖出远期并等待交割来获取无风险利润，从而促使现货价格上升、交割价格下降，直至套利机会消失；若交割价格低于远期价格，套利者就可以通过卖空标的资产现货、买入远期来获取无风险利润，从而促使现货价格下降，交割价格上升，直至套利机会消失。而此时，远期理论价格等于实际价格。

这里要特别指出的是远期价格与远期价值的区别。一般来说，价格总是围绕着价值波动的，而远期价格跟远期价值却相差甚远。例如，当远期价格等于交割价格时，远期价值为零。这是为什么呢？其原因在于远期价格指的是远期合约中标的物的远期价格，它是跟标的物的现货价格紧密相连的，而远期价值则是指远期合约本身的价值，它是由远期实际价格与远期理论价格的差决定的。在合约签署时，若交割价格等于远期理论价格，则此时合约价值为零。但随着时间推移，远期理论价格有可能改变，而原有合约的交割价格则不可能改变，因此原有合约的价值就可能不再为零。

（二）远期合约的由来和优缺点

远期合约是适应规避现货交易风险的需要而产生的。相对于原始社会自给自足的状态而言，现货交易是人类的一大进步。通过交易，双方均可获得好处。但现货交易的最大缺点在于无法规避价格风险。一个农场主的命运完全掌握在他的农作物收割时农作物现货市场价格的手中。如果在播种时就能确定农作物收割时卖出的价格，农场主就可安心致力于农作物的生产了。远期合约正是适应这种需要而产生的。

远期合约是非标准化合约。因此它不在交易所交易，而是在金融机构之间或金融机构与客户之间通过谈判后签署的。已有的远期合约也可以在场外市场交易。

远期合约的主要优点是合约的灵活性较大。在签署远期合约之前，双方可以就交割地点、交割时间、交割价格、合约规模、标的物的品质等细节进行谈判，以便尽量满足双方的需要。

远期合约也有缺点。首先，由于远期合约没有固定的、集中的交易场所，不利于信息交流和传递，不利于形成统一的市场价格，市场效率较低。其次，由于每份远期合约千差万别，给远期合约的流通造成较大不便，因此远期合约的流动性较差。最后，远期合约的履约没有保证，当价格变动对一方有利时，对方有可能无力或无诚意履行合约，因此远期合约的违约风险较高。

二、金融远期合约的种类

金融远期合约主要有远期利率协议、远期外汇合约和远期股票合约等。

（一）远期利率协议

远期利率协议（forward rate agreements，FRA）是买卖双方同意从未来某一商定的时期开始在某一特定时期内按协议利率借贷一笔数额确定、以具体货币表示的名义本金的协议。远期利率协议的买方是名义借款人，其订立远期利率协议主要是为了规避利率上升的风险。远期利率协议的卖方则是名义贷款人，其订立远期利率协议主要是为了规避利率下降的风险。之所以称为"名义"，是因为借贷双方不必交换本金，只是在结算日根据协议利率和参考利率之间的差额以及名义本金额，由交易一方付给另一方结算金。

1. 远期利率协议的重要术语和交易流程

为了规范远期利率协议，英国银行家协会（British Banker's Association）于1985年颁布了远期利率标准化文件（FRABBA），作为市场实务的指导原则。目前世界上大多数远期利率协议都是根据 FRABBA 签订的。该标准化文件使每一笔 FRA 交易仅需一个电传确认即可成交，大大提高了交易速度和质量。

FRABBA 对远期利率协议的重要术语做出以下规定：

合同金额（Contract Amount）——借贷的名义本金额；

合同货币（Contract Currency）——合同金额的货币币种；

交易日（Dealing Date）——远期利率协议成交的日期；

结算日（Settlement Date）——名义借贷开始的日期，也是交易一方向另一方交付结算金的日期；

确定日（Fixing Date）——确定参照利率的日期；

到期日（Maturity Date）——名义借贷到期的日期；

合同期（Contract Period）——结算日至到期日之间的天数；

合同利率（Contract Rate）——在协议中双方商定的借贷利率；

参照利率（Reference Rate）——为在确定日用以确定结算金而在协议中指定的某种市场利率；

结算金（Settlement Sum）——在结算日，根据合同利率和参照利率的差额计算出来的，由交易一方付给另一方的金额。

为了进一步了解这些概念之间的相互关系，我们以一个实例来说明 FRA 的交易流程。

【例 7-1】假定 2019 年 3 月 5 日星期二，双方同意成交一份 1×4 名义金额 100 万美元合同利率 1.75% 的远期利率协议。其中"1×4"是指起算日和结算日之间为 1 个月，起算日至名义贷款最终到期日之间的时间为 4 个月。交易日与起算日时隔一般两个交易日。则起算日是 2019 年 3 月 7 日星期四，而结算日则是 2019 年 4 月 8 日星期一（4 月 7 日是星期日），到期日为 2019 年 7 月 8 日星期一，合同期为 2019 年 4 月 8 日至 2019 年 7 月 8 日，即91 天。在结算日之前的两个交易日（即 2019 年 4 月 4 日星期四）为确定日，确定参照利率。参照利率通常为确定日的伦敦银行同业拆放利率。我们假定参照利率为 2.50%。这样，在结算日，由于参照利率高于合同利率，名义贷款方就要给名义借款方支付结算金（结算金的具体计算方法将在下文介绍）。

上述流程可用图 7-1 表示。

图 7-1　远期利率协议流程

2. 结算金的计算

在远期利率协议下，如果参照利率超过合同利率，那么卖方就要给买方支付一笔结算金，以补偿买方在实际借款中因利率上升而造成的损失。一般来说，实际借款利息是在贷款到期时支付的，而结算金则是在结算日支付的，因此结算金并不等于因利率上升而给买方造成的额外利息支出，而等于额外利息支出在结算日的贴现值，具体计算公式如下：

$$结算金 = \frac{(r_r - r_k) \times A \times \dfrac{D}{B}}{1 + \left(r_r \times \dfrac{D}{B}\right)} \tag{7-1}$$

式中，r_r 表示参照利率，r_k 表示合同利率，A 表示合同金额，D 表示合同期天数，B 表示天数计算惯例（如美元为 360 天，英镑为 365 天）。

在式（7-1）中，分子表示由合同利率与参照利率之间的差异所造成的额外利息支出，而分母是对分子进行贴现，以反映结算金的支付是在合同期开始之日而非结束之时。

我们把［例 7-1］的数字代入式（7-1），就可算出卖方应向买方支付的结算金为：

$$结算金 = \frac{(0.025 - 0.0175) \times 1\,000\,000 \times \dfrac{91}{360}}{1 + 0.025 \times \dfrac{91}{360}} = 1\,883.93 \text{ 美元}$$

3. 远期利率

［例 7-1］中的合同利率实际上是远期利率（forward interest rate）。远期利率是指现在时刻的将来一定期限的利率。如［例 7-1］中的 1×4，即表示 1 个月之后开始的期限 3 个月的远期利率。

那么，远期利率是怎么决定的呢？远期利率是由一系列即期利率决定的。例如，如果一年期的即期利率为 10%，二年期的即期利率为 10.5%，那么其隐含的 1~2 年的远期利率就约等于 11%，这是因为：

$$(1 + 10\%)(1 + 11\%) \approx (1 + 10.5\%)^2$$

一般地说，如果现在时刻为 t，T 时刻到期的即期利率为 r，T^* 时刻（$T^* > T$）到期的即期利率为 r^*，则 t 时刻的 $T^* - T$ 期间的远期利率 $\hat{r}$ 可以通过式（7-2）求得：

$$(1 + r)^{T-t}(1 + \hat{r})^{T^*-T} = (1 + r^*)^{T^*-t} \tag{7-2}$$

应注意的是，式（7-2）仅适用于每年计一次复利的情形。

4. 连续复利

为了更精确地算出即期利率和远期利率之间的关系，我们引入连续复利的概念。

假设金额 A 以利率 R 投资了 n 年。如果利息按每一年计一次复利，则上述投资的终值为：

$$A(1 + R)^n$$

如果每年计 m 次复利，则终值为：

$$A\left(1 + \frac{R}{m}\right)^{mn} \tag{7-3}$$

当 m 趋于无穷大时，就称为连续复利（continuous compounding），此时的终值为：

$$\lim_{m\to\infty} A\left(1+\frac{R}{m}\right)^{mn} = Ae^{Rn} \qquad (7-4)$$

表 7-1 表示提高复利频率所带来的效果。从表 7-1 可以看出，连续复利（精确到小数点后两位）与每天计复利得到的效果一样。因此，从实用目的来看，通常可以认为连续复利与每天计复利等价。

表 7-1　　　　　　　　　　复利频率与终值　　　　　　　　　　单位：元

复利频率	100 元在一年末的终值（年利率 10%）
每一年（m = 1）	110.00
每半年（m = 2）	110.25
每季度（m = 4）	110.38
每月（m = 12）	110.47
每周（m = 52）	110.51
每天（m = 365）	110.52
连续复利	110.52

假设 R_c 是连续复利的利率，R_m 是与之等价的每年计 m 次复利的利率，从式（7-3）和式（7-4）我们有：

$$e^{R_c n} = \left(1+\frac{R_m}{m}\right)^{mn} \qquad 或 \qquad e^{R_c} = \left(1+\frac{R_m}{m}\right)^{m}$$

这意味着：

$$R_c = m\ln\left(1+\frac{R_m}{m}\right) \qquad (7-5)$$

$$R_m = m\left(e^{\frac{R_c}{m}} - 1\right) \qquad (7-6)$$

通过式（7-5）和式（7-6），我们可以实现每年计 m 次复利的利率与连续复利之间的转换。

特别地，当 $m = 1$ 时，

$$R_c = \ln(1+R_m)$$

$$R_m = e^{R_c} - 1$$

当即期利率和远期利率所用的利率均为连续复利时，即期利率和远期利率的关系可表示为：

$$\hat{r} = \frac{r^*(T^* - t) - r(T - t)}{T^* - T} \tag{7-7}$$

这是因为：

$$e^{r(T-t)} \times e^{\hat{r}(T^* - T)} = e^{r^*(T^* - t)}$$

所以，

$$r(T - t) + \hat{r}(T^* - T) = r^*(T^* - t)$$

例如，当一年期和两年期的连续复利年利率分别为 10% 和 10.5% 时，1～2 年的连续复利远期年利率就等于 11%，这是因为：

$$e^{0.10} \times e^{0.11} = e^{0.105 \times 2}$$

5. 远期利率协议的功能

远期利率协议最重要的功能在于通过固定将来实际交付的利率而避免了利率变动风险。签订 FRA 后，不管市场利率如何波动，协议双方将来收付资金的成本或收益总是固定在合同利率水平上。

此外，由于远期利率协议交易的本金不用交付，利率是按差额结算的，所以资金流动量较小，这就给银行提供了一种管理利率风险而无须改变其资产负债结构的有效工具。

与金融期货、金融期权等场内交易的衍生工具相比，远期利率协议具有简便、灵活、不需支付保证金等优点。同时，由于远期利率协议是场外交易，故存在信用风险和流动性风险，但这种风险又是有限的，因为它最后实际支付的只是利差而非本金。

（二）远期外汇合约

远期外汇合约（forward exchange contracts）是指双方约定在将来某一时间按约定的远期汇率买卖一定金额的某种外汇的合约。交易双方在签订合同时，就确定好将来进行交割的远期汇率，到时不论汇价如何变化，都应按此汇率交割。在交割时，名义本金并未交割，而只交割合同中规定的远期汇率与当时的即期汇率之间的差额。

按照远期的开始时间划分，远期外汇合约又分为直接远期外汇合约（outright forward foreign exchange contracts）和远期外汇综合协议（synthetic agreement for forward exchange, SAFE）。前者的远期期限是直接从现在开始算的，而后者的远期期限是从未来的某个时点开始算的，因此实际上是远期的远期外汇合约。如 1×4 远期外汇综合协议是指从起算日之后的一个月（结算日）开始计算的为期 3 个月的远期外汇综合协议。下面将讨论远期外汇综合协议。

1. 远期汇率

远期汇率（forward exchange rate）是指两种货币在未来某一日期交割的买卖价格。

远期汇率的报价方法通常有两种：一种是报出直接远期汇率（outright forward rate）；另一种是报出远期差价（forward margin），又称掉期点数（swap points）。目前外汇市场上大多用第二种报价法。通过即期汇率加减升贴水，就可算出远期汇率。加减的规则是"前小后大往上加，前大后小往下减"。

根据利率平价理论，远期汇率是由即期汇率和两种货币间的利率差决定的，其公式为：

$$F = Se^{(r-r_f)(T-t)} \tag{7-8}$$

式中，F 表示 T 时刻交割的直接远期汇率，S 表示 t 时刻的即期汇率，r 表示本国的无风险连续复利利率，r_f 表示外国的无风险连续复利利率。式（7-8）就是国际金融领域著名的利率平价关系。

根据远期差价的定义，其计算公式为：

$$W = F - S = S(e^{(r-r_f)(T-t)} - 1) \tag{7-9}$$

式中，W 表示远期差价。从式（7-9）可以看出，当 $r > r_f$ 时，将出现远期升水，反之则出现远期贴水。

2. 远期外汇综合协议的定义

远期外汇综合协议是指双方约定买方在结算日按照合同中规定的结算日直接远期汇率用第二货币向卖方买入一定名义金额的原货币（primary currency），然后在到期日再按合同中规定的到期日直接远期汇率把一定名义金额原货币出售给卖方的协议。从该定义可以看出，远期外汇综合协议实际上是名义上的远期对远期掉期交易，之所以是名义上的，是因为后者涉及全部资金的实际流动，因此必须满足相应的法定准备金的要求，而前者不需全部资金的实际流动，双方只要在结算日结算市场汇率变动给双方带来的盈亏即可。

从上述定义我们还可看出，远期外汇综合协议是对未来远期差价进行保值或投机而签订的远期协议，这是因为根据远期差价的定义，我们有：

$$W_K = K^* - K \tag{7-10}$$

$$W_R = F_R^* - F_R \tag{7-11}$$

$$W_K - W_R = (K^* - F_R^*) - (K - F_R) \tag{7-12}$$

式中：W_K 表示合同签订时确定的合同期内远期差价，它等于合同中规定的到期日 T^* 时刻直接远期汇率（K^*）与合同中规定的结算日（T 时刻）直接远期汇率（K）之间的差额；而 W_R 表示确定日确定的合同期的远期差价，它等于确定日确定的到期日直接远期汇率（F_R^*）与确定日确定的结算日直接远期汇率（F_R）之间的差额。

由此可见，远期外汇综合协议与远期利率协议的最大区别在于：前者的保值或投机目标是两种货币间的利率差以及由此决定的远期差价，后者的目标则是一国利率的绝对水平。但两者也有很多相似之处。其一，标价方式都是 $m \times n$，其中 m 表示合同签订日到结算日的时间，n 表示合同签订日至到期日的时间。其二，两者都有五个时点，即合同签订日、起算日、确定日、结算日、到期日，而且有关规定均相同。其三，名义本金均不交换。

3. 远期外汇综合协议的交易流程和结算

在交易日，交易双方就结算日和到期日将兑换的原货币的名义金额 A_S 和 A_M、相关的直接远期汇率（K 和 K^*）和合同远期差价（W_K）达成协议，据此可算出第二货币的名义金额。

在确定日，双方根据市场汇率确定即期结算汇率（F_R）、到期日远期结算汇率（F_R^*）和远期差价（W_R），并通过比较直接远期汇率、合同远期差价和即期结算汇率、远期结算差价，算出结算金。

根据计算结算金的方法不同，我们可以把远期外汇综合协议分为很多种，其中最常见的有两种。一种是汇率协议（exchange rate agreement，ERA）；另一种是远期外汇协议（forward exchange agreement，FXA）。

汇率协议的结算金计算公式为：

$$结算金 = A_M \times \left[\frac{W_K - W_R}{1 + \left(i \times \dfrac{D}{B} \right)} \right] \tag{7-13}$$

式中，A_M 表示原货币到期日名义本金数额，i 表示结算日第二货币期限为结算日至到期日的无风险利率，D 表示合同期天数，B 表示第二货币计算天数通行惯例（360 天或 365 天）。

远期外汇协议的结算金计算公式为：

$$结算金 = A_M \times \left[\frac{K^* - F_R^*}{1 + \left(i \times \dfrac{D}{B} \right)} \right] - A_S \times (K - F_R) \tag{7-14}$$

式中，A_S 表示原货币结算日的名义本金数额，在大多数远期外汇综合协议中，$A_M = A_S$。

从式（7-13）和式（7-14）可以看出，尽管都用原货币来定义名义本金，但结算金都是用第二货币来表示的。如果结算金为正值，则表示卖方支付给买方；反之，如果结算金为负值，则表示买方支付给卖方。

（三）远期股票合约

远期股票合约（equity forwards）是指在将来某一特定日期按特定价格交付一定数量单个股票或一揽子股票的协议。这种交易与远期外汇的交易相似，其条款一般包括：交易的股票名称、数量；交易的结算日期；在结算日的特定价格；双方违约责任。目前远期股票合约仅在小范围内有交易记录。

第三节　金融期货市场

20 世纪 70 年代初，西方国家出现了严重的通货膨胀，固定汇率制也被浮动汇率制所取代，国际经济环境的转变使经济活动的风险增大。这种情况反映到金融市场上就是利率、汇率和证券价格的急剧波动，原有的远期交易由于其流动性差、信息不对称、违约风险高等缺陷而无法满足人们急剧增长的需要，金融期货交易应运而生。

一、金融期货合约的定义和特征

金融期货合约（financial futures contracts）是指协议双方同意在约定的将来某个日期按约定的条件（包括价格、交割地点、交割方式）买入或卖出一定标准数量的某种金融工具的标准化协议。合约中规定的价格就是期货价格（futures price）。

金融期货交易具有如下显著的特征：

（1）期货交易均在交易所进行，交易双方不直接接触，而是各自跟交易所的清算部或专设的清算公司结算。清算公司充当所有期货买者的卖者和所有卖者的买者，因此交易双方无须担心对方违约，由于所有买者和卖者都集中在交易所交易，因此就克服了远期交易所存在的信息不对称和违约风险高的缺陷。

（2）期货合约的买者或卖者可在交割日之前采取对冲交易以结束其期货头寸（即平仓），而无须进行最后的实物交割。这相当于买者可把原来买进的期货卖掉，卖者可把原来卖出的期货买回，这就克服了远期交易流动性差的问题。由于通过平仓结束期货头寸比起实物交割既省事又灵活，因此目前大多数期货交易都是通过平仓来结清头寸的。

尽管如此，交割依然有着其重要性。正是因为具有最后交割的可能性，期货价格和标的物的现货价格之间才具有内在的联系。随着期货交割月份的逼近，期货价格收敛于标的资产的现货价格。当到达交割期限时，期货的价格等于或非常接近于现货的价格，不然的话，就存在无风险套利机会。

（3）期货合约的合约规模、交割日期、交割地点等都是标准化的。即在合约上有明确的规定，无须双方再商定。交易双方所要做的唯一工作是选择适合自己的期货合约，并通过交易所竞价确定成交价格。价格是期货合约的唯一变量。当然，这并不是说所有期货合约的交割月份、交割地点等都是一样的，同种金融工具的期货合约可以有不同的交割月份，但它是由交易所事先确定，并在合约中事先载明的，而不是由交易双方商定后载入合约的。

有时，交易所允许期货合约的空方（即卖方）在可供选择的标的物（主要适用于利率期货和商品期货）和交割地点（主要适用于商品期货）之间选择，交易所将根据空方的选择按事先规定的公式对其收取的价款进行调整。

有些金融期货，如标的物为股价指数的期货，在交割时是以现金结算的，这是因为直接交割标的物非常不方便或者是不可能的。

交易所还根据客户的需要规定各金融工具期货合约的交割月份，交易所必须指定在交割月份中可以进行交割的确切时间。对于许多期货合约来说，交割日期可以是整个交割月，具体在哪一天交割，由空方选择。

（4）期货交易是每天进行结算的，而不是到期一次性进行的，买卖双方在交易之前都必须在经纪公司开立专门的保证金账户。经纪公司通常要求交易者在交易之前必须存入一定数量的保证金，这个保证金叫初始保证金（initial margin）。在每天交易结束时，保证金账户都要根据期货价格的涨跌进行调整，以反映交易者的浮动盈亏，这就是所谓的盯市（marking to market）。浮动盈亏是根据结算价格（settlement price）计算的。结算价格的确定由交易所规定，它有可能是当天的加权平均价，也可能是收盘价，还可能是最后几秒钟的平均价。

当天结算价格高于昨天的结算价格（或当天的开仓价）时，高出部分就是多头的浮动盈利和空头的浮动亏损。这些浮动盈利和亏损就在当天晚上分别加入多头的保证金账户和从空头的保证金账户中扣除。当保证金账户的余额超过初始保证金水平时，交易者可随时提取现金或用于开新仓。而当保证金账户的余额低于交易所规定的维持保证金（mainte-nance margin）水平时，经纪公司就会通知交易者限期把保证金水平补足到初始保证金水平，否则就会被强制平仓。维持保证金水平通常是初始保证金水平的75%。

二、金融期货合约的种类

按标的物不同，金融期货可分为利率期货、股价指数期货和外汇期货。

（1）利率期货指以利率相关金融资产为标的物的期货合约。世界上最先推出的利率期货是于1975年由美国芝加哥商业交易所推出的美国国民抵押协会的抵押证期货。利率期货主要包括以长期国债为标的物的长期利率期货和以2个月短期存款利率为标的物的短期利率期货。中国金融期货交易所推出的利率期货合约包括5年期国债期货合约和10年期国债期货合约。

（2）股价指数期货指以股票指数为标的物的期货合约。股票指数期货是目前金融期货市场最热门和发展最快的期货交易。股票指数期货不涉及股票本身的交割，其价格根据股票指数计算，合约以现金清算形式进行交割，没有实物的交割。这是股价指数期货与其他标的物期货的最大区别。世界上影响范围较大，具有代表性的股票指数有以下几种股价指数期货：道琼斯指数期货、标准普尔500指数期货、英国金融时报指数期货、香港恒生指数期货。中国金融期货交易所推出的第一个股指期货品种是沪深300股指期货合约，其标的指数为沪深300指数，随后又推出了上证50和中证500股指期货。

（3）外汇期货指交易双方约定在未来某一时间，依据约定的价格（汇率），以一种货币交换另一种货币的标准化合约。它是以汇率为标的物的期货合约，用来回避汇率风险。它是金融期货中最早出现的品种。自1972年5月芝加哥商品交易所的国际货币市场分部推出第一张外汇期货合约以来，随着国际贸易的发展和世界经济一体化进程的加快，外汇期货交易一直保持着旺盛的发展势头。它不仅为广大投资者和金融机构等经济主体提供了有效的套期保值的工具，而且也为套利者和投机者提供了新的获利手段。

三、期货合约与远期合约的区别

期货合约和远期合约虽然都是交易时约定在将来某一时间按约定的条件买卖一定数量的某种标的物的合约，但它们依然存在诸多区别。

（一）标准化程度不同

远期交易遵循"契约自由"的原则，合约中的相关条件如标的物的质量、数量、交收地点和交割月份都是根据双方的需要确定的。由于各交易者的需要千差万别，远期合约条款的具体内容也五花八门，因而远期合约虽具有灵活性的优点，但给合约的转手和流通造成很大麻烦，这就决定了远期合约二级市场的不发达。

期货合约则是标准化的。期货交易所为各种标的物的期货合约制定了标准化的数量、质量、交割地点、交割时间、交割方式、合约规模等条款，只有价格是在成交时根据市场行情确定的。由于开展期货交易的标的物毕竟有限，相关条件又是固定的，因此期货合约满足人们各种需要的能力虽然不如远期合约，但标准化却大大便利了期货合约的订立和转让，使期货合约具有极强的流动性，并因此吸引了众多的交易者。

虽然远期合约目前也在走标准化的道路，但其标准化程度一定赶不上期货合约，否则远期合约就变成期货合约了，远期合约也就不存在了。

（二）交易场所不同

远期交易并没有固定的场所，交易双方各自寻找合适的对象，因而是一个无组织的效率较低的分散的市场。在金融远期交易中，银行充当着重要角色。由于金融远期合约交割较方便，标的物同质性较好，因此很多银行都提供重要标的物的远期买卖报价供客户选择，从而有力推动了远期交易的发展。

期货合约则在交易所内交易，一般不允许场外交易。交易所不仅为期货交易提供了交易场所，而且还为期货交易提供了许多严格的交易规则（如涨跌停板制、最小价格波动幅度、报价方式、最大持仓限额、保证金制度等），并为期货交易提供信用担保。可以说期货市场是一个有组织的、有秩序的、统一的市场。

（三）违约风险不同

远期合约的履行仅以签约双方的信誉为担保，一旦一方无力或不愿履约时，另一方就得蒙受损失。即使在签约时，签约双方采取交纳定金、第三方担保等措施，仍不足以保证远期合约到期一定能得到履行，违约、毁约的现象时有发生，因而远期交易的违约风险很高。

期货合约的履行则由交易所或清算公司提供担保。交易双方直接面对的都是交易所，即使一方违约，另一方也不会受到丝毫影响。交易所之所以能提供这种担保，主要是依靠完善的保证金制度和结算会员之间的连带无限清偿责任来实现的。可以说，期货交易的违约风险几乎为零。

（四）价格确定方式不同

远期合约的交割价格是由交易双方直接谈判并私下确定的。由于远期交易没有固定的场所，因此在确定价格时信息是不对称的，不同交易双方在同一时间所确定的类似远期合约的价格可能相差甚远，因此远期交易市场定价效率很低。

期货交易的价格则是在交易所中由很多买者和卖者通过其经纪人在场内公开竞价确定的，有关价格的信息较为充分、对称，由此产生的期货价格较为合理、统一，因此期货市场的定价效率较高。

（五）履约方式不同

由于远期合约是非标准化的，转让相当困难，并要征得对方同意（由于信用度不同），因此绝大多数远期合约只能通过到期实物交割来履行。而实物交割对双方来说都是费时又费力的事。

由于期货合约是标准化的，期货交易又在交易所内，因此交易十分方便。当交易一方的目的（如投机、套期保值和套利）达到时，其无须征得对方同意就可通过平仓来结清自己的头寸，并把履约权利和义务转让给第三方。在实际中，绝大多数期货合约都是通过平仓来了结的。

（六）合约双方关系不同

由于远期合约的违约风险主要取决于对方的信用度，因此签约前必须对对方的信誉和实力等方面作充分的了解。

期货合约的履行完全不取决于对方而只取决于交易所或清算公司，因此可以对对方完全不了解。在期货交易中，交易者甚至根本不知道对方是谁，这就极大方便了期货交易。

（七）结算方式不同

远期合约签订后，只有到期才进行交割清算，其间均不进行结算。

期货交易则是每天结算的。当同品种的期货市场价格发生变动时，就会对所有该品种期货合约的多头和空头产生浮动盈余或浮动亏损，并于当天晚上在其保证金账户体现出来。因此当市场价格朝自己有利的方向变动时，交易者不必等到到期就可逐步实现盈利。当然，若市场价格朝自己不利的方向变动时，交易者在到期之前就得付出亏损的金额。

四、期货市场的功能

（一）转移价格风险的功能

在日常金融活动中，市场主体常面临利率、汇率和证券的价格变动风险（统称价格风险）。有了期货交易后，他们就可利用期货多头或空头把价格风险转移了出去，从而实现避险目的。这是期货市场最主要的功能，也是期货市场产生的最根本原因。

应该注意的是，对单个主体而言，利用期货交易可以达到消除价格风险的目的，但对整个社会而言，期货交易通常并不能消除价格风险，期货交易发挥的只是价格风险的再分配，即价格风险的转移作用。

不过在有些情况下，期货交易也具有增大或减少整个社会价格风险总量的作用。具体而言，套期保值者之间的期货交易可以使两者的价格风险相互抵消，投机者之间的期货交易则是给社会平添期货价格的风险，而套期保值者与投机者之间的期货交易才是价格风险的转移。由此可见，适量的投机可以充当套期保值者的媒介，加快价格风险转移速度，而过度的投机则会给社会增加许多不必要的风险。

（二）价格发现功能

期货价格是所有参与期货交易的人对未来某一特定时间的现货价格的期望或预期。不论期货合约的多头还是空头，都会依其个人所持立场或所掌握的市场资讯，并对过去的价格表现加以研究后，做出买卖委托。而交易所通过电脑撮合公开竞价出来的价格即为此瞬间市场对未来某一特定时间现货价格的共识。这就是期货市场的价格发现功能。市场参与者可以利用期货市场的价格发现功能进行相关决策，以提高自己适应市场的能力。

第四节　金融期权市场

18 世纪 90 年代，美国纽约证券交易所刚刚成立时，期权合约就引入了美国。由于当时场外交易市场上期权合约是非标准化的，采用实物交割并且无担保，因此期权合约难以转让。

1973 年 4 月 26 日，芝加哥期权交易所首次把期权引入有组织的交易所交易，此后期权以其独特的魅力获得了迅猛的发展，这标志着期权合约标准化、期权交易规范化。

1982 年，芝加哥货币交易所（CME）开始进行 S&P500 期权交易，它标志着股票指数期权的诞生。同年，由芝加哥期权交易所首次引入美国国库券期权交易，成为利率期权交易的开端。同年，外汇期权也产生了，它首次出现在加拿大蒙特利尔交易所（MX）。1984 年，外汇期货期权在芝加哥商品交易所的国际货币市场（IMM）登台上演。

一、金融期权市场概述

（一）金融期权合约的定义与种类

金融期权（option），是指赋予其购买者在规定期限内按双方约定的价格（简称协议价格，striking price）或执行价格（exercise price）购买或出售一定数量某种金融资产（标的资产）的权利的合约。

按期权买者的权利划分，期权可分为看涨期权（call option）和看跌期权（put option）。凡是赋予期权买者购买标的资产权利的合约，就是看涨期权；而赋予期权买者出售标的资产权利的合约就是看跌期权。

按期权买者执行期权的时限划分，期权可分为欧式期权和美式期权。欧式期权的买者只能在期权到期日才能执行期权（即行使买进或卖出标的资产的权利）。而美式期权允许买者在期权到期前的任何时间执行期权。

按照期权合约的标的资产划分，金融期权合约可分为利率期权、货币期权（或称外汇期权）、股价指数期权、股票期权以及金融期货期权。

对于期权的买者来说，期权合约赋予他的只有权利，而没有任何义务。他可以在规定期限以内的任何时间（美式期权）或到期日（欧式期权）行使其购买或出售标的资产的权利，也可以不行使这个权利。对期权的出售者来说，他只有履行合约的义务，而没有任何权利。当期权买者按合约规定行使其买进或卖出标的资产的权利时，期权卖者必须依约相应地卖出或买进该标的资产。作为给期权卖者承担义务的报酬，期权买者要支付给期权卖者一定的费用，称为期权费（premium）或期权价格（option price）。期权费视期权种类、期限、标的资产价格的易变程度不同而不同。

当标的资产在期权有效期内产生现金收益（如现金红利、利息等）时，目前通行的做法是不对协议价格进行相应调整。只有当股票期权的标的股票在期权有效期内发生股票分割、送红股、配股时，才根据除权公式对协议价格和买卖数量进行相应调整。

（二）金融期权的交易

与期货交易不同的是，期权交易不仅可以在有组织的交易所内交易，也可以在场外交易。交易所交易的是标准化的期权合约，场外交易的则是非标准化的期权合约。

对于场内交易的期权来说，其合约有效期一般不超过9个月，以3个月和6个月最为常见。跟期货交易一样，由于有效期（交割月份）不同，同一种标的资产可以有好几个期权品种。此外，同一标的资产还可以规定不同的协议价格而使期权有更多的品种，同一标的资产、相同期限、相同协议价格的期权还分为看涨期权和看跌期权两大类，因此期权品种远比期货品种多得多。

为了保证期权交易的高效、有序，交易所对期权合约的规模、期权价格的最小变动单位、期权价格的每日最高波动幅度、最后交易日、交割方式、标的资产的品质等做出明确规定。同时，期权清算公司也作为期权所有买者的卖者和所有卖者的买者，保证每份期权都没有违约风险。

（三）股票看涨期权与认股权证比较

认股权证（warrants）是指附加在公司债务工具上的赋予持有者在某一天或某一期限内按事先规定的价格购买该公司一定数量股票的权利。

认股权证是由股份有限公司发行的可认购其股票的一种买入期权，它赋予持有者在一定期限内以事先约定的价格购买发行公司一定股份的权利。按照发行主体，认股权证分为股本认股权证和备兑权证两种，股本认股权证由上市公司发行，备兑权证由上市公司以外的第三方（一般为证券公司、银行等）发行，不增加股份公司的股本。

认股权证主要用于以下几个方面：第一，在公司发行新股时，为避免原有股东每股收益和股价被稀释，给原有股东配发一定数量的认股权证，使其可以按优惠价格认购新股，或直接出售认股权证，以弥补新股发行的稀释损失。第二，作为奖励发给本公司的管理人员。第三，作为筹资工具，认股权证与公司债券同时发行，用来吸引投资者购买票面利率低于市场要求的长期债券。

认股权证适用于高速增长的小公司，这些公司有较高的风险，直接发行债券需要较高的票面利率。通过发行附有认股权证的债券，是以潜在的股权稀释为代价换取较低的利息。但是，附带认股权证的债券发行者，主要目的是发行债券而不是股票，是为了发债而附带期权，因此认股权证的执行价格一般情况下会高于股票市场价格，如果将来公司发展良好，股票价格会大大超过执行价格，原有股东会蒙受较大损失。

1. 认股权证与股票看涨期权的共同点

（1）两者均是权利的象征，持有者可以履行这种权利，也可以放弃权利。

（2）两者都是可转让的。

2. 认股权证与股票看涨期权的区别

（1）认股权证是由发行债务工具和股票的公司签发的；而期权是由期权的买方和期权的卖方签订的合约。

（2）认股权证通常是发行公司为改善其债务工具的条件而发行的，获得者无须交纳额外的费用；而期权则需购买才可获得。

（3）认股权证通常期限都比较长，有的认股权证甚至是无期限的，而期权通常都是短期的。

（四）期权交易与期货交易的区别

（1）权利和义务。期货合约的双方都被赋予相应的权利和义务，除非用相反的合约抵消，这种权利和义务在到期日必须行使，也只能在到期日行使，期货的空方甚至还拥有在交割月选择在哪一天交割的权利。而期权合约只赋予买方权利，卖方则无任何权利，他只有在对方履约时进行对应买卖标的物的义务。特别是美式期权的买者可在约定期限内的任何时间执行权利，也可以不行使这种权利；期权的卖者则须准备随时履行相应的义务。

（2）标准化程度。期货合约都是标准化的，因为它都是在交易所中交易的，而期权合约则不一定。在美国，场外交易的现货期权是非标准化的，但在交易所交易的现货期权和所有的期货期权则是标准化的。

（3）盈亏风险。期货交易双方所承担的盈亏风险都是无限的。而期权交易卖方的亏损风险可能是无限的（看涨期权），也可能是有限的（看跌期权），盈利是有限的（以期权费为限）；期权交易买方的亏损风险是有限的（以期权费为限），盈利可能是无限的（看涨期权），也可能是有限的（看跌期权）。

（4）保证金。期货交易的买卖双方都须交纳保证金。期权的买者则无须交纳保证金，因为他的亏损不会超过他已支付的期权费，而在交易所交易的期权卖者则要交纳保证金，这跟期货交易一样。场外交易的期权卖者是否需要交纳保证金则取决于当事人的意见。

（5）买卖匹配。期货合约的买方到期必须买入标的资产，而期权合约的买方在到期日或到期前则有买入（看涨期权）或卖出（看跌期权）标的资产的权利。期货合约的卖方到期必须卖出标的资产，而期权合约的卖方在到期日或到期前则有根据买方意愿相应卖出（看涨期权）或买入（看跌期权）标的资产的义务。

（6）套期保值。运用期货进行的套期保值，在把不利风险转移出去的同时，也把有利风险转移出去。而运用期权进行套期保值时，只把不利风险转移出去而把有利风险留给自己。

二、金融期权合约的盈亏分布

金融期权的盈亏分布状况对于交易者制订期权交易策略至关重要。

在金融期权交易中，什么时候能盈亏平衡呢？或者说未来标的资产市场价格为多少时，期权购买者才不至于亏损呢？这就需要计算盈亏平衡点。看涨与看跌期权的平衡点计算方法并不一样。

看涨期权的盈亏平衡点为：盈亏平衡点＝协议价格＋期权费。当看涨期权标的资产未来的市场价格高于盈亏平衡点时，期权的购买者就有利可图；反之，若未来标的资产价格低于盈亏平衡点，那期权购买者执行期权就会亏损，因此，他会放弃执行期权。

看跌期权的盈亏平衡点为：盈亏平衡点＝协议价格－期权费。当看跌期权的标的资产未来市场价格低于盈亏平衡点时，期权的购买者就有利可图；反之若未来标的资产的价格高于盈亏平衡点，期权购买者执行卖出期权就会亏损，因此，他会放弃执行期权。

（一）看涨期权的盈亏分布

【例7-2】20×5年9月20日澳元兑美元汇率为100澳元＝68.88美元。甲认为澳元兑美元的汇率将上升，因此以每澳元0.04美元的期权费向乙购买一份20×5年12月到期、协议价格为100澳元＝69.00美元的澳元看涨期权，每份澳元期权的规模为125 000澳元。那么，甲、乙双方的盈亏分布可分为以下几种情况：

（1）如果在期权到期时，澳元汇率等于或低于100澳元＝69.00美元，则看涨期权就无价值。买方的最大亏损为5 000美元（即125 000澳元×0.04美元/澳元）。

（2）如果在期权到期时，澳元汇率升至100澳元＝73.00美元，买方通过执行期权可赚取5 000美元，扣掉期权费后，刚好盈亏平衡。

（3）如果在期权到期前，澳元汇率升到 100 澳元＝73.00 美元以上，买方就可实现净盈余。澳元汇率越高，买方的净盈余就越多。

看涨期权买者的盈亏分布图如图 7－2（a）所示。由于期权合约是零和游戏（zero－sum games），买者的盈亏和卖者的盈亏刚好相反，据此我们可以画出看涨期权卖者的盈亏分布图如图 7－2（b）所示。从图 7－2（b）中可以看出，看涨期权买者的亏损风险是有限的，其最大亏损限度是期权价格，而其盈利可能却是无限的。相反，看涨期权卖者的亏损可能是无限的，而盈利是有限的，其最大盈利限度是期权价格。期权买者以较小的期权价格为代价换来了较大盈利的可能性，而期权卖者则为了赚取期权费而冒着大量亏损的风险。

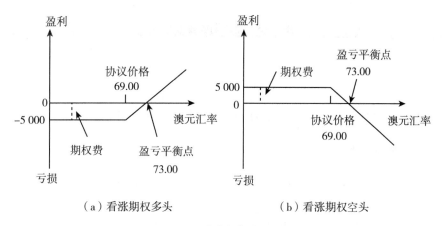

（a）看涨期权多头 （b）看涨期权空头

图 7－2 看涨期权盈亏分布

如果不考虑时间因素，期权的价值（即盈亏）取决于标的资产市价与协议价格的差距。对于看涨期权来说，为了表达标的资产市价（S）与协议价格（X）的关系，我们把 $S > X$ 时的看涨期权称为实值期权（in the money），把 $S = X$ 的看涨期权称为平价期权（at the money），把 $S < X$ 的看涨期权称为虚值期权（out of the money）。

（二）看跌期权的盈亏分布

用同样的办法可以推导出看跌期权的盈亏分布图，如图 7－3 所示。当标的资产的市价跌至盈亏平衡点（等于协议价格减期权价格）以下时，看跌期权买者就可获利，其最大盈利限度是协议价格减去期权价格后再乘以每份期权合约所包括的标的资产的数量，此时标的资产的市价为零。如果标的资产市价高于 Z 点，看跌期权买者就会亏损，其最大亏损是期权费总额。看跌期权卖者的盈亏状况则与买者刚好相反，即看跌期权卖者的盈利是有限的期权费，亏损也是有限的，其最大限度为协议价格减期权价格后再乘以每份期权合约所包括的标的资产的数量。同样，我们把 $X > S$ 时的看跌期权称为实值期权，把 $X = S$ 的看跌期权称为平价期权，把 $X < S$ 的看跌期权称为虚值期权。

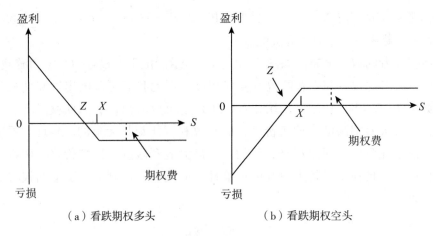

（a）看跌期权多头　　　　　　（b）看跌期权空头

图 7 - 3　看跌期权盈亏分布

三、期权价值的决定

期权价值等于期权的内在价值加上时间价值，即 $V = IV + TV$。

（一）期权的内在价值

期权的内在价值（intrinsic value，IV）是指多方行使期权时可以获得的收益的现值。对于欧式看涨期权来说，因多方只能在期权到期时行使，因此其内在价值为 $(S_T - X)$ 的现值。由于对于无收益资产而言，S_T 的现值就是当前的市价 (S)，而对于支付现金收益的资产来说，S_T 的现值为 $S - D$，其中 D 表示在期权有效期内标的资产现金收益的现值。因此，无收益资产欧式看涨期权的内在价值等于 $S - Xe^{-r(T-t)}$，而有收益资产欧式看涨期权的内在价值等于 $S - D - Xe^{-r(T-t)}$。

对于无收益资产美式看涨期权而言，虽然多方可以随时行使期权，但在期权到期前提前行使无收益美式期权是不明智的，因此无收益资产美式看涨期权价格等于欧式看涨期权价格，其内在价值也就等于 $S - Xe^{-r(T-t)}$。有收益资产美式看涨期权的内在价值也等于 $S - D - Xe^{-r(T-t)}$。

同理，无收益资产欧式看跌期权的内在价值为 $Xe^{-r(T-t)} - S$，有收益资产欧式看跌期权的内在价值为 $Xe^{-r(T-t)} + D - S$。美式看跌期权由于提前执行有可能是合理的，因此其内在价值与欧式看跌期权不同。其中，无收益资产美式期权的内在价值等于 $X - S$，有收益资产美式期权的内在价值等于 $X + D - S$。

当然，当标的资产市价低于协议价格时，期权多方是不会行使期权的，因此期权的内在价值应大于等于 0。

（二）期权的时间价值

期权的时间价值（time value，TV）是指在期权有效期内标的资产价格波动为期权持有者带来收益的可能性所隐含的价值。

首先，期权的时间价值取决于期权剩余有效期。剩余有效期越长，期权的时间价值越大。因为对期权买方而言，有效期越长，在期权交易中获利的机会就越大；对卖方而言，期权有效期越长，被要求履约的风险也就越大，因此期权售价也就越高。期权时间价值随着到期日的临近而减少，至到期日时，时间价值为零。

其次，期权的协议价格与标的资产价格之间的差异，也是决定期权时间价值的重要因素。该差值越大，期权时间价值就越小；反之，差额越小，期权时间价值就越大。

最后，标的资产价格的波动率越高，期权的时间价值就越大。

举例说明期权内在价值与时间价值之间的关系。

【例7-3】假设A股票（无红利）的市价为9.05元，A股票有两种看涨期权，其协议价格分别为$X_1 = 10$元，$X_2 = 8$元，它们的有效期都是1年，1年期无风险利率为10%（连续复利）。这两种期权的内在价值分别为0和1.81元。那么这两种期权的时间价值谁高呢？

假设这两种期权的时间价值相等，都等于2元，则第一种期权的价格为2元，第二种期权的价格为3.81元。那么让你从中挑一种期权，你愿意挑哪一种呢？为了比较这两种期权，我们假定1年后出现如下三种情况：

情况一：$S_T = 14$元。则期权持有者可从期权1中获利$(14 - 10 - 2e^{0.1}) = 1.79$元，可从期权2中获利$(14 - 8 - 3.81e^{0.1}) = 1.79$元。期权1获利金额等于期权2。

情况二：$S_T = 10$元。则期权1亏损$2e^{0.1} = 2.21$元，期权2也亏损$3.81e^{0.1} - 2 = 2.21$元。期权1亏损等于期权2。

情况三：$S_T = 8$元。则期权1亏损$2e^{0.1} = 2.21$元，而期权2亏损$3.81e^{0.1} = 4.21$元。期权1亏损少于期权2。

由此可见，无论未来A股票价格是涨是跌还是平，期权1均优于或等于期权2。显然，期权1的时间价值应高于期权2。

我们再来比较如下两种期权。$X_1 = 10$元，$X_3 = 12$元。其他条件与［例7-3］相同。显然，期权1的内在价值为0，期权3的内在价值虽然也等于0，但$S - Xe^{-r(T-t)}$却等于-1.81元。通过同样的分析，我们也可以得出期权1的时间价值应高于期权3的结论。综合这三种期权，我们就可以得出无收益资产看涨期权的时间价值在$S = Xe^{-r(T-t)}$点最大的结论。

通过同样的分析，我们还可以得出如下结论：有收益资产看涨期权的时间价值在$S = D + Xe^{-r(T-t)}$点最大，而无收益资产欧式看跌期权的时间价值在$S = Xe^{-r(T-t)}$点最大，有收益资产欧式看跌期权的时间价值在$S = Xe^{-r(T-t)} - D$点最大，无收益资产美式看跌期权的时间价值在$S = X$点最大，有收益资产美式看跌期权的时间价值在$S = X - D$点最大。

（三）期权价格的影响因素

期权价格受到六个因素的影响，这些因素通过影响期权的内在价值和时间价值来影响期权的价格。

1. 标的资产的市场价格（S）和期权的协议价格（X）

由于看涨期权在执行时，其收益等于标的资产当时的市价与协议价格之差。因此，标的资产的市场价格越高、协议价格越低，看涨期权的价格就越高。

对于看跌期权而言，由于执行时其收益等于协议价格与标的资产市价的差额，因此，标的资产的市场价格越低、协议价格越高，看跌期权的价格就越高。

2. 期权的有效期（T）

对于美式期权而言，由于它可以在有效期内任何时间执行，有效期越长，多头获利机会就越大，而且有效期长的期权包含了有效期短的期权的所有执行机会，因此有效期越长，期权价格越高。

对于欧式期权而言，由于它只能在期末执行，有效期长的期权就不一定包含有效期短的期权的所有执行机会。这就使欧式期权的有效期与期权价格之间的关系显得较为复杂。例如，同一股票的两份欧式看涨期权，一个有效期1个月，另一个有效期2个月，假定在6周后标的股票将有大量红利支付，由于支付红利会使股价下降，在这种情况下，有效期短的期权价格甚至会大于有效期长的期权。

但在一般情况下有效期越长，标的资产的风险就越大，空头亏损的风险也越大，因此即使是欧式期权，有效期越长，其期权价格也越高，即期权的边际时间价值（marginal time value）为正值。

随着时间的延长，期权时间价值的增幅是递减的。这就是期权的边际时间价值递减规律。换句话说，对于到期日确定的期权来说，在其他条件不变时，随着时间的流逝，其时间价值的减小是递增的。这意味着，当时间流逝同样长度，期限长的期权的时间价值减小幅度将小于期限短的期权时间价值的减小幅度。

3. 标的资产价格的波动率（σ）

简单地说，标的资产价格的波动率是用来衡量标的资产未来价格变动不确定性的指标。由于期权多头的最大亏损额仅限于期权价格，而最大盈利额则取决于执行期权时标的资产市场价格与协议价格的差额，因此波动率越大，对期权多头越有利，期权价格也应越高。

4. 无风险利率（r）

无风险利率是购买期权的机会成本。在看涨期权中，利率越高，机会成本越大，要求期权的收益率越高，所以与期权价格呈正相关关系。在看跌期权中，利率越高，履约时的收入相对降低，故与期权价格呈负相关关系。

5. 标的资产的分红付息（d）

由于标的资产分红付息将减少标的资产的价格，而协议价格并未进行相应调整，因此在期权有效期内标的资产产生收益将使看涨期权价格下降，而使看跌期权价格上升。

四、期权交易的策略

（一）基本交易策略

期权的基本交易策略有四种。对标的资产看涨时的策略包括购买看涨期权、出售看跌期权。对标的资产看跌时的策略包括购买看跌期权、出售看涨期权。

（二）组合投资策略

在基本交易策略基础上，交易者还可根据期权种类、期限以及协议价格不同，构造不同组合策略。主要有以下几种组合套利策略：水平套利（跨期价差交易）、垂直套利、对角套利、权重套利、三明治套利、蝴蝶式套利等。

五、新型期权

20世纪80年代金融创新浪潮中还涌现出一支新军"新型期权"（exotic options），它的出现格外引人注目。新型期权是金融机构为满足客户期权的特殊需要而开发的，它通常在场外交易。这一类期权不同于以往，它的结构很"奇特"，有的期权上加期权，有的则在到期日、协定价格、买入卖出等方面含特殊规定。

（一）打包期权

打包（package）期权是由标准欧式期权与远期合约、现金和（或）标的资产构成的组合。打包期权的一个例子是范围远期合约（range forward contracts）。

范围远期合约多头由一份远期多头与一份看跌期权多头和一份看跌期权空头构成。如果我们选择适当的协议价格使看涨期权价值等于看跌期权价值，那么远期合约的价值就等于零，因此整个范围远期合约的初始价值也就为零。范围远期合约的功能是将标的资产的价格风险控制在一定范围内。

（二）非标准美式期权

标准美式期权在有效期内的任何时间均可行使期权，而非标准美式期权的行使期限只限于有限期内的特定日期。实际上，大多数认股权证都是非标准美式期权。有的认股权证甚至规定协议价格随执行日期的推迟而增长。

（三）远期期权

远期期权是指期权费在现在支付，而有效期在未来某时刻开始的期权。

（四）复合期权

复合期权就是期权的期权，它有四种基本类型，即看涨期权的看涨期权、看涨期权的看跌期权、看跌期权的看涨期权和看跌期权的看跌期权。

（五）任选期权

任选期权（"As you like it" option，又称 chooser option）是指在一定期限内可由多头选择该期权为看涨期权还是看跌期权的期权。

（六）障碍期权

障碍期权（barrier option）是指其收益依赖于标的资产价格在一段特定时期内是否达成了一个特定水平。常见的障碍期权有两种，一是封顶期权（caps）；二是失效期权（knock-out option）。

封顶看涨期权规定，当标的资产价格高过协议价格一定幅度时，该期权就被自动执行。而封顶看跌期权则规定，当标的资产价格低于协议价格一定幅度时，该期权就被自动执行。

失效期权则规定，当标的资产价格达到一个特定障碍时，该期权作废。失效看涨期权的障碍一般低于协议价格，而失效看跌期权的障碍一般高于协议价格。

（七）两值期权

两值期权（binary option）是具有不连续收益的期权，当到期日标的资产价格低于协议价格时，该期权作废，而当到期日标的资产价格高于协议价格时，期权持有者将得到一个固定的金额。

（八）回溯期权

回溯期权（look back option）的收益依赖于期权有效期内标的资产的最高或最低价格。回溯看涨期权的持有者可按期权有效期内的最低价格购买标的资产。回溯看跌期权的持有者则可按期权有效期内的最高价格出售标的资产。

（九）亚式期权

亚式期权（asian option）的收益依赖于标的资产有效期内至少某一段时间的平均价格。

亚式期权有两个基本类型：一是平均价格期权（average price option），它先按预定平均时期计算出标的资产的平均价格，然后根据该平均价格与协议价格的差距计算出期权多空双方的盈亏；二是平均协议价格期权（average strike option），它是把按预定平均时期计算出的标的资产的平均价格作为平均协议价格，然后根据期权到期时标的资产的现货价格与平均协议价格之间的差距计算期权多空双方的盈亏。

（十）资产交换期权

资产交换期权（options to exchange one asset for another）是指期权买者有权在一定期限内按一定比率把一种资产换成另一种资产。

第五节　金融互换市场

一、金融互换概述

金融互换（financial swaps）是约定两个或两个以上当事人按照商定条件，在约定的时间内交换一系列现金流的合约。

1985 年 2 月，以活跃在互换市场上的银行、证券公司为中心，众多的互换参与者组建了国际互换交易商协会（International Swap Dealer's Association，ISDA），并在《国际金融法规评论》上发表了该协会会员克里斯托弗·斯托克关于互换业务标准化的著名论文，拟定了标准文本的"利率和货币互换协议"。该协议的宗旨就是统一交易用语，制定标准的合同格式，统一利息的计算方式。该协议的实施，标志着金融互换结构进入标准化阶段，为金融互换交易的深入发展创造了良好的条件，大大提高了交易效率。

（一）平行贷款、背对背贷款与金融互换的关系

金融互换是 20 世纪 80 年代在平行贷款和背对背贷款基础上发展起来的，因此三者既有联系，又有区别。

1. 平行贷款

平行贷款（parallel loan）是 20 世纪 70 年代在英国首先出现的为逃避外汇管制而创新的一种业务，是指在不同国家的两个母公司分别在国内向对方公司在本国境内的子公司提供金额相当的本币贷款，并承诺在指定到期日，各自归还所借货币。

例如，有两家公司，一家本部位于英国，称为 A，另一家本部位于美国，称为 B。A 公司在美国有一家子公司，B 公司恰好在英国也有一子公司。它们的子公司均需要融资。最直接的办法是，由两家母公司分别向对方在本国的子公司提供本币贷款，即 A 向 B 在英国的子公司提供英镑贷款；B 则向 A 在美国的子公司提供美元贷款。平行贷款的交易结构如图 7 - 4 所示。在交易开始时，双方商定在到期日以本币偿还贷款，并锁定在当时的汇率水平上，因此避免了贷款期内由于不同的汇率变动而蒙受损失的风险。

平行贷款既可满足双方子公司的融资需要，又可逃避外汇管理，因此深受欢迎。但是，进行平行贷款时，必须分别签订两个相对独立的单一合同。平行贷款中，确定交易对手要耗费大量的时间和成本，寻求按同一币种计值的相等金额、期限相同的贷款的交易对手，并不是一件容易的事。虽然表面上看来，两次贷款是交易双方的"一对"交易，但在法律上，却是分离且完全独立的两笔贷款合同，交易一方在其中一笔贷款上的违约行为，并不能免除另一方所承担的另一笔贷款的责任，因此，平行贷款中存在明显的信用风险，即便一方出现违约，另一方仍须按合同支付贷款本息。另外，贷款最终将出现在交易双方的会计账目上，提高其资产负债率，将对其信用评级、融资能力等产生影响，也会占用相同的资本金。

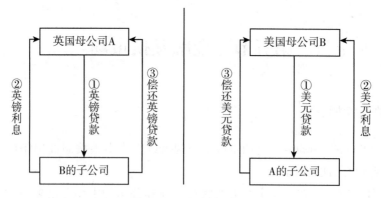

图 7 - 4　平行贷款流程

2. 背对背贷款

背对背贷款（back to back loan）是为了解决平行贷款中的信用风险问题而产生的。它是指两个国家的公司相互直接贷款，贷款币种不同但币值相等，贷款到期日相同，各自支付利息，到期各自偿还原借款货币。在上面的例子中，英国 A 公司向美国 B 公司提供英镑贷款，B 公司则向 A 提供等值的美元贷款，A 将获得的美元转给其在美国的子公司，B 则将获得的英镑转给其在英国的子公司。背对背贷款的流程图如图 7 - 5 所示。

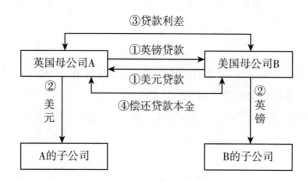

图 7 - 5　背对背贷款流程

背对背贷款尽管有两笔贷款，但只签订一个贷款协议，协议中明确若一方违约，另一方有权抵消应尽的义务。这就大大降低了信用风险，向货币互换大大迈进了一步。但是，背对背贷款涉及跨国借贷问题，这就存在外汇管制问题。因此，背对背贷款只有在 1979 年英国取消外汇管制后才作为一种金融创新工具而出现。

但背对背贷款还不是真正的互换，因为它是一种贷款行为，在法律上会产生新的资产和负债（双方互为对方的债权人和债务人），从而影响资产负债结构。为了解决这个问题，互换于 1981 年 8 月应运而生了。由于互换是负债的交换或资产的交换，其现金流的流出和流入是互为条件的，是一种表外业务，并不改变资产负债结构，因此深受欢迎，并得到了飞速的发展。

从图 7 - 4 和图 7 - 5 可以看出，若把利息支出和偿还贷款本金用一系列远期合约来规定，则平行贷款和背对背贷款相当于现货交易和一系列远期交易的组合，这点对于理解互换是很重要的。

（二）比较优势理论与互换原理

比较优势（comparative advantage）理论是英国著名经济学家大卫·李嘉图（David Ricardo）提出的。他认为，在两国都能生产两种产品，且一国在这两种产品的生产上均处于有利地位，而另一国均处于不利地位的条件下，如果前者专门生产优势较大的产品，后者专门生产劣势较小（即具有比较优势）的产品，那么通过专业化分工和国际贸易，双方仍能从中获益。

李嘉图的比较优势理论不仅适用于国际贸易，而且适用于所有的经济活动。只要存在比较优势，双方就可通过适当的分工和交换使双方共同获利。人类进步史，实际上就是利用比较优势进行分工和交换的历史。

互换是比较优势理论在金融领域最生动的运用。根据比较优势理论，只要满足以下两种条件，就可进行互换：一是双方对对方的资产或负债均有需求；二是双方在两种资产或负债上分别存在比较优势。

（三）金融互换的功能

（1）通过金融互换可在全球各市场之间进行套利，从而一方面降低筹资者的融资成本或提高投资者的资产收益，另一方面促进全球金融市场的一体化。

（2）利用金融互换，可以管理资产负债组合中的利率风险和汇率风险。

（3）金融互换为表外业务，可以逃避外汇管制、利率管制及税收限制。

二、金融互换的种类

金融互换虽然历史较短，但品种创新却日新月异。除了传统的货币互换和利率互换外，一大批新的金融互换品种不断涌现。

（一）利率互换

利率互换（interest rate swaps）是指双方同意在未来的一定期限内根据同种货币的同样的名义本金交换现金流，其中一方的现金流根据浮动利率计算，而另一方的现金流根据固定利率计算。互换的期限通常在 2 年以上，有时甚至在 15 年以上。

双方进行利率互换的主要原因是双方在固定利率和浮动利率市场上具有比较优势。

【例7-4】A、B 公司都想借入 5 年期的 1 000 万美元的借款，A 想借入与 6 个月期相关的浮动利率借款，B 想借入固定利率借款。但两家公司信用等级不同，故市场向它们提供的利率也不同，如表 7-2 所示。

表 7 - 2 市场提供给 A、B 两公司的借款利率

公司名	固定利率	浮动利率
A 公司	10.00%	6 个月期 LIBOR + 0.30%
B 公司	11.20%	6 个月期 LIBOR + 1.00%

注：此表中的利率均为一年计一次复利的年利率。

从表 7 - 2 可以看出，A 的借款利率均比 B 低，即 A 在两个市场都具有绝对优势。但在固定利率市场上，A 比 B 的绝对优势为 1.2%，而在浮动利率市场上，A 比 B 的绝对优势为 0.7%。这就是说，A 在固定利率市场上有比较优势，而 B 在浮动利率市场上有比较优势。这样，双方就可利用各自的比较优势为对方借款，然后互换，从而达到共同降低筹资成本的目的。即 A 以 10% 的固定利率借入 1 000 万美元，而 B 以 LIBOR + 1% 的浮动利率借入 1 000 万美元。由于本金相同，故双方不必交换本金，而只交换利息的现金流。即 A 向 B 支付浮动利息，B 向 A 支付固定利息。

通过发挥各自的比较优势并互换，双方总的筹资成本降低了 0.5%（即 11.20% + 6 个月期 LIBOR + 0.30% - 10.00% - 6 个月期 LIBOR - 1.00%），这就是互换利益。互换利益是双方合作的结果，理应由双方分享。具体分享比例由双方谈判决定。我们假定双方各分享一半，则双方都将使筹资成本降低 0.25%，即双方最终实际筹资成本分别为：A 支付 LIBOR + 0.05% 浮动利率，B 支付 10.95% 的固定利率。

这样，双方就可根据借款成本与实际筹资成本的差异计算各自向对方支付的现金流，即 A 向 B 支付按 LIBOR 计算的利息，B 向 A 支付按 9.95% 计算的利息。

在上述互换中，每隔 6 个月为利息支付日，因此互换协议的条款应规定每 6 个月一方向另一方支付固定利率与浮动利率的差额。假定某一支付日的 LIBOR 为 11.00%，则 A 应付给 B 5.25 万美元〔即 1 000 万 × 0.5 × (11.00% - 9.95%)〕。利率互换的流程如图 7 - 6 所示。

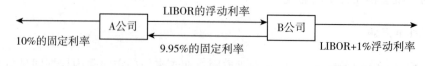

图 7 - 6 利率互换流程

由于利率互换只交换利息差额，因此信用风险很小。

（二）货币互换

货币互换（currency swaps）是将一种货币的本金和固定利息与另一货币的等价本金和固定利息进行交换。

货币互换的主要原因是双方在各自国家中的金融市场上具有比较优势。

【例 7 - 5】假定英镑和美元汇率为 1 英镑 = 1.5000 美元。A 想借入 5 年期的 1 000 万英镑

借款，B 想借入 5 年期的 1 500 万美元借款。但由于 A 的信用等级高于 B，两国金融市场对 A、B 两公司的熟悉状况不同，因此市场向它们提供的固定利率也不同（如表 7-3 所示）。

表 7-3　　　　　　　　　　　市场向 A、B 公司提供的借款利率

公司名	美元	英镑
A 公司	8.0%	11.6%
B 公司	10.0%	12.0%

注：此表中的利率均为一年计一次复利的年利率。

从表 7-3 可以看出，A 的借款利率均比 B 低，即 A 在两个市场都具有绝对优势，但绝对优势大小不同。A 在美元市场上的绝对优势为 2%，在英镑市场上只有 0.4%。这就是说，A 在美元市场上有比较优势，而 B 在英镑市场上有比较优势。这样，双方就可利用各自的比较优势借款，然后通过互换得到自己想要的资金，并通过分享互换收益（1.6%）降低筹资成本。

于是，A 以 8% 的利率借入五年期的 1 500 万美元借款，B 以 12.0% 利率借入五年期的 1 000 万英镑借款。然后，双方先进行本金的交换，即 A 向 B 支付 1 500 万美元，B 向 A 支付 1 000 万英镑。

假定 A、B 公司商定双方平分互换收益，则 A、B 公司都将使筹资成本降低 0.8%，即双方最终实际筹资成本分别为：A 支付 10.8% 的英镑利率，而 B 支付 9.2% 的美元利率。

这样，双方就可根据借款成本与实际筹资成本的差异计算各自向对方支付的现金流，进行利息互换。即：A 向 B 支付 10.8% 的英镑借款利息，即 108 万英镑；B 向 A 支付 8.0% 的美元借款利息，即 120 万美元。经过互换后，A 的最终实际筹资成本降为 10.8% 英镑借款利息，而 B 的最终实际筹资成本变为 8.0% 美元借款利息加 1.2% 英镑借款利息。若汇率水平不变的话，B 最终实际筹资成本相当于 9.2% 美元借款利息。若担心未来汇率水平变动，B 可以通过购买美元远期或期货来规避汇率风险。

在贷款期满后，双方要再次进行借款本金的互换，即 A 向 B 支付 1 000 万英镑，B 向 A 支付 1 500 万美元。到此，货币互换结束。若不考虑本金问题上述货币互换的流程图如图 7-7 所示。

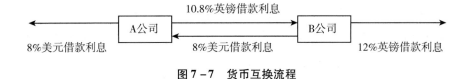

图 7-7　货币互换流程

由于货币互换涉及本金互换，因此当汇率变动很大时，双方就将面临一定的信用风险。当然这种风险仍比单纯的贷款风险小得多。

（三）其他互换

从最普遍的意义来说，互换实际上是现金流的交换。由于计算或确定现金流的方法有很多，因此互换的种类就很多。除了上述最常见的利率互换和货币互换外，其他主要的互换品种有：

（1）交叉货币利率互换。交叉货币利率互换（cross-currency interest rate swaps）是利率互换和货币互换的结合，它是以一种货币的固定利率交换另一种货币的浮动汇率。

（2）增长型互换、减少型互换和滑道型互换。在标准的互换中，名义本金是不变的，而在这三种互换中，名义本金是可变的。其中增长型互换（accreting swaps）的名义本金在开始时较小，而后随着时间的推移逐渐增大。减少型互换（amortizing swaps）则正好相反，其名义本金随时间的推移逐渐变小。近年来，互换市场又出现了一种特殊的减少型互换，即指数化本金互换（indexed principal swaps），其名义本金的减少幅度取决于利率水平，利率越低，名义本金减少幅度越大。滑道型互换（roller-coaster swaps）的名义本金则在互换期内时而增大，时而变小。

（3）基点互换。在普通的利率互换中，互换一方是固定利率，另一方是浮动利率。而在基点互换（basis swaps）中，双方都是浮动利率，只是两种浮动利率的参照利率不同，如一方为 LIBOR，另一方为基准利率。

（4）可延长互换和可赎回互换。在标准的互换中，期限是固定的。而可延长互换（extendable swaps）的一方有权在一定限度内延长互换期限。可赎回互换（puttable swaps）的一方则有权提前中止互换。

（5）零息互换。零息互换（zero-coupon swaps）是指固定利息的多次支付流量被一次性的支付所取代，该一次性支付可以在互换期初也可在期末。

（6）后期确定互换。在普通涉及浮动利率的互换中，每次浮动利率都是在该计息期开始之前确定的；后期确定互换（back-set swaps）的浮动利率则是在每次计息期结束之后确定的。

（7）差额互换。差额互换（differential swaps）是对两种货币的浮动利率的现金流量进行交换，只是两种利息现金流量均按同种货币的相同名义本金计算。例如，互换一方按 6 月期美元的 LIBOR 兑 1 000 美元的名义本金支付利息，另一方按 6 月期欧元的 LIBOR 减去 1.90% 的浮动利率兑 1 000 万美元的名义本金支付以美元表示的利息。

（8）远期互换。远期互换（forward swaps）是指互换生效日是在未来某一确定时间开始的互换。

（9）互换期权。互换期权（swaption）从本质上属于期权而不是互换，该期权的标的物为互换。例如，利率互换期权本质上是把固定利率交换为浮动利率，或把浮动利率交换为固定利率的权利。但许多机构在统计时都把互换期权列入互换的范围。

（10）股票互换。股票互换（equity swaps）是以股票指数产生的红利和资本利得与固定利率或浮动利率交换。投资组合管理者可以用股票互换把债券投资转换成股票投资，反之亦然。

本章小结

金融衍生工具是指建立在基础工具或基础变量之上，其价格取决于基础金融工具价格（或数值）变动的派生金融工具，如远期、期货、期权、互换等。金融远期合约是指双方约定在未来的确定时间，按确定的价格买卖一定数量的某种金融资产的合约。远期合约主要有远期利率协议、远期外汇合约和远期股票合约三种。

金融期货合约是指协议双方同意在约定的将来某个日期按约定的条件买入或卖出一定标准数量的某种金融工具的标准化协议。合约双方都交纳保证金，并每天结算盈亏。合约双方均可单方通过平仓结束合约。金融期货主要分利率期货、货币期货和股价指数期货三种，其主要功能是转移价格风险功能和价格发现功能。

金融期权是指赋予其买者在规定期限内按双方约定的价格买或卖一定数量某种金融资产的权利的合约，期权分看涨期权和看跌期权两大类，这两大类期权又有美式期权和欧式期权之分。

金融互换是约定两个或两个以上当事人按照商定的条件，在约定的时间内交换一系列现金流的合约。互换是利用比较优势理论进行的，它有利率互换和货币互换两种基本类型，并可派生出众多品种。互换具有降低筹资成本、提高资产收益、管理利率风险和货币风险、逃避外汇管制等功能。

习题

1. 简述金融远期合约的含义和特征。

2. 金融远期合约的种类有哪些？

3. 简述金融远期合约和金融期货合约的区别。

4. 简述远期外汇综合协议和远期利率协议的区别。

5. 简述期货和期权套期保值的区别。

6. 试述利用期权投机的盈亏特征。

7. 简述股票指数期货的概念和特点。

8. 简述看涨期权和看跌期权的区别。

9. 简述利率互换的概念和特征。

10. 简述货币互换的概念、特征和交易流程。

11. 假设连续复利的零息票利率如表 7-4 所示。请计算第 2～第 5 年的连续复利远期利率。

表7-4　　　　　　　　　　　　　连续复利零息票利率

期限（年）	年利率（%）
1	12.0
2	13.0
3	13.7
4	14.2
5	14.5

12. 公司A和公司B欲借款200万元，期限5年，它们面临的利率如表7-5所示。A公司希望借入浮动利率贷款，B公司希望借入固定利率借款。请为银行设计一个互换协议，使银行可以每年赚0.1%，同时对A、B双方同样有吸引力。

表7-5　　　　　　　　　市场提供给公司A和公司B的借款利率

公司名	固定利率（%）	浮动利率
公司A	12.0	LIBOR + 0.1%
公司B	13.4	LIBOR + 0.6%

13. 公司A希望按固定利率借入美元，公司B希望按固定利率借入日元。按目前的汇率计算，两公司借款金额相等。两公司面临的借款利率如表7-6所示。请为银行设计一个互换协议，使银行可以每年赚0.5%，同时对A、B双方同样有吸引力，汇率风险由银行承担。

表7-6　　　　　　　　　市场提供给公司A和公司B的借款利率

公司名	日元（%）	美元（%）
公司A	5.0	9.6
公司B	6.5	10.0

第八章　资产证券化市场

【本章要点】

资产证券化市场是金融市场上的一个新市场，直到 20 世纪 80 年代才开始在全球流行。资产证券化是将那些缺乏流动性，但能够产生可预见现金收入的资产（如住房贷款、学生贷款、信用卡应收款等）出售给特定发行人，通过创设一种以该资产产生的现金流为支持的金融工具或权利凭证，进而将这些不流动的资产转换成可以在金融市场上出售和流通的证券的一种融资过程或融资方法。

1. 掌握资产证券化的定义及要素；

2. 熟悉资产证券化的收益与风险分析；

3. 掌握资产证券化的分类；

4. 了解国外资产证券化市场的发展与操作模式；

5. 了解我国资产证券化的发展及应用。

【关键术语】

资产证券化；特别目的机构；专门服务机构；信用增级机构；投资银行；欺诈风险；法律风险；金融管理风险；等级下降风险；抵押支持证券；抵押过手证券；抵押担保债券；可剥离抵押支持证券；资产支持证券

【要闻导入】

信托公司布局资产证券化业务持续升温

据 wind 数据统计，2019 年前 5 个月，我国共有 27 家信托公司作为发行载体管理人在交易商协会发行了资产支持票据项目（ABN），规模合计 894.30 亿元，同比增长 335.64%；12 家信托公司发行了信贷资产证券化产品（CLO），规模合计 2 708.05 亿元，同比增长 17.31%。

例如平安信托在 2018 年成功推出国内首单互联网消费金融债券通 ABN，创造性地引入了境外投资者，为融资企业提供了多样化融资服务安排，助力企业降低融资成本；金谷信托截至 2018 年年末，信贷资产证券化累计发行规模突破 1 700 亿元，居行业前列。基础资产方面向信用卡贷款、个人汽车抵押贷款、个人住房抵押贷款和租赁资产等多个领域扩展，进一步覆盖资产证券化业务主要品类。2018 年，在信托公司作为发行机构发行的 CLO 产品中，住房抵押贷款类新增了 4 135.12 亿元。2018 年新增的信贷资产证券化的增长，主要来自住房抵押贷款增长。

资产证券化作为一种标准化债务融资工具，可以加速盘活企业存量资金、引导社会资金进入实体经济。在信托业资产规模温和下降的情况下，资产证券化业务仍能实现逆势增长，也显示出其作为信托业务转型抓手的优势。信托公司发行的资产证券化产品的基础资产种类也在不断丰富中，除了企业贷款、房地产、地方政府融资、金融同业、不良贷款等传统领域外，消费金融、普惠金融等新业务领域均可以和资产证券化有机结合。

资料来源：http://www.financialnews.com.cn/trust/hyzx/201906/t20190610_161461.html。

第一节　资产证券化的定义及要素

资产证券化是近 50 年来国际金融市场上最重要的金融创新产品之一。资产证券化起源于 20 世纪 60 年代末美国的住宅抵押贷款市场。1968 年，美国国民抵押协会首次公开发行"过手证券"，从此开启了全球资产证券化先河。此后资产证券化得以迅速发展。我国的资产证券化酝酿十年之久，经过不断探索，终于在 2005 年呈现在市场面前，诞生了国内真正意义上的首批资产证券化产品。

一、资产证券化的定义

广义的资产证券化是指某一资产或资产组合采取证券资产这一价值形态的资产运营方式，它包括以下四类：

实体资产证券化：即实体资产向证券资产的转换，是以实物资产和无形资产为基础发行证券并上市的过程。

信贷资产证券化：是指把欠流动性但有未来现金流的信贷资产（如银行的贷款、企业的应收账款等）经过重组形成资产池，并以此为基础发行证券。

证券资产证券化：即证券资产的再证券化过程，就是将证券或证券组合作为基础资产，再以其产生的现金流或与现金流相关的变量为基础发行证券。

现金资产证券化：是指现金的持有者通过投资将现金转化成证券的过程。

狭义的资产证券化是指信贷资产证券化。具体而言，资产证券化是将那些缺乏流动性，但能够产生可预见现金收入的资产（如住房贷款、学生贷款、信用卡应收款等）出售给特定发行人，通过创设一种以该资产产生的现金流为支持的金融工具或权利凭证，进而将这些不流动的资产转换成可以在金融市场上出售和流通的证券的一种融资过程或融资方法。

概括地讲，一次完整的证券化融资的基本流程是：发起人将证券化资产出售给一家特别目的机构（special purpose vehicle，SPV），或者由 SPV 主动购买可证券化的资产，然后 SPV 将这些资产汇集成资产池（assets pool），再以该资产池所产生的现金流为支持在金融市场上发行有价证券融资，最后用资产池产生的现金流来清偿所发行的有价证券。

资产证券化的最终目的是发行证券筹集资金，它代表了特定的资产组合，即证券的背后有具体的资产作为支持，证券的收益来自特定的基础资产。

二、资产证券化的参与者

（一）原始债权人（发起人）

原始债权人是指在与原始债务人签订的债权债务合同中享有债权的一方。原始债权人又被称为资产证券化的发起人，是创造应收款的实体和基础资产的卖方。他们发起应收款，并根据融资需要选择适于证券化的基础资产组成资产池，然后将其以真实销售的方式转移给 SPV，由后者来发行资产支持证券。因此，发起人在证券化中的基本作用是发起应收款、组建资产池及将其转移给证券发行机构。

（二）原始债务人

原始债务人是指在与原始债权人签订的债务合同中承担债务的一方，在抵押贷款中，原始债务人是指抵押贷款合同中承担还本付息义务的借款方。

（三）特别目的机构

应收账款的购买者一般指具有特别目的的机构、公司或者实体（分别缩写为 SPV、SPC 和 SPE）。为了保证有效性，SPV 通常采取独立公司的形式，通过可撤销信托形式持有其股份。由于所建立的 SPV 不会破产，应收账款就不会遭受发起人无力偿付的风险。SPV 还避免了股东妨碍公司或者开展其他业务，从而导致公司破产的可能。而独立公司的形式进一步降低了 SPV 和发起人发生实质性兼并的风险。

从当前国际上的证券化实践看，SPV 有三种形式：

1. 公司型 SPV

公司型 SPV 一般是为了某项资产证券化交易而成立的专门公司，通常由发起人组织，因而与发起人有着紧密的关系。这种形式虽然能够使 SPV 具有熟悉基础资产的优势，不过也导致了与发起人的风险隔离的宗旨相违背。在构建公司型 SPV 的过程中，必须运用必要的技术手段来防止这种风险危及证券化交易的成功。

SPV 公司的章程、组织条款或者其他组织文件的规定。第一，SPV 的主要业务范围只局限于特定的资产证券化交易。第二，SPV 不应该在发行资产支持证券之外还有其他债务，除非该债务与资产支持证券的评级相同或者更高；或该债务在资产支持证券之后受偿，并且在破产程序中不构成对 SPV 的可强制执行要求；或者该债务只有在现金流量超过向证券投资者支付的数额之后才获得支付，在现金流量不足以支付该债务时，债权人对 SPV 没有追索权。第三，SPV 被禁止与其他实体合并或者兼并，除非合并之后的实体也同样符合这些远离破产的要求。第四，如果没有独立董事的赞成，SPV 不会提出破产清算的申请、解散、清算、合并、兼并、出售全部或者大部分的资产或从事任何其他业务。

比较成熟的方法有下列几种：第一种就是使 SPV 与发起人保持距离，保持自身的独立地位；第二种就是设计发起人与 SPV 的双层结构；第三种是 SPV 可以由两类股权构成，而自愿破产申请必须得到所有类型的股东同意。

2. 信托型SPV

信托型SPV与公司型SPV不同，这些机构主要是信托公司或者经营信托业务的金融机构，并且这些公司一般都是早已存在的实体，并不是为了某一项资产证券化业务而特别设立的。一般认为信托型SPV要具备法人资格，并且具有必要的措施保证资产证券化交易与其他业务的绝对分离。但是根据《海牙信托公约》规定的一般信托的先决条件，要求信托具备的两大条件是：第一，类似法人的地位，使受托人有起诉与被起诉的资格；第二，信托财产的独立性，使管理人的债权人不得对信托财产强制执行。所以只要具有法人的类似地位，信托是否具有法人资格，并不影响法律主体的独立性。因而对于信托型SPV在组织结构上并无特殊的要求，只要具有各国承认的相应法律地位即可。只是在资产证券化交易过程中，发起人会考虑到交易的具体操作情况以及经济利益性，在达到法律确认标准的前提下，来具体选择合适的SPV组织形式。

信托有无偿信托与有偿信托之分。资产证券化涉及的信托是商业信托，即有偿信托。在商业信托中，受托人因受托而享有偿付权利，托管人则保有商业信托交易结束后取回信托财产的剩余部分的权利。其交易的基本过程是在发起人确定了SPV之后，两者签订信托契约。信托契约是信托型资产证券化的基础性文件，其详细规定了发起人与SPV之间的关系以及各自的权利义务。

相对于公司型SPV而言，信托型SPV具有明显的优势在于：SPV的构建比较简单，特别是不需要像双层公司型SPV等复杂的构建，节约了操作成本，更主要的这种资产证券化交易的实质是一笔投资人转贷给发起人的抵押贷款，发起人的信托剩余价值实质上起到了超额担保的作用，发起人对其的享有取决于投资人收回本金和利息的情况，投资人具有优先求偿权。这样一种结构安排兼顾了发起人与投资人两者的利益，实际又具有二元追索的实效，发起人省却了许多吸引投资者的技术操作麻烦和经济成本。

在资产证券化交易过程中，信托型SPV不可或缺的另一个重要原因在于信托自身所具有的独立性和附随的资产转移的无争议性。其独立性主要体现在：

（1）独立于委托人的财产。美国法律认为信托关系的存在导致信托财产与委托人的其他财产的分离，委托人的债权人是基于委托人信托财产以外的资产来判断委托人的资产信用的，不会造成债权的误解，因而即使委托人破产也不应该强制执行已经信托了的财产。

（2）独立于受托人的财产，受托人只是接受委托人的委托对信托资产进行管理、处分，从而获取报酬。我国2018年颁布的《中华人民共和国信托法》第十六条规定，"信托财产与属于受托人所有的财产（以下简称固有财产）相区别，不得归入受托人的固有财产或者成为固有财产的一部分。"

（3）独立于受益人的财产。在资产证券化交易中，受益人即证券持有人不论持有的是股权凭证还是债权凭证，都不是物权凭证，不具有直接支配力。而且在资产证券化交易中涉及的投资者数量庞大，如果仅仅因为一个投资者的破产而清算信托，也是不可行的。

3. 有限合伙型 SPV

有限合伙型 SPV 的业务范围比较狭窄，组织结构也是非大众化的。

（四）专门服务机构

专门服务机构简称服务商，是面向原始债务人的、从事还款收集等相关活动的证券化服务中介。服务商作用主要包括：收取借款人每月偿还的利息；将收集的还款存入受托人设立的特定账户；对每个借款人履行贷款协议的情况进行监督；管理相关税务和保险事宜；在借款人违约的情况下实施有关的补救措施。随着抵押贷款交易规模及数量的不断增长，整个管理服务工作被分给多个服务商来共同完成。这些服务商按职责分为主服务商、附属服务商及特别服务商，其中特别服务商的主要职责是监督和处理有问题的基础资产。一旦基础资产出现违约，对这些资产的管理服务将从主服务商转移到特别服务商，特别服务商将有权采取必要的措施来保护证券持有者的利益。

（五）受托人

受托人是面向投资者、担任资金管理和偿付职能的证券化中介机构。受托人的主要职责包括：代表证券持有人的利益而持有抵押品；定期监察相关合约的遵守情况；向投资者偿付本金和利息；将闲余现金进行投资；担任注册和转移的代理人；违约时实施补救措施。受托人一般满足以下标准：

（1）受托人必须以资金形式持有资产，并拥有专门为特定交易设计的账户。

（2）资金和账户必须以投资者受益为目的由信托机构持有。

（3）这些资金不应与受托人的其他资金相混合。

（4）在服务人"辞职"或变更的情况下，受托人应愿意并能承担起提供暂时服务的职责。

（六）信用增级机构

信用增级主要是为了帮助投资者吸收信用风险，提高证券的信用评级，在资产证券化的运作中占据非常重要的地位。资产支持证券至少会得到一家普遍被认可的评级机构（穆迪、标准普尔、惠誉）的最高信用评级。信用增级可以有多种形式，大体上分为两种：外部增级和内部增级。

1. 外部增级

第三方信用证。当发行人的信用评级低于发行证券的要求时，第三方可以提供信用证对一定量或者一定比例的信用损失进行担保。发行人在基础资产产生的超额现金流中提取一部分作为对第三方提供信用增级的报酬。

资产出售方提供追索权。主要被用于非银行发行者，这种方法用资产出售方的特定保证来吸收基础资产一定范围内的最大信用风险损失。

债券担保。用第三方发行的债券作为担保，通常由 AAA 级的保险公司发行，这种方法通常提供证券交易中本金和利息支付金额的100%为比例担保。

2. 内部增级

超额剩余。资产池在一个约定的时期能产生的现金流通常会大于息票支付、服务费以及预期损失之和。资产池产生的现金流在扣除了前述的费用后的剩余部分就叫作超额剩余。在正常情况下，超额剩余部分将会被视作额外的利润，但是如果出现了预期外的损失，它就被用来弥补该损失。

剩余账户。超额剩余不仅在出现预期外损失之后可以弥补损失，在出现资产池现金流减少或者损失增加等表明风险增大的情况时，许多信托协议都规定要将超额剩余存入一个指定的账户，用来为风险增大后的证券提供信用增级。

现金担保账户。这是与信托协议隔离的账户。当超额剩余为零时，可以动用现金担保账户来弥补特定系列的利息、本金以及服务费支付的短缺。此账户由发起人设立，只有对该系列所有的受益凭证支付完毕之后，才能将从此账户动用的资金返回。

次级债券。次级债券的受偿权要落后于其他债券，只有当受偿权优先于次级债券的所有债券都得到支付之后，才能对此次级债券进行支付。有些分层结构的债券不止包含一层次级债券。

以上是资产证券化运作中主要采取的信用增级方式，多数的证券结构设计不仅使用一种技术，而是通过以上多项技术的组合使用来加强信用增级效果。

（七）信用评级机构

信用评级已被公认为是最客观、最充分的信用风险衡量标准，从一家或多家评级机构获得一个有利的信用评级对大多数进行公开发售或私募的资产支持证券的前景至关重要。首先评级机构要对基础资产进行考核。具体就是对贷款发放标准、借款人信用状况、贷款地理分布、贷款组合的分散化程度等进行考核。其次，评级机构要对相关的参与人和交易结构进行考核。此外，对交易的信用增级方式、信贷额度、触发事件处理等结构设计的问题也要进行全面考核。对证券化全过程进行详细考核后，评级机构会公布评级结果，即证券化产品的最终信用评级。

（八）证券承销商

证券承销商是指为SPV所发行的证券进行承销的实体，其目的是确保证券的销售成功。

（九）投资者

投资者是指在资本市场上购买特别目的机构发行的抵押支持证券或资产支持证券的机构或个人。

三、资产证券化的流程

资产证券化的核心是破产隔离，包括两个方面：一是资产转移必须是真实销售的，二是 SPV 本身是破产隔离的。破产隔离的实现有设立特别目的信托和特别目的公司两种方式。具体的流程主要有六步。

（一）组建资产池

发起人（一般是发放贷款的金融机构，也可以称为原始权益人）根据自身的资产证券化融资要求，确定资产证券化目标，对自己拥有的能够产生未来现金收入流的信贷资产进行清理、估算和考核，根据历史经验数据对整个组合的现金流的平均水平有一个基本判断，确定借款人信用、抵押担保贷款的抵押价值等，并将应收和可预见现金流资产进行组合。对现金流的重组可按贷款的期限结构、本金和利息的重新安排或风险的重新分配等进行，根据证券化目标确定资产数，最后将这些资产汇集形成一个资产池。资产池应有下列特征：

（1）资产可以产生稳定的、可以预测的现金流收入。

（2）原始权益人持有该资产已有一段时间，且信用表现记录良好。

（3）资产应具有标准化合约文件，即资产具有很高的同质性。

（4）资产抵押物的变现价值较高。

（5）债务人的地域和人口统计分布广泛。

（6）资产的历史记录良好。

（7）资产池中的资产应达到一定规模，从而实现证券化交易的规模经济。

（二）组建 SPV，实现真实出售

特别目的机构有时由发起人设立，但它是一个以资产证券化为唯一目的、独立的信托实体，注册后，特别目的机构的活动必须受法律的严格限制，其资本化程度必须很低，资金全部来源于发行证券的收入。特别目的机构成立后，与发起人签订买卖合同，发起人将资产池中的资产出售给特别目的机构。这一交易必须以真实出售（true sale）的方式进行，即出售后的资产在发起人破产时不作为法定财产参与清算，资产池不列入清算范围，从而达到"破产隔离"的目的。破产隔离使得资产池的质量与发起人自身的信用水平分离开来，投资者就不会再受到发起人的信用风险影响。

（三）完善交易结构，进行信用增级

特别目的机构在与发起人就资产证券化的资产池签订真实出售的买卖合同之后，和发起人一起确定一家托管银行并签订托管合同，与银行达成必要时提供流动性支持的周转协议，与投资银行达成承销协议等，来完善资产证券化的交易结构。为了吸引更多的投资者，改善发行条件，特别目的机构必须提高资产支持证券的信用等级，使投资者的利益能得到有效的保护和实现。因为资产债务人的违约、拖欠或债务偿还期与 SPV 安排的资产证券偿付期不相符都会给投资者带来损失，所以信用增级技术代表了投资银行的业务水平，成为资产证券化成功与否的关键之一。

（四）资产证券化的评级

资产支持证券的评级为投资者提供证券选择的依据，因而是构成资产证券化的又一重要环节。资产证券化的评级与一般债券评级相似，但有其自身特点。信用评级由专门评级机构应资产证券发起人或投资银行的请求进行。评级考虑因素不包括由利率变动等因素导致的市场风险，而主要考虑资产的信用风险。被评级的资产必须与发起人信用风险相分离。由于出售的资产都经过了信用增级，一般地，资产支持证券的信用级别会高于发起人的信用级别。证券定级后，评级机构还要进行跟踪监督，根据经济金融形势，发起人、证券发行人有关信息，资产债务的履行情况，信用增级情况，及提供信用增级的变化等因素，做出监督报告定期向外公布。因此资产证券化的评级较好地保证了证券的安全度，这是资产证券化比较有吸引力的一个重要因素。

（五）安排证券销售，向发起人支付购买价格

在信用增级和评级结果向投资者公布之后，由投资银行负责向投资者销售资产支持证券（ABS），销售的方式可采用包销或代销。特别目的机构从投资银行处获取证券发行收入，再按资产买卖合同中规定的购买价格，把发行收入的大部分支付给发起人。

（六）证券挂牌上市交易，资产售后管理和服务

资产支持证券发行完毕后到证券交易所申请挂牌上市，真正实现了金融机构的信贷资产流动性。但资产证券化的工作并没有全部完成。发起人要指定一个资产池管理公司或亲自对资产池进行管理，负责收取、记录由资产池产生的现金收入，并将这些收入全部存入托管行的收款专户。托管行按约定建立积累金，交给特别目的机构，由其对积累金进行资产管理，以便到期时给投资者还本付息。待资产支持证券到期后，还要向聘用的各类机构支付专业服务费。由资产池产生的收入在还本付息、支付各项服务费之后，若有剩余，按协议规定在发起人和SPV之间进行分配，整个资产证券化过程即告结束。

四、资产证券化的功能

资产证券化自诞生以来，虽然仅有50年的历史，但却取得了飞速发展。目前，美国的资产证券化市场已成为美国仅次于联邦政府债券的第二大市场。资产证券化对优化资源配置、促进产业发展、强化银行监管、促进金融体制改革以及拓展投资银行业务等方面都具有重要意义。

（一）资产证券化有利于促进房地产业发展

在资产证券化的领域内，住宅抵押贷款证券化，特别是美国的住宅抵押贷款证券化居于首要的地位。因为美国的住宅抵押贷款证券化是全球资产证券化的起源，且是目前证券

化最为成功的品种，其规模占全球资产证券化总规模的绝大部分。其他地区如欧洲和日本的住宅抵押贷款证券化，以及其他品种的证券化，其原则和方法都是从美国的住宅抵押贷款证券化移植过来的，从而使其成为资产证券化的模板。

在 20 世纪 60 年代末，美国住宅抵押贷款证券化的出现有着深刻的产业契机。当时美国推行高利率政策，商业银行和储贷协会等金融机构由于受 Q 条例存款利率上限的限制，面临着严重的经营危机，进而引起房地产业的危机。这种危机源于储蓄类金融机构资产期限结构的固有缺陷，他们的资产绝大部分为期限长达二三十年的固定利率住宅抵押贷款。在利率上升的环境中，其固定的资产收益率渐渐不能弥补攀高的短期负债成本，致使经营亏损。从房地产业的角度来看，危机在于住房金融市场的资金来源匮乏，不能保证房地产业的健康发展。因此，作为缓解危机的举措，由政府导入的住宅抵押贷款证券化，直接地指向储蓄金融机构资产流动性不足的问题，其更深层次的意图在于挽救危机中的房地产金融，为房地产业的复兴和发展开辟充裕的资金来源。可见，资产证券化的产生有深刻的产业渊源，它自诞生起便是为房地产业的发展服务的。

（二）资产证券化有利于强化商业银行监管

20 世纪 90 年代，西方发达国家银行业的潜在问题逐渐暴露，呆账也开始蔓延和扩大。资产证券化作为政府帮助金融业摆脱呆账困境的一种措施被推广采用。例如，《巴塞尔协议》要求商业银行的资本充足率不得低于 8%，许多商业银行则通过资产证券化技术，将部分贷款通过证券化转移到资产负债表外，以减少风险资产额，从而提高资本充足率，使贷款成为具有流动性的证券。不仅如此，资产证券化还可将银行贷款的各种潜在风险转化为证券市场上的风险，通过证券二级市场及时地分散给资产担保证券的投资者。可见，资产证券化对改善资产质量，扩大资金来源，分散信用风险，缓解资本压力，提高金融系统安全性等方面都有着重要的作用。这就说明，资产证券化的意义是极为深刻的，它绝不同于一般意义上的证券融资活动，而在更大程度上属于一种理财手段或资产负债管理策略。

（三）资产证券化有利于促进金融体制创新，促使商业银行与投资银行业务相融合

在传统的金融体制下，商业银行等间接性的金融中介机构发放贷款，并把贷款保留在它们的资产组合中，这就自然而然地承担了贷款所可能引致的各种风险。资产证券化的出现促成了金融体制的创新，即由商业银行等中介机构发放贷款，然后把它们的贷款资产适时地出售给从事资产证券化业务的投资银行，投资银行可以把贷款资产的服务权出售给其他的银行或专门从事贷款服务的机构，或直接将由贷款资产所支持的资产担保证券出售给个人或机构投资者。

资产证券化使传统的金融体制发生了深刻的变化，它改变了"贷款→回收→再贷款"的传统银行业务模式，构建了"贷款→贷款出售→再贷款"的新模式，在新的金融体制中，除了原先的商业银行以外，投资银行、保险公司、贷款服务机构以及个人和机构投资者也加入进来，商业银行已不必去独自承担信用风险，资产担保证券的投资者便自然地成为乐

于接受风险者，与保险和担保机构一起承担信用风险。由资产证券化所促成的金融体制的创新，充分地体现了金融业内部分工协作的原则，各类机构利用自己的比较优势，在贷款业务的链条中富有效率地发挥自己独特的不可替代的功能。

资产证券化既延展着传统的商业银行的贷款业务，又促成了现代投资银行的业务创新，成为金融工程的新内容。因此，资产证券化成为商业银行业务与投资银行业务接合部，是直接金融与间接金融的完美结合。

第二节 资产证券化的收益与风险分析

资产证券化正在许多国家以不可阻挡的势头迅速发展，这种趋势是金融行业内外多种因素影响的结果。资产证券化过程的所有参与者都会从中获得收益，但也会遇到不利的方面。为使风险最小化，使这些参与方能在证券化过程中做出明智的决策，本节将阐述证券化进程中的收益与风险。

一、资产证券化各参与者的收益分析

（一）发起人

资产证券化的发起人通常是金融机构，也可以是其他类型的公司。金融机构通过发行过手证券来出售证券化的资产，而其他类型的公司大多趋向于以债务形式发行转付证券。根据所使用的结构类型，证券化可以给发起人提供更低的融资成本，多样化的资金来源，以及更好的资产负债管理，使得金融机构能够更充分地利用现有的能力，实现规模经济。通过证券化的资产在公开市场中出售，金融机构可迅速获得流动性。证券化可以使一个金融机构通过在市场中较好地匹配长期和短期的投资者与融资者，而真正发挥金融中介的作用。通过将资产包装设计成多等级证券，金融机构能满足大范围的投资者要求，而不是只限于单一投资者。通过资产证券化和出售，卖方能够将其利率风险分散给那些更愿意和能够吸收风险的投资者承担，通过证券化出售利率敏感的资产，金融机构可以更加灵活地为消费者提供金融工具。

（二）特别目的机构

特别目的机构是一个中介机构，它购买发起人的原始信用产品，加以整合，然后出售包装后的证券。这类机构以某种价格购买信贷资产，并将其组合重新包装，以增加其价值，然后以一个较高的价格出售。通过购买、证券化和出售，特别目的机构几乎将信用风险都分散给投资者承担，这样降低了其所有者权益成本，因为这些资产将不再出现在资产负债表中。由于特别目的机构不产生与证券化贷款的产生、保留和承销相关联的费用，避免了这些环节中的员工成本，这样也为金融机构提供了一个机会使其利润来源多样化，同时有利于机构在市场中寻求一席之地，广泛建立与上游投资者和下游客户之间的关系，充分发挥专业特长。

（三）信用增级机构

信用增级机构可以是母公司、子公司或者其他金融机构，它可以是担保公司或者保险公司。它作为一个第三方实体更适合于使这类交易成为"真实出售"，信用增级机构通常按比例收取一定的服务费用，如按担保金额的 0.5% 收取。

（四）投资银行

资产证券化为投资银行开辟了一项新业务。投资银行在资产证券化过程中充当承销商的角色。由于投资银行具备了必要的专业知识和良好的信誉，有利于资产支持证券的成功发行，并且投资银行通过进一步开辟市场，加强了与银行之间的沟通联系，同时也增加了发行收入。

（五）投资者

证券化过程为投资者在市场中提供了一个高质量的投资选择机会。在许多情况下，当金融机构将其资产通过信用增级转换为 AAA 级资产支持证券时，便为投资方创造了一个合格的投资机会。大多数组合资产都是由许多小额信用资产集合而构成，促进了组合的多样化，其中的一两个贷款违约不会对整个组合有质的影响。而且许多组合资产保持地理区域多样化，因此，某一地区的经济的低速发展不会深刻或迅速地影响到整个组合资产的绩效，而且投资者通过购买不同的组合资产的部分证券能够避免地理和行业的集中带来的风险。由于信用评级由第三方执行，然后公布等级，投资者不用自己去分析每个发起人的资信，这也是吸引投资者的一个优势所在。

二、资产证券化的风险分析

由于资产证券化的绝对复杂性，每一次交易无论怎样被设计，都仍然存在一定的风险。常见的资产证券化风险有如下几种：

（一）欺诈风险

从美国证券市场及其他国家证券市场中我们可以看到，由于欺诈的发生而使投资者受损的例子屡见不鲜。陈述书、保证书、法律意见书、会计师的无保留意见书及其他类似文书都被证明不足以控制欺诈风险的发生。

（二）法律风险

虽然法律函件及意见书原本是为了消除外部的风险因素，但有时法律的不明确性及条款的变化本身往往成为整个交易过程中的风险因素，事实上法律风险是资产证券化过程中一直伴随且起关键作用的一种风险。

（三）金融管理风险

资产证券化是金融管理发展的高峰，它代表了履约、技术和结构技巧的完美平衡。任一因素发生故障，整个交易都可能面临风险。我们把这种风险称为金融管理风险，主要包括参与者不能按协议进行交易、设备不能按要求运作（如计算机故障）以及交易机制出现故障等。

（四）等级下降风险

已有的证券化条例中已经证实，资产证券化特别容易受到等级下降的损害，因为资产证券化交易的基础包含许多复杂多样的因素，如果这些因素之一恶化，整个证券发行的等级就会陷入危险境地，从而对市场产生巨大的影响。

除了上述几种风险之外，还存在一些其他风险，诸如政策性风险、财产和意外风险、合同协议或证券失效、对专家的依赖风险等。所有这些风险都不是彼此独立地存在着，而是相互联系的。这些证券化风险的影响及发生的可能性因交易的不同而有所不同。因此投资者必须识别这些风险，分析它们的规模，审查减少风险的方法，以及正确估计那些减少风险的手段的有效性。投资者在任何资产证券化过程中，应阅读资产支持证券交易中所提供的陈述书、保证书及赔偿文书等文件，了解他们的责任范围，查看是否有法律顾问出具的法律意见书以及注册会计师出具的无保留意见书。要对证券化结构中存在的大量风险进行防范，最重要的是看信用增级的手段，是否有一家信誉卓著的银行或保险公司提供百分之百的担保。投资者只有经过谨慎调查，才能从资产证券化过程中获得一定风险水平上更高的收益。

第三节　资产证券化的分类

根据产生现金流的资产证券化类型不同，资产证券化最基本的分类为抵押支持证券（mortgage-backed securities，MBS）和资产支持证券（asset-backed securities，ABS）。MBS与ABS之间最大的区别在于：前者的基础资产是住房抵押贷款，后者的基础资产是除住房抵押贷款以外的其他资产。

与MBS相比，ABS的种类更加繁多，具体可以细分为以下几个品种：汽车消费贷款、学生贷款证券化；信用卡应收款证券化；贸易应收款证券化；设备租赁费证券化；基础设施收费证券化；保费收入证券化；中小企业贷款支持证券化；等等。

另外，资产证券化产品还可以从其他方面分类。从资产质量分为不良贷款证券化和优良贷款证券化。从贷款种类可分为：住房抵押贷款证券化；以水电气、路桥等收费收入为支持的基础设施贷款证券化；汽车消费贷款证券化等。从贷款的形成阶段可分为存量贷款证券化和增量贷款证券化。从贷款的会计核算方式可分为表内贷款证券化和表外贷款证券化。

图8-1和图8-2总结了美国及欧洲资产证券化产品的主要分类。从图8-1可以看

出，美国的资产证券化产品主要分为 MBS、ABS 和 CDO，其中 CDO 本身就可以归到广义的 ABS 中。而欧洲的资产证券化产品除了 MBS、ABS 和 CDO 外，另外还有三大特色资产证券化产品：WBS、SME Sec 和 CB。

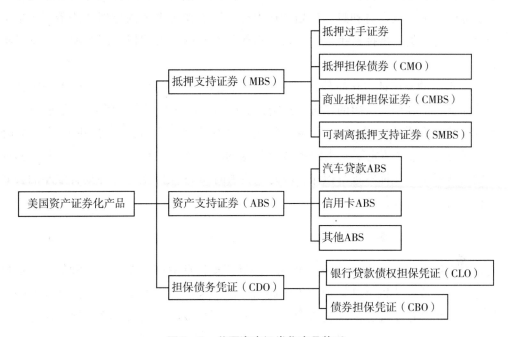

图 8-1　美国资产证券化产品体系

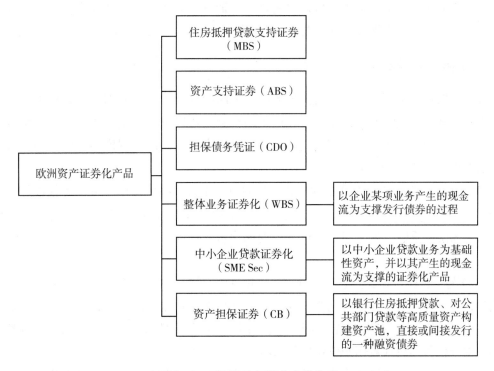

图 8-2　欧洲资产证券化产品体系

一、抵押支持证券的定义和分类

抵押支持证券是以各种抵押债权（如各种住房抵押贷款等）或者抵押池的现金流作为支持的证券的统称。根据对利息、计划偿还本金、提前偿还本金的处理方法不同，抵押支持证券可以分为四类：抵押过手证券、抵押担保债券、商业抵押担保证券和可剥离抵押支持证券。

MBS 是最早的资产证券化品种，产生于 20 世纪 60 年代的美国。它主要由美国住房专业银行及储蓄机构利用其贷出的住房抵押贷款发行的一种资产证券化商品。其基本结构是，把贷出的住房抵押贷款中符合一定条件的贷款集中起来，形成一个抵押贷款的集合体（pool），利用贷款集合体定期发生的本金及利息的现金流入发行证券，并由政府机构或政府背景的金融机构对该证券进行担保。因此，美国的 MBS 实际上是一种具有浓厚的公共金融政策色彩的证券化商品。

（一）抵押过手证券

抵押过手证券（pass through securities）是抵押支持证券中最基本的一种形式。抵押过手证券是将一个或一个以上抵押贷款集合起来建立一个抵押贷款池并出售该抵押池的参与凭证形成的。抵押过手证券的现金流取决于标的抵押贷款的现金流，这些现金流包括每月规定的还款额（其中包括了利息和计划归还的本金）和提前偿付本金。每月由抵押池产生的这些现金流扣除一定的费用后再按比例过手给证券持有人。由于抵押贷款人始终具有提前偿付的动机，因此抵押过手证券存在着提前偿付风险。

（二）抵押担保债券

投资于抵押过手证券存在提前偿付风险。不同的投资者对风险的偏好程度不同，为了满足不同投资者的风险偏好，抵押贷款产生的现金流可以重新分配，从而使提前偿付风险也得到重新分配，形成一系列不同期限、不同息票率、不同风险程度的投资序列，由此形成了抵押担保债券（CMO）。

CMO 是以抵押过手证券或抵押贷款本身的现金流为基础发行的一种衍生债券，又称为多级抵押支持债券。资产池中总的提前偿付风险并没有因为 CMO 的出现而减少，CMO 提供的只是风险的重新分配。当部分投资者的风险暴露程度降低时，其他投资者的风险暴露程度提高了。

CMO 是一种转付债券。它是一种由一个抵押组合或一些抵押权过手证券的组合作担保的债券，由于抵押贷款证券的现金流动是从基本担保品中派生出来的，因此又称为衍生证券。在 CMO 结构中，存在着若干等级具有不同的合同规定期限的债券持有人。来自基本担保品的本金偿付连续地被用于偿付这种债券。

本金与利息支付机制的变化是 CMO 与过手证券的本质区别。在过手证券中，投资者按比例接收由借款人支付的任何本金和利息，而 CMO 则改变了现金流的支付，它利用长期的、每月支付的抵押现金流去创造短、中、长期不同级别的证券，从而满足了不同投资者的需求。如 CMO 中的短期证券对寻求规避利率风险的投资者具有吸引力，而长期的证券由于有赎回保护条款，因而满足了投资者规避赎回及再投资的风险。

在一个典型的抵押担保债券中，有四类债券，一般被称为 A 类、B 类、C 类和 Z 类。前三类可以从基本担保品中获得定期的利息支付。Z 类债券是一种应计利息累积债券，在其他三类债券被清偿之前不能定期获得利息。当 CMO 受托人获得本金偿还时，这些款项被用于偿付 A 类债券；当全部 A 类债券被偿清之后，所获得偿还的本金被用于偿付 B 类债券；当 A、B、C 三类债券被全部清偿后，从余下的基本担保品中获得的全部现金流量才被用于满足 Z 类债券的债权要求（原始本金加上应计利息）。

（三）商业抵押担保证券

商业抵押担保证券（commercial mortgage backed securities，CMBS）是一种不动产证券化的融资方式，将多种商业不动产的抵押贷款重新包装，通过证券化过程，以债券形式向投资者发行。该项产品具有发行价格低、流动性强、充分利用不动产价值等优点，因此问世以来，它在全球不动产金融市场迅速成长，为传统银行贷款之外，地产开发商筹资的新选择。以美国区域为例，目前商业抵押担保证券占商用地产融资市场的 1/3。

1. 商业抵押担保证券的产生发展

CMBS 诞生于 1983 年。当时，美国 Fidelity Mutual 人寿保险公司将价值 6 000 万美元的商业地产抵押贷款以证券的方式出售给另外三家人寿保险公司，从此开始出现了商用房产抵押贷款证券化这一崭新的证券化形式。这一交易被评为 AAA 级之后，多家商业银行、储贷机构和投资银行纷纷仿效这一交易方式。20 世纪 80 年代末期，美国不动产市场严重衰退，再加上其他因素，造成商业性不动产抵押贷款违约不断，拖累专门从事不动产抵押贷款的储贷机构。为了处理倒闭银行与它们手上的不良债权，美国国会立法成立清算信托公司（Resolution Trust Corporation，RTC）。90 年代中期，商业性不动产不良债权的清理已有相当好的成效，RTC 因此逐渐淡出 CMBS 市场，同时金融机构渐渐将 RTC 处理商业性不良债权证券化的技巧普遍应用到商业性不动产抵押贷款中，大大推动了 CMBS 的发展，CMBS 逐渐成为一种比较成熟和相对稳定的融资手段和技术。

2. 中国 CMBS 的发展

20 世纪 80 年代中后期，商业房地产开始在中国大城市（如北京、上海）出现，其主要以较成规模的百货店为主。20 世纪 90 年代，以深圳、广州为代表的沿海开放城市越来越多地引进了大型超市、仓储式商店、便利店等当时在国外比较先进的商业经营理念，促使商业房地产得到进一步发展。在 21 世纪的头几年，商业房地产进入了快速成长期。统计数字表明，2002 年随着中国加入世贸组织，国内商业地产的资金比重陡增 11.8%。回顾房地产业的发展历程，我们可以看到商业房地产发展的巨大潜力。商业地产深受国际市场和国内市场的关注，是投资机构加大投资的焦点。2005 年中国人民银行、中国银行业监督管理委员会公布《信贷资产证券化试点管理办法》，银监会公布《金融机构信贷资产证券化监督管理办法》，意味着 CMBS 作为信贷资产证券化产品，其发行在中国已具备了初步的法律框架。

3. CMBS 的优势与风险

过去，由于与银行保持着紧密的长期合作，借款人不太可能在资本市场寻找借款。但是许多人已经发现，通过银行借钱并不是最有效的融资方式。证券化贷款对贷款价格和条件产生巨大的影响，证券化为资产负债表放贷人提供了选择，这些证券化产品正在创建极具竞争力的贷款环境。

与其他融资方式相比，CMBS 的优势在于发行价格低、流动性强、放贷人多元化、对母公司无追索权、释放商业地产价值的同时保持未来增长潜力及资产负债表表外融资等。

对证券发起人而言，CMBS 通过为传统的债务和资产融资形式提供融资选择，为发起人提供更有效、成本更低的融资来源，使发起人的融资来源更加多元化，同时发起人可将相对不流动的金融资产变成流动的、可交易的金融资产，补充其资金来源，用于再融资活动。此外，发行者还可以更容易地将资产从其资产负债表中转移，有助于发起人提高各种财务比率，从而更有效地运用资本。对投资者而言，CMBS 能够提供比同等期限的政府债券更高的收益，而信用、期限和支付结构的无限多样性和灵活性，可以使投资产品满足不同投资者的个性化需要。

（四）可剥离抵押支持证券

可剥离抵押支持证券（Stripped Mortgage-Backed Security，SMBS）又称"本息切块抵押贷款证券""切块抵押贷款证券"，是将资产池现金流中的利息与本金进行分割与组合，由此衍生出的金融产品。它是 1986 年美国联邦国民抵押贷款协会推出的一种金融工具。可剥离抵押支持证券重新分配了抵押池中产生的现金流，将现金流具体区分为利息和本金，利息全部支付给一类证券持有人，本金则全部支付给另一类证券持有人。可剥离抵押支持证券可以分为以下三类：

1. 合成息票过手证券

合成息票过手证券拆分抵押贷款组合中的收入流，分别以贷款的本金收入流和利息收入流为基础发行的抵押贷款本金债券和利息债券。合成息票过手证券的特点：利息债券投资的收入流在还贷初期比较大，并随着贷款余额的下降而递减；本金债券的投资收入在还贷初期比较小，随着利息支付的下降反而呈增长趋势。

2. 纯利息/纯本金证券

1987 年，可剥离抵押支付证券正式发行，这类证券从资产池中收到的所有利息都分配给利息证券持有人，收到的全部本金都分给纯本金证券持有人。

3. 剥离式抵押担保债券

剥离式抵押担保债券是 SMBS 结构中的一个纯利息序列或者纯本金序列。

可剥离抵押支持证券可以用于对抗利率风险和提前偿付风险。纯本金部分能对抗利率降低带来的风险，这是因为利率降低时，提前还款率提高了，这时纯本金证券的持有者就能提前收回本金，较快实现收益。然而利率上升时纯本金证券的价值降低了，这时因为收回本金的时间延长，利率的上升又导致贴现因子升高，使得未来现金流的现值降低，从而导致纯本金证券的价值降低了。

【例8-1】 假定有一个过手证券的抵押池，支持纯本金证券的名义本金规模为200万元，期限为20年。按照纯本金证券的息票率计算，在该证券的续存期内，纯本金证券持有人能够收到的全部现金为280万元。考虑一个极端的情况，当市场利率迅速降低致使抵押池重点资产的200万元本金全部提前收回，则纯本金证券持有人就可以在极短的时间内收到280万元，马上实现40%的收益。因此纯本金证券很好地对抗了利率降低风险。

纯利息部分对于利率的反应则不尽相同。利率上升时，提前还款率降低，未偿还本金的增多使每期能收到的利息数额增加，这对于投资者似乎是个好消息。但是，利率上升导致贴现因子上升，则会部分抵消每期利息收入增多给投资人带来的喜悦。但利率降低时，提前还款的增加导致利息收入减少，然而贴现率的降低弥补了投资人的部分损失。让投资人失望的是，由于利率降低导致的利息减少和贴现因子降低的净结果仍然是纯利息部分价值的降低。

（五）MBS 的提前偿付风险

MBS 的标的物是抵押贷款，和抵押贷款密切相关的风险是提前偿付风险。提前还款这种不确定时间、不确定还款数额的行为使抵押贷款现金流出现了较大的不确定性，从而引起了 MBS 现金流的波动，给证券持有人带来风险。

对于抵押贷款者来说，每期现金支出由三个部分构成：利息、规定偿还的本金和提前偿还本金。通常情况下，许多国家对贷款者提前偿还本金不做惩罚，因此，当市场状况或者贷款人自身状况发生变化时，他们会提前偿还本金。MBS 分配给投资人的现金流有抵押池现金流支持，贷款人的提前偿还会使 MBS 投资者每期收到的现金流产生波动，从而导致风险。那么，什么情况促使贷款人提前还款呢？导致提前偿付风险发生的原因如下：第一，贷款人卖掉抵押品后取得现金偿还了全部贷款；第二，当前的市场利率降低，使得贷款人能够以低利率进行再融资来还款；第三，贷款人因无法按期支付贷款而导致抵押品被拍卖，得到的收入被用来偿还贷款；第四，有保险的抵押品由于火灾和其他灾害而损坏，保险公司对抵押品的赔偿也导致了提前还款的发生。

进行 MBS 定价时考虑的提前偿付风险主要和利率变动引起的提前偿付相关，也就是上面的促使贷款人提前还款原因的第二点。总的来说，对于 MBS 投资者和产品设计者来说，要警惕提前偿付风险。提前偿付风险之所以重要是因为它可能会转化为：

（1）现金流的不确定性。在 MBS 每期现金流的三个构成部分——利息、计划偿还本金、提前偿付本金中，提前偿付本金是在利息和计划偿还本金支付后，贷款者额外支付的不定时间、金额的本金，双重的不确定性使得对于 MBS 的定价变得复杂。

（2）再投资风险。如果贷款人是由于市场利率下降，再融资成本降低而进行提前还款，那么给投资者带来的不单单是现金流的变动，还有投资风险。选择进行再投资的证券持有人只能将更多的现金流投入更低的市场利率中，收益将大幅降低。

二、资产支持证券

（一）资产支持证券的定义

以住房作为抵押物的是抵押支持证券，以非房地产作为抵押物的则是资产支持证券。资产支持证券（ABS）的抵押物是一揽子金融资产的现金流。一般地，ABS 的抵押物可以分为两类：消费者金融资产和商业金融资产。汽车贷款、学生贷款和信用卡应还款项等都属于消费者金融资产；商业金融资产则包括计算机租赁、商业应收款等。

相较于 MBS 的市场规模，ABS 市场规模明显较小，主要集中于汽车贷款和信用卡贷款领域。资产支持证券受益于良好的信用表现、稳健的产品结构，以及持续增长的投资者认可度，总市场发行规模也在不断增长，于 2006 年达到最高。次贷危机爆发后，发行量急速下降。2010 年 ABS 的发行量开始逐步增加，并在 2014 年达到了 3 096 亿美元左右的高峰。

对于一般的企业债，所有债权人对公司的全部资产享有求偿权，而 ABS 的持有人则只对某些特定资产享有求偿权，而不是公司的全部资产。这样的制度安排使得 ABS 的持有人在公司发生违约时有更加明确的求偿对象，而不用与公司的其他债权人共同瓜分公司的全部财产，实现了风险隔离。明确的求偿对象使投资者的利益受到更可靠的保护。

资产支持证券在发行时通常会对资产进行信用评级，信用等级的高低直接与被抵押资产发生违约后现金流的分配相关。每个 ABS 依据信用评级的不同划分了多个级别，比如，优先级对应的是 AAA 级别的信用评级，中间级对应的是 A 的信用评级，次级对应的是 BBB 的信用评级。当然每个 ABS 所包含的层级数不是固定的，少则两个，多则数个，根据评级从高到低排列，不同等级的资产支持证券具有的获得抵押资产现金流的优先权的顺序也由高到低排列。

（二）资产支持证券的分类

和 MBS 一样，ABS 的现金流模式也依赖于其抵押物的现金流模式，因此可以将 ABS 按现金流的特性分为规则现金流（regular cash flows）结构和无规则现金流（irregular cash flows）结构。

1. 规则现金流结构

规则现金流结构表现为标的抵押物的还本付息具有摊销时间表，这类证券的抵押资产主要是抵押贷款，如汽车贷款、民政股本贷款、农业机械贷款等。抵押池中的资产通常被构造成过手证券形式和多级证券形式。过手证券形式又称为委托人信托，多级证券形式又称为所有者信托。

（1）委托人信托。委托人信托是市场上最早的 ABS 形态，其现金流（包括利息、计划规划本金和提前偿付本金）按照一定的分配方式同时分配给证券持有人，平均期限取决于抵押资产的提前还款情况。提前还款情况发生得越频繁，证券的平均期限就越短。委托人信托的典型代表是汽车贷款支持证券。

汽车贷款支持证券的发行者主要有：汽车生产商下设的金融机构、商业银行和专业发放汽车贷款的金融机构等。汽车贷款支持证券的现金流包括每期规定的还款额和提前偿还的本金。和抵押支持证券一样，提前偿还本金是汽车贷款支持证券的风险之一。顾客提前还款的原因可以归结为以下几点：

第一，全额还款能够享有某些优惠和产品折价。

第二，车辆转手。车辆转手频数的高低与经济周期密切相关，经济萧条时车主的资金需求增加，因此车辆转手率提高。

第三，车辆损毁或丢失。

第四，市场利率下降时提前还款以减少未来的利息支付，同时以较低的市场利率再融资还款的成本也较低。与抵押支持证券不同，由于市场利率降低而导致的提前还款不是提前还款增多的主要原因，因为汽车生产厂商为了吸引顾客购车，通常会提高给顾客低于市场利率的贷款利率。

（2）所有者信托。目前市场上用得最多的还是多级证券形式的 ABS，即所有者信托。过手证券的不足就是所有过手证券的投资者都承受着提前偿付风险，而多级证券从某种程度上克服了这一不足。多级证券将每期收到的现金流按照证券等级进行重新分配。证券等级包括短期货币市场级别、一年期级别、二年期级别和三年期级别。所有者信托按照投资级别的不同，将每期收到的现金先给所有级别的持有人支付利息，之后按照期限由短到长依次支付本金。当货币市场级别的本息全部偿还以后，开始偿还一年期级别的本金，依次类推，直到所有本金支付完毕。这样的结构设计类似于 CMO。

2. 无规则现金流结构

无规则现金流结构中没有摊销时间表，这类证券的抵押池为循环贷款，比如信用卡应还款和贸易应收款等。之所以称这类贷款为循环贷款是因为在循环期内，从这些贷款中收到的本金并没有分配给证券持有人，而是由信托人管理再投资于与收到的本金额度相当的其他循环贷款，从而将抵押池的规模维持在一个比较稳定的水平。典型的无规则现金流结构的 ABS 是信用卡应还款支持证券。

信用卡应还款支持证券，顾名思义，其抵押物就是应还款的现金流。信用卡持有人通常具有一定的信用额度，在这个额度内他们能够随意透支现金以满足日常生活需要。持有人有权利一次性全部或部分偿还透支款项，然后再进行透支消费，只要他们的总透支额不超过他们的信用额度。由于信用卡持有人可以随意选择还款时间，信用额度也可以循环使用，因此信用卡应还款支持证券并不存在实际的到期时间，本金数量也是实时变动的。信用卡应还款的利息定期支付给证券持有人，而信用卡持有人支付的本金在循环期内由托管人保管并再投资于其他的应收账款中，循环的时间由 18 个月到 10 年不等。循环期结束以后，这些本金将不再进行再投资，而是支付给证券持有人。

三、担保债务凭证

担保债务凭证（collateralized debt obligation，CDO），是资产证券化家族中重要的组成部分。它的标的资产通常是信贷资产或债券。这也就衍生出了按资产分类的两个重要分支：银行贷款债权担保凭证（collateralised loan obligation，CLO）和债券担保凭证（collateralised bond obligation，CBO）。

担保债务凭证是一种固定收益证券，现金流量之间可预测性较高，不仅向投资人提供多元的投资渠道以及增加投资收益，更强化了金融机构的资金运用效率，移转不确定风险。凡具有现金流量的资产，都可以作为证券化的标的。通常创始银行将拥有现金流量的资产汇集，然后作资产包装及分割，转给特别目的机构（SPV），以私募或公开发行方式卖出固定收益证券或受益凭证。传统的 ABS 资产池可能为信用卡应收账款、现金卡应收账款、租赁租金、汽车贷款债权等；而 CDO 背后的支持则是一些债务工具，如高收益的债券、新兴市场公司债或国家债券，亦可包含传统的 ABS、住宅抵押贷款证券及商用不动产抵押贷款证券等资产证券化商品。

最早的 CDO 是由美国的德崇证券（Drexel Burnham Lambert）在 1987 年发行的。十几年后，CDO 成为快速发展的资产证券之一。CDO 快速的增长使其受到众多理财经理、基金经理、保险公司、投资银行、退休基金的青睐。

以美国为首的国际证券化市场发展已久，而且商品种类多样化，其中，CDO 是成长极为迅速的证券化商品之一。

CDO 的发行按照不同信用质量分为三个系列的证券。分别为高级（senior）、夹层（mezzanine）和低级/次顺位（junior）系列；另外尚有一个不公开发行的系列，多为发行者自行买回，相当于用此部分的信用支持其他系列的信用，具有权益性质，故又称为权益性证券（equity tranche）。当有损失发生时，由股本系列首先吸收，然后依次由低级、中级（通常信评为 B 水平）、高级系列（常信评为 A 水平）承担（不过在许多文献及实例中，将次顺位债券称为股本系列，亦即认为 CDO 结构分为高级、中级及股本系列）。换言之，CDO 对信用加强是借助证券结构设计达成的，不像一般 ABS 利用外部信用加强机制增加证券的安全性。次顺位、中级及高级系列亦可再依利率分割为小系列，例如，固定利率与浮动利率之别、零息与附息之分等，以满足不同投资人的需求。各系列金额的决定需视所要达到的评级等级及最小筹资成本两大因素决定。通常，高级系列占整体最大的比率，中级系列约为 5% ~ 15%，股本系列占 2% ~ 15%。

根据基础资产（underlying asset）的种类来划分，CDO 还可分为：

1. 银行贷款债权担保凭证

银行贷款债权担保凭证（CLO）作为结构性融资交易的一种，其资产池主要由杠杆贷款组成。与其他资产支持证券一样，CLO 的各级证券出售给不同层次或不同风险偏好的投资者。在发行不同种类的 CDO 产品中，CLO 产品的整体规模自 2008 年次贷危机爆发后有所缩减，但基本保持相对稳定。受到政府制定的交易透明化、简单化的规则引导，次贷危机之后，以其他证券化产品为基础资产的比重明显降低。CLO 产品不再用其他证券化产品为基础资产，实现准确评级基础资产损失的相关性，以便适时发现劣级资产进行缓冲保护。

2. 债券担保凭证

债券担保凭证（CBO）作为结构性融资交易的品种，其资产池主要由企业债券组成。

除此之外，CDO 还有：

（1）担保合成凭证（collateralized synthetic obligation，CSO），其基础资产是信用衍生品。

（2）担保保险凭证（collateralized insurance obligation，CIO），其基础资产是保险或再保险合同。

（3）结构性金融担保债务凭证（structured finance CDO，SFCDO），其基础资产是结构性金融产品，如 MBS 和 ABS 等。

（4）商业不动产 CDO（commercial real estate CDO，CRECDO），其基础资产是商业不动产。

（5）CDO 的平方/CDO 的立方（CDO^2/CDO^3），其基础资产是已经发行的 CDO 证券。

第四节　国外资产证券化市场的发展与操作模式

一、国际资产证券化的发展

信贷资产证券化的产生是市场经济发展的必然选择。美国自 1968 年第一次发行转递证券开始迄今已经有 50 多年的历史，资产证券化取得了巨大的发展。资产证券化起源于美国的抵押贷款市场，现在已经演变成一种全球性的金融理念。美国资产证券化市场规模位居世界首位，欧洲市场排名第二。截至 2017 年底，美国资产证券化市场存量规模是其 GDP 的 49%，而整个欧盟为其 GDP 的 6%。两个市场的资产证券化均主要由抵押贷款市场推动，其中美国抵押贷款支持证券占资产支持证券存量规模的 86%，而欧洲市场的比例为 62%。在供给方面，由于欧美抵押贷款市场存在着制度性的差异，欧洲资产证券化市场的发展相对有限；在需求方面，美国的投资者基础相对多样化，而欧洲资产证券化投资者较为单一，主要为银行投资者，非银行投资者实际上并不存在。

二、典型国家（地区）资产证券化的运作模式与特点

（一）美国模式

20 世纪 60 年代末的美国，由于通货膨胀加剧，利率攀升，金融机构的固定资产收益率逐渐不能弥补短期负债成本。为了缓解金融机构资产流动性不足的问题，政府开始启动住

房抵押贷款二级市场，为房地产业的发展和复兴开辟一条资金来源的新途径，1968 年美国推出了最早的抵押贷款债券。

早在 1938 年，美国就成立了联邦国民抵押协会，开始探索和培育住房抵押二级市场，以改善住宅信贷机构的资产负债结构，提高资金的流动性。1968 年，美国推出第一张住宅抵押贷款证券，其发行者是新成立的政府机构——政府国民抵押协会，该机构专门以联邦住宅局（FHA）、退伍军人管理局（VA）和联邦农场主管理局（FHMA）担保的抵押贷款组合为基础，为发行的抵押证券提供担保，保证及时向证券投资者支付贷款的本金和利息。由于在一级市场上有联邦住宅局和退伍军人局的担保，在二级市场上有政府国民抵押协会对证券收益支付的担保，政府的大力扶持和最后贷款人的作用极大地促进了美国住房市场的发展。

在美国的债券市场上，住宅抵押证券已成为仅次于国债的第二大债券，是世界上规模最大的抵押证券市场。美国住房抵押贷款证券化的运作过程可以简要地概括如下：第一，由住房抵押贷款机构充当原始权益人（originator），以"真实销售"方式将其持有的抵押贷款债权合法转让给"特别目的机构（SPV）"。第二，在转让过程中，由信用评级机构和信用增级机构参与其中，通过评估、担保或保险等形式对特别目的机构进行信用升级。第三，服务机构负责向原始债务人收款，然后将源自证券化抵押债权所产生的现金流转交给特别目的机构的受托人，再由该受托人向抵押担保证券的投资者支付利息。美国的住房抵押贷款市场之所以成为世界上规模最大、最完善的抵押贷款市场，有赖于先进的制度设计。其中包括个人信用制度、抵押贷款担保、保险体系等，尤其政府的信用是一般市场参与者无法企及的。依靠政府的信用支持，美国抵押贷款二级市场上的政府发起机构在资本市场上获得了很高的信用评级，它们发行的抵押贷款证券也因安全性仅次于政府债券而被称作"银边债券"，并广泛受到了世界范围投资者的青睐。

（二）欧洲模式

得益于欧洲金融一体化的建立和美国资产证券化市场的成功带动作用，2000～2008 年欧洲资产证券化年均增长率达到了 40%。金融危机后欧洲资产证券化市场受到抑制，虽然同美国一样资产证券化发行规模遭到腰斩，但美国资产证券化市场在 2009 年已经开始有明显上升，欧洲资产证券化市场则是一路下滑。金融危机后欧洲资产证券化产品发行结构发生明显变化，在存量产品的构成上，欧洲资产证券化市场与美国一样以 MBS 产品为主。欧洲 MBS 产品以 RMBS 为主，截至 2017 年末占比高达 58%；CMBS 占比较少，仅为 5%，这主要是因为在欧洲商业不动产可以直接在银行获得较优的信贷条件，对 CMBS 的需求相对较小。此外，欧洲资产证券化市场还发展出了极具欧洲特色的中小企业贷款资产证券化产品（small and medium-sized enterprises，SME）和整体企业资产证券化产品（whole business securitizations，WBS）。WBS 起源于 20 世纪 90 年代的英国，WBS 是对正在运营的资产进行证券化，并将这些资产运营产生的收益用于偿付债务。WBS 债券是企业的直接或间接债务，而资产所有权仍停留在发起人的资产负债表内，属于表内资产证券化。

以各国的市场占有率来看，英国一直扮演欧洲的主力市场，市场占有率超过三成，在需求大增的强力拉动下，一些评级较差者，如夹层与次顺位的 ABS 产品也渐受青睐。部分追求高收益率者更开始投资商用不动产抵押贷款证券（CMBS）或抵押债务债券（collateralized debt obligations，CDOs）。许多 ABS 发行甚至出现数倍的超额认购（oversubscribed）的盛况。

与北美证券化的模式不同，欧洲各国抵押贷款证券的推出没有得到政府强有力的支持，多是金融机构以自己持有的资产为基础发行抵押贷款证券。由于各金融机构的资本实力、资信等级千差万别，为提高证券的信用等级和赢得投资者的青睐，在没有政府信用担保的情况下，发行者不得不依赖信用增级机制。外部信用增级的办法包括：寻求大的金融机构或保险公司提供第三方担保；购买信用保险和信用证等。内部信用增级的办法包括：将组合中的抵押贷款按信用等级分类；发行优先级/次级证券；设计储备金型优先级/次级证券等。但无论采取哪一种信用增级方式，都会提高证券成本，增加市场投资者认可的难度，正是由于这种制度安排的缺陷，使得欧洲各国抵押贷款证券化的信用等级比较低，市场的发展长期落后于北美国家。

英国的证券化产品一般都是浮动利率证券，尽管有时基础资产所产生的是固定利率的现金收入流。20 世纪 90 年代英国资产证券化信用增级方式是第三者担保，而后第三者担保逐渐被超额抵押方式所替代。英国债券一般都采用优先级/次级结构，以保护优先级证券持有人不受损失。越来越多的交易中通过设立第一损失备付金来保护次级债券，从而使得次级证券也能获得较好的信用评级，通常次级证券的信用评级是 A。由于优先级证券的投资收益较低，越来越多的投资者开始对获得信用评级的次级证券感兴趣。在英国的资产证券化市场上，已评级的资产支持债券从未发生过违约，但英国的很多证券化交易遭到信用降级，主要是因为提供信用增级的第三方遭到信用降级。

由于抵押放款机构依靠表内方式融资，因而抵押债券的持有人对整个发行机构享有索取权，而不对发行机构中的特定资产享有索取权。但在丹麦、芬兰、德国，投资者也对特定的抵押贷款池或同类担保品的现金流享有特殊的索取权，以增加安全系数。

（三）加拿大模式

加拿大住房贷款担保机构是加拿大抵押住房公司（CMHC）。CMHC 成立于 1944 年，是属于联邦政府独资拥有的皇家公司，初期的主要职能是建造住房向退伍军人出售，以及为社会住房建设项目提供贷款。1954 年，为降低抵押贷款首期付款比例，提高中低收入家庭买房支付能力，加拿大议会重新修订了《全国住房法》，授权 CMHC 向低首付款的住房贷款提供 100% 担保，以此鼓励金融机构发放低首付款的抵押贷款。公司注册资本金为 2 500 万加元，全部来自联邦政府财政预算。

为使更多的投资者进入住房抵押贷款市场以稳定住房抵押资金的供给，1986 年，加拿大抵押住房公司在效法美国的"Ginnie Mae"住房证券的基础上，实施了住房抵押贷款的证券化，创立了一种新的信用票据——国家住宅法下的抵押证券（NHA mortgage-backed security，NHAMBS）。NHAMBS 代表的是在加拿大住宅法下，由加拿大抵押和住宅组织提供担保的分期支付住房抵押所组成的集合基金中的一份不可分割的权益。NHAMBS 的推出，实现了住房抵押金融市场中抵押资金长期、稳定的供给，也为加拿大人提供了一条安全可靠、收益较高的投资渠道。加拿大政府又根据社会对住房需求的变化，在 1992 年推出了首次购房担保计划，完善了 MBS 保险基金制度，成功地帮助许多加拿大人实现了他们的"住房拥有梦"，并大大改善了加拿大人的生活居住条件。

CMHC 的主要功能，首先是为全国的个人住房提供资金，为低收入家庭提供住房补贴，其次是为住房抵押贷款提供全额担保，最后是发行抵押支持证券，实施证券化。CMHC 的抵押资产池对于基础资产的要求必须是符合《国家住宅法》的抵押贷款，每组的最低金额不低于 200 万加元，最高与最低的利差在 2% 之内，抵押支持证券的收益率与最低抵押利差应在 0.5% 以上，全部还款期限分长期组（15 年以上）和短期组（15 年以下），必须是等额还款抵押，发行时无拖欠，组内贷款分布在不同地区。

政府的宏观调控以及住房二级市场的健全和完善是加拿大住房金融市场成功的关键。从加拿大住房抵押金融的发展进程中，我们可以清楚地看到，加拿大住房金融每一个阶段的发展都是在政府的宏观调控和指导下完成的。加拿大有专门的政府部门——加拿大抵押和住宅组织对全国的抵押金融市场进行规范和管理，为加拿大住房抵押金融的成功发展起到了关键性的作用。

（四）日本模式

在日本，真正的资产流动化，应是从 1973 年 6 月的住宅贷款债权信托开始的。住宅贷款债权信托产品最初发行时只有买回方式，1988 年该产品有了改善。其一，扩大了委托者的范围，从住宅金融专门公司扩大到银行及其他金融机构；其二，扩大了投资者的范围，从信托银行扩大到机构投资者；其三，导入了买断方式。1992 年，住房贷款债权信托的受益权被认定为证券交易法上的有价证券，适用该法的有关规定。1994 年，在委托人为金融机构的场合，废除了关于信托期限的限制（原来规定 5 年以上）。这就是日本利用信托进行证券化的第一步。

与美国的 SPV 模式不同的是，日本资产证券化产品的发行最为显著的特征是采用信托银行和 SPV 双重模式。日本的信托银行以信托业务为主营业务。信托银行主要职责包括管理证券化基础资产、帮助商业银行成立特别目的机构、从事资产证券化业务等。信托银行模式与 SPV 模式最大的差异在于信托银行对发起人的基础资产进行信用增级后发行优先信托收益权和次级信托收益权。在实际操作中，日本的信托银行模式和 SPV 模式既可以搭配使用也可分别单独使用。

《特别债权事业规制法》的实施大大推动了流动化的进程。1994 年 12 月，日本租赁公司在美国市场发行资产支撑证券（ABS）。1996 年 4 月日本国内终于允许发行 ABS、ABCP，它们也被认定为证券交易法上的有价证券。同年 9 月 Orient Corporation 公司作为原始权益人，根据《特别债权事业规制法》发行了日本的第一个 ABS。

资产证券化的结构设计，主要是由特别目的机构受让创始机构或原资产所有人之资产，再通过将资产直接证券化，将证券出售给投资人。因此，特别目的机构在资产证券化的运用上，居于特殊地位。

日本的一些企业最初利用在海外设立特别目的机构的方式实施资产证券化，或是依据《特别债权事业规制法》的规定，通过特定债权受让业者或信托的设计，将特定资产加以流动化处置，但是上述方式并未充分发挥资产证券化或流动化的功能。当时除了 1996 年依据《特别债权事业规制法》的规定，采用特别目的机构的制度，在国外公开募集与发行资产担保证券外，就金融资产流动化商品，日本并未建立其本国之流通市场或二级市场。为了提高金融机构自有资本充足率、促进不良金融债权的处理、促使不动产市场交易的发展、增加一般企业资金调度的手段及使投资者可选择更多的投资品，日本于 2000 年将《特别目的公司法》修改为《资产流动化法》，就资产证券化之基本结构采用双轨制，同时引进特别目的机构制度及特别目的信托制度两种体制。

与美国市场不同的是，日本资产证券化产品最先从狭义的 ABS 开始。迄今已成为亚洲资产证券化发展规模最大、市场最为成熟的国家。日本最早出现的是信用卡应收账款和租赁债权证券化产品，随后发展的是 CDO。直到 1999 年首次推出 MBS，到 2002 年 MBS 发展成为日本资产证券化市场上最主要的产品。特别是在 2008 年金融危机之后，MBS 发行规模的主导地位日益凸显。

（五）澳大利亚模式

澳大利亚资产证券化市场的发展始于 20 世纪 90 年代中期，最初是由非银行的住房信贷机构（如 Aussie Home Loans）发起的住房抵押贷款的证券化，后来又逐步扩展到商业用房抵押贷款、购车贷款、应收账款、设备租赁费、企业贷款、银行票据、基础设施项目等各类资产。目前，澳大利亚的资产证券化业务已在亚太区居于前列。据标准普尔的一份报告称，澳大利亚是世界上仅次于美国的最活跃的资产证券化市场。自 1997 年以来，澳大利亚资产证券化市场发展迅猛。据惠誉提供的数据，2004 年澳大利亚证券化发行量达到创纪录的 539 亿澳元。截至 2005 年 6 月底，澳大利亚证券化资产总计 1 800 亿澳元。2007 ~ 2008 年全球金融危机以来，澳大利亚资产证券化市场经历了缓慢发展后，逐渐地恢复到了一定水平。到 2013 年，住房贷款资产证券化市场发行了价值 255 亿澳大利亚元左右的产品，远远超过了 2012 年全年 134 亿澳大利亚元的发行规模。

从品种结构来看，澳大利亚的证券化产品主要分为三大类：住房抵押贷款支持证券（RMBS）、商业用房抵押贷款支持证券（CMBS）和资产支持证券（ABS）：其中，RMBS 占据了绝大部分。据惠誉报道，RMBS 占澳大利亚全部证券化产品发行量的 93%。

澳大利亚资产债券化市场的蓬勃发展主要得益于以下几个原因：

一是稳定透明的房屋贷款市场。澳大利亚资产证券化市场中的最主要产品是住房抵押贷款支持证券。由于澳大利亚房屋贷款市场拥有更加严格的房贷审核标准，特别的税务制度对房产投资进行扶持，以及投资者普遍审慎的投资理念，房贷投资市场中的投资者一般会把债务标准控制在比较理性的范围之内，从而使澳大利亚房贷市场的欠款和拖欠行为，相比较于其他西方发达国家，处于非常低的水平。

二是政府对资产债券化市场的支持和参与。2008 年，为了帮助小规模的住房贷款机构以及资产证券化市场的复苏，澳大利亚财政部向澳大利亚金融管理办公室（Australian Office of Financial Management，AOFM）注入资金以直接参与对小规模房贷机构的住房贷款证券化产品的投资。

三是澳大利亚监管机构以审慎的态度对新的资产证券化产品进行支持。从 2012 年以来，澳大利亚政府逐渐减少了对资产证券化市场的参与。与此同时，2012 年 10 月 17 日，澳大利亚监管机构允许授权存款机构发行资产担保债券。根据标准普尔于 2012 年 4 月公布的信息，标准普尔将澳大利亚发行资产担保债券列入第二类债券，这意味着澳大利亚的资产担保债券的评估将会和加拿大以及大多数欧洲国家相同，包括芬兰、法国、爱尔兰、意大利、荷兰、挪威、葡萄牙、英国。对这一新产品的支持，让澳大利亚的四大银行有充分的能力发行 AAA 级别的债券，这一举措极大地鼓励了澳大利亚资产证券化市场的发展。

目前澳大利亚监管机构正在研究对信用卡应收账款资产证券化产品的支持和管理，一旦澳大利亚监管部门放开了对信用卡产品的资产证券化，将更有利于国际投资者直接参与对澳大利亚资产证券化市场的投资。

四是澳大利亚监管部门对市场透明度要求严格，信息化基础设施建设加速。澳大利亚监管部门对于资产证券化市场的信息化基础设施建设，有着非常高的标准和严格的要求，一直致力于建立一个信息统一、透明度极高的市场。其监管部门一直致力于对市场标准的定义，力求将市场的监督和管理建立在高度发达的信息化基础设施之上。

2013 年，澳大利亚政府基于巴塞尔协议Ⅲ进行了流动性改革。中央储备银行会提供一个承诺流动性贷款额度来参与允许授权的存款业务机构的资产债券发行。所有发行机构将有机会使用储备银行一定的提前约定的流动性资金，但发行机构必须和中央储备银行签订一个回购协议。这个回购协议中最重要的一个实施环节是，每一个寻求承诺流动性贷款额度资金支持的授权存款机构必须向中央储备银行提供详细到每一条贷款记录级别的数据报告，从而满足中央储备银行对所担保资产的风险分析需求。

三、国际资产证券化运作模式的比较分析

目前，国际上信贷资产证券化代表性的模式有三种：一是美国模式，也称表外模式，即在银行外部设立特殊机构 SPV 用以收购银行资产，实现资产的真实出售；二是欧洲模式，亦称表内业务模式，即在银行内部设立一个机构，由这个机构运作证券化业务，资产的所有权仍然属于银行，保留在银行的资产负债表中；三是澳大利亚模式，也称准表外模式，是原权益人成立全资或控股子公司作为 SPV，然后把资产"真实出售"给 SPV，子公司不但可以购买母公司的资产，也可以购买其他资产，子公司购得资产后组建资产池发行证券。

表内融资模式的目的主要是解决银行的流动性问题，而表外融资模式则重在改善银行的监管指标，比如资本充足率。

一般而言，如果一国的抵押债券市场十分先进和发达，就会延缓引入新型的表外证券化的进程，尤其是抵押支持债券。因为这类融资工具可以使金融机构获得很多实施表外证券化融资的好处，因而也就削弱了金融机构对表外证券化技术的需求。如果国内银行和专业化的抵押放款机构资本金充足，就会进一步弱化其对实施表外证券化的兴趣。在奥地利、德国和瑞士等国，这类国家的全能银行占据了金融中介各个方面的业务，银行体系也十分健全，因此他们普遍对表外业务兴趣不大。

但当国内的抵押债券体系是住房融资的主要来源，或者国内某些金融机构财务状况欠佳，当银行监管者希望缩减金融机构资产负债规模、处理不良资产问题以提高资本充足率时，表外证券化的重要作用就会体现出来。

国外资产证券化实践表明，资产证券化须具备如下环境：

（1）法律环境。既包括与公司组成、监管和信托的建立、受托人职责以及融资报告要求相关的法律法规，也包括信息揭示要求、受托人强制职责、资产充足规则和偿付能力等规则。

（2）会计环境。包括：对于脱离资产负债表的证券化资产的确认方法；资产负债表中报告发起人头寸的方法；发起人考虑下级部门利益的方法；等等。

（3）税收环境。明确资产转移和现金流的税负问题，包括债务人支付给 SPV 或 SPV 支付给投资者的税收问题。

（4）信用环境。高效的信用体系是有效实施资产证券化的重要基础；要采取各种措施提高全社会的信用意识，扩大征信服务的覆盖面，加强信用交流和共享；要有较为完善的企业和个人的信用体系。

第五节　我国资产证券化的发展及应用

一、我国资产证券化的发展历程

1. 起步阶段

2005 年，信贷资产证券化正式启动，国家开发银行、中国建设银行作为第一批试点银行分别成功发行第一支 ABS 和 MBS。起步阶段，相关部门发布的规则文件主要包括：

（1）2005 年 4 月 20 日，中国人民银行、中国银行业监督管理委员会联合发布《信贷资产证券化试点管理办法》。

（2）2005 年 5 月 16 日，财政部发布《信贷资产证券化试点会计处理规定》（注：本法规因《财政部关于公布废止和失效的财政规章和规范性文件目录（第十一批）的决定》而失效）。

（3）2005 年 6 月 13 日，中国人民银行发布《资产支持证券信息披露规则》。

（4）2005 年 6 月 15 日，中国人民银行发布《中国人民银行公告［2005］第 15 号——资产支持证券在银行间债券市场的登记、托管、交易和结算等有关事项公告》（注：本法规因《中国人民银行公告（2015）第 9 号——关于调整银行间债券市场债券交易流通有关管理政策的公告》而失效）。

（5）2005 年 7 月 25 日，中国人民银行下发《中国人民银行关于全国银行间同业拆借中心发布〈资产支持证券交易操作规则〉的批复》。

（6）2005 年 7 月 27 日，中国人民银行下发《中国人民银行关于中央国债登记结算有限责任公司发布〈资产支持证券发行登记与托管结算业务规则〉的批复》。

（7）2005 年 8 月 3 日，全国银行间同业拆借中心发布《资产支持证券交易操作规则》（注：本法规因《中国外汇交易中心关于发布〈全国银行间市场债券交易规则〉和〈全国银行间同业拆借中心本币交易应急服务规则〉的通知》而失效）。

（8）2005 年 8 月 15 日，中央国债登记结算有限责任公司发布《资产支持证券发行登记与托管结算业务操作规则》。

（9）2005 年 11 月 7 日，中国银行业监督管理委员会发布《金融机构信贷资产证券化监督管理办法》。

（10）2006 年 2 月 20 日，财政部、国家税务总局发布《财政部、国家税务总局关于信贷资产证券化有关税收政策问题的通知》（注：本法规中"第二条第（三）项"已被《财政部、国家税务总局关于公布若干废止和失效的营业税规范性文件的通知》宣布失效或废止）。

上述规则文件奠定了信贷资产证券化业务的制度基石，后续制定的文件都是对第一阶段文件的部分调整和补充。

2. 扩大试点阶段

2007 年，信贷资产证券化进入扩大试点阶段，第二批试点银行包括中国工商银行、兴业银行、浦东发展银行和中信银行。这一阶段，监管部门发布的规则文件主要包括：

（1）2007 年 8 月 21 日，中国人民银行发布《中国人民银行公告［2007］第 16 号——信贷资产证券化基础资产池信息披露有关事项公告》。

（2）2008 年 2 月 4 日，中国银行业监督管理委员会下发《中国银监会办公厅关于进一步加强信贷资产证券化业务管理工作的通知》。

（3）2009 年 12 月 23 日，中国银行业监督管理委员会发布《商业银行资产证券化风险暴露监管资本计量指引》（注：本法规因《商业银行资本管理办法（试行）》而失效）。

3. 业务重启阶段

2008 年国际金融危机爆发，监管部门出于风险担忧和审慎原则的考虑暂停了资产证券化的审批。直到 2012 年，中国人民银行、银监会、财政部下发文件重启信贷资产证券化，并首次强制双评级和风险自留，自持比例不低于 5%。业务重启至今，相关部门发布的主要规则文件如下：

（1）2012 年 5 月 17 日，中国人民银行、中国银行业监督管理委员会、财政部联合发布《关于进一步扩大信贷资产证券化试点有关事项的通知》。

（2）2012 年 7 月 2 日，银行间市场清算所股份有限公司（上海清算所）发布《银行间市场清算所股份有限公司关于信贷资产支持证券登记托管、清算结算业务的公告》。

（3）2013 年 12 月 31 日，中国人民银行、中国银行业监督管理委员会联合发布《中国人民银行、中国银行业监督管理委员会公告（2013）21 号——关于进一步规范信贷资产证券化发起机构风险自留行为的公告》。

（4）2014 年 5 月 21 日，中央国债登记结算有限责任公司发布《中央国债登记结算有限责任公司债券信息部关于通过系统发布资产支持证券按预期到期日计算的估值的公告》。

（5）2014 年 7 月 10 日，上海证券交易所发布《上海证券交易所关于启用信贷资产支持证券交易代码段的通知》。

（6）2014 年 7 月 29 日，中央国债登记结算有限责任公司发布《中央国债登记结算有限责任公司关于启用〈债券注册要素表——资产支持证券专用（2014 年版）〉的通知》。

（7）2014 年 11 月 20 日，中国银行业监督管理委员会发布《中国银行业监督管理委员会办公厅关于信贷资产证券化备案登记工作流程的通知》。

（8）2015 年 3 月 26 日，中国人民银行发布《中国人民银行公告（2015）第 7 号——关于信贷资产支持证券发行管理有关事宜的公告》。

（9）2015 年 5 月 15 日，中国银行间市场交易商协会发布《中国银行间市场交易商协会公告［2015］10 号——关于发布〈个人汽车贷款资产支持证券信息披露指引（试行）〉、〈个人住房抵押贷款资产支持证券信息披露指引（试行）〉的公告》。

（10）2015 年 8 月 3 日，中国银行间市场交易商协会发布《中国银行间市场交易商协会公告［2015］16 号——关于发布〈棚户区改造项目贷款资产支持证券信息披露指引（试行）〉的公告》。

（11）2015 年 9 月 30 日，中国银行间市场交易商协会发布《关于发布〈个人消费贷款资产支持证券信息披露指引（试行）〉的公告》。

（12）2016 年 4 月 19 日，中国银行间市场交易商协会发布《中国银行间市场交易商协会公告［2016］10 号——关于发布〈不良贷款资产支持证券信息披露指引（试行）〉的公告》。

目前，我国覆盖房地产产业链各个环节的资产证券化产品包括：以供应商的应付账款为基础资产的保理 ABS；以业主购房按揭贷款、银行支付尾款为基础资产的购房尾款 ABS；以应收物业费收入为基础资产的物业管理费 ABS；以租金和增值收入为基础资产的 CMBS 和 REITs；等等。

二、国内资产证券化产品情况

目前，中国的资产证券化产品有以下三类。

第一类是在银行间市场发行的信贷资产证券化。2005 年 4 月，人民银行和银监会联合发布《信贷资产证券化试点管理办法》，标志着中国信贷资产证券化试点正式拉开帷幕。它是以央行和银监会为监管机构、以金融机构信贷资产作为基础、以信托公司作为管理人在银行间债券市场发行的信贷 ABS，它主要包括公司信贷类资产支持证券（CLO）、汽车贷款支持证券（Auto-ABS）、个人住房抵押贷款支持证券（RMBS）等。

第二类是企业资产证券化。即在证券交易所发行的券商专项资产管理计划，始于 2005 年。2013 年证监会发布的《证券公司资产证券化业务管理规定》允许符合具备证券资产管理业务资格等条件的证券公司申请设立专项计划、发行资产支持证券，标志着本轮资产证券化业务的重启。它是以非金融企业的相关资产作为基础资产、以证券公司作为管理人在证券交易所发行的企业 ABS，它包括融资租赁资产 ABS、公共事业收费权 ABS、企业经营性收入类产品 ABS 等。

第三类是资产支持票据。中国银行间市场交易商协会于 2012 年 8 月正式公布实施《银行间债券市场非金融企业资产支持票据指引》，开始推出资产支持票据。中国银行间市场交易商协会 2016 年 12 月 12 日发布《非金融企业资产支持票据指引（修订稿）》及《非金融业资产支持票据公开发行注册文件表格体系》，在实务操作中最显著的改进是在交易结构中引入了信托，以特别目的机构为载体（SPV），使资产的出表、破产隔离成为可能，从而能够适应扩大发行主体范围、缓解低信用评级企业的融资状况的要求，同时在融资成本方面更能体现增信优势。它是以银行间交易商协会作为监管机构、以非金融企业资产作为基础资产在银行间债券市场发行的 ABN，具体又可分为抵押或质押型的 ABN 和信托型的 ABN。

三、我国资产证券化的特点

（一）信托担任角色

由于破产隔离是资产证券化的一个重要标准。在现行信托法下，信托财产的独立性正是信托制度的精髓所在。基于信托财产的独立性及其法律保证，信托公司的财产隔离功能更能反映出资产证券化的本质特征。信贷资产证券化中非常关键的环节就是通过特别目的机构来出售贷款资产，实现破产隔离与真实出售。《信贷资产证券化试点管理办法》中明确规定，金融机构作为发起机构，通过设立特别目的机构，以资产支持证券的形式向投资机构转让信贷资产，由受托机构负责管理信托财产，以信托财产所产生的现金流支付资产支持证券收益的结构性融资活动。在成熟市场经济国家，特别目的机构有三种形式：信托模式、空壳公司或者是国家法律认可的直接指定主体。而我国的法律环境不允许后两种形式存在。信托财产可免予信托投资公司的破产清算，这赋予了信托公司在证券化市场中不可取代的作用。同时，信托公司本身的业务定位就是从事长期资产管理的金融机构，资产证券化中的资产一般都是中长期资产，开展资产证券化业务是符合信托公司业务定位的。这样，资产证券化有望成为信托公司主要的专业获利业务之一。资产证券化给信托公司也带来巨大的市场机遇和一个能够长期稳定盈利赚钱的业务模式，有利于培育信托公司的业务创新能力，有利于为信托业逐渐获得与之对称的行业地位，使其真正成为四大金融支柱之一。

（二）发起人的设定

银监会颁布的《金融机构信贷资产证券化监督管理办法》中，资产证券化的范围限于由金融机构持有的信贷资产、符合条件的机构仅包括商业银行、政策性银行、信托投资公司、金融公司、城信社、农信社以及管理活动受银监会监督的其他金融机构等，并未涵盖商务部监管下的租赁公司、公共事业公司及非银行政府机构；而在其他国家或地区，这些机构都积极投入了资产证券化。央行颁布的《信贷资产证券化试点管理办法》中，出现了资金保管机构这一专门保管资金的角色，其职能是从传统资产证券化的受托人职能中剥离出来的，也是作为我国特殊环境下的特设产物。

在目前的信贷资产证券化法规框架下，只有银行业金融机构有资格作为资产证券化的发起人。政策性银行、商业银行、资产管理公司等在内的银行业金融机构是信贷资产证券化的主角，他们将通过成为证券化的牵头人、担任资产发起人和管理服务机构获取证券化的业务机会。商业银行通过担任资产发起人，将资产出售给证券化特别目的机构，不仅有利于改善银行资产质量、扩大资金来源，更重要的是可分散信用风险、缓解资本压力，为银行的新一轮资本扩张和多元化投资奠定基础；同时，拥有资产包的主体在证券化业务中有较大的话语权，他们可以借此优势更深地切入证券化的产业链条，比如担任牵头人、管理服务机构乃至发行人，以获取更多的业务空间。虽然这并不符合证券化的专业化分工趋势，但短期来看，银行业金融机构全面主导证券化业务的事实将无法改变。

（三）产品特色

证券化产品在收益上有明显的优势，投资者一般可以获得较高的投资回报。资产证券化因有提前还本风险，为补偿此风险，其名义报酬率与期限相近的政府债券收益率有较大幅度的利差。在美国，具有最高质量和流动性的 ABS 的利差比相同等级的政府债券要高 10~30 个基点，以风险较高的商业不动产等为基础资产的证券化产品，利差可能更高。以建元 MBS 为例，其 A 档采用固定利率 2.29%，比相近期限的国债收益率 1.63% 高出 66 个基点。

在经过破产隔离、信用增级后，证券化产品的信用级别大多都可以达到 AAA 或 AA 级，由于现金流相对稳定，产品被降级的概率很小；同时，证券化的信用增强措施使投资人受到多重信用保证，降低了证券违约风险。例如，我国的证券化产品建元 MBS 和开元 ABS 都借鉴了国外市场的信用增级方法，设置了次级档，不对一般投资者发行，若 A、B 档发生本息不能按时足额偿还的情况，则损失首先由次级档承担。投资购买资产支持证券，能提高投资者的资产的总体质量，降低自身的经营风险。

本章小结

本章主要讲述了资产证券化的定义、分类、流程、风险与收益，国际主要发达国家的资产证券化模式，以及中国资产证券化的历史演变、资产类型和特点。资产证券化正在许多国家以不可阻挡的势头迅速发展，这种趋势是金融行业内外多种因素影响的结果。资产证券化过程的所有参与者都会从中获得收益，但也会遇到不利的方面。国际上信贷资产证券化代表性的模式有美国模式、欧洲模式和澳大利亚模式。

习题

1. 简述资产证券化的概念及类型。
2. 分析资产证券化的收益与风险。
3. 简述资产支持证券和抵押支持证券的运作。
4. 简述国外资产证券化市场的操作模式及经验。
5. 简述我国资产证券化的发展及特点。

第九章　互联网金融

【本章要点】

互联网金融是传统金融机构与互联网企业利用互联网技术和信息通信技术实现资金融通、支付、投资和信息中介服务的新型金融业务模式，它不是互联网和金融业的简单结合，而是在实现安全、移动等网络技术水平上，在获得用户一定认可的基础上，为适应新的需求而产生的新模式及新业务，是传统金融行业与互联网技术相结合的新兴领域。

1. 了解金融互联网概述；

2. 掌握 P2P；

3. 掌握第三方支付；

4. 掌握众筹；

5. 掌握数字货币；

6. 熟悉互联网金融的风险防范与市场监管。

【关键术语】

金融互联网；互联网保险；互联网银行；互联网券商；互联网金融；P2P；第三方支付；众筹；数字货币

第一节　互联网金融概述

自 21 世纪以来，以互联网为主导的现代信息技术颠覆了新闻、零售以及教育等行业，同样也冲击了拥有精英气质的金融业，特别是大数据、云计算、搜索引擎和移动支付等技术的发展，不断地对金融行业与金融市场产生颠覆性的影响。随着互联网技术突飞猛进的发展，在互联网技术与传统金融业的冲击与融合过程中，网络金融运用而生。网络金融，又称电子金融（e-finance），它的产生得益于网络经济的兴起与信息技术的迅速发展，是互联网信息技术与传统金融业高度融合的一种新型金融。网络金融是现代计算机网络技术与传统金融相互冲击、融合的产物，具体来讲是以互联网为媒介、以现代信息技术为基础，实现金融数据与金融业务的平台化、虚拟化，从而在互联网上所开展的全部金融服务的总称。网络金融运作模式的产生提高了金融市场非中介化和透明化的程度，同时金融机构与客户之间通过个人计算机、通信终端或智能设备实现快速连接，使客户及时获得金融信息与服务，进行安全、高效、便捷的网上金融交易活动。在网络金融的发展过程中，出现了金融互联网和互联网金融两种重要模式。

一、金融互联网

金融互联网，就是传统金融的互联网化，是传统金融对互联网技术的应用，是传统的金融机构，例如银行、证券公司以及保险公司，利用互联网技术将金融产品和业务电子化的过程。因此，金融互联网化的本质是一种技术创新而非产品创新。该技术利用互联网平台进行数据的分析与处理、提供电子化的金融服务，由此提高传统金融业的业务效率、降低金融活动的交易成本，在更大市场范围内向更多客户提供金融服务。

金融互联网化是互联网技术发展的必然结果，受金融迅速发展、同业竞争压力增大以及金融去中介化等多方面因素影响，从这个角度上说，金融互联网化的产生是时代的产物而非"主动"谋求发展。目前，金融互联网定位于"金融平台化"，主要是借助互联网为传统金融机构增加和延伸更多的交易渠道，但传统金融从事货币信用活动的中介职能始终无法改变。

（一）互联网银行

互联网银行通常是指借助于现代数字通信、互联网等技术来实现为客户在线服务的互联网金融服务机构。互联网银行是传统金融互联网化的一种重要形式，与传统银行相比，互联网银行有以下创新之处：第一，拓展了目标客户群体，互联网银行的业务能够服务于小微企业、农户和个人消费者等，是传统金融的有效补充；第二，扩展了服务半径，传统的银行业务主要通过面对面的形式展开，而互联网银行定位于开放远程服务，实现银行业务在时间和空间上的跨越；第三，提高了银行业务的效率，由于互联网银行不再依托物理网点，而是通过网络实现信息的实时传送，审批效率更高，而且贷款也可实现实时传送。

互联网银行的基本运作流程可以分为开户申请和办理业务两个阶段。第一阶段，客户登录互联网银行的 App，申请开通电子账户，由互联网银行平台进行审核，从而实现身份验证和银行卡绑定等；第二阶段，成功开户的客户可以通过银行 App 在平台上办理业务、购买理财产品、实现资金的支付和结算等，通常互联网银行 App 也会提供一些理财产品，这些理财产品由互联网银行和理财产品公司合作推出，既方便了客户需求，也为银行扩展业务开辟了新的渠道。

【案例】

中国第一家互联网民营银行——微众银行

2014 年 12 月 12 日，微众银行（WeBank）由深圳银监局批复开业，这是我国首家互联网民营银行，微众银行既无营业网点，也无营业柜台，更无须财产担保，而是通过人脸识别技术和大数据信用评级发放贷款。

2015 年 1 月 4 日，国务院总理李克强亲临微众银行考察调研，见证了微众银行作为国内首家开业的互联网民营银行完成的第一笔放贷业务。

2015 年 5 月 15 日，微众银行推出首个个人信用循环贷款产品——"微粒贷"，具有"仅凭个人信用、无须担保；循环授信、随借随还"的特点。微粒贷是微众银行的主要产品，从客户申请、开户到最后成功借款，微粒贷已实现 100% 纯线上操作，无须面签即可放贷，并实现 7×24 小时无间断服务。截至 2017 年末，微粒贷主动授信客户超 1.3 亿人，累计借款客户超过 1 100 万人，笔均贷款仅 8 200 元，贷款人群覆盖了我国 31 个省区市，567座城市。

根据微众银行年报披露数据，2016～2018 年微众银行主要财务指标和会计数据如下表所示。

项　　目	2018 年	2017 年	2016 年
全年经营成果（千元人民币）			
营业收入	10 029 739	6 748 083	2 449 353
拨备前营业利润	5 352 559	3 979 758	1 132 724
资产减值损失	− 2 594 480	− 2 242 175	− 823 625
营业利润	2 758 079	1 737 583	309 099
利润总额	2 768 110	1 741 412	334 400
净利润	2 474 133	1 448 157	401 479
经营活动产生的现金流量净额	46 260 688	− 3 679 567	8 193 572
规模指标（千元人民币）			
资产总额	220 036 611	81 703 675	51 995 492
贷款和垫款总额	119 816 922	47 705 962	30 776 823
负债总额	208 096 136	73 371 820	45 291 804
客户存款	154 478 309	5 336 000	3 297 142
同业拆放款项	20 677 074	46 701 949	38 535 272
股东权益	11 940 475	8 331 855	6 703 688
股本及资本公积	7 177 798	7 043 986	6 875 078
盈利能力指标（%）			
资产收益率	1.64	2.17	1.30
资产质量指标（%）			
不良贷款率	0.51	0.64	0.32
拨备覆盖率	848.01	912.74	934.11
贷款拨备率	4.30	5.84	2.97

续表

项　　目	2018 年	2017 年	2016 年
流动性指标（%）			
流动性比例	61.61	117.55	218.49
资本充足率指标（%）			
资本充足率	12.82	16.74	20.21

资料来源：微众银行官网，https：//www.webank.com/。

（二）互联网保险

互联网保险是在传统保险业务的基础上利用以互联网为代表的新型信息技术实现业务创新的一种保险形式。互联网保险具体内容包括数据的搜集与处理、产品的设计与营销、客户的产品推荐以及在线购买和理赔等方面，通过在线下业务中融入互联网的特征，使保险行业更好地适应"互联网＋"的新环境。在大数据和云计算的帮助下，发现产品需求，进行产品设计、完成广告投放、用户购买以及在线理赔等一系列流程。

【案例】

众安保险

众安在线财产保险股份有限公司（以下简称"众安"）是中国首家互联网保险公司，于 2013 年 11 月 6 日揭牌开业，2017 年 9 月 28 日在香港联交所主板上市，股票代码为6060。众安总部位于上海，不设任何分支机构，完全通过互联网展业。由"保险＋科技"双引擎驱动，众安专注于应用新技术重塑保险价值链，围绕健康、消费金融、汽车、生活消费、航旅五大生态，以科技服务新生代，为其提供个性化、定制化、智能化的新保险。2018 年，众安服务逾 4 亿用户，其中，"80 后""90 后"等新生代人群占比超过 51%。

中国的互联网财险市场 2014～2018 年保费收入年复合增长率约 8%；作为国内第一家互联网保险公司，众安在互联网保险市场积累了先发优势，2014～2018 年保费收入年复合增长率为 94%，截至 2018 年末已经占据了互联网财险市场 16% 的市场份额。众安保险已经建立了一套成熟的以生态系统为导向的商业模式，能够快速有效对接互联网生态，深耕健康、消费金融、汽车以及生活消费生态，实现有质量的高增长。

众安保险成立了数据智能中心，加深数据和人工智能对保险业务的支持，促进公司数据的深度挖掘，进一步完善众安用户统一视图体系，从而更好地支持业务快速迭代，满足客户多层次多维度的保障需求和服务需求。公司加强数据挖掘的投入和保险全流程的场景应用：在保险营销和生态渠道对接环节，通过投放实时优化，提高与客户的接触频率和便捷性；在产品研发与定价环节，比如车险领域，通过大数据实现"千人千面"的个性化定制；在承保风控环节，提升数据反欺诈及风控模型优化的能力；在理赔环节，提升自动化的应用，提高理赔效率和用户体验；在客服环节，通过人工智能系统的应用，降低人力成本并提高管理效率等。

不仅如此，众安保险还采用科技赋能生态和自有平台，加强用户对众安品牌的感知。运用人工智能、大数据、云计算等科技能力，以及成熟丰富的互联网保险产品，帮助战略合作伙伴提升互联网客户运营能力、数据价值挖掘能力和流量变现盈利能力，深度打造健康、消费金融、汽车、电商、航旅五大生态。同时，加大对自有平台的科技和运营投入，通过人工智能在营销、客服等领域改善用户体验，提升互联网化运营的效率，增强用户黏性以及对众安"年轻无畏"品牌的感知。

资料来源：众安保险官网，https：//www.zhongan.com/corporate/。

和传统保险业务相比，互联网保险具有时效性强、节约成本、信息透明等特点。第一，时效性强。通过互联网平台，保险公司的业务将逐渐降低对线下营业部的营业时间的依赖，随时随地为客户提供服务，有效缩短了投保、核保、承保等固定流程的时间，极大限度地提高了工作效率。第二，节约成本。借助互联网平台，保险公司不仅可以减少线下营业网点开设、减少给保险销售中间环节代理人的劳务报酬支出，更重要的是，通过大数据和云技术，从产品开发到产品销售的各个环节都将更加具有针对性，有效降低保险公司的费用支出。第三，信息透明。保险产品由于无形性、复杂性、需求潜在性等特点，增加了保险营销的难度。互联网保险的出现，尤其是近年来"在线保险超市"的出现，降低了用户学习新知识和收取信息的成本，客户足不出户就可以在一个或者多个公司网站浏览类似产品的信息，并做出最佳决策。

（三）互联网券商

互联网券商并不是简单将线下券商业务转移到线上、通过搭建自营网站让用户可以使用网站和手机 App 买卖股票，而是借助互联网思维和互联网手段，采取新的运营模式和思路，拓展业务寻找券商的发展新模式，可以说互联网券商是互联网和券商的有机结合。与互联网金融的其他类别不同，之前对券商牌照发放的限制，参与互联网券商发展的企业全部都是传统券商。

互联网券商的模式可分为自建网站模式以及与电商合作模式两种。自建网站是指券商自主开发网络商城销售商品，这种互联网模式的优点在于产品服务体系完整，网站功能设计合理，用户体验好，但是缺点在于流量少、宣传成本高，投入成本大，平台建设期长，目前国内采用这种模式的券商有国泰君安、华泰证券等。与电商合作的模式主要有"移动终端"和"进驻平台"两种形式。移动终端主要是券商进驻移动端咨询平台，例如国金证券和腾讯平台；而进驻平台主要指券商与 B2C 商城进行合作开设网店，例如齐鲁证券、长城证券等。与电商合作模式的优点在于网络基础设施完备，搜索数据处理等配套服务完善，用户流量大，业务相对稳定；但是缺点是用户识别度低，产品内容单一，用户黏性低，服务不具个性化等。

二、互联网金融

（一）互联网金融的基本概念

金融互联网是对传统金融的渠道补充，两者可以相互促进、共同发展，但是"金融"仍然是金融互联网的核心。与金融互联网不同的是，互联网金融被看作一种独立于传统金融之外的新金融模式，认为"互联网"是互联网金融的核心，其在未来必将颠覆传统金融模式。

2012 年，著名学者谢平提出"互联网金融"这一概念，自此"互联网金融"成为我国经济金融学界和业界最热议的话题。以谢平为代表的学者认为，互联网金融是与间接融资的银行模式、直接融资的资本市场模式并列的第三种模式，虽然目前的发展状况是互联网成为传统金融业的工具、电商企业涉足金融，但在未来互联网可以发展直接金融，必将颠覆传统金融业。谢平等（2014）认为，互联网金融是一个谱系的概念，涵盖受互联网技术和互联网精神的影响，从传统银行、证券、保险、交易所等金融中介和市场，到瓦尔拉斯一般均衡对应的无金融中介或市场情形之间的所有金融交易和组织形式。

（二）互联网金融的特征

互联网金融是互联网精神、互联网技术在金融领域的应用与延伸，即"互联网金融 = 互联网技术 + 互联网精神 + 金融功能"。

通过与传统金融的对比，互联网金融的基本特征主要体现在金融技术数据化、金融服务普惠化、金融服务高效化三个方面。

（1）金融技术数据化。金融业对于数据高度依赖，金融业务对数据的需求从数量到质量、从深度到广度都具有较高要求，可以说"无数据，不金融"。互联网金融服务主要基于大数据和云技术的应用，将金融置于大数据平台上，通过社交网络、电子商务、搜索引擎和第三方支付形成庞大的数据仓库，包括历史交易记录、客户交互行为、违约支付概率等海量结构化和非结构化信息。金融技术数据化有利于金融机构对潜在客户进行精准营销，有利于金融机构设计出更符合新用户使用习惯的金融产品，更有利于金融机构进行低成本、高效率的金融风险管理。

（2）金融服务普惠化。互联网金融拓宽了融资和理财覆盖面，核心在于为用户提供低价、高效的产品和服务，最大限度地满足大量、零散、个性化的金融需求。从这个角度可以说，互联网金融体现了金融民主化、普及化、平民化的普惠精神。普惠金融的实质是扩大金融服务受众，促进金融资源的均衡分布，目标对象是大量的小微企业主、农户和城市普通工薪阶层，目的是使有真实金融需求但出于相对弱势的群体或个人能够以合理的价格、方便的途径和有尊严的方式获取全面、高质量的金融服务。互联网金融关注传统金融行业的"长尾部分"，注重满足中小型客户的资金融通需求，努力打破金融行业对长尾客群的高门槛，拓展金融服务的广度和深度，为传统金融行业难以覆盖或满足的中小或者小微客户群体提供丰富的金融产品和金融服务。

（3）金融服务高效化。互联网金融的高效性体现在金融服务的约束边界、交易成本和解决信息不对称问题等方面。从约束边界来看，互联网金融突破了时间和地域的限制，实现任何时间（anytime）、任何地方（anywhere）和任何方式（anyway）为客户提供更丰富多样、自主灵活、方便快捷、高效可靠的全方位金融服务。从交易成本来看，互联网金融搭建了一个客户获取金融服务的虚拟信用平台，交易方式由线下转为线上、由实体机构转为网络平台，实现了资金流、信息流、物流"三合一"的金融服务，减少了市场交易的中间环节，因而节省了固定资产投入、设施维护更新、员工佣金等成本支出。从解决信息不对称问题来看，互联网金融改善了交易双方的信息不对称问题，充分实现了交易双方的信息沟通，大大降低了逆向选择和道德风险问题。

（三）互联网金融与普通金融、金融互联网的联系与区别

（1）互联网金融与传统金融。作为一种金融创新，互联网金融改变的只是金融业务技术和经营模式，而并没有改变金融的本质和功能。根据现代金融功能理论，"金融功能比金融机构更加稳定"（Merton & Bodie，1993），各种形式的金融创新可能使得金融服务的表现形式变得跟与以往不同，但其所发挥的基本功能却是趋于稳定的。互联网金融与传统金融在本质上是一样的，核心功能不变，契约内涵不变，金融风险、外部性等概念的内涵也不变。

互联网金融的产生和发展对传统金融的影响更多的是补充而不是颠覆或者替代。互联网金融只是在传统金融体系中发展较慢或空白的不足领域中找到创新空间和发展，填补了传统金融难以覆盖的业务领域。相对于传统金融而言，互联网金融在降低交易成本、缓解信息不对称、提升资源配置效率和金融服务质量等方面具有显著的优势。在互联网金融中，交易可能性边界大大拓展，交易成本和信息不对称程度大幅下降，与此同时，互联网金融的民主化、普惠化特征又有助于满足中小微企业、中低收入阶层和农民的金融需求，这些都很好地补充了传统金融模式的不足。

（2）互联网金融与金融互联网。金融互联网≠互联网金融。一般来说，金融互联网是指传统金融的网络化，传统金融在原有的金融框架内对金融业务实施电子化，将自己的业务从线下拓展到线上，以互联网为工具提升传统金融运行效率，如商业银行的网络化、保险公司的网络销售、证券公司的网络交易等。互联网金融则是秉承互联网精神（开放、平等、协作、分享），依托互联网平台，运用互联网技术所进行的金融创新工作，尤其是侧重于针对金融长尾市场的创新性业务和解决该市场中大量用户的个性化需求问题。在互联网金融环境下，市场信息不对称程度较低，每个人都能在信息相对对称中平等自由地参与金融活动、获取金融服务，每个人的金融价值和金融需求都会得到充分挖掘和满足。

区分互联网金融与金融互联网的根本标准就是看是否具备互联网精神、能否做到以客户需求和客户体验为导向。受此作用和影响，两者还在信息处理、风险评估、产品特征、交易方式、支付方式、交易成本、客户体验、监管体系等方面存在着较大的区别。当然，随着业务的发展，两者之间必然会不断融合，金融互联网也必然会植入互联网精神基因，具备了互联网精神的金融互联网就转变成了互联网金融。

第二节 互联网第三方支付

一、互联网第三方支付概述

第三方支付，是指在交易之中，根据与银行之间的协定，为买卖双方提供交易服务的独立机构，通常具有良好的信誉作为交易保障。在商品买卖的交易过程中，第三方支付机构将结算业务进行整合，打通不同类型交易账户、银行卡之间的交易通道。通过这种形式，一方面可以节约银行扩展业务的营销成本，另一方面可以依靠第三方支付公司在不同银行账户之内的留存资金，在需要进行跨行结算业务时先行支付，减少跨行转账资金，降低结算成本。随着第三方支付的不断发展，逐渐向金融产品业务领域蔓延，以银行支付结算功能为基础为客户提供了个性化增值服务。因此，第三方支付主要分为两类：传统的银行POS支付和新兴的互联网第三方支付，我们这里仅讨论互联网第三方支付。

支付是金融行业的核心业务，第三方支付具有成本低、快速便捷和金融商品的特性，深得消费者青睐。从整体上看，互联网支付行业保持平稳、高效运行，而移动支付行业则呈现出一个快速发展的趋势，业务规模井喷式增长。各方面市场主体之间积极开展合作，不断推出创新产品，努力改善用户体验，进而逐渐建立起移动支付生态圈。

二、互联网第三方支付类型

互联网支付是网络支付的一种重要形式。网络支付是指依托公共网络或专用网络在收付款人之间转移货币资金的行为，以第三方支付机构为支付服务提供主体，以互联网等开放网络为支付渠道，通过第三方支付机构与各商业银行之间的支付接口，在商户、消费者与银行之间形成一个完整的支付服务流程，基本流程如图9-1所示。

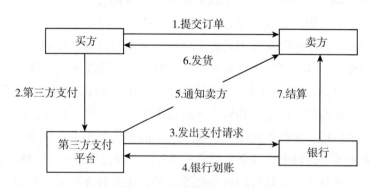

图9-1 互联网支付流程

根据网络支付服务具体业务流程的不同，主要存在"支付网关模式"和"虚拟账户模式"两种模式，其中"虚拟账户模式"还可以细分为"信用中介型虚拟账户模式"和"直付型虚拟账户模式"两种。

（一）支付网关模式

支付网关模式又称为网关支付，是电子商务中使用最多的一种互联网支付服务模式。该模式的主要特点是在网上商户和银行网关之间增加一个第三方支付网关，由第三方支付网关负责集成不同银行的网银接口，并为网上商户提供统一的支付接口和结算对账等业务服务。在这种模式下，第三方支付机构把所有银行网关（网银、电话银行）集成在了一个平台上，商户和消费者只需要使用支付机构的一个平台就可以连接多个银行网关，实现一点接入，为商户和消费者提供多种的银行卡互联网支付服务。以电子商务 B2C 交易场景为例，支付网关模式的一般业务流程如图 9-2 所示。

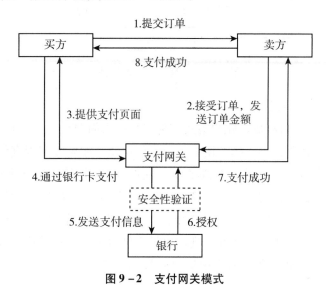

图 9-2　支付网关模式

（二）虚拟账户模式

虚拟账户型支付模式是指第三方支付机构不仅为商户提供银行支付网关的集成服务，还为客户提供了一个虚拟账户，该虚拟账户可与客户的银行账户进行绑定或者对接，客户可以从银行账户等资金源向虚拟账户中充入资金，或从虚拟账户向银行账户注入资金。客户在网上的支付交易可在客户的虚拟账户之间完成，也可在虚拟账户与银行账户之间完成。根据虚拟账户承担的不同的功能，虚拟账户模式又可细分为"信用中介型账户模式"和"直付型账户模式"两类。

1. 信用中介型虚拟账户模式

在信用中介型账户模式中，虚拟账户不仅是一个资金流转的载体，而且还起到信用中介的作用。这里所谓的信用中介，是指提供信用中介型支付模式的第三方支付机构将其自身的商业信用注入该支付模式中：交易发生时，先由第三方支付机构暂替买方保存货款，待买家收到交易商品并确认无误后，再委托第三方支付机构将货款支付给卖家。支付宝提供的虚拟账户支付服务就是一种典型的信用中介型支付模式。以电子商务 C2C 交易场景为例，信用中介型账户模式的支付流程如图 9-3 所示。

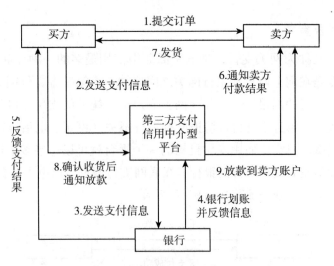

图 9 – 3　信用中介型账户模式

2. 直付型虚拟账户模式

如图 9 – 4 所示，直付型虚拟账户模式交易流程较为简单，支付平台中的虚拟账户只负责资金的暂时存放和转移，不承担信用中介等其他功能。如果要实现直付型账户支付模式，买卖双方首先需在支付平台上设置虚拟账号，并进行各自银行账户与虚拟账户的关联。在交易过程中，支付平台根据支付信息将资金从买家银行账户转移到买家虚拟账户，再从买家虚拟账户转移到卖家虚拟账户，并最终划付给卖家的银行账户，整个交易过程对买卖双方而言，都通过虚拟账户进行操作并实现。提供直付型账户模式的第三方支付机构也很多，国外知名的公司有 PayPal，国内则有快钱、盛付通等。

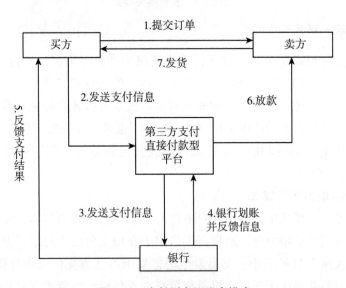

图 9 – 4　直付型虚拟账户模式

【新闻链接】

2018 年中国电子商务报告

2019 年 6 月，商务部发布了《中国电子商务报告（2018）》。报告显示，2018 年全年，非银行支付机构网络支付金额达 208.07 万亿元，同比增长 45.23%。对比往年数据发现，2017 年全年，非银行支付机构发生网络支付金额达 143.26 万亿元，同比增长 44.32%。非银机构网络支付金额近两年保持快速增长趋势。2017 年，非银行支付机构发生网络支付业务 2 867.47 亿笔，同比增长 74.95%。2018 年，非银行支付机构发生网络支付业务 5 306.10 亿笔，同比分别增长 85.05%。

从支付金额增速来看，2017 年、2018 年增速基本持平，相差不到 1 个百分点。从支付笔数增速来看，2018 年相比 2017 年的支付笔数增速提高了约 10 个百分点。值得一提的是，从网络支付金额来看，尽管银行业金融机构遥遥领先，达到了 3 768.67 万亿元，但同比仅微增 0.23%。非银行支付机构主要指的是第三方网络支付机构，其中，支付宝、微信支付（理财通、QQ 支付）是两大巨头。同时，非银行支付机构处理网络支付业务量包含支付机构发起的涉及银行账户的网络支付业务量，以及支付账户的网络支付业务量，但不包含红包类等娱乐性产品的业务量。公开信息显示，到 2018 年末，支付宝全球用户数超过了 10 亿，其中月活用户 6.5 亿，微信支付用户达到 8 亿，日均交易笔数超过 12 亿笔。从非银行支付机构的相关交易数据来看，其笔均金额从最高的 900 元/笔左右降低至如今的 300 元/笔左右，具有典型的小额、高频特征，预计未来非银行支付机构网络支付的增速将保持比较稳定。当然，非银网络支付与银行网络支付具有相互的替代作用，并且在 B 端支付和跨境支付仍然具有广阔的市场空间。

中国支付清算协会发布的《中国支付清算行业运行报告（2018）》也指出，移动支付方式为社会公众日常生活消费中的小额、高频支付提供了更为便捷、高效的选择。根据《中国电子商务报告（2018）》统计数据，2018 年全国实现电子商务交易额 31.63 万亿元，同比增长 8.5%。网上支付是电子商务流程中的核心环节。以第三方支付为代表的非银行网络支付工具，突破了传统支付方式的瓶颈，并为电子商务的发展注入了能量。具体而言，非银行网络支付工具以技术手段解决了电子商务交易过程中的信用问题，采用特有的清算模式，最大限度地避免了拒付、欺诈等行为的发生，并创造出良好的交易环境。同时，非银行网络支付平台通过提供一系列的应用程序接口，将多种银行卡支付方式整合到一个界面上，负责交易结算中与银行的对接，大大降低了交易成本，并使得网上购物变得更加便利与快捷，进而提升消费者的购物体验。随着非银行支付机构的快速发展，支付技术变得愈发成熟，而支付笔数与规模也大幅度增长，这些都为电子商务的进一步发展提供了坚实的保障。

资料来源：证券日报网，http：//www.zqrb.cn/finance/hongguanjingji/
2019 – 05 – 30/A1559208586752.html。

第三节　互联网借贷：以 P2P 为例

一、P2P 概述

P2P 全称为 peer-to-peer，也是"online peer-to-peer lending"的概括，意为点对点信贷，是指个体之间或个体与企业之间通过网络实现直接借贷，是对传统金融信贷模式的重大变革。在 2005 年，全球第一个 P2P 网贷平台 Zopa 在英国成立，这种全新的借贷模式迅速在全球崛起，并展现出良好的前景。在 2007 年，我国第一个 P2P 网贷平台在上海成立，之后短短几年内，迸发了大量 P2P 网贷平台。2010 年初仅有 10 家 P2P 企业的中国市场，经过每年增长近四倍的高速发展之后，2013 年底已达到近 800 家企业，2014 年，我国 P2P 贷款交易总规模为 2 514.17 亿元，同比增长 157.8%，P2P 公司规模达到 1 575 家，活跃用户猛增至 327.5 万元，同比增长达到 565.6%。在 P2P 行业获得爆发性增长的同时，由于自身缺乏运营能力和行业自律能力不足，问题平台比例也逐渐暴露出来。

P2P 行业的发展得益于互联网技术与小额信贷融合，将技术手段应用到对个人和企业信用的评估过程中。一方面弥补了我国传统金融行业在中小企业信用贷款领域的缺位；另一方面满足了小微企业的融资需求。在 P2P 平台上，投资者可以同时投资多个项目，融资者也可以获得多个投资者提供的资金。P2P 业务对借款者并没有太高的资格门槛，其面向对象多是资金临时筹措不足的小微企业和个人，弥补了传统金融机构在此类贷款方面的缺位，相对于传统金融机构走流程式的多层审批，在 P2P 平台上获得资金的手续更加简单直接，申请便捷、审查迅速、融资效率高、放款及时等特点迅速得到了中小企业的青睐。但是，P2P 网贷平台存在风险控制困难的问题。选择通过 P2P 渠道融资的中小企业及个人，大部分都是不能在传统金融机构获得所需额度贷款，甚至是完全不能获得贷款的用户，也就是银行认为的风险用户。银行出于资金安全的考虑，对不能通过历史记录、征信系统以及资产状况等方面反映其偿债能力的贷款用户不予发放贷款，对于 P2P 公司来说，如何正确判断这部分用户偿还能力，进而识别风险、规避风险，是不小的挑战。

二、P2P 类型

我国 P2P 平台从运营性质的角度看，运营模式主要分为四类：中介模式、保证金模式、合作模式、债权转让模式。

（一）中介模式

中介模式是以借贷为纽带的网上社交社区平台，只是为借贷者提供信息交互，不介于借贷双方资金之中，平台只是纯粹的中介机构，通过收集投资者和借款者的信息，在平台上将双方需求进行对接，实现资金有效利用。这种模式线上就可以进行操作，成本低效率高。但是因平台独立而需要的用户基数较大，因为这样才能实现较好的匹配需求。

（二）保证金模式

保证金模式顾名思义就是平台担保投资人的本金或者本金加利息，平台已不再是单纯中介机构，还担当了担保机构、转移机构。平台按比例从交易费用中提取"风险准备金"，或者通过抵押或担保等方式有效保护投资者和平台的利益，但由此带来的审核过程较为严格，耗时较长。

（三）合作模式

P2P 网站可以与小贷公司合作，小贷公司寻找借款人，平台向投资者吸纳资金，分工合作。这种模式下小贷公司风险识别能力会影响到 P2P 平台。P2P 平台还可以同电商合作，根据电商获得的贷款企业经营过程中产生的真实数据对其偿债能力进行评价，进而贷款，用户范围仅限于线上平台内的小微企业，但是获得贷款企业的数据详细、全面，风险较低。

（四）债权转让模式

债权转让模式的业务模式以线下为主，平台通常担任投资方，将资金借给贷款者而形成的债权关系，且借贷双方不直接签订债权债务合同，而是通过与平台关联的第三方先放贷，再将债权转让给投资人。债权转让模式能够帮助企业迅速成长，但是由于信息不对称带来的风险也较大。

第四节　互联网众筹

一、互联网众筹概述

众筹，是指在一定的时间内借助于网络信息技术对特定的人群发起的新的筹资模式。众筹的回报方式可能是资金、实物产品、服务等其他形式，其目的是资助筹资者设计、创作、创新、生产经营等一切需要资金支持的活动。众筹起源于美国一家创业型众筹网站Kickstarter，经营方式是通过他人捐助资金或预购产品为中小企业进行募集资金。众筹方式最初的发起者是一些创意者，比如艺术家、音乐者。为了完成艺术作品会向大众发起募资，艺术家会将产品预效果展示在网上，喜欢作品的用户提供资金，当产品完成会赠送产品或其他方式进行回报。随着众筹影响力不断扩大，得到赞助的项目越来越多，更多的众筹平台不断成立，形式从最初的慈善化转向商业化、多领域开拓。

在我国，通过众筹形式筹集资金的项目出现较晚。2011 年，国内第一家股权众筹平台天使汇上线，这个后来为滴滴打车融资 1 500 万元人民币的平台，仅在第一年就为 48 个项目融资超过 8 000 万元人民币。其他较为知名的众筹平台还包括众筹网、大家投、追梦网等。

众筹模式的蓬勃发展给那些有好创意、优秀团队的小微企业以资金上的支持，使他们得以跨过起步阶段。一些初创企业既没有用于抵押的资产，无法顺利从商业银行那里获得充足的贷款，也没有足够的资金坚持到占有相当的市场份额、用户量来引起风投们的注意。众筹模式的兴起，让那些对小微企业文化、预期产品产生价值认同的投资者有了投资的机会，通过众筹，小微企业可以获得发展初期，甚至是整个项目的运营资金，并对投资者予以回报。不仅如此，众筹模式还可以提前测试市场反应。判断任何一个项目、企业最终是否能够取得成功，最核心的标准是其市场表现。众筹模式给了筹资企业一个很好的试错的机会，众筹投资者大多数是对项目所属行业或市场情况有一定了解的分散的投资者，通过投资者对众筹平台上的项目的反馈和意见，有利于筹资者提前预估市场反应，进而使筹资者获得对项目进行调整和改良项目细节的机会，这样有利于企业产生更多的价值和效益，也有利于社会节约大量资源。

二、互联网众筹的类型

（一）股权型众筹

股权型众筹以获得股权作为回报。投资者通过对众筹项目的资金注入，在融资成功的前提下，投资可以获得相应的股权，项目盈利之后，投资者可依据所获得股东权益参与分红。相对于产品众筹，股权众筹一般会对投资人的经济背景有一定要求，并且筹资数额较大、期限较长。投资人对股权众筹的投资更多考虑的将会是经济效益，而不是兴趣。其中筹资人需要准备的资料也更加复杂和严格，如商业计划书、转让股份的细节以及后续的信息披露等。股权众筹在我国有会籍式、凭证式、天使式三种表现形式。会籍式的投资人会成为投资企业的股东；凭证式通过熟人介绍加入众筹项目，但不会成为企业的股东；天使式众筹会有明确的财务回报方式。目前国内股权众筹的平台主要有京东东家、京北众筹、36 氪众筹、众投邦等。

（二）债权型众筹

债权型众筹是投资者对项目或公司进行融资，获得其一定比例的债权，未来获得利息并收入本金。债权众筹对投资者的回报是按照约定的比例给予利息，到期收回本金以及收益。债权众筹和股权众筹虽同为投资众筹的一种，但在多个方面存在区别。股权众筹的回报形式是股份，债权众筹的回报形式是债权。另外，和股票一样，股权众筹收益较高，但不确定性也较高，风险较大。债权众筹的债权人在项目清算时，有权先获得清偿，而且由于一般存在抵押物，事先约定收益率，风险不确定性相对较低，因此风险较低。不过，债权众筹收益也较股权众筹更低。目前国内的债权众筹平台有人人贷、拍拍贷、团贷网、点融网等。

（三）公益型众筹

公益型众筹是投资者的无偿捐赠。公益众筹平台提供一个公开透明的市场环境，公益项目通过项目本身来吸引投资者，目的在于获得更多的社会收益。因此，公益型众筹的回报并非利润或者利息，而是创造社会价值。国内常见的公益型众筹有微公益、腾讯公益、轻松筹、水滴筹等。随着互联网的快速发展，利用互联网便利性发起的公益众筹项目帮助了不少人，但是，由于缺乏相应的监管措施，在信息不对称的情况下容易出现各种问题。例如，2017年底，"同一天出生的你"的公益众筹活动刷屏朋友圈，引发不少爱心人士捐款和转发，只要输入自己的生日信息，系统就会出现一位与自己同一天生日的贫困儿童，并且可以自愿向这位山区小朋友捐款1元，这种创意众筹的形式引发了不少人参与。但很快就有网友发现有些小朋友的资料互相矛盾，质疑该活动涉嫌诈捐。活动负责方"分贝筹"很快发声明回应称，由于活动处于测试阶段，出现了一些信息错误和界面不稳定情况，通过统计一共6个孩子信息出现错误。尽管如此，活动设计方面的缺陷仍然挫伤了投资者的积极性，影响了众筹效果。

（四）奖励型众筹

投资者参与奖励型众筹后可以获得投资项目或公司的奖励。奖励型众筹一般涉及的是预售类的众筹项目，根据投资者投资金额的多少提供更加超值的产品或服务，大多数以实物产品为主。目前国内常见的奖励型众筹有京东众筹、淘宝众筹、苏宁众筹等。

除此之外，目前还有收益权众筹、物权众筹、综合型众筹等众筹形式。

【新闻链接】

"2018互联网众筹行业现状与发展趋势报告"解读

2018年1月12日，中国政法大学互联网金融法律研究院与中关村众筹联盟联合发布了国内第一份《互联网私募股权融资合法与合规运营研究报告》。与此同时，《2018互联网众筹行业现状与发展趋势报告》也由中关村众筹联盟联合云投汇、众筹之家、迷你投等会员单位联合发布。两份报告合计10万余字，详细阐述了互联网私募股权融资的法律法规、运营模式及风险防范措施，并对互联网私募股权融资的健康发展提出了建议。报告还详细统计分析了2017年度全国众筹行业的发展现状、存在的问题，并收录和分析了中关村众筹联盟部分会员单位的运营模式和相关众筹项目案例。

报告显示，经过对互联网等公开渠道的不完全统计信息整理，截至2017年12月底，全国众筹平台共计280家，与2016年同期相比下降约33%，基本与2015年持平。其中，全国互联网非公开股权融资平台（即业内惯称的股权众筹平台）共计76家，与2016年同期相比减少 42 家，降幅高达 36%。其中，北京地区股权众筹共计 29 家，与 2016 年同期相比减少了 11 家，降幅达 28%。

整体来看，2017 年众筹融资金额总体呈上升趋势。年初因为春节缘故，投资额出现较大幅度的下跌，但在春节过后，投资额增速达到一个小高峰。随后融资金额缓慢下降，月融资金额基本维持在 18 亿元人民币左右。临近年底，受政策利好等诸多因素影响，融资金额再次呈现上升趋势，一度与 2017 年 3 月的高峰持平。

众筹行业经过萌芽期（2011～2013 年）、崛起期（2014～2015 年）两个阶段后，于 2016 年迎来行业前所未有的洗牌期。报告显示，众筹平台数量在 2016 年达到高峰，原因主要有两方面：一是 2016 年延续了 2015 年高峰期巨头涌入的态势，互联网巨头跨界布局众筹业务成为标配；二是汽车众筹的突然强势爆发，宛如为众筹行业打了一剂强心针。但随着行业洗牌加剧，部分玩家转型或退场，2017 年众筹平台数量逐渐回落，在金融监管趋严的大势下，行业逐渐进入规范发展期。

统计显示，2017 年全国众筹行业融资金额达到 215.78 亿元，同比 2016 年约下降 5%，降幅较小。2017 年全国股权众筹成功融资金额为 142.2 亿元，同比 2016 年减少 14.4 亿元，下降 9%；北京地区股权众筹成功融资金额为 48.3 亿元，同比 2016 年减少 3 亿元，下降 5%。截至 2017 年 12 月底，全国众筹项目投资人次达 2 639.55 万，同比下降约 52%，其中：回报众筹投资人次达 2 636 万，同比下降约 52%；互联网非公开股权融资投资人次达 3.55 万，同比下降约 39%。

不过，在业内专家看来，在行业洗牌期阶段，良币驱逐劣币，大量平台被淘汰，优质的头部平台开始发挥作用，帮助更多创新项目；所以虽然众筹平台数量减少，但整体融资金额未出现大幅下跌。值得注意的是，受舆论大环境影响，投资人参与众筹的热度降低，众筹投资人数量锐减，目前存留下来的投资人是众筹投资的核心人群。

对此，中国政法大学互联网金融法律研究院院长李教授表示，金融发展必须坚定的一个原则即服务实体经济原则。互联网私募股权融资产生并服务于实体经济，应当以推动实体经济发展为根本目标。互联网私募股权融资不能假借为实体经济服务而实际上在体系内部循环，对实体经济造成伤害。与传统的金融方式相比，互联网私募股权融资兼具了大部分普通投资者专业程度低、风险承受能力弱、投资风险高等特点。因此，互联网私募股权融资更需要加强对投资者的教育和保护。

资料来源：经济参考网，http://jjckb.xinhuanet.com/2018-01/13/c_136892532.htm。

第五节　数字货币

一、数字货币概述

数字货币，是指因计算机技术不断发展而衍生出的以虚拟数据为表现形式的非真实的货币。根据数字货币的产生方式、使用范围、社会属性的不同，数字货币大致分为两类：传统数字货币和新型数字货币。传统数字货币是指由特定企业发行的，仅用于内部网站支付使用的数字货币，包括用于购买该公司旗下的软件或在使用软件时获得增值服务。这类数字货币以特定网站或软件为限，支持内部业务，常用来购买特定网站的会员、进行游戏充值、购买游戏内道具、兑换电影票等，例如腾讯公司的 Q 币、盛大公司的点券、网票网公司的电影点卡。新型数字货币是不依靠特定企业发行，根据密码学原理及区块链技术，基于人为运算而形成的数字货币，新型数字货币起源于 1982 年大卫·查姆（David Chaum）提出的无法追踪的密码学网络支付体系假设，1990 年，这种想法被拓展成最开始的密码学现金体系，并慢慢发展成 e-cash。

和传统货币比较，数字货币最大优势就是不光削减了发行、流通费用，还可以很好地提升交易或投资率，让交易行为更为便捷与公开。由央行推行的数字货币还可以很好地保障金融政策的连续性与完整性，也可以有效地保障安全。虽然其推行方式还是位于探究之中，但是纸币早已被一些人群当作"上一辈的货币"，必定会被新科技、新商品所替代，而数字与现金货币会在很长一段时间里具有共存与不断取代的关系。

二、数字货币的种类

目前共有数千种数字货币在全网范围内进行交易。尽管像比特币和其他数字货币都暴露出交易平台破产或者监管难的问题，但是全球仍有大量种类的数字货币，其种类的数量超过了世界范围内被认可的真实货币的数量——180 种。在数千种数字货币里，最为典型的就是"去中心化"的比特币与莱特币，还有近些年形成的"中心化"数字货币，最为典型的就是瑞波币（RIPPLE）。该货币仅有一家发行单位，但是其无法得到使用者的信任，很多使用者都会觉得该发行单位就是在通过推行瑞波币获取巨额利益。

除以太币、莱特币、极光币、点点币和狗狗币在数量和市值上有了稳定提升以外，也已经有几种山寨币通过提供较比特币更吸引人的价值而崭露头角。以太坊的数字货币以太币已经占据了约为十亿美元的市值，以太坊通过为开发者提供可以打造各种智能合约应用的平台，而受到关注。同样，门罗币，作为 Coin Market Cap 上市值排名第五的数字货币，通过提供比比特币更高的隐私性而找到了自己的市场。

第六节 互联网金融的风险防范和市场监管

一、互联网金融的风险

（一）互联网金融风险的特征

金融风险具有发生的隐蔽性、扩散的快捷性、结果的破坏性、类型的复杂性、影响的社会性等特征。而互联网金融发展所依托的平台是互联网，由于互联网具有技术性、虚拟性、开放性、共享性和创新性等特点，使得互联网金融风险形成了不同于传统金融风险的一些特性。

1. 扩散更迅速

互联网金融具有更加强大的信息技术支持，信息传递无时间、地域限制，能够利用快速远程处理功能和高速高效的数据传输功能在最短时间内实现金融要素和金融信息的有效传播。然而，任何事物都具有两面性，高速高效的数据传输也意味着加快了金融风险的扩散速度，即使很微小的风险未能有效管控，也会在金融市场和相关主体中快速扩散。

2. 传染更严重

互联网金融是由多边信用共同建立起来的信用网络，网络节点交互联动、相互渗透，风险相互传染、交叉传染的概率随之增大，风险传染途径更加多样化，直接加剧、放大了传统金融风险的程度和范围。由于缺乏有效的风险保障机制，在互联网金融任意网络节点出现的风险问题，都有可能迅速传染至整个网络，甚至会导致整个网络的崩溃，影响国家金融体系的安全和稳定。

3. 影响更广泛

相比于传统金融，互联网金融受众面更广、公众性更强。互联网金融属于普惠金融范畴，小微企业、个体工商户或普通民众金融知识相对缺乏、风险识别评估能力相对较弱，用户本身也存在风险较高、不良率较高的特点，加之涉及人数众多，一旦发生互联网金融风险特别是系统性风险，危害影响面相当广泛，将对整个社会产生巨大的负外部性，甚至引发严重群体性事件。

4. 监管更困难

互联网金融具有虚拟性和开放性，产品与服务不再受时间和空间的限制，交易时间短、速度快和频率高，这些特点使得对金融风险的防范和监管难以真正落到实处。互联网金融交易过程的虚拟化、交易对象的虚拟化导致了监管上的信息不对称，使得金融监管部门难以全面准确了解监管对象的实际情况，难以掌握可能发生的互联网金融风险；互联网金融混业经营模式则对以机构监管、分业监管为主的金融监管方式提出了新的挑战，可能会导致"监管真空"现象，监管模式亟待进行创新。

（二）互联网金融的风险

按照风险来源的不同，这里将互联网金融风险分为来源于金融的风险和来源于互联网的风险，即金融风险和互联网风险。

1. 金融风险

互联网金融面临的金融风险的主要表现为信用风险、流动性风险和操作风险。

信用风险是金融风险的基本内核，是指资金借贷双方达成信用契约，到期交易对手未能履约所造成的风险。信用是金融行业的枢纽，是驱动业务的核心要素，信用问题涉及整个金融行业的运行状态,而互联网金融服务的对象为小微企业或个人,因额度较小或无担保等原因无法利用传统金融机构实现融资,这是普惠性的体现但也相应增加了信用风险。信用风险的防范需要进行事前信用程度的调查,如进行征信活动对用户进行信用评级,选择信用状况较好的交易对手,或者进行抵押担保等。互联网金融虽可利用大数据、云技术等构建大数据征信体系,但因现阶段信息获取渠道比较单一,存在"信息孤岛"问题,再加上传统的信用风险分析、评级模型不符合互联网金融的特点,因此建立一套比较完备的征信体系仍需解决一系列问题。对于运营模式而言,P2P平台和第三方支付机构面临的信用风险比较突出。P2P平台因缺乏对主体身份的识别、对信用违约记录和交易目的的有效核查,从而发生逆选择问题,再加上平台本身无风险准备金、无资本约束,都可能对投资者的资金造成损失。第三方支付平台也存在一定的信用风险,第三方支付的操作形式是买方将资金存于平台上,当收到卖方产品时,再将资金转移到卖方的账户,相应的过程中会出现沉淀资金,停留时间一两天或一两周时间不等,因缺少资金担保和监管,会造成信用风险累积。

流动性风险是由于收入和支出错配,导致资金流断裂,无法偿还所导致的风险。保持一定的资金流动性是金融行业政策运营的重要因素。传统金融机构具有较为严格、健全的风险准备金、存款保险制度和风险资产拨备制度,依据机构资产规模按规定比例留存存款保证金,用以应对坏账等其他资金风险,可以缓解资金链断裂问题,有效保障资金流动性。但是,由于互联网金融行业缺乏资金风险应对制度的约束,没有适当的风险应对资金,当遇到短期负债和预期外的资金外流情况时缺乏及时的解决措施,十分容易导致资金短缺发生流动性风险,尤其是互联网金融面向的对象大多为风险保守型投资者,大多在意本金的安全性,因此一旦资金出现安全隐患,将面临大量的赎回,极易发生流动性挤兑风险。另外,大量通过互联网金融方式筹集的资金是投资在传统行业的房地产或制造业,投资人希望借款期限短、收益高,而借款人希望借款期限长、成本低,当机构存在大量的投资人和借款人供给与需求期限无法匹配时,就容易导致流动性风险。

操作风险指操作人员未按照内部控制要求进行操作或出现错误操作所导致的损失。金融机构通常会使用外部交易技术支持来降低成本,如果外部技术支持者遇到资金困难甚至违背职业道德,内部人员管理不当或内外勾结,则金融机构的网络服务便无法得到高质量保障。互联网金融机构的支付平台是连接每个网络节点的共同多边信用网,双向互动,任何一方操作失误造成的损失都会由于互联网的高联动性而蔓延到整个网络,后果严重,甚至会导致整个机构的互联网体系瘫痪。操作风险的产生一部分可归结为人员操作错误,因互联网金融成立门槛低,对业务人员的水准没有严格的要求,风险意识薄弱,出现操作错误在所难免,另一部分则涉及技术漏洞,相较于传统金融机构面对的风险,基于技术层面的操作风险程度明显增加,软件设计缺陷、计算机防护体系不足、网络程序漏洞等互联网技术风险也增加了发生操作风险的可能性。

2. 互联网风险

互联网风险主要来源于技术安全风险、信息安全风险和声誉风险。

技术安全风险严格来说属于操作风险的范畴，在互联网金融风险控制中权重变大，主要表现在客户端的安全防护系统、网络程序漏洞以及 TCP/IP 协议的开放性等产生的风险。互联网金融终端经常被黑客攻击，导致系统瘫痪或者信息泄露，同时 TCP/IP 协议也可能会引起某些网络被非法入侵，影响互联网金融平台的功能。

信息安全风险是指用户信息被泄露所导致的损失。互联网金融是交易实体利用互联网虚拟性进行的金融活动，双方基于互联网上的信息进行了解，从而达成协议或交易，因此信息的收集和传递是交易的前提，也意味着网络中充斥着大量的个人信息，如姓名、银行卡号、身份证号等，一旦信息安全出现漏洞导致信息泄露，犯罪分子可进行资金的划拨或支付，导致资金损失。在众筹中，发起人将自己的项目设计理念、技术细节、市场价值等放在公众网站上，也极易出现知识产权被窃取的风险。

声誉风险是指互联网打破信息垄断，用户能够对平台的经营状况或盈利模式进行评价和反馈，负面反馈的传播会使平台的声誉受损，从而出现损失。在信息大爆炸的时代，信息的传播速度快、范围广，负面信息往往对人的冲击要比积极的信息程度大，这也是各个平台为了获得用户的好评，经常利用发红包、返现等手段的原因。值得注意的是，声誉风险往往与其他风险相关联，并且作为其他风险传导和扩散的关键点出现。比如，某个投资者在 P2P 平台出现暂时性的提款障碍，如果这一消息传播给平台的其他用户，就会影响恐慌并导致竞相提取资金，进而引发平台出现流动性风险。

二、互联网金融风险的监管

无论互联网金融采取如何先进的技术与工具，其产品和服务的核心功能仍然是金融。风险防范是金融发展的突出问题，而建立监管框架是防范金融风险的重要环节。为了使互联网金融更好地服务实体经济、服从宏观调控和经济稳定，更好地为消费者提供便捷、安全和高效的金融服务，增加整个社会的福利水平，政府在创造条件鼓励其发展与繁荣的同时，也有责任对传统监管模式进行调整和创新，建立适应互联网金融发展的监管框架，在各类互联网金融业态尚未出现严重风险问题的时候就进行恰当的监管，有效地防范互联网金融风险，降低系统性风险的发生概率。

（一）互联网金融风险监管的基本原则

中国人民银行在《中国金融稳定报告（2014）》中提出了互联网金融发展的总体要求，即"鼓励创新、防范风险、趋利避害、健康发展"。根据互联网金融发展的总体要求，除了遵循传统金融监管的一些原则外，互联网金融风险防范和监管还要遵循鼓励创新和监管一致性等基本原则。

1. 鼓励创新原则

互联网金融是一种既适应需求变化也适应供给变化的金融产品和服务方式创新，有助于提高金融资源配置效率、更好地服务实体经济和金融消费者。实行监管是促进互联网金融健康发展的客观需要。但是，监管不能过度而要适度，过度监管无疑会遏制互联网金融模式的创新发展，不利于金融市场效率的整体提高。对于互联网金融这个"新事物"，金融监管要体现开放性、包容性、适应性，坚持风险防范和鼓励创新并重，积极探索未来金融监管新范式，在确保互联网金融健康稳定发展的同时也要赋予其一定的试错空间与风险容忍度。换言之，互联网金融监管要在明确监管目标的基础上，明确运营者对投融资双方和社会承担必要的责任，减少对创新细节的直接干预，充分运用市场规律来促进互联网金融发展。一切利于服务实体经济和促进创业增长的金融创新、有利于消费者利益保护和金融市场效率提升的业务创新，均应受到积极鼓励。特别是金额小、涉及群体少、影响范围小、仍处于起步阶段的互联网金融业务，可在明确底线的基础上，发挥行业自律和市场规律的作用，鼓励探索创新。

2. 监管一致原则

监管一致性是指对从事相同类型金融业务、发挥相同金融功能的金融机构实行相同标准的监管措施。在互联网金融发展过程中，由于监管不足问题的普遍存在，有些互联网金融机构或者互联网金融业务绕过了对传统金融机构的特许准入和严格监管，在一定程度上规避了政府规制和获取了超额收益，产生了监管不一致问题。监管不一致往往会导致有些互联网金融机构利用监管标准的差异或模糊地带进行监管套利，损害监管的公信力与有效性，造成金融机构之间的不公平竞争，影响金融市场秩序稳定。鼓励互联网金融发展的同时，必须在互联网金融风险防范和监管中重视监管一致性，不能以不同的监管标准为代价。政府在设计监管一致性规则时要重点把握两个方面。一方面是从事相同业务的金融机构应该受到同样的监管，另一方面是同一金融机构的线上、线下业务也应该受到同样的监管。也就是说，不管是互联网金融机构还是传统金融机构，不管是线上业务还是线下业务，只要业务类型相同，就应该实行相同的监管标准。

（二）互联网金融风险监管的目标

互联网金融行业需要在"发展"和"监管"找到平衡。互联网金融风险监管的目标主要有确保国家宏观调控效果、促进互联网金融健康发展、防范金融系统性风险、保护互联网金融消费者权益四个方面。

1. 确保国家宏观调控效果

传统金融在资本金、风险拨备金和存款准备金率等方面都有明确的政策规定。互联网金融业态还没有纳入现行监管体系，因此在资本金、风险拨备金和存款准备金率等方面没有相关的规定和要求。随着互联网金融的规模壮大，这可能影响宏观调控中货币政策的实施效果，比如流动性调控效果、货币信贷总量和结构调整效果、货币创造效果等。因此，互联网金融监管要充分考虑互联网金融对于货币政策实施效果的客观影响，确保宏观调控预期目标的顺利实现。在监管中，要努力使互联网金融做到有利于加强对流动性的调控、对货币信贷总量和结构的调整、对利率市场化等改革的推动等。

2. 促进互联网金融健康发展

互联网金融是新兴、富有活力和创造性的业态，解决了许多传统金融体系不能很好解决的问题。随着各业态的飞速发展，互联网金融出现了一些影响行业健康发展的突出问题，行业乱象比较多，互联网金融监管不仅要注意防范风险，也要能够促进行业健康发展。促进互联网金融健康发展的关键是通过监管来规范互联网金融经营秩序，从注册资本、经营范围、技术体系、高管资质等方面设定互联网金融机构的准入门槛。同时，对触碰监管底线的互联网金融机构实行严厉惩罚，直至其退出，为互联网金融创造一个公平高效、竞争有序的发展环境。

3. 防范金融系统性风险

互联网金融本质上是金融，而金融是系统性的，风险很难分离。互联网金融既有金融功能属性，也有金融风险属性。互联网与金融相结合产生的互联网金融带来了许多新的问题和风险，对于新风险的识别和评估尚需要时间进行进一步研究，在这种情况下，互联网金融领域具有引发系统性金融风险的可能性。更重要的是，互联网技术的使用加快了互联网金融风险的传播速度，互联网金融的跨界经营使得互联网金融风险的交叉感染性更强，互联网金融风险监管制度不完善使得个别风险积累极易引发系统性风险。一旦触发互联网金融的系统性风险，将对金融系统和实体经济产生更大的冲击，造成更严重的破坏。

4. 保护互联网金融消费者权益

互联网金融的服务人群属于不被传统金融覆盖的众多弱势群体，其金融知识、风险识别和承担能力相对欠缺，在互联网金融交易中处于信息劣势地位，更容易遭受误导、欺诈和不公正待遇。由于互联网金融机构与金融消费者两方的利益并非完全一致，再加上监管不到位和低成本维权渠道缺乏，消费者权益得不到保障的事情时有发生。互联网金融消费者人数众多，一旦遭受这些风险，对社会造成巨大的负外部性。

（三）我国的互联网风险监管

1. 对第三方支付的风险监管

目前，我国对第三方支付机构的风险监管已有比较成熟的法律法规体系作为监管依据，明确中国人民银行作为监管主体。中国人民银行制定了若干针对第三方支付风险监管的规范性文件。《非金融机构支付服务管理办法》以及《非金融机构支付服务管理办法实施细则》明确了中国人民银行为第三方支付的监管部门，对第三方支付机构的市场准入和退出机制、业务开展、制度建设以及风险管理等方面进行监督管理，认可了第三方支付的合法性；《支付机构客户备付金存管办法》对第三方支付机构客户备付金的存放、归集、使用和划转等行为的监督管理要求进行了明确规定；《支付机构反洗钱和反恐怖融资管理办法》对第三方支付机构反洗钱与反恐怖融资职责和要求进行了明确规定。根据这些规定，中国人民银行在第三方支付风险监管中发挥了比较积极的管理作用，比如，全面叫停了支付宝、腾讯的虚拟信用卡产品，以及条形码、二维码支付等面对面支付服务。此外，国家外汇管理局出台的《支付机构跨境电子商务外汇支付业务试点指导意见》对跨境电子商务支付问题进行了明确规范；2014 年，银监会、中国人民银行联合下发的《关于加强商业银行与第三方支付机构合作业务管理的通知》对商业银行和第三方支付机构的合作业务进行了明确规范。

2. 对 P2P 的风险监管

2011 年 8 月，银监会下发的《关于人人贷有关风险提示的通知》从防范银行业风险的角度提示了 P2P 网络借贷风险，指出人人贷（P2P 网络借贷）中介服务主要存在影响宏观调控效果、容易演变为非法金融机构、业务风险难以控制等问题和风险，要求银行业金融机构务必采取有效措施，做好风险预警监测与防范工作，建立与人人贷中介公司之间的"防火墙"。中国人民银行于 2013 年 6 月下发的《支付机构风险提示》要求商业银行和支付机构，采用有效措施防范信用卡透支资金用于 P2P 网络借贷。目前 P2P 的业务活动主要接受《中华人民共和国民法通则》《中华人民共和国合同法》《中华人民共和国担保法》等法律以及最高人民法院相关司法解释的法律调整，比如，P2P 网络借贷利率必须遵循最高人民法院《关于人民法院审理借贷案件的若干意见》规定，即民间借贷利率不能超过国家规定的同期银行贷款利率的四倍。此外，中国小额信贷联盟、中国支付清算协会互联网金融专业委员会、上海市网络信贷服务业企业联盟、广东互联网金融协会、中关村互联网金融会等一批行业自律组织先后成立，并出台了自律公约，如《个人对个人（P2P）小额信贷信息咨询服务机构行业自律公约》《网络借贷行业准入标准》《互联网自律公约》《P2P 小额信贷信息咨询服务机构行业自律公约》等。行业自律组织成员依据自律公约进行业务规范，防范行业风险。

3. 对众筹的风险监管

众筹不仅是拓展中小微企业最新融资渠道的新举措，而且还能为市场上的闲置资金创造新的投资回报渠道。我国众筹还处于起步阶段，除了众筹的社会认知度不高、平台内部管理不规范外，众筹还存在多方面的风险。其中，股权众筹是风险最突出的众筹类型，非法集资、金融欺诈、洗钱等风险问题以及知识产权保护问题比较突出。目前，政府已经开始重视众筹风险监管，现阶段工作重点主要集中在股权众筹的风险监管上。目前，股权众筹已经得到了国家层面的认可。2014 年 11 月 9 日召开的国务院常务会议要求"建立资本市场小额再融资快速机制，开展股权众筹融资试点"，2015 年全国两会上"开展股权众筹试点"被写入了政府工作报告。同时，明确了证监会为众筹监管部门，围绕如何监管众筹，证监会积极进行调研。在证监会创新业务监管部支持下，中国证券业协会基于保护投资者合法权益、促进股权众筹行业健康发展的目的，根据《中华人民共和国证券法》《中华人民共和国公司法》《关于进一步促进资本市场健康发展的若干意见》等法律法规和部门规章，起草了《私募股权众筹融资管理办法（试行）（征求意见稿）》。该办法对众筹平台的备案登记、准入资质、职责义务、融资者和投资者的条件、信息报送、备案注销等方面作出了明确的规定，目前处在向社会公开征求意见的阶段。

4. 对数字货币的风险监管

近年来，国内通过发行代币形式包括首次代币发行（ICO）进行融资的活动大量涌现，投机炒作盛行，涉嫌从事非法金融活动，严重扰乱了经济金融秩序。2017年，中国人民银行、中央网信办、工业和信息化部、工商总局、银监会、证监会和保监会七部门联合发出《关于防范代币发行融资风险的公告》。公告中指出：第一，准确认识代币发行融资活动的本质属性，代币发行融资是指融资主体通过代币的违规发售、流通，向投资者筹集比特币、以太币等所谓"虚拟货币"，本质上是一种未经批准非法公开融资的行为，涉嫌非法发售代币票券、非法发行证券以及非法集资、金融诈骗、传销等违法犯罪活动。有关部门将密切监测有关动态，加强与司法部门和地方政府的工作协同，按照现行工作机制，严格执法，坚决治理市场乱象。发现涉嫌犯罪问题，将移送司法机关。代币发行融资中使用的代币或"虚拟货币"不由货币当局发行，不具有法偿性与强制性等货币属性，不具有与货币等同的法律地位，不能也不应作为货币在市场上流通使用。第二，任何组织和个人不得非法从事代币发行融资活动，已完成代币发行融资的组织和个人应当做出清退等安排，合理保护投资者权益，妥善处置风险。第三，加强代币融资交易平台的管理，任何所谓的代币融资交易平台不得从事法定货币与代币、"虚拟货币"相互之间的兑换业务，不得买卖或作为中央对手方买卖代币或"虚拟货币"，不得为代币或"虚拟货币"提供定价、信息中介等服务。第四，各金融机构和非银行支付机构不得开展与代币发行融资交易相关的业务。各金融机构和非银行支付机构不得直接或间接为代币发行融资和"虚拟货币"提供账户开立、登记、交易、清算、结算等产品或服务，不得承保与代币和"虚拟货币"相关的保险业务或将代币和"虚拟货币"纳入保险责任范围。金融机构和非银行支付机构发现代币发行融资交易违法违规线索的，应当及时向有关部门报告。第五，社会公众应当高度警惕代币发行融资与交易的风险隐患。代币发行融资与交易存在多重风险，包括虚假资产风险、经营失败风险、投资炒作风险等，投资者须自行承担投资风险，希望广大投资者谨防上当受骗。第六，充分发挥行业组织的自律作用。各类金融行业组织应当做好政策解读，督促会员单位自觉抵制与代币发行融资交易及"虚拟货币"相关的非法金融活动，远离市场乱象，加强投资者教育，共同维护正常的金融秩序。

本章小结

本章介绍了互联网金融的概念和特征，对比了金融互联网与互联网金融的区别，以及P2P、第三方支付、众筹、数字货币等主要的互联网金融模式的基本概念、主要运行模式。本章还介绍了互联网金融运行中的常见风险和市场监管情况。

习题

1. 简述金融、证券、保险在互联网时代的具体表现。
2. 简述互联网金融的基本概念和特点。
3. 第三方支付主要有哪些模式？

4. 产品型众筹和股权型众筹的区别有哪些?

5. 请阐述你对数字货币发展前景的看法。

6. 互联网金融有哪些主要风险?

7. 互联网金融的监管应该达到的目标有哪些?

第十章　投资组合理论

【本章要点】

1952 年美国学者哈里·马科维茨提出了投资组合理论，标志着现代投资组合理论的建立，人们对金融市场的投资逐步走向了科学化。现代投资组合理论从狭义上讲，就是指马科维茨的均值—方差模型理论及其改进扩展。现代投资组合理论的核心是科学地计算金融市场上各种投资组合的风险和收益，并且在此基础上选择一种投资组合，使投资者在一定的风险水平下能获得最大可能的预期收益，或者在一定的预期收益水平下能将风险降到最低。

1. 掌握证券投资的收益和风险的定义与种类；
2. 掌握证券投资的收益及风险的度量；
3. 掌握风险偏好与无差异曲线；
4. 掌握有效集和最优投资组合；
5. 掌握引入无风险借贷的最优投资组合。

【关键术语】

预期收益率；风险；系统性风险；非系统性风险；标准差；协方差；相关系数；β 系数；分散化证券组合；无差异曲线；效用函数；可行集；有效集；无风险资产；夏普比率；资产配置线；最优投资组合

第一节　证券投资的收益

金融市场的重要功能之一就是为投资者提供诸多的金融工具，从而分散和转移风险。但是风险与收益之间有着密不可分的联系，在二者之间取舍成为投资者在金融市场上面临的重要问题。收益和风险是金融工具（即证券）最基本的特征。

一、证券投资收益与风险的关系

证券投资收益与风险的基本关系是：收益与风险相对应。一般说来，风险较大的证券所要求的收益相对较高，反之，风险较低的证券的风险相对较小；但绝不能认为风险越大，收益一定越高。通常认为证券投资的收益与风险并存，承担风险是获取收益的前提，收益是风险的成本与报酬，它们之间呈正比例关系。投资者只能在收益和风险之间加以权衡，即在风险相同的证券中选择收益较高的证券，或者在收益相同的证券中选择风险较小证券的进行投资。这种关系表现为预期收益率等于无风险利率加风险补偿。预期收益率是投资者承受各种风险应得到的补偿，无风险利率是把资金投资于某一没有任何风险的投资对象而获得的收益率，我们把这种收益率作为一种基本收益率再考虑可能出现的各种风险，使投资者得到应有的补偿，即风险补偿（风险溢价）。

二、单证券投资的收益

1. 预期收益率

由于投资者在投资时不知道证券到期或出售时的回报，因而并不知道证券将来的收益。为了估计未来的收益，就需要使用预期收益率。预期收益率是投资者之前对各种证券未来收益率的综合估计，投资者估计各种可能发生的结果（事件）及每一种结果发生的可能性（概率），因而风险证券的收益率通常用统计学中的期望值来表示：

$$\overline{R} = \sum_{i=1}^{n} R_i P_i \qquad (10-1)$$

式中，$\overline{R}$ 为预期收益率，R_i 是第 i 种可能的收益率，P_i 是收益率 R_i 发生的概率，n 是可能性的数目。

2. 实际收益率

它是指投资者在一个时期内的投资收益率，也是投资者的财富在这一时期的变化率。

证券投资的收益有两个来源，即股利收入（或利息收入）与资本利得（或资本损失）。例如，在一定期间进行股票投资的收益率，等于现金股利加上价格的变化，再除以初始价格。假设投资者购买了 100 元的股票，该股票向投资者支付 7 元现金股利。一年后，该股票的价格上涨到 106 元。这样，该股票的投资收益率是 $(7+6)/100 = 13\%$。

因此证券投资的收益率可定义为：

$$R = \frac{D_t + (P_t - P_{t-1})}{P_{t-1}} \qquad (10-2)$$

式中，R 是收益率，t 指特定的时间段，D_t 是第 t 期的现金股利（或利息收入），P_t 是第 t 期的证券价格，P_{t-1} 是第 $t-1$ 期的证券价格。在式（10-2）的分子中，括号里的部分（$P_t - P_{t-1}$）代表该期间的资本利得或资本损失。

三、两证券组合的收益

假设投资者不是将所有资产投资于单个风险证券上，而是投资于两个风险证券，那么该风险证券组合的收益和风险应如何计量呢？假设某投资者将其资金分别投资于风险证券 A 和 B，其投资比重分别为 X_A 和 X_B，$X_A + X_B = 1$，则双证券组合的预期收益率 $\overline{R_P}$ 等于单个证券预期收益 $\overline{R_A}$ 和 $\overline{R_B}$ 以投资比重为权数的加权平均数，用公式表示：

$$\overline{R}_P = X_A\overline{R}_A + X_B\overline{R}_B \qquad (10-3)$$

四、三证券组合的收益

假设 X_1、X_2、X_3 分别为投资于证券 1、证券 2、证券 3 的投资比重，$X_1 + X_2 + X_3 = 1$，$\overline{R}_1$、$\overline{R}_2$、$\overline{R}_3$ 为其预期收益，则三证券组合的预期收益率 $\overline{R}_P$ 为：

$$\overline{R}_P = X_1\overline{R}_1 + X_2\overline{R}_2 + X_3\overline{R}_3 \qquad (10-4)$$

五、N 只证券组合收益

由上面的分析可知，证券组合的预期收益率就是组成该组合的各种证券的预期收益率的加权平均数，权数是投资于各种证券的资金占总投资额的比例，用公式表示：

$$\overline{R}_p = \sum_{i=1}^{n} X_i \overline{R}_i \qquad (10-5)$$

式中，X_i 是投资于 i 证券的资金占总投资额的比例或权数，$\overline{R}_i$ 是证券 i 的预期收益率，n 是证券组合中不同证券的总只数。

第二节   证券投资的风险

证券投资的风险是指证券价格的波动导致投资人遭受损失的不确定性。投资者的投资目的是获得收益，但由于投资收益是发生在未来的，一般情况下事先难以确定。未来收益的不确定性就是证券投资的风险。

一、证券投资风险的种类

证券投资风险的种类很多，按能否分散可分为系统性风险和非系统性风险；按其经济方面的风险来源可分为市场风险、利率风险、购买力风险和企业风险；按会计标准可分为会计风险和经济风险。

（一）按能否分散分类

1. 系统性风险

系统性风险是指由于某种因素使证券市场上所有证券的价格都发生变动，而使一切证券投资者都带来损失的可能性。这些因素包括经济周期、国家宏观经济政策的变动等。这一部分风险影响所有金融变量的可能值，因此不能通过分散投资相互抵消或者削弱，因此又称为不可分散风险。换句话说，即使一个投资者持有一个充分分散化的组合也要承受这一部分风险。

2. 非系统性风险

非系统性风险仅涉及一种与特定公司或行业相关的证券，指某些个别因素对某一证券造成损失的可能性。它与经济、政治和其他影响所有金融变量的因素无关，专指个别证券独有并随时变动的风险，主要包括经营风险和财务风险。通过分散投资，非系统性风险能被降低；而且，如果分散是充分有效的，这种风险甚至还能被消除，因此，又称为可分散风险。系统性和非系统性风险之间的关系，可用图 10 - 1 来表示。

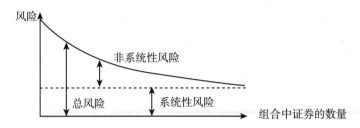

图 10 - 1　证券组合中证券的数量与系统性和非系统性风险之间的关系

（二）按风险来源分类

产生投资风险的因素有很多，如政治的、经济的、社会的、科技的、自然的、道德的和法律的，其中经济方面的风险主要有四种——市场风险、利率风险、购买力风险、企业风险。

1. 市场风险

市场风险是指证券市场价格上升与下降的变化带来损失的可能性。证券市场与一般商品市场不同，其价格波动频繁，很难预料，尤其是股票价格时起时伏，变幻莫测，使证券投资的市场风险大于其他商品市场和真实资本投资市场的风险。证券的价格水平主要取决于人们对证券收益的预期、期望的收益率和市场供求关系，而所有这些都是不确定的，随时都可能发生变化，从而导致证券市场价格的频繁波动。投资者如在高价位买进，在低价位售出，就可能遭受很大损失。

2. 利率风险

利率风险是指市场利率变化给证券投资者带来损失的可能性。证券的价格与利率关系非常密切，一般呈反比例关系。即：市场利率下降，证券价格上升；市场利率上升，证券价格下降。以债券为例，当利率提高时，新发行债券的收益水平将高于已上市债券，从而已上市债券价格下降，其收益率水平与新的高利率相适应；反之，当利率下降时又会促使已上市证券价格上升。如要对债券（如国家公债）实行贴息措施，则债券的价格与利率变动方向一致。总而言之，利率的变动会引起债券价格起伏不定的变化。对股票而言，利率的变化会改变人们对股票收益的预期和影响股票市场的供求关系，从而影响股票价格的波动。由此可见，利率的变化也给股票投资带来很大风险。利率决定于货币市场的供求关系，而货币市场的供求关系常因种种原因而经常变动，市场利率也因此时高时低，进而波及证券价格的涨跌，加大了证券投资的风险。

3. 购买力风险

购买力风险又称通货膨胀风险，是指物价普遍上涨，单位货币的购买力下降带来损失的可能性。在证券投资中，任何证券都要受到通货膨胀的影响，因为投资中收回的本金或净收益都是以货币来实现的。通货膨胀将使证券投资的实际收益率大大低于名义收益率，在通货膨胀率很高的情况下，甚至有可能使投资者的实际收益率为负数。实际收益率等于名义收益率减通货膨胀率。不同证券的购买力风险是不同的。固定收益的证券，利率是预先约定的，不能因物价上涨而提高，风险较大。浮动收益的证券，名义收益是不固定的，可能随物价上涨而增加，但如果提高的程度赶不上物价上涨率，同样会受到损失。另外，长期证券投资的购买力风险较短期证券投资的大。

4. 企业风险

企业风险是指企业经营、财务状况以及道德选择变化等给证券投资带来损失的可能性，包括经营风险、财务风险与道德风险等。

企业经营风险是指因企业经营状况不良带来损失的可能性。影响企业经营状况的因素很多，如规模大小、产品种类、技术水平、管理水平、所属产业的发展动向、产品生命周期、市场竞争能力以及外部经济环境等。企业的规模不经济，产品供过于求，技术水平落后，因高层管理人员变动而使管理水平下降，或者国家产业政策、经济景气状况等企业外部环境发生不利变化，均可能导致企业的经营风险。如果投资者购买的是该公司的债券，则将面临到期不能兑付本金和利息的违约风险；如果购买的是该公司的股票，则可能因公司业绩不佳而不能获得预期的股利或因股票价格的下跌而受到损失。

企业财务风险是指因企业资本结构不合理带来损失的可能性。在企业总资本中，债权资本比重过大，固定利息支付的数额过多，可以给股票投资者分配的利润就少，股东难以获得预期收益，同时可能导致股价下跌，诱发证券的市场风险。一旦债务到期不能偿付，企业将面临破产清算的危险。

企业道德风险是指企业利用信息不对称损害证券投资者利益的可能性。

（三）按会计标准分类

1. 会计风险

会计风险指从一个经济实体的财务报表中反映出来的风险。会计风险可以根据现金流量、资产负债表的期限结构、币种结构等信息进行客观的评估。

2. 经济风险

经济风险是对一个经济实体的整体运作带来的风险，因而比会计风险的范围更广。比如某企业的一笔浮动利率负债由于利率的上升而导致借款成本的上升，反映在财务报表上借款成本的上升就是会计风险，但是利率上升对该企业的影响可能远不止这些，供给商可能会要求提前收回欠款，而顾客可能会要求延期支付欠款，这将会使企业的现金流量恶化，导致更多的借款和支付更高的利息。从宏观经济来看，利率的提高可能会导致整个经济的衰退，减少个人的消费需求和企业的投资需求；利率的提高还可能导致外国套利的短期资本的流入，从而导致本币的升值，降低本国企业出口商品的竞争能力，所有这些因素都必须考虑在经济风险之内。

二、风险溢价

风险溢价又称风险收益，是相对于无风险收益而言的。我们知道，无风险收益是指投资于无风险证券所能获得的收益。风险溢价是指投资者因承担风险而获得的超额报酬。各种证券的风险程度不同，风险溢价也不同。在一般情况下，风险收益与风险程度成正比，风险程度越高，风险收益越大。证券投资的总收益扣除无风险收益的差额即为风险收益。风险收益率为风险收益与风险成本的比率，是证券投资总收益率与无风险收益率的差额。

三、单个证券的风险计算

预期收益率描述了以概率为权数的平均收益率。实际发生的收益率与预期收益率的偏差越大，投资于该证券的风险也就越大，因此对单个证券的风险，通常用统计学中的方差或标准差来表示，标准差 σ 可用公式表示成：

$$\sigma = \sqrt{\sum_{i=1}^{n} (R_i - \overline{R})^2 P_i} \qquad (10-6)$$

标准差的直接含义是，当证券收益率服从正态分布时，2/3 的收益率在 $\overline{R} \pm \sigma$ 范围内，95% 的收益率在 $\overline{R} \pm 2\sigma$ 范围之内。下面通过一个例子来说明预期收益率和标准差的计算。

【例 10-1】根据某证券的几种可能收益率及其对应的概率，求该证券的预期收益率和标准差（见表 10-1）。

表 10-1　　　　　　　　　某证券收益的概率、预期收益率和标准差

可能的收益率 R_i	概率 P_i	预期收益率（$\overline{R}$）计算 $R_i P_i$	方差（σ^2）计算 $(R_i - \overline{R})^2 P_i$
-0.10	0.05	-0.005	$(-0.10-0.09)^2 (0.05)$
-0.02	0.10	-0.002	$(-0.02-0.09)^2 (0.10)$
0.04	0.20	0.008	$(0.04-0.09)^2 (0.20)$
0.09	0.30	0.027	$(0.09-0.09)^2 (0.30)$
0.14	0.20	0.028	$(0.14-0.09)^2 (0.20)$
0.20	0.10	0.020	$(0.20-0.09)^2 (0.10)$
0.28	0.05	0.014	$(0.28-0.09)^2 (0.05)$
	$\sum = 1.00$	$\sum = 0.090 = \overline{R}$	$\sum = 0.00703 = \sigma^2 \ (\sigma = 0.0838)$

在表 10-1 所示的可能收益率分布中，它的预期收益率等于 9%，标准差为 8.38%。

四、证券组合的风险计算

到目前为止，我们仅讨论了单项投资的风险和收益。但实际上，投资者很少把所有财富都投资在一种证券上，而是构建一个证券组合，下面讨论证券组合收益和风险的衡量。

（一）双证券组合的风险计算

由于两只证券的风险具有相互抵消的可能性，双证券组合的风险就不能简单地等于单个证券的风险以投资比重为权数的加权平均数，而应用其收益率的方差 σ_P^2 表示，其公式为：

$$\sigma_P^2 = X_A^2 \sigma_A^2 + X_B^2 \sigma_B^2 + 2X_A X_B \sigma_{AB} \tag{10-7}$$

式中，σ_{AB} 为证券 A 和 B 实际收益率和预期收益率离差之积的期望值，在统计学中称为协方差，协方差可以用来衡量两个证券收益之间的互动性，其计算公式为：

$$\sigma_{AB} = \sum_i (R_{Ai} - \overline{R}_A)(R_{Bi} - \overline{R}_B) P_i \tag{10-8}$$

正的协方差表明两个变量朝同一方向变动，负的协方差表明两个变量朝相反方向变动。两种证券收益率的协方差衡量这两种证券一起变动的程度。

表示两证券收益变动之间的互动关系，除了协方差外，还可以用相关系数 ρ_{AB} 表示，两者的关系为：

$$\rho_{AB} = \sigma_{AB} / \sigma_A \sigma_B \tag{10-9}$$

相关系数的一个重要特征为其取值范围介于 $-1 \sim 1$ 之间，即 $-1 \leqslant \rho_{AB} \leqslant 1$。因此式（10-7）又可以写成：

$$\sigma_P^2 = X_A^2 \sigma_A^2 + X_B^2 \sigma_B^2 + 2X_A X_B \rho_{AB} \sigma_A \sigma_B \tag{10-10}$$

当取值为 -1 时，表示证券 A、B 收益变动完全负相关；当取值为 1 时表示证券 A、B 完全正相关；当取值为 0 时，表示完全不相关。当 $0 < \rho_{AB} < 1$ 时，表示正相关；当 $-1 < \rho_{AB} < 0$ 时，表示负相关。

从式（10-7）和式（10-10）可以看出：当 $\rho = 1$ 时，$\sigma_P = X_A \sigma_A + X_B \sigma_B$；而当 $\rho < 1$ 时，$\sigma_P < X_A \sigma_A + X_B \sigma_B$；特别地，当 $\rho = -1$ 时，$\sigma_P = |X_A \sigma_A - X_B \sigma_B|$。

根据上面的分析可知，双证券组合的风险不仅取决于每个证券自身的风险（用方差或者标准差表示），还取决于两个证券之间的互动性（用协方差或相关系数表示）。

【例 10-2】市场上有 A、B 两只证券，其预期收益率分别为 8% 和 13%，标准差分别为 12% 和 20%。A、B 两种证券的相关系数为 0.3。某投资者决定用这两只证券组成投资组合。

组合的预期收益率和方差为：

$$\overline{R}_P = X_A \overline{R}_A + X_B \overline{R}_B$$

$$\sigma_P^2 = X_A^2 12\%^2 + X_B^2 20\%^2 + 2X_A X_B \times 0.3 \times 12\% \times 20\%$$
$$= 0.0144X_A^2 + 0.04X_B^2 + 0.0144\% X_A X_B$$

表 10 - 2 显示了不同权重下组合的预期收益率和标准差。从表 10 - 2 中第 3 列和第 6 列可以看出，当证券 A 的权重从 0 逐步提高到 1（相应地，证券 B 的权重从 1 逐步降低到 0）时，组合的预期收益率从 13% 逐步降到 8%，而组合的标准差也逐步从 20% 逐步降低后又回升到 12%。其中，当 $X_A = 0.8$，$X_B = 1 - 0.8 = 0.2$ 时，组合的标准差最低，为 11.45%。权重的改变对组合预期收益率和标准差的影响如图 10 - 2 和图 10 - 3 所示。

表 10 - 2　　　　　　　不同相关系数下投资组合的预期收益率和标准差

X_A	X_B	预期收益率（%）	给定相关系数下投资组合的标准差（%）			
			$\rho = -1$	$\rho = 0$	$\rho = 0.3$	$\rho = 1$
0	1	13	20	20	20	20
0.1	0.9	12.5	16.8	18.04	18.4	19.2
0.2	0.8	12	13.6	16.18	16.88	18.4
0.3	0.7	11.5	10.4	14.46	15.47	17.6
0.4	0.6	11	7.2	12.92	14.2	16.8
0.5	0.5	10.5	4	11.66	13.11	16
0.6	0.4	10	0.8	10.76	12.26	15.2
0.7	0.3	9.5	2.4	10.32	11.7	14.4
0.8	0.2	9	5.6	10.4	11.45	13.6
0.9	0.1	8.5	8.8	10.98	11.56	12.8
1	0	8	12	12	12	12

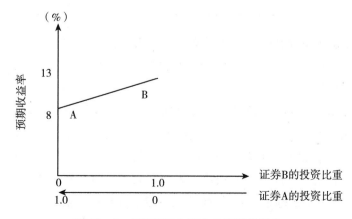

图 10 - 2　投资权重与组合的预期收益率

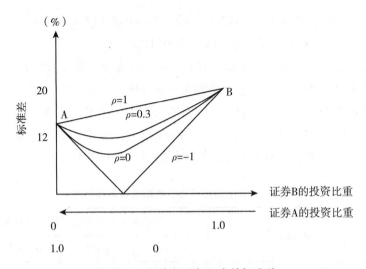

图 10 – 3　投资权重与组合的标准差

表 10 – 2 还给出了不同的相关系数下组合的预期收益率和标准差，从表中可以看出，相关系数对于组合的预期收益率水平是没有影响的。表 10 – 3 则给出了不同相关系数下的最小方差组合及其预期收益率和标准差，我们发现，尽管相关系数对于组合的预期收益率水平是没有影响的，但是却对标准差有着显著的影响。除了完全相关外，最小方差组合的标准差均低于 A、B 两种证券的标准差，尤其是当 $\rho = -1$ 时，最小方差组合可以使组合的标准差降低为零。

表 10 – 3　　　　　　　不同相关系数下的最小方差组合及其预期收益率和标准差

项目	$\rho = -1$	$\rho = 0$	$\rho = 0.3$	$\rho = 1$
X_A	0.625	0.7353	0.82	–
X_B	0.375	0.2647	0.18	–
预期收益率（%）	9.875	9.3235	8.9	–
标准差（%）	0	10.2899	11.4473	–

图 10 – 3 也给出了不同相关系数下投资权重对组合标准差的影响。从图 10 – 3 可以看出，除了完全相关（$\rho_{AB} = 1$）外，最小方差组合的标准差均低于 A、B 两种证券的标准差。这充分说明了多样化的好处。

将图 10 – 2 和图 10 – 3 结合起来看，能得到一个更直观地反映分散化效果的图形，如图 10 – 4 所示。从图 10 – 4 可以看出，当 $\rho = 1$ 时，双证券 A、B 组合 P 的收益和风险关系落在 AB 直线上（具体在哪一点决定于投资比重 X_A 和 X_B）；当 $\rho < 1$ 时，代表组合 P 的收益和风险所有点的集合是一条向后弯的曲线，表明在同等风险水平下收益更大，或者说在同等收益水平下风险更小，ρ 越小，往后弯的程度越大；$\rho = -1$，是一条后弯的折线。

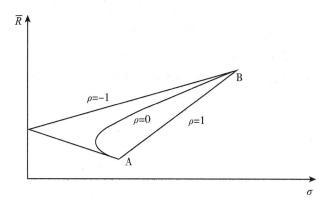

图 10 - 4　双证券组合收益、风险与相关系数的关系

（二）三证券组合的风险计算

三只风险证券组合的风险为：

$$\sigma_P^2 = X_1^2\sigma_1^2 + X_2^2\sigma_2^2 + X_3^2\sigma_3^2 + 2X_1X_2\sigma_{12} + 2X_1X_3\sigma_{13} + 2X_2X_3\sigma_{23} \tag{10-11}$$

【例 10 - 3】某投资者的持有期为 1 年，该投资者估计 X、Y、Z 三只证券的期望收益率分别为 16.2%、24.6% 和 22.8%。其余资料如表 10 - 4 所示。

表 10 - 4　　　　　　　　　　　某投资者投资的证券信息

证券	组合中的股份数（股）	每股初始市价（元）	总投资	各证券投资比重
X	100	40	4 000	0.2325
Y	200	35	7 000	0.4070
Z	100	62	6 200	0.3605

则投资组合的期望值：

$$\overline{R}_P = 0.2325 \times 16.2\% + 0.4070 \times 24.6\% + 0.3605 \times 22.8\% = 22\%$$

投资组合的标准差：

$$\sigma_P = \left[X_1^2\sigma_1^2 + X_2^2\sigma_2^2 + X_3^2\sigma_3^2 + 2X_1X_2\sigma_{12} + 2X_1X_3\sigma_{13} + 2X_2X_3\sigma_{23} \right]^{1/2}$$

该投资的协方差矩阵如图 10 - 5 所示。

	σ_{i1}	σ_{i2}	σ_{i3}
σ_{1j}	146	187	145
σ_{2j}	187	854	104
σ_{3j}	145	104	289

图 10 - 5　协方差矩阵

$$\sigma_P = \begin{bmatrix} (0.2325 \times 0.2325 \times 146) + (0.2325 \times 0.4070 \times 187) + (0.2325 \times 0.3605 \times 145) \\ + (0.4070 \times 0.2325 \times 187) + (0.4070 \times 0.4070 \times 854) + (0.4070 \times 0.3605 \times 104) \\ + (0.3605 \times 0.2325 \times 145) + (0.3605 \times 0.4070 \times 104) + (0.3605 \times 0.3605 \times 289) \end{bmatrix}^{\frac{1}{2}}$$

$$= 16.65\%$$

（三）N 只证券组合的风险计算

证券组合的风险（用标准差表示）的计算不能简单地把组合中每个证券的标准差进行加权平均，而应用下式计算：

$$\sigma_P = \sqrt{\sum_{i=1}^{n} \sum_{j=1}^{n} X_i X_j \sigma_{ij}} \tag{10-12}$$

式中，n 是组合中不同证券的总只数，X_i 和 X_j 分别是证券 i 和证券 j 投资资金占总投资额的比例，σ_{ij} 是证券 i 和证券 j 可能收益率的协方差。

考虑最简单的分散化策略，组合中每只证券都是等权重的，即 $X_i = 1/n$，这时式（10-12）可以写成：

$$\sigma_P = \sqrt{\frac{1}{n}\overline{\sigma}^2 + \frac{n-1}{n}\overline{\text{cov}}^2} \tag{10-13}$$

式（10-12）也可以用矩阵来表示，加号 $\sum \sum$ 意味着把方阵（$n \times n$）的所有元素相加，假定 n 等于 4，即该证券组合的方差为以下矩阵中各元素之和，该矩阵称为方差—协方差矩阵（variance-covariance matrix），如图 10-6 所示。

	第一列	第二列	第三列	第四列
第一行	$X_1 X_1 \sigma_{1,1}$	$X_1 X_2 \sigma_{1,2}$	$X_1 X_3 \sigma_{1,3}$	$X_1 X_4 \sigma_{1,4}$
第二行	$X_2 X_1 \sigma_{2,1}$	$X_2 X_2 \sigma_{2,2}$	$X_2 X_3 \sigma_{2,3}$	$X_2 X_4 \sigma_{2,4}$
第三行	$X_3 X_1 \sigma_{3,1}$	$X_3 X_2 \sigma_{3,2}$	$X_3 X_3 \sigma_{3,3}$	$X_3 X_4 \sigma_{3,4}$
第四行	$X_4 X_1 \sigma_{4,1}$	$X_4 X_2 \sigma_{4,2}$	$X_4 X_3 \sigma_{4,3}$	$X_4 X_4 \sigma_{4,4}$

图 10-6　$n=4$ 的方差—协方差矩阵

由图 10-6 可知，证券组合的方差不仅取决于单个证券的方差，而且更取决于各种证券间的协方差。随着组合中证券数目的增加，在决定组合方差时，协方差的作用越来越大，而方差的作用越来越小。这一点可以通过考察方差—协方差矩阵看出来。在一个由两只证券组成的组合中，有两个加权方差和两个加权协方差。但是对一个大的组合而言，总方差主要取决于任意两只证券间的协方差。当我们持有的证券充分分散化时，某一证券对于整个投资组合风险的贡献取决于该证券和其他证券之间的协方差，而并非该证券的方差。例如，对 100 只证券进行投资组合，当 $\rho = 0.4$ 时，令 $\sigma = 50\%$，组合的标准差为 31.86%，非常接近于不可分散的系统性风险 31.62%。

五、系统性风险

非系统性风险可以通过有效的证券组合来消除，所以当一个投资者拥有一个有效的证券组合时，他所面临的就只有系统性风险了。

如果我们把证券市场处于均衡状态时的所有证券按其市值比重组成一个"市场组合"，这个组合的非系统性风险将等于零。这样我们就可以用某种证券的收益率和市场组合收益率之间的 β 系数作为衡量这种证券系统性风险的指标。某种证券的 β 系数 β_i 指的是该证券的收益率和市场组合的收益率的协方差 σ_{im} 除以市场组合收益率的方差 σ_m^2，其公式为：

$$\beta_i = \sigma_{im}/\sigma_m^2 \qquad (10-14)$$

由于系统性风险无法通过多样化投资来抵消，因此一个证券组合的 β 系数 β_p 等于该组合中各种证券的 β 系数的加权平均数，权重为各种证券的市值占整个组合总价值的比重 X_i，其公式为：

$$\beta_P = \sum_{i=1}^{n} X_i \beta_i \qquad (10-15)$$

如果一种证券或证券组合的 β 系数等于 1，说明其系统性风险跟市场组合的系统性风险完全一样；如果 β 系数大于 1，说明其系统性风险大于市场组合；如果 β 系数小于 1，说明其系统性风险小于市场组合；如果 β 系数等于 0，说明没有系统性风险。

第三节　无差异曲线

一、马科维茨假设

马科维茨（Markowitz）是现代投资组合理论的创始人。他在 1952 年发表了题为《资产组合选择：投资有效分散化》的论文，用方差（或标准差）计量投资风险，论述了怎样使投资组合在一定风险水平之下，取得最大可能的预期收益率。他在创立投资组合理论的同时，用数量化的方法提出了确定最佳投资资产组合的基本模型。这被财务与金融学界看作现代投资组合理论的起点，并被视为财务与金融理论的一场革命。马科维茨的资产组合理论奠定了现代投资组合理论的基石。此后，经济学家一直在利用数量方法不断丰富和完善投资组合的理论和方法，或对这些理论和方法进行实证检验，使资产组合理论及其方法日臻成熟。

马科维茨强调，一个好的资产组合绝不是一串好股票和债券的集合，而应是一个最符合投资需要的整体性的资产组合。他的资产组合理论就是用来指导大规模的私人和机构投资者如何建立一个最适合的资产组合的理论。为此，马科维茨对证券市场和投资的行为特征主要有如下假设：

（一）证券收益具有不确定性

人们对各种经济因素的理解程度还无法做到使预测毫无差错，即使经济状况的前因后果可以被精确地理解，各种非经济因素的作用也可能影响证券投资收益的高低。因此，分析人员不可能确定地预测某种特定证券的收益，但是，可以预测不同结果可能出现的概率，而且一项证券投资的不确定性收益的概率分布服从于正态分布。

（二）证券收益之间具有相关性

各种证券的收益倾向于一起上升和一起下降，但是这种相关性不是绝对的。如果各种证券的收益是彼此无关的，那么采取分散化就可以消除风险；如果是完全一致地上升或下降，分散化对消除风险毫无意义。证券收益之间相关但不完全正相关意味着分散化可以降低风险，但不能消除风险。资产组合分析的任务是最大限度地降低风险。如果求得各种证券之间的相关系数就有可能决定"证券组合"所能产生的最低风险。

（三）投资者都遵守主宰法则

在同一风险水平下，投资者希望报酬率越高越好。即相对于较低水平的期末财富，投资者总是偏好较高水平的期末财富。这是因为高水平的期末财富为投资者在未来时期提供更多的财富。

（四）投资者都是风险的厌恶者

这一假定意味着投资者若承受较大风险，必须得到较高的预期收益以资补偿。如果在具有相同回报率的两只证券之间进行选择，任何投资者都将选择风险较小的，而舍弃风险较大的。因此，资产组合既要考虑收益，又要考虑风险，要使投资者的期望效用最大化，而不仅仅是使期望的收益率最大化。

（五）证券组合降低风险的程度与组合证券的数目相关

投资者想要减少风险，必须在组合中增加若干其他证券。可是这样做的同时也会降低收益。如果证券数目减少，则风险和收益都会提高。

二、风险与风险厌恶

（一）投机与赌博

为了强调高风险必须以高收益作为回报，首先我们区别投机和赌博。

投机的定义是承担一定的投资风险并获取相应的报酬，尽管听起来容易，但是要使定义可用，首先必须定义"一定的风险"和"相应的报酬"。"一定的风险"是说风险水平足够影响投资决策。一个投资者也许会因为一项投资产品的潜在收益并不足以弥补其风险而放弃投资。因此，投机是指投资有正的风险溢价，即期望收益高于无风险收益率。

赌博是为一个正确的结果下注。如果把赌博的定义和投机相比较，会发现主要区别在于赌博并没有"相应的报酬"。从经济学上讲，赌博是为了享受冒险的乐趣而承担风险，投机则是为了风险溢价而承担风险。把赌博变成投机需要有足够的风险溢价来补偿风险厌恶投资者。因此，风险厌恶和投机并不矛盾。风险溢价为零的风险投资叫公平博弈。

在某些情况下赌博看起来像投机。比如两个投资者 A 和 B 对美元和英镑的远期汇率走势，他们就可以对赌。如果 1 年后 1 英镑超过了 1.6 美元，则 A 给 B 付 100 美元。这个赌局只有两种结果。如果两个人对两种结果出现的概率有共同认识，即"公平博弈"。如果两个人认为自己都不会输，则两种结果出现的概率只能是 0.5。在这种情况下，双方虽然都把自己的行为看成投机而非赌博，但是他们的行为实际上是赌博而非投机。

然而，更有一种可能，A 和 B 对事件结果发生的概率认识不同。B 认为英镑汇率超过 1.6 美元的概率大于 0.5，而 A 认为汇率低于 1.6 美元的概率小于 0.5，他们的主观预期并不相同。这种现象就是"异质预期"，在这种情况下，双方的行为都是投机，而非赌博。

（二）风险厌恶和效用

现代投资组合理论假设：投资者是厌恶风险的（risk averse），即在其他条件相同的情况下，投资者将选择风险较小的投资组合。投资者的风险厌恶意味着投资者持有风险资产都需要风险溢价作为补偿。

风险厌恶的投资者会放弃公平赌局和更差的投资。他们更愿意无风险资产和有正的风险溢价的投资品。风险厌恶的投资者将拒绝进行这样的赌博，因为可能的"赢"带来的愉快程度小于可能的"输"带来的不愉快程度。赌博给这类投资者带来了负效用，因此如果没有收益来补偿，投资者是不会随意冒风险的。例如，掷硬币赌博，正面你赢 100 元，反面你输 100 元，由于正反面的概率各为 50%，因此这种赌博的预期收益率为零。

与厌恶风险的投资者相对应的是风险中性（risk-neutral）和风险偏好者（risk lover）。前者对风险的高低漠不关心，只关心预期收益率的高低。对后者而言，风险给他带来的是正效用，他们更愿意参加公平博弈和其他赌博，这种投资者将风险的乐趣考虑在内，上调了自身的效用水平。风险偏好者总是参加公平博弈，因为公平博弈的预期收益率高于无风险收益率。因此在其他条件不变情况下风险偏好者将选择标准差大的组合。

三、无差异曲线

我们假设投资者会根据收益风险情况为每个资产组合给出一个效用值分数。分数越高说明这个资产组合就越有吸引力。资产期望收益越高分数越高，波动性越大分数越低。投资者的目标是投资效用最大化，而投资效用（utility）取决于投资的预期收益率和风险，其中期望收益率带来正的效用，风险带来负的效用。

然而，不同的投资者对风险的厌恶程度和对收益的偏好程度是不同的，为了更好地反映收益和风险对投资者效用的影响程度，我们有必要引入"无差异曲线"（indifference curve）的概念。

　　无差异曲线的第一个特征是，一条无差异曲线代表给投资者带来同样满足程度的预期收益率和风险的所有组合。由于风险给投资者带来的负效用，而收益带给投资者的是正效用，因此为了使投资者的满足程度相同，高风险的投资必须有高的预期收益率。可见，无差异曲线的斜率是正的，如图 10 - 7 所示。

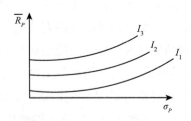

图 10 - 7　无差异曲线

　　无差异曲线的第二个特征是该曲线是下凸的。这意味着，要使投资者多冒等量的风险，给予他的补偿——预期收益率就要越来越高。无差异曲线的这一特点是由预期收益率边际效用递减规律决定的。

　　无差异曲线的第三个特征是，同一投资者有无限多条无差异曲线。这意味着对于任何一个风险—收益组合，投资者对它的偏好程度都能与其他组合相比。由于投资者对收益的不满足性和对风险的厌恶，因此在无差异曲线图中越靠左上方的无差异曲线代表的满足程度越高。投资者的目标就是尽量选择位于左上角的组合。

　　无差异曲线的第四个特征是，同一投资者在同一时间、同一时点的任何两条无差异曲线都不能相交。我们可以用反证法加以证明。在图 10 - 8 中，假设某个投资者的无差异曲线相交于 X 点。由于 X 和 A 都在 I_1 上，因此 X 和 A 给投资者带来的满足程度是相同的。同样，由于 X 和 B 都在 I_2 上，因此 X 和 B 给投资者带来的满足程度也是相同的。这意味着，A 和 B 给投资者带来的满足程度一定相同。然而我们以图中可以看出，B 的预期收益率高于 A，而风险小于 A。根据不满足性和厌恶风险的假设，B 的满足程度一定大于 A，这就产生了自相矛盾。显然上述假设不成立，即两条无差异曲线不能相交。

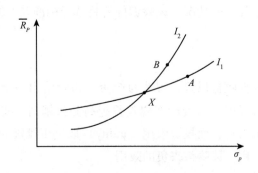

图 10 - 8　无差异曲线相交

无差异曲线的斜率表示风险和收益之间的替代率，斜率越高，表明为了让投资者多冒同样的风险，必须给他提供的收益补偿也应越高，说明该投资者越厌恶风险。同样，斜率越小，表明该投资者厌恶风险程度较轻。图10－9用图形方式表示了三种不同程度厌恶风险的投资者的无差异曲线。

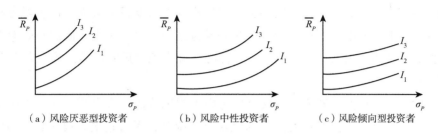

（a）风险厌恶型投资者　　　（b）风险中性投资者　　　（c）风险倾向型投资者

图10－9　不同程度厌恶风险者的无差异曲线

四、投资者的投资效用函数

为了更精确地衡量风险和预期收益对投资者效用水平的影响，我们可以引进投资效用函数 U：

$$U = U(\overline{R}, \sigma) \qquad (10-16)$$

式中，$\overline{R}$ 表示预期收益率，σ 表示标准差（风险）。

在各种各样效用函数中，金融学和注册金融分析时机构应用最多的一个效用函数是：

$$U = \overline{R} - \frac{1}{2}A\sigma^2 \qquad (10-17)$$

式中 A 表示投资者的风险厌恶度，其典型值在 2～4 之间。

在一个完美的市场中，投资者对各种证券的预期收益率和风险的估计是一致的，但由于不同投资者的风险厌恶度不同，因此其投资决策也就不同。

【例10－4】假定一个投资者有两项投资工具可供选择。其中一项是风险资产 X，其预期收益率为 18.5%，标准差为 30%。另一项是无风险资产 Y（国库券），其无风险收益率为 5%。那么投资者应选择哪项投资呢？

若投资于国库券，则效用水平与 A 无关，恒等于 5%。而投资于风险资产的效用水平则取决于投资者的风险厌恶度 A。若 $A=2$（激进型投资者），则 $U=9.5\%$，由于投资于风险资产的效用水平大于无风险资产，他将选择风险资产。若 $A=3$（温和型投资者），则 $U=5\%$，这时他投资于风险资产和无风险资产是无差异的。若 $A=4$（保守型投资者），则 $U=0.5\%$，由于投资风险资产的效用水平低于无风险资产，他将选择无风险资产。

在［例10－4］中，当投资者的风险厌恶度 A 等于3时，X 和 Y 给投资者带来的效用水平是一样的，都等于无风险资产的收益率，我们把这个收益率称为 X 的等价确定收益率（certainty equivalent rate）。不同投资者的风险厌恶度 A 不同，相同的风险资产对他而言等价确定收益率却不同。可见，准确度量风险厌恶度对投资决策有着重大意义。

五、估计风险厌恶系数

当股市狂跌时，你会想到什么？当然是风险。风险是一种当你意识到只能得到很低回报甚至损失金钱时的潜意识，它可能还会使你要实现的重要目标破灭。许多财务顾问和其他专家指出，当股市好的时候投资者对风险并没有给予充分的重视，他们总是对股票过于自信。因此，在股市下滑和持续低迷之前，你必须确定拟对风险的容忍度并使你的投资组合与之相匹配。

评估风险的容忍度并不容易，不仅需要考虑承担风险的最大限度，还要考虑你愿意承担多大的风险。要确定你愿意承受多大的风险更加困难，因为它很难被量化。为此，许多财务顾问、经纪公司及共同基金都设计了一系列风险测试来帮助投资者确定自己是保守、温和还是激进型投资者。一般来说，风险调查问卷包括 7～10 个问题，关于个人的投资经验，金融证券及保守或者冒险选择的倾向。测试的结果显示，大多数人都是温和中等风险承受者。大约只有 10%～15% 的客户是激进的。

第四节　有效集和最优投资组合

在证券市场中，证券的种类数目繁多，可以构成多种多样的投资组合。例如，对两个相关系数为零的股票，投资者既可以将资金等分进行投资组合，也可以按其他比例分配进行投资组合。如果有 1 000 只证券，可能的组合就数不胜数了。按照前面的假设，大多数投资者都是风险厌恶者，他们就得按照主宰法则选择投资组合，即在具有相同预期收益率的证券组合中选择风险最小的证券组合；或者在具有相同投资风险的证券组合中选择预期收益率最大的投资组合。

之前我们提到的分散化的概念已经有很长的历史了。"不要把鸡蛋放在一个篮子里"这句话早在金融理论出现前就已经存在。1952 年，哈里·马科维茨正式发表了关于分散化原理的资产组合选择模型，因其在金融经济学方面的开创性工作，他获得了 1990 年的诺贝尔经济学奖。资产组合模型的第一步，就是确定有效集，投资者因此无须对所有组合进行一一评估。

一、可行集

为了说明有效边界，我们有必要引入可行集（feasible set）的概念。可行集指的是由 N 只证券所形成的所有组合的集合，它包括了现实生活中所有可能的组合。也就是说，所有可能的组合将位于可行集的边界上或内部。

一般来说，可行集是一个伞形形状，它依据 N 只证券的特性，可能会更左一些或更右一些，更上一些或更下一些，更胖一些或更瘦一些。

二、有效集

（一）有效集（有效边界）的定义

对于一个理性投资者而言，他们都是厌恶风险而偏好收益的。对于同样的风险水平，他们将会选择能提供最大预期收益率的组合；对于同样的预期收益率，他们将会选择风险最小的组合。能同时满足这两个条件的投资组合的集合就是有效集（efficient set），又称有效边界（efficient frontier）。处于有效边界上的组合称为有效组合（efficient portfolio）。

（二）有效集的位置

可见，有效集是可行集的一个子集，它包含于可行集之中。

我们先考虑第一个条件。在图 10-10 中，没有哪一个组合的风险小于组合 E，这是因为如果过 E 点画一条垂直线，则可行集都在这条线的右边。E 点所代表的组合称为最小方差组合（minimum variance portfolio）。同样，没有哪个组合的风险大于 H。由此可以看出，对于各种风险水平而言，能提供最大预期收益率的组合集是可行集中介于 E 和 H 之间的上方边界上的组合集。因此，同一风险水平下的最优组合集为 E—S—H 曲线。

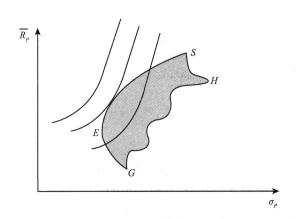

图 10-10　可行集与有效集

我们再考虑第二个条件，在图 10-10 中，各种组合的预期收益率都介于组合 S 和组合 G 之间。在可行集中，没有哪一个组合能提供比组合 S 更大的预期收益；没有哪一个组合能提供比组合 G 更小的预期收益。由此可见，对于各种预期收益率水平而言，能提供最小风险水平的组合集是可行集中介于 S 和 G 之间的左边边界上的组合集。因此，同一收益水平下的最优组合集为 G—E—S 曲线。

在可行集中，我们把图 10-10 中位于可行集左上角的这个 E—S 集合称为最小方差边界（minimum variance frontier）。由于有效集必须同时满足上述两个条件，因此 E、S 两点之间上方边界上的可行集就是有效集。所有其他可行组合都是无效的组合，投资者可以忽略它们。这样，投资者的评估范围就大大缩小了。

（三）有效集的形状

从图 10 - 10 可以看出，有效集曲线具有如下特点：

（1）有效集是一条向右上方倾斜的曲线，它反映了"高收益、高风险"的原则。

（2）有效集是一条向上凸的曲线。

（3）有效集曲线上不可能有凹陷的地方。

三、最优投资组合的选择

确定了有效集的形状之后，投资者就可根据自己的无差异曲线群选择能使自己投资效用最大化的最优投资组合了。这个组合位于无差异曲线与有效集的相切点 O，所图 10 - 11 所示。

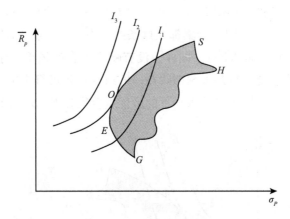

图 10 - 11　最优投资组合

从图 10 - 11 可以看出，虽然投资者更偏好 I_3 上的组合，然而可行集中找不到这样的组合，因而是不可实现的。至于 I_1 上的组合，虽然可以找得到，但由于 I_1 的位置位于 I_2 的右下方，即 I_1 所代表的效用低于 I_2，因此 I_1 上的组合都不是最优组合。而 I_2 代表了可以实现的最高投资效用，因此无差异曲线和有效集的切点 O 点所代表的组合就是最优投资组合。

有效集向上凸的特性和无差异曲线向下凸的特性决定了有效集和无差异曲线的相切点只有一个，也就是说最优投资组合是唯一的。

对于投资者而言，有效集是客观存在的，它是由证券市场决定的。而无差异曲线则是主观的，它是由自己的风险—收益偏好决定的。那么，不同风险倾向的投资者又会选择有效集上的什么点呢？

厌恶风险程度越高的投资者，其无差异曲线的斜率越陡，因此其最优投资组合越接近 E 点（见图 10 - 12）。厌恶风险程度越低的投资者，其无差异曲线的斜率越小，因此其最优投资组合越接近 S 点（见图 10 - 13）。

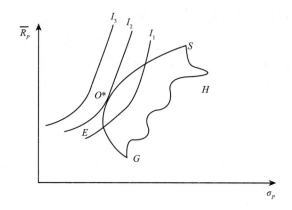

图 10 – 12 风险厌恶者的最优投资组合

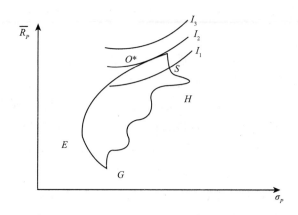

图 10 – 13 风险倾向者的最优投资组合

第五节 引入无风险资产借贷的最优投资组合

在上一节中，我们假定所有证券及证券组合都是有风险的，不存在无风险资产。也就是说投资者既不能对无风险资产投资，也不能借入无风险资产。而在现实当中，无风险资产是存在的，比如国库券或者货币市场基金。因此，在本节中，我们将分析允许投资者进行无风险借贷的情况下，有效集和最优投资组合的变化。伴随马科维茨投资组合模型的发展，学者们开始考虑假设无风险资产存在的含义。托宾（Tobin，1958）的研究在马科维茨投资组合理论的基础上引入了无风险资产，探讨了风险资产和无风险资产之间的资产配置。无风险资产的引入对于潜在的收益和风险以及可能的风险收益组合都有显著影响。这些研究扩展了资产投资组合理论，并在马科维茨投资组合的条件下推导出资本资产定价的一般理论，得到风险资产定价的模型，即资本资产定价模型和套利定价理论。

"引入无风险资产时投资组合有效边界的变化"的讨论将引出资本市场线和市场组合的概念，进而讨论投资者最优组合的选择问题。研究发现，在加入无风险资产之后，投资者的最优投资组合的选择过程可以分为投资决策和融资决策两个独立的工作。

一、基本假设

将投资组合理论发展为资本市场理论的关键因素是无风险资产的引入。伴随马科维茨投资组合模型的发展，几位学者都考虑了假设无风险资产存在的含义。无风险资产的方差为零，并且与所有其他风险的相关性为零，这种资产将提供无风险收益率。上述假设使我们能够用马科维茨投资组合的条件推导出资本资产定价的一般理论。这个工作成果通常归功于获得了诺贝尔奖的威廉·夏普（William Sharpe），尽管林特纳（Lintner）和莫辛（Mossin）也都独立推导出相似的理论。相应的，有些参考资料称之为 Sharpe-Lintner-Mossin（SLM）资本资产定价模型。

由于资本市场理论建立在马科维茨投资组合理论的基础上，因此该理论必然要求相同的假设，除此之外还需要一些额外的假设：

（1）所有的投资者均是以有效边界上的点为目标的马科维茨有效投资者。我们假设投资者已经获得风险资产的有效集合并且推导出有效边界，并且假设所有投资者都想按照效用最大化原则，选择如图 10-11 所示的有效边界与效用曲线切点的投资组合。如果投资者用这种方式进行投资决策，那么这样的投资者就被称为马科维茨有效投资者。

（2）投资者能够以无风险收益率借入或者借出任何规模的资金。以名义收益率借出资金是明显可能的，因为可以通过买无风险证券来实现，例如国库券。但以无风险利率借入资金一般是不可能的。

（3）所有投资者具有同质的期望，即他们对未来收益率的可能分布具有一致的估计。同样，这个假设可以被放松，只要期望的差异不大。

（4）所有投资者都有相同的一段时间期限，例如 1 个月、6 个月或是 1 年。这是为了适应单期投资的假设，不同的投资期限将需要投资者推导与其投资期限相一致的风险度量和无风险资产。

（5）所有投资都是完全多样化的，这意味着可以买卖任何资产或组合的部分份额。

（6）买入和卖出资产都不涉及税收和手续费。在许多情况下这是个合理的假设，例如养老基金和宗教团体不需要付税，而许多金融机构在大多数金融工具上的交易成本都低于1%。同样，放松这个假设可以修改模型结果，但不会改变基本的结论。

（7）假设没有通货膨胀或者是任何利率的变化，或者通货膨胀可以完全被预期到。这是合理的初始假设，这个假设可以被修改。

（8）资本市场是均衡的。这意味着我们投资的所有资产都是依据其风险水平合理定价的。

这里需要指出两点：第一，放松一些假设只会对模型造成很小的影响且不会改变主要的结论；第二，一个理论不应该依据它的基础假设来判断其价值，而应该看这个理论对于解释和预测真实世界的行为有多大的帮助。如果理论和模型能够帮助我们解释各种风险资产的收益率，那么它就是有用的，尽管一些假设是不切实际的。

二、无风险贷款对有效集和投资组合的影响

（一）无风险贷款或无风险资产的定义

无风险贷款相当于投资于无风险资产，其收益率是确定的。在单一投资期的情况下，这意味着如果投资者在期初购买了一种无风险资产，那他将准确地知道这笔资产在期末的准确价值。由于无风险资产的期末价值没有任何不确定性，因此，其标准差应为零。同样，无风险资产收益率与风险资产收益率之间的协方差也等于零。

在现实生活中，什么样的资产称为无风险资产呢？首先，无风险资产应没有任何违约可能。由于所有的公司证券从原则上讲都存在着违约的可能性，因此公司证券均不是无风险资产。

其次，无风险资产应没有市场风险。虽然政府债券基本上没有违约风险，但对于特定的投资者而言，并不是任何政府债券都是无风险资产。例如，对于一个投资期限为 1 年的投资者来说，期限还有 10 年的国债就存在着风险。因为他不能确切地知道这种证券在 1 年后将值多少钱。事实上，任何一种到期日超过投资期限的证券都不是无风险资产。同样，任何一种到期日早于投资期限的证券也不是无风险资产，因为在这种证券到期时，投资者面临着再投资的问题，而投资者现在并不知道将来再投资时能获得多少再投资收益率。

综合以上两点可以看出，严格地说，只有到期日与投资期相等的国债才是无风险资产。但在现实中，为方便起见，人们常将 1 年期的国库券或者货币市场基金当作无风险资产。

（二）允许无风险贷款下的投资组合

1. 投资于一种无风险资产和一种风险资产的情形

为了考察无风险贷款对有效集的影响，我们首先要分析由一种无风险资产和一种风险资产组成的投资组合的预期收益率和风险。

假设风险资产和无风险资产在投资组合中的比例分别为 X_1 和 X_2，它们的预期收益率分别为 $\overline{R}_1$ 和 r_f，它们的标准差分别等于 σ_1 和 σ_2，它们之间的协方差为 σ_{12}。根据 X_1 和 X_2 的定义，我们有 $X_1 + X_2 = 1$，且 $X_1 > 0$、$X_2 > 0$。根据无风险资产的定义，我们有 σ_2 和 σ_{12} 都等于 0。

该组合的预期收益率 $\overline{R}_P$ 为：

$$\overline{R}_P = \sum_{i=1}^{n} X_i \overline{R}_i = X_1 \overline{R}_1 + X_2 r_f \qquad (10-18)$$

该组合的标准差 σ_P 则为：

$$\sigma_P = \sqrt{\sum_{i=1}^{n} \sum_{j=1}^{n} X_i X_j \sigma_{ij}} = X_1 \sigma_1 \qquad (10-19)$$

由式（10-19）可得：

$$X_1 = \frac{\sigma_P}{\sigma_1}, \ X_2 = 1 - \frac{\sigma_P}{\sigma_1} \qquad (10-20)$$

将式（10-20）代入式（10-18）得：

$$\overline{R}_P = r_f + \frac{\overline{R}_1 - r_f}{\sigma_1} \cdot \sigma_P \qquad (10-21)$$

在式（10-21）中，$\dfrac{\overline{R}_1 - r_f}{\sigma_1}$ 为单位风险报酬（reward-to-variability），又称夏普比率（Sharpe's Ratio）。由于 $X_1 > 0$、$X_2 > 0$，因此式（10-21）所表示的不是一条直线而只是一个线段，如图 10-14 所示。在图 10-14 中，A 点表示无风险资产，B 点表示风险资产，由这两种资产构成的投资组合的预期收益率和风险一定落在线段 AB 上，因此可以称为资产配置线。由于 AB 线段上的组合均是可行的，因此允许风险贷款将大大扩大可行集的范围。

2. 投资于一种无风险资产和一个证券组合的情形

如果投资者投资于由一种无风险资产和一个风险资产组合组成的投资组合，情况又如何呢？假设风险资产组合 B 是由风险证券 C 和 D 组成的。B 一定位于经过 C、D 两点的向上凸出的弧线上，如图 10-15 所示。如果我们仍用 $\overline{R}_1$ 和 σ_1 代表风险资产组合的预期收益率和标准差，用 X_1 代表该组合在整个投资组合中所占的比重，则投资组合的预期收益率和标准差一定落在 AB 线段上。

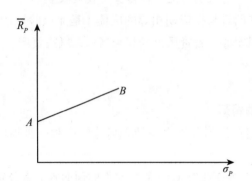

图 10-14 无风险资产和风险资产的组合

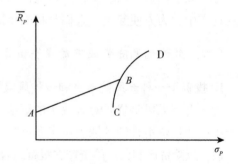

图 10-15 无风险资产和风险资产组合的组合

（三）无风险贷款对有效集的影响

引入无风险贷款后，有效集将发生重大变化。在图 10-16 中，弧线 CD 代表马科维茨有效集，A 点表示无风险资产。我们可以在马科维茨有效集中找到一点 T，使 AT 直线与弧线 CD 相切于 T 点（见图 10-16）。T 点所代表的组合称为切点处投资组合。

T 点代表马科维茨有效集中众多的有效组合中的一个，但它却是一个很特殊的组合。因为没有任何一种风险资产或风险资产组合与无风险资产构成的投资组合可以位于 AT 线段的左上方。换句话说，AT 线段的斜率最大，因此 T 点代表的组合被称为最优风险组

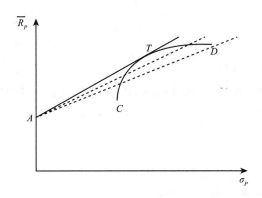

图 10 - 16　允许无风险贷款时的有效集

合(optimal risky portfolio)。

从图 10 - 16 可以明显看出，引入 AT 线段后，CT 弧线将不再是有效集。因为对于 T 点左边的有效集而言，在预期收益率相等的情况下，AT 线段上风险均小于马科维茨有效集上组合的风险，而在风险相同的情况下，AT 线段上的预期收益率均大于马科维茨有效集上组合的预期收益率。按照有效集的定义，T 点左边的有效集将不再是有效集。由于 AT 线段上的组合是可行的，因此引入无风险贷款后，新的有效集由 AT 线段和 TD 弧线构成。

从图 10 - 16 可以看出，最优风险组合实际上是使无风险资产（A 点）与风险资产组合的连线斜率（即夏普比率 $\dfrac{\overline{R}_1 - r_f}{\sigma_1}$）最大的风险资产组合，其中 $\overline{R}_1$ 和 σ_1 分别代表风险资产组合的预期收益率和标准差，r_f 表示无风险利率。我们的目标是求 $\underset{X_C X_D}{\mathrm{Max}} \dfrac{\overline{R}_1 - r_f}{\sigma_1}$。其中：

$$\overline{R}_1 = X_C \overline{R}_C + X_D \overline{R}_D$$
$$\sigma_1^2 = X_C^2 \sigma_C^2 + X_D^2 \sigma_D^2 + 2X_C X_D \rho \sigma_C \sigma_D$$

约束条件是：$X_C + X_D = 1$。这是标准的求极值问题。通过将目标函数对 X_C 求偏导并令其等于 0，我们就可以求出最优风险组合的权重解如下：

$$X_C = \frac{(\overline{R}_C - r_f)\sigma_D^2 - (\overline{R}_D - r_f)\rho \sigma_C \sigma_D}{(\overline{R}_C - r_f)\sigma_D^2 + (\overline{R}_D - r_f)\sigma_C^2 - (\overline{R}_C - r_f + \overline{R}_D - r_f)\rho \sigma_C \sigma_D} \qquad (10-22)$$

$$X_D = 1 - X_C \qquad (10-23)$$

我们举个例子来说明如何确定最优风险组合和有效边界。

【例 10 - 5】假设市场上有 A、B 两种证券，其预期收益率分别为 8% 和 13%，标准差分别为 12% 和 20%。A、B 两种证券的相关系数为 0.3。市场无风险利率为 5%。某投资者决定用这两只证券组成最优风险组合。

$$X_A = \frac{(0.08 - 0.05) \times 0.2^2 - (0.13 - 0.05) \times 0.3 \times 0.12 \times 0.2}{(0.08 - 0.05) \times 0.2^2 + (0.13 - 0.05) \times 0.12^2 - (0.08 - 0.05 + 0.13 - 0.05) \times 0.3 \times 0.12 \times 0.2}$$
$$= 0.4$$

$X_B = 1 - 0.4 = 0.6$

该最优组合的预期收益率和标准差分别为：

$\overline{R}_1 = 0.4 \times 0.08 + 0.6 \times 0.13 = 11\%$

$\sigma_1 = (0.4^2 \times 0.12^2 + 0.6^2 \times 0.2^2 + 2 \times 0.4 \times 0.6 \times 0.3 \times 0.12 \times 0.2) = 14.2\%$

该最优风险组合的单位风险报酬 $= (11\% - 5\%)/14.2\% = 0.42$

有效边界的表达式为：

$\overline{R}_P = 5\% + 0.42\sigma_p$

（四）无风险贷款对投资组合选择的影响

对于不同的投资者而言，无风险贷款的引入对他们的投资组合选择有不同的影响。

对于厌恶风险程度较轻，从而其选择的投资组合位于 DT 弧线上的投资者而言，其投资组合的选择将不受影响。因为只有 DT 弧线上的组合才能获得最大的满足程度。如图 $10-17$（a）所示。对于该投资者而言，他仍将把所有资金投资于风险资产，而不会把部分资金投资于无风险资产。

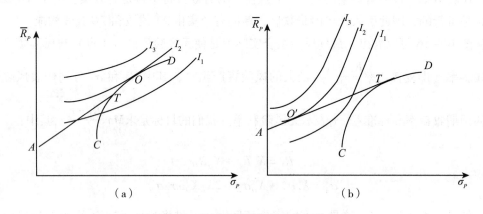

图 10 – 17　无风险贷款下的投资组合选择

对于较厌恶风险的投资者而言，由于代表其原来最大满足程度的无差异曲线 I_1 与 AT 线段相交，不再符合效用最大化的条件。因此该投资者将选择其无差异曲线与 AT 线段相切的切点 O' 所代表的投资组合，如图 $10-17$（b）所示。对于该投资者而言，他将把部分资金投资于风险资产，而把另一部分资金投资于无风险资产。

三、无风险借款对有效集和投资组合的影响

（一）允许无风险借款下的投资组合

在推导马科维茨有效集的过程中，我们假定投资者可以购买风险资产的金额仅限于其期初的财富。然而，在现实生活中，投资者可以借入资金并用于购买风险资产。由于借款必须支付利息，而利率是已知的，所以在该借款本息偿还上不存在不确定性。因此我们把

这种借款称为无风险借款。

为了分析方便起见，我们先假定投资者可按相同的利率进行无风险借贷。

1. 无风险借款并投资于一种风险资产的情形

为了考察无风险借款对有效集的影响，我们首先分析投资者进行无风险借款并投资于一种风险资产的情形。

我们可以把无风险借款看成负的投资，则投资组合中风险资产和无风险借款的比例也可用 X_1 和 X_2 表示，且 $X_1 + X_2 = 1$，$X_1 > 1$，$X_2 < 0$。因此，投资组合落在图 $10-18$ 的 AB 线段向右边的延长线上。这个延长线再次扩展了可行集的范围。

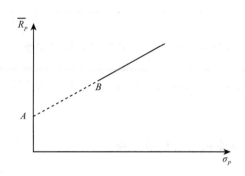

图 $10-18$　无风险借款和风险资产的组合

2. 无风险借款并投资于风险资产组合的情形

同样，由无风险借款和风险资产组合构成的投资组合，其预期收益率和风险的关系与由无风险借款和一种风险资产构成的投资组合相似。

我们仍假设风险资产组合 B 是由风险证券 C 和风险证券 D 组成的，则由风险资产组合 B 和无风险借款 A 构成的投资组合的预期收益率和标准差一定落在 AB 线段向右边的延长线上，如图 $10-19$ 所示。

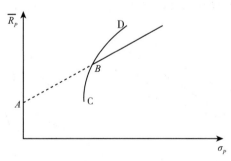

图 $10-19$　无风险借款和风险组合的组合

（二）无风险借款对有效集的影响

引入无风险借款后，有效集也将发生重大变化。在图 $10-20$ 中，弧线 CD 仍代表马科维茨有效集，T 点仍表示 CD 弧线与过 A 点直线的相切点。在允许无风险借款的情形下，投资者可以通过无风险借款并投资于最优风险资产组合 T 使有效集由 TD 弧线变成 AT 线段向右边的延长线。

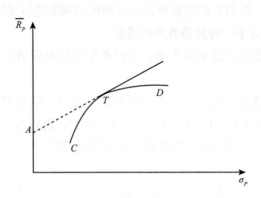

图 10 – 20　允许无风险借款时的有效集

这样,在允许无风险借贷的情况下,马科维茨有效集由 CTD 弧线变成过 A、T 点的直线在 T 点右边的部分。

(三) 无风险借款对投资组合选择的影响

对于不同的投资者而言允许无风险借款对他们的投资组合选择的影响也不同。

对于厌恶风险程度较轻,从而其选择的投资组合位于 DT 弧线上的投资者而言,由于代表其原来最大满足程度的无差异曲线 I_1 与 AT 直线相交,因此不再符合效用最大化的条件。因此该投资者将选择其无差异曲线与 AT 直线相切的切点所代表的投资组合,如图 10 – 21 (a) 所示。对于该投资者而言,他将进行无风险借款并投资于风险资产。

对于较厌恶风险从而其选择的投资组合位于 CT 弧线上的投资者而言,其投资组合的选择将不受影响。因为只有 CT 弧线上的组合才能获得最大的满足程度,如图 10 – 21 (b) 所示。对于该投资者而言,他只会用自有资产投资于风险资产,而不会进行无风险借款。

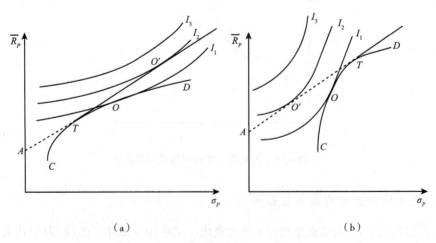

(a)　　　　　　　　　　　　　　　　(b)

图 10 – 21　无风险借款下的投资组合选择

四、同时允许无风险借贷对有效集和投资组合的影响

在同时允许无风险借款与贷款的情况下，有效集变成一条直线，该直线经过无风险资产 A 点并与马科维茨有效集相切，切点为 T（见图 10-22）。由于允许无风险借入，直线可以向上延伸。在风险资产有效集上，除 T 点以外其他组合不再有效。所以，在允许无风险资产借贷的情况下，有效集是从无风险资产 A 到通过 T 点的直线。

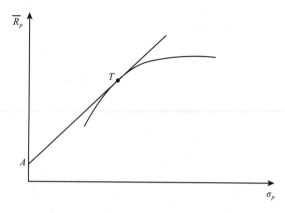

图 10-22　允许无风险借贷时的有效集

此时，投资者的最优组合是无差异曲线与新的有效集（直线）相切的点。对于风险厌恶程度高的投资者而言，由于代表其原来最大满足程度的无差异曲线 I_1 与 AT 线段相交，不符合效用最大化的条件。因此该投资者将选择其无差异曲线 I_2 与 AT 线段相切的切点 O' 所代表的投资组合，如图 10-23（a）所示。对于该投资者而言，他将把部分资金投资于风险资产，而把另一部分资金投资于无风险资产。

对于厌恶风险程度较轻的投资者，由于代表其原来最大满足程度的无差异曲线 I_1 与 AT 直线相交，不符合效用最大化的原则。因此该投资者将选择其无差异曲线 I_2 与 AT 直线的切点 O' 所代表的投资组合，如图 10-23（b）所示。对于该投资者而言，他将进行无风险借款并投资于风险资产。

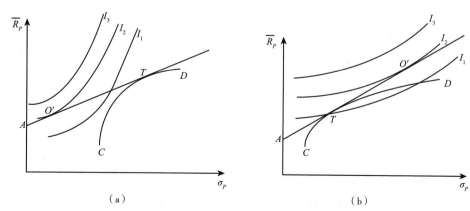

（a）　　　　　　　　　　　　　　　　（b）

图 10-23　允许无风险借贷时的最优投资组合

以上分析的是同时允许无风险借款与贷款，并且在借贷利率相同的情况下投资者的最优投资组合。但是实际上，无风险借贷利率一般是不同的，并且通常无风险贷款的利率小于无风险借款的利率。

本章小结

金融风险的种类很多，按其经济方面的来源可分为市场风险、利率风险、购买力风险和企业风险；按会计标准可分为会计风险和经济风险；按能否分散可分为系统性风险和非系统性风险。对单个证券的风险，通常用统计学中的方差或标准差来表示。对于证券组合的风险来说，随着组合中证券数目的增加，在决定组合的风险时，协方差的作用越来越大，而方差的作用越来越小。

表示两证券收益率的互动关系还可以用相关系数 ρ 表示，相关系数的一个重要特征为其取值范围介于 $-1 \sim 1$ 之间。β 系数是衡量一个证券系统性风险的重要指标，证券组合的 β 系数等于该组合中各种证券的 β 系数的加权平均数，权重为各种证券的市值占组合总价值的比重。

投资者的目标是投资效用最大化，投资效用函数取决于投资预期收益和风险。投资者首先可以通过计算各个证券预期收益率、方差及各证券间协方差得出证券投资的有效集，然后找出有效集与该投资者无差异曲线的切点，该切点代表的组合就是获得最大投资效用的组合，即最优投资组合。

单位风险报酬（或称夏普比率）是风险资产组合的重要特征，它是无风险资产与风险资产组合连线的斜率。无风险资产与该风险资产组合的任何组合都位于该连线（资产配置线）上。在其他条件相同时，投资者总是喜欢单位风险报酬较高（或者说斜率较高）的资产配置线。引入无风险资产借贷后，投资者持有的最优证券组合总是市场组合，最优投资组合与投资者的收益风险偏好是无关的。投资者投资于最优风险组合的比例与风险溢价成正比，而与方差和投资者的风险厌恶度成反比，它是由资本市场线与投资者无差异曲线的切点决定的。

习题

1. 某人拥有的投资组合是 30% 投资于 A 股票，20% 投资于 B 股票，10% 投资于 C 股票，40% 投资于 D 股票。这些股票的 β 系数分别为 1.2、0.6、1.5 和 0.8。请计算组合的 β 系数。

2. 假定某股票初始价格 58 元，当年支付股利 1.25 元/股，期末价格为 45 元。计算投资总收益率、股利收益率和资本利得收益率。

3. 利用表 10-5 的投资收益率，计算 X 公司和 Y 公司的期望收益率、方差和标准差。

表 10 – 5   X 公司和 Y 公司的收益率

年份	X 公司收益率（%）	Y 公司收益率（%）
1	18	28
2	11	– 7
3	– 9	– 20
4	13	33
5	7	16

4. MD 公司的股票在过去 5 年的收益率分别为：6%、– 10%、4%、23% 和 17%。问：

（1）在这 5 年期间，MD 公司股票的平均收益率是多少？

（2）在这 5 年期间，MD 公司股票收益率的方差和标准差是多少？

（3）假设期间，平均通货膨胀率是 3.5%，国债平均收益率是 3.8%，MD 公司股票的平均实际报酬率是多少？名义和实际平均风险溢价是多少？

5. 年初，某投资者拥有如下 3 种证券，当前和预期年末价格如表 10 – 6 所示。

表 10 – 6   某投资者持股情况及股票价格

证券	股数	当前价格（元）	预期年末价格（元）
X	500	25	30
Y	700	30	40
Z	1 000	15	20

问：这一年里，该投资者的投资组合预期收益是多少？

6. 给定证券 A 和证券 B 的收益率的联合概率分布如表 10 – 7 所示，计算这两只证券之间的协方差。

表 10 – 7   证券 A 和证券 B 的联合概率分布

状况	证券 A 收益率（%）	证券 B 收益率（%）	概率
1	10	20	0. 10
2	12	25	0. 25
3	8	33	0. 35
4	14	27	0. 20
5	19	22	0. 10

7. 给定三只证券的方差—协方差及证券组合的百分比（见表 10 – 8），计算组合的标准差。

表 10 - 8　　　　　　　　　三只证券的方差—协方差及证券组合的百分比

证券	证券 A	证券 B	证券 C
证券 A	459		
证券 B	− 211	312	
证券 C	112	215	179
证券组合的百分比	50	30	20

8. 依据以下 10 只股票所给出的期望收益率、标准差（见表 10 - 9），计算 A、B、C、D 四种组合的期望收益率、标准差，然后画图，并描绘出最优组合。

表 10 - 9　　　　　　　　　10 只股票组合的期望收益率和标准差

股票	期望收益率（%）	标准差（%）	A	B	C	D
亚马逊	34.6	100.6	100	9.3	4.5	
波音	13.0	30.9		2.1	9.6	0.6
可口可乐	10.0	31.5				0.4
戴尔计算机	26.2	62.7		21.1	14.4	
埃克森 - 美孚	11.8	17.4			3.6	56.3
通用电气	18.0	26.8		46.8	39.7	10.2
通用汽车	15.8	33.4				9.0
麦当劳	14.0	27.4			5.4	10.0
辉瑞	14.8	29.3			9.8	13.5
锐步	20.0	58.5		20.7	13.0	

9. 王先生打算对两只股票 X 和 Y 进行投资，他估计 X 的收益为 12%，Y 为 8%。X 收益的标准差为 8%，Y 为 5%。两者收益的相关系数为 0.2。

（1）计算表 10 - 10 中的投资组合的期望值和标准差。

表 10 - 10　　　　　　　　　投资组合中股票 X 和 Y 所占百分比　　　　　　　　单位：%

投资组合	投资 X 的百分比	投资 Y 的百分比
1	50	50
2	25	75
3	75	25

（2）描绘出由 X 和 Y 所能构成的投资组合。

（3）假设王先生还能以 5% 的利率借入和贷出资金，作图描绘出这一条件下投资机会的变化并进行说明。其投资组合中对 X 和 Y 的投资比例是多少？

第十一章 金融市场监管

【本章要点】

金融市场监管包括金融市场管理和金融市场监督两方面内容。金融市场管理一般指国家根据有关金融市场的政策法规，规范金融市场交易行为，以达到引导金融市场健康有序运行、稳定发展的目的；金融市场监督则是指为了实现上述目的，面对金融市场进行全面监测、分析，发现问题并及时纠正，使市场运行恪守国家法规。

1. 熟悉金融监管的主体、对象与范围、目标；
2. 掌握监管的工具和监管原则、金融监管理论依据、证券市场监管的基本内容。

【关键术语】

监管与金融监管；金融监管的主体；金融监管的对象；金融监管体系

【案例导入】

中行高山案影响投资者信心 对银行系统具有警示意义

2005 年 1 月 4 日，中国银行黑龙江省分行主要负责人到公安机关报案称，该行下属的哈尔滨道里区河松街支行（简称河松支行）的存款客户——东北高速公路股份有限公司（简称东高公司）在查对账目时，发现其存在河松支行账户上的 2.93 亿元资金去向不明，河松支行行长高山失踪。哈尔滨市公安局迅速组成专案组进行侦查，此案被称作"106"专案。

"106"特大票据诈骗案主要犯罪嫌疑人确定为哈顺合、北京绿洲、北京华能诚通公司等所有涉案公司的幕后实际掌控人李东哲和原河松支行行长高山。警方了解到，案发前的 2004 年 12 月，高山及其妻女、李东哲等已从首都国际机场离境赴加拿大。

自 2000 年初至 2004 年末，高山、李东哲骗取了东高公司、黑龙江辰能哈工大高科技风险投资有限公司、黑龙江省社会保险事业管理局等单位巨额存款。

为达到占有赃款的目的，李东哲指使手下财会人员袁英、高艳铭等人，设立数十个账户用于转款提现。现已证实，李东哲通过分设于北京、哈尔滨、大庆等地的银行账户，将赃款约 6 亿元提取现金转移。这其中仅在哈尔滨、大庆两地，自 2000 年 9 月至 2005 年 1 月，李东哲就在 18 家银行设立了 29 个提现账户，共提取现金 4.57 亿元。

由于被骗款数额巨大，考虑到银行日常稽核中对同行内不同账户间和非业务关联企业间大额转款关注度较高，故上述账户均未设立于河松支行，且部分账户名称有意设立为与受害单位有一定关联性的称谓，如"亚联公路工程有限公司""北亚公路工程有限公司"

"哈尔滨社保物资经销公司"等。表面看起来与受害单位东高公司、黑龙江省社会保险事业管理局有一定关联性，实际上只是李东哲为提现虚设的临时账户。

对高山案暴露出此前监管环节中的诸多问题，人们更为关注，尤其是如何防范现金使用监管失控。

为防止类似案件再次发生，有关人士建议，应采取多种措施加快完善金融监管体系。一是加快货币电子化。规定大额的支付活动必须通过银行进行非现金结算，力求把现金结算范围控制到最小。二是对现金使用进行纳税跟踪。具体做法是，任何现金的提取行为必需预交高额所得税，现金持有人支付现金后，持收款人出具的存款和纳税证明定期到提现行抵扣预交的税款，实际上是对现金流通进行有效监控。

资料来源：徐以升. 中行高山案影响投资者信心　对银行系统具有警示意义［N］. 第一财经日报，2005 - 02 - 07。

第一节　金融市场监管概述

一、金融市场监管的概念及要素

金融领域内存在的垄断、外部性、产品的公共性、信息的不完整性、过度竞争所带来的不稳定性以及分配的不公平等，都会导致金融产品和金融服务价格信息的扭曲，这种情况被称为金融市场失灵，它引致社会资金配置效率下降，所以必须通过一定的手段避免、消除或部分消除由金融市场机制本身所引起的金融产品和服务价格信息扭曲，以实现社会资金的有效配置。

虽然经济学家们对监管有着不同的看法，但是，从他们对监管的不同认识中还是可以看出一些共同的东西。首先，监管应该是由某个或某几个主体进行的活动，而且是有意识进行的活动；其次，监管是一种有对象和范围的活动；再其次，监管必须有手段和方法；最后，监管是具有预定目标的活动。主体（即监管者）、对象（即被监管者）、手段和目标构成了监管的4大要素，可以这么认为：监管就是监管主体（监管者）为了实现监管目标，利用各种监管手段对监管对象（被监管者）所采取的一种有意识的和主动的干预和控制活动。

金融市场监管是一个很广泛的概念，大致说来包括两个层次的含义：其一是指国家或政府对金融市场上各类参与机构和交易活动所进行的监管；其二是指金融市场上各类机构及行业组织（如证券交易所、证券业协会等）进行的自律性管理。前者为外部管理，后者则称为内部自律。

（一）金融市场监管的主体

一般说来，在市场经济条件下，对经济和金融的监管是由两类主体完成的。

第一类主体是所谓的"公共机构"，通常被称为"金融当局"，其权力是由政府授予的，主要负责制定金融监管方面的各种规章制度以及这些规章制度的实施，如果有人违反了这些规章制度，就会受到法律法规的处罚。

第二类主体是各种非官方的民间机构或者私人机构，其权力来自其成员对机构决策的普遍认可。出现违规现象并不会造成法律后果，但可能会受到机构纪律的处罚。

（二）金融市场监管的对象

笼统地说，金融监管的对象是人类的金融行为和金融活动领域，或者说是人类的某些金融行为和某些金融活动领域。根据经济学的研究结果，垄断、外部性、信息不对称性、过度竞争等容易引起价格信息扭曲以至市场机制失灵的现象往往发生在资本密集型、信息密集型、高风险型和属于公共产品或准公共产品的行业，金融业中的商业银行业、保险业、证券业正是属于这类行业。

但是，在人类的全部金融行为和金融活动领域中，有哪些是必须受到监管的行为呢？它们应该包括哪些内容？它们的范围又如何确定？对这些问题的回答首先取决于金融监管对象本身，取决于金融监管对象的性质和特点。其次还取决于人们对金融监管目标的认识，取决于所使用的监管手段和监管工具，取决于金融监管所涉及的成本。所有这些在不同的时间、不同的地点、不同的环境下都可能是不同的，这是金融监管的灵活性之所在，必须根据具体的情况进行具体的分析才能得到具体的、合理可行的结果。总之，金融监管的对象是人类的金融活动和金融行为；但并非人类全部的金融活动和金融行为都属于金融监管的内容，只有金融市场失灵的部分才有可能成为金融监管的内容；而金融监管也不是解决金融市场全部失灵问题的唯一手段，它只是解决金融市场某些失灵问题的手段。

一般来说，对于通过政府财政经济金融政策引导金融市场就能解决的金融市场失灵问题，通常都诉诸财政经济金融政策。在政府直接提供金融产品和金融服务比实施金融监管效率更高、成本更低时，就采取直接提供的做法。只有在上述两种方法失效或者成本太高的情况下，才考虑采用金融监管的做法。

金融监管与金融市场机制之间并不矛盾，它们之间是一种相互补充的关系。

金融市场监管的对象一般包括：

（1）金融市场主体：对金融市场的交易者进行的监管。其中，对发行人主要进行资格审查、信息披露等方面的监管；对投资者主要进行资格审查、交易行为的监管。

（2）金融市场的客体：主要是对各种金融工具的发行流通进行监管。如发行的审核制，以及交易过程中的各种制度规则。

（3）金融中介：金融中介的设立，金融中介的经营活动，以及对金融从业人员的监管。

（三）金融市场监管的目标

就人类对金融活动的监管目标而言，经济学家们比较认同的观点是：各经济个体参与金融活动是为了满足自己的需求，需求的满足可以用效用来衡量，因此，作为理性的经济个体，他赋予自己金融活动的目标必然是追求效用的最大化。在市场经济条件下，个体经济主体效用的实现是通过市场机制的作用来完成的。但是，在每个个体追求自己效用最大化的过程中，经济个体的某些活动和行为可能会影响到其他经济个体效用最大化的实现，从而阻碍整个社会经济福利水平的提高，这种情况被称为"市场失灵"（market failure）。金融市场失灵会带来三个方面的负面作用：社会资金配置的不经济、收入分配的不公平以及金融市场乃至整个经济的不稳定。为了消除或者减少这些负面影响，必须有一个权威性的机构来干预金融市场，约束每个个体的行为，而这个角色往往是由政府来充当的。通常政府的基本选择有三种。第一，采取直接行动。具体有两种做法：一是政府自己直接生产某些金融产品或者金融服务提供给需求者；二是政府向私人金融部门购买某些金融产品或者服务，然后转手再提供给需求者。第二，命令私人金融部门采取行动。政府制定各种各样的规章制度，迫使私人金融部门（经济个体）按照政府制定的规范行事。第三，利用经济政策和经济杠杆通过金融市场机制的作用引导经济个体自动地按政府的意愿行事。除此之外，还可以将这三种选择进行组合应用。在这三种选择中，第二种选择是属于公认的政府对金融业的监管，对于第一和第三种选择以及各种选择的组合是否属于金融监管的范畴，目前经济学家仍然存在分歧。但是，无论这三种选择是否属于金融监管的范畴，他们的目标是一致的，就是尽可能地消除或避免金融市场失灵所带来的资金配置不经济、收入分配不公平以及金融和经济不稳定的后果，以确保市场机制能够在金融领域更好地发挥其应有的作用。具体地说，金融监管的目标应该体现在以下四个方面：

（1）促进全社会金融资源的配置与政府的政策目标相一致，从而得以提高整个社会金融资源的配置效率。

（2）消除因金融市场和金融产品本身的原因而给某些市场参与者带来的金融信息的收集和处理能力上的不对称性，以避免因这种信息的不对称性而造成的交易的不公平性。

（3）克服或者消除超出个别金融机构承受能力的、涉及整个经济或者金融的系统性风险。

（4）促进整个金融业的公平竞争。

（四）金融市场监管的手段

就管理的方式和手段来说，大体上可以分为两种形式。第一种方式是直接对这些活动和行为进行干预和规范；第二种方式是先对影响人类金融行为和活动领域的各种因素进行干预，以改变这些因素对人类金融行为及金融活动的作用方向或者作用程度，然后间接地影响人类的金融行为和金融活动领域。

（1）法律手段。法律手段是指运用经济立法和司法来管理金融市场，即通过法律规范来约束金融市场行为，以法律形式维护金融市场良好的运行秩序。

（2）经济手段。经济手段是指政府以管理和调控金融市场为主要目的，采用利率政策、公开市场业务、税收政策等经济手段间接调控金融市场运行和参与主体的行为。

（3）行政手段。行政手段指依靠国家行政机关系统，通过命令、指令、规定、条例等对证券市场进行直接的干预和管理。

（4）自律管理。自律管理即自我约束、自我管理，通过自愿方式以行业协会的形式组成管理机构，制定共同遵守的行为规则和管理规章，以约束会员的经营行为。

二、金融市场监管的原则

（一）合法原则

一切金融活动和金融行为都必须合法进行，一切金融监管都必须依法实施。

（二）公开、公正、公平原则

（1）公开原则。金融监管的实施过程和实施结果都必须向有关当事人公开，必须保证有关当事人对金融监管过程和金融监管结果方面信息的知情权。各种信息都应该公开，这里主要是指监管的信息，公开监管的程序、过程、处理的结果等。

（2）公正原则。金融监管部门在实施金融监管的过程中，给予监管对象公正的待遇。必须站住公正的立场上，秉公办事，以保证金融活动的正常秩序，保护各方面的合法权益。

（3）公平原则。金融监管的实施要考虑到金融市场全部参与者的利益，保证交易各方在交易过程中的平等地位，不得有任何偏袒。监管过程要公平，不能因为不同的监管对象、不同的时期、不同的环境等监管措施就发生变化。

（三）自愿原则

金融活动应该是交易各方依照市场规则自愿进行。

（四）系统风险控制原则

监管要控制风险，保证金融体系的稳定。

（五）审慎监管的原则

通过对准入资格、经营活动的监管等实现适度监管以及适度竞争。

第二节　金融市场监管理论

一、经济学关于监管的理论

（一）一般均衡模型

传统经济学认为市场机制是实现社会资源最佳配置的最有效机制，也是满足经济效率正常发挥的最佳机制。

传统经济学对市场机制与经济效率之间关系的描述，是通过对完全竞争的市场情形——也就是不存在政府监管的市场情形的考察来实现的。

传统经济学中最有代表性的一个模型就是一般均衡模型。该模型的主要条件可以归纳如下：

（1）全部产品都是私人产品，消费者能够完全掌握全部产品的信息。

（2）生产者的生产函数中剔除了生产规模和技术变化带来的收益增加。

（3）在给定的预算约束之下，消费者尽可能地使自己的效用最大化。

（4）在给定的生产函数之下，生产者尽可能地使自己的利润最大化。

（5）除了价格之外，经济主体之间的其他因素如外部性等都被剔除在外，所有的经济主体都是只对价格做出反应，价格决定一切。

（6）在此基础之上建立起一种竞争性的均衡，确定使得所有市场都得以结清的一系列价格。

根据传统经济学的分析，在上述条件之下建立起来的竞争性均衡满足帕累托最优原则，这种均衡被称为帕累托均衡。帕累托均衡的一个重要特征是：在所有的市场上，价格等于边际成本。

一般均衡模型满足帕累托最优原则，这种情况被称为帕累托效率，传统经济学将它简称为经济效率。它给我们提供了衡量政府监管效果的第一个原则——帕累托效率原则，这就是：如果每一个人都因为某种政府监管措施而使自己的景况变好（或者至少有一个人因此而景况变好且没有人因此而景况变坏），那么，该监管措施就被认为是一种好的监管措施。

（二）局部均衡与补偿原则

一般均衡模型描述了所有市场都达到竞争性均衡的情形，与现实的经济生活有一定的距离，不能处理现实经济生活中因垄断、外部性、产品信息不完整等原因而可能引起的价格扭曲现象。因此，传统经济学提出了另外一种模型——局部均衡模型。

同时，由于在现实经济生活中，总有一部分人的利益会因为某种政府监管措施而受到损害，人们很难用帕累托效率原则来衡量政府监管的效果。因此，传统经济学又提出了另一个衡量标准——补偿原则。

（三）垄断与价格扭曲

垄断可以分为自然垄断和非自然垄断两种情况。

（1）自然垄断使得经济的产出效率实现最大化，但却严重损害了经济的分配效率，导致分配效率和产出效率之间的根本性冲突以及严重的价格扭曲。因此，为了协调产出效率和分配效率之间的矛盾，自然垄断式的市场就需要政府的干预。

（2）非自然垄断的情况比较复杂，但总的情况与自然垄断相似。一方面，生产的集中有利于生产成本的降低和产出效率的提高；另一方面，生产的集中又容易使得厂商形成操纵价格和产量的市场力量，引起价格扭曲，从而损害经济的分配效率。

（四）外部性与价格扭曲

制度经济学认为发生市场价格扭曲的另一个重要的原因就是外部经济效应的存在。

外部经济效应的极端情形是所谓的"公共产品"（public goods）和"准公共产品"（quasi public goods），即某些产品的效用（正的或负的）是由全部经济个体或者某一部分经济个体所享用，因而其成本也是由全部经济个体或者某一部分经济个体所承担。

外部经济效应的存在会带来两个直接后果：一是产品成本失真；二是效用失真。当存在外部经济效应时，仅靠自由竞争不能保证资源的有效配置，也不能保证正常的经济效率。

出现外部经济效应时，如果社会具备产权明晰的条件，那么供应商可能会共同协商解决经济外部性的问题。但如果协商的成本太高，就会导致协商不成功。因此，在存在外部经济效应的情况下，比较好的办法是通过政府监管来消除外部性所带来的成本效用分摊不公以及由此造成的价格扭曲和经济效率降低问题。

（五）信息不对称与价格扭曲

信息经济学认为造成市场价格扭曲的最重要的原因是信息的不对称性。

信息不对称性存在的事实要求揭示更多有关产品和劳务的信息，使消费者把高质量产品和低质量产品区别出来。因此，经济学认为，当公司内部的信息太专门化，不能及时披露，或者是披露代价太大时，政府监管可能就是修正信息不对称性的一种有效办法。

（六）监管的供求

根据监管经济学的观点，之所以会存在对监管的需求，是因为国家可以通过监管使得利益集团的经济地位获得改善。企业可以从政府监管那里获得至少四个方面的利益：直接的货币补贴、控制竞争者的进入、获得影响替代品和互补品的能力以及定价能力。

监管的供应来自那些千方百计谋求当选的政治家，他们需要选票和资源。

监管已经超出了纯经济现象的范畴。

（七）监管成本

监管经济学认为，监管的成本除了维持监管机构存在和执行监管任务的行政费用之外，还会带来三个方面看不见的成本。第一，道德风险（moral hazard）。道德风险是指由于制度方面或者其他方面的变化而引发的私人部门行为的变化，进而产生有害的而且往往是消极的作用。除了道德风险之外，监管还可能产生其他不利后果。研究表明，金融机构可能因为监管而增加其信贷资产的风险程度。

第二，合规成本与社会经济福利的损失。所谓合规成本，即被监管者为了遵守或者符合有关监管规定而额外承担的成本。就金融监管而言，这种合规成本的数额可能非常之大。社会经济福利的损失是由于在存在监管的情况下，各经济主体的产量可能会低于不存在监管时的产量。

第三，动态成本。监管经济学认为，监管有时起着保护低效率的生产结构的作用，因而会成为管理和技术革新的障碍。

二、金融产品的特性

（1）金融产品具有价值上的预期性，即产品的价值与其未来的状况有关。

（2）金融产品具有价值上的不确定性，即产品的价值可能会与人们的预期价值不一致，会随某些因素的变化而变化。

（3）从某种意义上讲金融产品或者证券产品具有公共产品的某些特性，其成本的决定和效用的实现都具有一定的社会性。

（4）金融产品或证券产品基本上是一种信息产品，消费者完全是按产品所散发出的各种信息来判断其价值，产品的物理形态与产品价值之间没有直接的联系，有些证券产品可能只是以概念的方式存在，不存在物理形态。

三、金融业的特殊性与金融监管

（1）大部分经济学家都认为金融业属于资本密集型行业，容易造成自然垄断。

（2）由于金融产品或者证券产品的信息特性，使得金融产品或者证券产品的交易双方之间极有可能出现严重的信息不对称，从而影响金融市场的效率。

（3）由全部金融产品或者证券产品的集合所构成的综合效用，具有强烈的外部性，会影响到每一个金融产品或证券产品消费者（即投资者）的利益，因此，可以看成一种公共产品。

第三节　金融市场监管体系

一、金融市场监管的体系架构

金融监管体系包括三方面的内容：金融监管的法规体系、金融监管的组织体系和金融监管的制度体系。

（一）金融监管的法规体系

法规体系从法律制度的角度界定了金融监管过程中有关当事人的法律地位，规定每一方当事人在金融监管过程中的权利和义务，是监管的依据。

由于历史传统习惯和各国国情不同，世界各国为证券监管所制定的法律和采取的监管方法都有一定的差异，这些差异主要体现在以下三个方面：第一，证券监管的态度松严不同。第二，证券监管的集中立法与分散立法的差异。第三，证券监管方法原则不同。

根据以上三个方面的差异，可将世界各国有关证券监管的法规制度划分为以下几种不同的体系。

1. 美国的法规体系

美国体系的特点是有一整套专门的证券监管法规，注重立法，强调公开原则。除了美国之外，属于这种体系的还有日本、菲律宾等国家和地区。

以美国为例，在立法上分为三级：

（1）联邦政府立法。

（2）各州政府立法。各州政府的证券法规在美国通称为《蓝天法》。它大致可以分为四种类型：第一，防止欺诈型；第二，登记证券商型；第三，注重公开型；第四，注重实质监管型。

（3）各种自律组织，如各大交易所和行业协会制定的规章。这些规章对证券从业者具有不亚于立法的效率。

这种联邦、州和自律组织所组成的既统一又相对独立的监管体系是美国体系的一大特色。

2. 英国的法规体系

英国体系的特点是强调市场参与者自律监管为主，政府干预很少，没有专门的证券监管机构，也不制定独立的法律，证券监管主要由公司法有关公开说明书的规定、有关证券商登记、防止欺诈条例和有关资本管理等法规组成。

属于这一体系的基本上是英联邦一些成员国。但近几年来，许多英联邦国家或地区在公开原则与证券商的监管方面也采用了美国的一些做法。

3. 德国的法规体系

德国的银行监管由联邦银行业监管局和联邦银行负责，银行法规定联邦银行业监管局要和联邦银行通力合作。德国没有建立对证券市场开展广泛而全面管理的专门机构，也没有成立一个规定市场监管体制、解释市场运行规则的法律实体。德国的《银行业务法》赋予银行向公众提供证券业务的独占权力，使德国证券业与银行业出现混业经营、混业管理的局面。这样，德国证券业便通过中央银行来管理参与证券业务的银行，实行特许证管理，并通过中央银行监督局实施监督。

德国保险业除了市场调节之外，其经营管理基本上由两个保险监督机关主管，即联邦保险业监督局和州保险管理局。它们的主要职能是：对所属范围内保险企业进行资格审查，发放营业执照；对保险业进行正常监督。

4. 日本的法规体系

日本的证券市场在二战前已经有一定发展，但在战争中崩溃了。1962～1965 年的危机暴露出证券业立法的不完善。70 年代后期，大量国际顺差使证券市场获得新的发展动力。为了重新走上正常发展轨道，适应新形势，日本政府在立法和市场管理以及金融体制上做了调整，如 1951 年的《证券投资信托法》《担保债券信托法》等。其中 1948 年《证券交易法》曾先后进行过 40 多次的修订。《保险业实施细则》《保险募集取缔法》《保险募集取缔法实施细则》《损害保险费率团体法》《外国保险人法》等实施细则的颁布表明，日本保险立法体系是完备的，为保险业管理提供了全面的法律依据，促进了保险业稳步健康发展。

5. 瑞士的法规体系

瑞士的银行由瑞士联邦银行业委员会监管，该委员会也负责监管投资基金法和证券交易法的实施。作为最高监管机构，联邦银行业委员会负责银行业、证券交易和投资基金业务的监管。委员会有权授予或撤销金融机构的经营许可证，根据法律的需要宣布决定，公布联邦银行委员会认可的金融报告和审计报告的格式和内容。联邦银行委员会依照特定法律规则或报告要求经常针对所有的市场参与者和审计公司，以传阅信件的方式发布指令。该委员会每年以公报的形式发布其主要决定。因此，联邦银行业委员会可以依据瑞士银行法，参照当前的监管实践，及时更新一些监管决定。

6. 韩国的法规体系

20 世纪 80 年代以来韩国一直在不间断地进行金融改革。目前，韩国虽然还没有明确表示改革银行、证券公司和保险公司这三种金融业务分业经营的基本框架，但其银行业务范围已经远远突破了原有的界线。银行机构进入了一些新的业务领域并开发了多种金融工具，辅助业务和边缘业务也逐步多样化。同时，投资财务公司、证券公司等非银行金融机构也获准从事新的金融业务。

（二）金融监管的组织体系

组织体系从当事人自身行为的角度展现出有关各方在金融监管过程中的互动关系，说明当事人出于本能或者在外部刺激下可能做出的反应以及对其他当事人的影响；明确机构设置及各自的职责，保障监管有效运行和实施。

（三）金融监管的制度体系

制度体系描述的是金融监管者具体实施监管的措施和运行特征。具体表现为集中立法管理模式、自律管理模式和分级管理模式。

美国是集中立法管理体制的典型代表。

英国是自律管理的典型代表。

日本注重采用行政指导和直接干预的方式。

德国实行联邦政府制度和颁布证券法相结合，各州政府监管和证券审批委员会与公职经纪人协会等自律管理相结合的管理体制。

中国现行的证券监管体制——集中型监管模式，基本上建立了证券市场监管的法律法规框架体系；设立有全国性的证券监管机构；证券交易所直接归证监会领导，强化了证券市场监管的集中性和国家证券主管机构的监管权力。

在实际的金融监管过程中，金融监管体系的这三个方面往往是同时存在并发挥作用的。

二、金融监管体制

金融监管体制是指金融监管体系和基本制度的总称。它涉及金融监管当局、中央银行以及金融监管对象等多个要素。金融监管体制的模式受一国社会经济体制、经济发展水平、社会结构、政治结构和具体组织结构等多种因素制约。

（一）金融监管体制模式

自 20 世纪 80 年代以来，始于西方的金融自由化、金融创新浪潮，冲垮了第二次世界大战后在许多国家推行的专业金融体制，一些国家的金融业纷纷挣脱政府管制和法律限制的枷锁，向更高层次深入发展。这些金融机构通过收购、兼并或者设立附属公司，或者通过金融创新绕过管制，从而向顾客提供原先只由其他机构经营的业务。在这种情况下，传统经营模式被打破，银行与非银行金融机构之间的业务界限逐渐模糊，金融机构业务走向多元化、综合化。金融监管体制模式也因此出现了发展变革。

金融监管体制模式在不同的国家（地区）有不同特点，概括来讲，可将其分为三类。

1. 集中型监管体制

集中型监管体制也称集中立法型监管体制，是指政府通过制定专门的法规，并针对不同的金融工具分别设立全国性的监督管理机构来统一管理的一种体制。美国是集中型监管体制的代表。

（1）特点。第一，具有一整套互相配合的全国性的市场监管法规。第二，设立全国性的监管机构负责监督、管理金融市场。

（2）集中型监管体制的优点。第一，具有专门的市场监管法规，提高了市场监管的权威性。第二，具有超常地位的监管者，能够更好地体现和维护市场监管的公开、公平和公正原则，更注重保护投资者的利益。

（3）集中型管理体制的缺点。第一，容易产生对市场过多的行政干预。第二，在监管市场的过程中，自律组织与政府主管机构的配合有时难以完全协调。第三，当市场行为发生变化时，有时不能做出迅速反应，并采取有效措施。

2. 自律型管理体制

这是指政府除了一些必要的国家立法之外，很少干预金融市场，对市场的监管主要由证券交易所、各行业协会等自律性组织进行监管，强调从业者自我约束、自我管理的作用，一般不设专门的监管机构。在很长一段时间内，英国是自律型监管体制的典型代表。

（1）自律型监管体制的特点。第一，没有制定单一的金融市场法规，而是依靠一些相关的法规来管理金融市场行为。第二，一般不设立全国性的监管机构，而以市场参与者的自我约束为主。

（2）自律型监管体制的优点。第一，它允许市场参与者参与制定市场监管的有关法规，使市场监管更加切合实际。第二，由市场参与者制定监管法规，比政府制定法规具有更大的灵活性、针对性。第三，自律组织能够对市场违规行为迅速做出反应，并及时采取有效措施，保证市场的有效运转。

（3）自律型管理体制缺陷。第一，自律型组织通常将监管的重点放在市场的有效运转和保护会员的利益上，对投资者往往不能提供充分的保障。第二，监管者非超脱地位，使市场的公正原则难以得到充分体现。第三，缺少强有力的立法做后盾，监管软弱，导致参与者违规行为时有发生。第四，没有专门的监管机构协调全国市场发展，区域市场之间很容易互相产生摩擦。

3. 中间型监管体制

这是指既强调立法管理又强调自律管理，可以说是集中型管理体制和自律型监管体制互相协调、渗透的产物。中间型监管体制又可称为分级管理型监管体制，它包括二级监管和三级监管两种模式。二级监管是中央政府和自律型机构相结合的监管，三级监管是指中央、地方两级政府和自律机构相结合的监管。

由于前面所介绍的两种监管体制都存在一定的缺陷，很多国家已经逐渐向中间型监管体制过渡。

（二）金融监管体制的变迁

由于金融监管体制模式通常与金融业经营模式有一定的联系，而金融业经营模式主要是分业经营和混业经营，因而又可以把金融监管体制划分为分业监管和混业监管。分业监管模式是指在银行、证券、保险领域内分别设置独立的监管机构，专门负责本领域的监管。混业监管模式是指仅设一个统一的金融监管机构，对金融市场、金融机构和金融业务进行全面的监管。

（三）20 世纪 90 年代以来发达国家金融监管体制改革

1. 金融监管体制改革的背景

（1）20 世纪 60 ~ 70 年代金融创新下的金融衍生工具的发展，使得传统金融工具的特征和功能区别日益模糊，以传统机构性监管为主的监管模式日益受到挑战。

（2）20 世纪 80 ~ 90 年代以来的金融业并购与重组使得大型的金融控股公司不断出现，传统的以分业经营为主的监管模型受到挑战。

（3）金融自由化、国际化浪潮下的各国金融合作日益加强，国际间的金融监管合作趋势日益明显。

2. 英国的金融监管改革

（1）改革的背景。

其一，金融业混业经营的程度不断加深。自 20 世纪 80 年代以来，以新型化、多样化、电子化为特征的金融创新，改变了英国传统的金融运作模式。

其二，金融业分业监管的缺陷日渐暴露。1998 年 6 月 1 日之前英国实行的是分业监管，共有 9 家金融监管机构，分别是英格兰银行的审慎监管司（SSBE）、证券与投资管理局（SIB）、私人投资监管局（PIA）、投资监管局（IMRO）、证券与期货管理局（SFA）、房屋协会委员会（BSC）、财政部保险业董事会（IDT）、互助会委员会（FSC）和友好协会注册局（RFS）。这些监管机构分别行使对银行业、保险业、证券投资业、房屋协会等机构的监管职能。由于在英国已经形成了一个跨行业的金融市场，银行、保险公司与投资基金都在争夺共同的顾客，经营着类似的金融产品。分业监管使得一个金融机构同时受几个监管机构同时监管的现象大量存在，不仅成本增加，效率降低，监管者与被监管者之间容易产生争议，而且某些被监管者可以钻多个监管者之间信息较少沟通的漏洞，通过在不同业务类别间转移资金的办法，转移风险，或者，通过人为地抬高或降低盈利，以达到逃税、内部交易甚至洗黑钱等目的。20 世纪 90 年代中期以后分业监管有效性的降低，使英国朝野上下对改革金融监管模式，逐渐有了较为统一的认识。

（2）改革的主要内容。

第一，颁布新的金融监管法律。20 世纪后期，英国制定了一系列用以指导相关金融业的法律法规。2000 年 6 月，英国女王正式批准了《2000 年金融服务和市场法》，英国上议院对该法律提案修改达 2 000 余次，创下英国历史上议院修改最多的纪录，也是英国建国以来最重要的一部关于金融服务的法律，它使得此前制定的一系列用于监管金融业的法律法规，如《1979 年信用协会法》《1982 年保险公司法》《1986 年金融服务法》《1986 年建筑协会法》《1987 年银行法》《1992 年友好协会法》等，都被其取代，从而成为英国金融业的一部基本法。该法明确了新成立的金融监管机构和被监管者的权力、责任及义务，统一了监管标准，规范了金融市场的运作。

第二，设置新的金融监管组织。根据《2000 年金融服务和市场法》的规定，英国成立了最强有力的金融监管机构——金融服务监管局（Financial Services Authority，FSA）。FSA 是英国整个金融行业唯一的监管局，其职能部门设置分为金融监管专门机构和授权与执行机构两大块，前者包括银行与建筑协会部、投资业务部、综合部、市场与外汇交易部、退休基金检审部、保险与友好协会部，后者有授权部、执行部、消费者关系协调部、行业教育部、金融罪行调查部、特别法庭秘书处。

第三，制定新的金融监管规则。根据英国《2000 年金融服务和市场法》的授权，FSA 制定并公布了一整套宏观的、适用于整个金融市场各被监管机构的监管条例。

第四，确立新的金融监管理念。新时期内 FSA 的监管理念是：①运用谨慎的规则来监管，而不是以"控制"为基础去实现监管；②大量运用"外部"的保持一定距离的监管，而不是以频频到银行内"查账"为基础去实施监管；③在监管中充分重视被监管机构的会计报告；④充分发挥专业技术人员的作用进行监管。

英国金融监管改革促进了金融监管效率的提高，树立了全球金融监管改革的典范。

3. 美国的金融监管体制改革

（1）国民银行和州银行并存的双重银行体制。国民银行指依照联邦法律登记注册的银行，州银行指依照各州法律登记注册的银行，而并非州立银行。除美国财政部下设的货币监管总署以外，各州政府均设立了银行监管机构，形成了联邦和州政府的双线监管体制。

（2）美联储、联邦存款保险公司、司法部、证券交易委员会（SEC）、期货交易委员会、储蓄机构监管办公室（OTS）、国家信用合作管理局（NCUA）、联邦交易委员会（FTC）、州保险监管署（SIC），甚至联邦调查局等机构，都从各自职能出发对商业银行进行监督和管理。其中美联储和存款保险公司是两类最主要的监管机构。

（3）《金融服务现代化法案》对美国金融监管模式的影响。1999 年 11 月 4 日，美国国会参众两院通过了以金融混业经营为核心的《金融服务现代化法案》，正式结束了以 1933年经济大萧条时期制订的《格拉斯—斯蒂格尔法》为基础的美国银行业、证券业和保险业分业经营的历史，标志着美国金融业进入混业经营和综合化管理的新时代。《金融服务现代化法案》加强了多头监管的沟通协调，统一了监管理念和目标，以法律形式确定了金融持股公司的合法地位，并以此确立了未来美国金融混业经营制度的框架，与此相适应的金融内容也朝综合化方面发展；以法律形式赋予了美联储对金融持股公司的监管权力，这样美联储成了能同时监管银行、证券和保险行业的唯一的一家联邦机构，这是美国金融监管体制出现质的变化的表现。

4. 日本金融监管体制改革

1998 年，日本对本国的金融监管体系进行了重大改革，成立了独立于大藏省的金融监管机构，统一负责对各类金融机构监管。2001 年日本对金融体制又进行了一系列改革，主要内容有放松管制、加速金融自由化、改革存款保险制度、重组金融机构和改革金融监管体制等多方面改革，其中改革金融监管体制，建立相对独立的职能监管体系——日本"金融厅"是金融体制改革的核心。

日本改革后的金融监管体制加强了金融监管的独立性，分业监管与职能监管有机统一，增强市场纪律的监管作用。

5. 欧盟委员会集中监管金融市场的改革

欧盟财长会议 2002 年 10 月 8 日在卢森堡对欧盟金融监管进行了磋商，决定 2003 年建立欧盟集中监管金融市场的监管系统。首先，以功能性金融监管分类设立四个专业委员会，四个专业委员会是银行和投资基金、保险公司和退休基金、大型金融集团、有价证券市场，这四个机构均归欧盟委员会领导，并规定在欧盟范围内，它们有权颁布和更新金融市场管理技术法规与条例。

（四）我国的金融监管体系建设历程

改革开放 40 多年来，我国金融监管体系建设呈现出明显的渐进性和阶段性特征。纵观我国金融监管体系的建设历程，大体可划分为三个阶段。

1. 统一监管体系的形成与发展（1978～1992 年）

改革开放之初，金融监管体系建设主要围绕专业银行和中央银行进行。1979 年，为推动经济体制改革，加快市场化建设步伐，农业银行、中国银行、建设银行和工商银行相继从人民银行分离出来，成立专业银行。同时，非银行金融机构也快速发展。金融业务的日益增长和金融机构的持续增加，迫切需要成立一个能够统一监管和综合协调金融业的职能部门。1984年，人民银行开始专门履行中央银行职能，制定和实施全国宏观金融政策，控制信贷总量和调节货币资金，不再办理企业和私人信贷业务。

1984年，"拨改贷"改革深入推进。此后，国有企业生产经营资金来源不再依赖财政拨款，转而寻求银行贷款，这在一定程度上加速了股份制银行金融试点的改革。同时，保险公司、证券公司等非银行金融机构不断涌现，资本市场上开始发行股票和债券，金融监管相关规章制度开始建立和完善。1986年，国务院颁布《银行管理暂行条例》，明确了人民银行作为金融监管者的法律地位。人民银行不仅负责货币政策的制定，同时还需对银行业、保险业、证券业和信托业的业务活动进行监督和管理，事实上形成了以人民银行为唯一监管者的统一监管体系，标志着适应改革开放要求的金融监管体系初步形成。

这一阶段，金融监管体系建设与经济体制改革紧密联系在一起，由作为唯一监管者的人民银行，依据规章制度和行政手段，对银行、保险、股票、债券、信托等业务活动进行监管，以维护金融体系安全和金融机构稳健运行。

2. 分业监管体系的形成与发展（1993~2016年）

20世纪90年代，金融体系格局发生重大转变，资本市场发展驶入快车道。1992年，国务院证券委员会和证券监督管理委员会成立，人民银行正式将证券期货市场的监管权移交，标志着金融监管体系开始由统一走向分业。

为贯彻党的十四届三中全会决定，更好发挥金融在国民经济中宏观调控和优化资源配置的作用，1993年底国务院颁布了《国务院关于金融体制改革的决定》。该决定指出，保险业、证券业、信托业和银行业实行分业经营，要求相关职能部门抓紧拟订金融监管法律草案。

在经历一轮快速发展后，我国金融体系内部风险因素有所积累，且时逢亚洲金融危机，金融监管格外受到重视。1998年，国务院证券委员会和证券监督管理委员会合并，成立新的证券监督管理委员会（以下简称"证监会"），统一监管全国证券和期货经营机构。同年，保险监督管理委员会（以下简称"保监会"）成立，统一监管保险经营机构。2003年，银行监督管理委员会（以下简称"银监会"）成立。

2004年以来，我国金融分业监管体系不断完善。各监管机构专业监管能力不断提升，金融监管法律体系不断完善，分业监管协调机制开始建立，国际监管合作机制逐步加强。特别是在2008年国际金融危机以来，我国金融监管体系掀起了一轮改革浪潮，不仅构建了逆周期调节的宏观审慎监管框架，而且也强化了人民银行对系统性金融风险的管理职能，同时对系统重要性金融机构的监管和对金融消费者权益的保护也逐步加强。

这一阶段，金融监管体系由统一监管走向分业监管，形成以人民银行、银监会、证监会、保监会"一行三会"为主导的监管格局。人民银行的主要职责是对货币市场、信托机构、反洗钱等方面进行金融监管，"三会"的主要职责则是制定监管部门规章和规范性文件，并通过业务审查、现场检查等方式对相应行业进行审慎监管。

3. 综合监管体系的形成与发展（2017 年至今）

为切实强化金融监管，提高防范化解金融风险能力，2017 年第五次全国金融工作会议提出设立金融稳定和发展委员会（以下简称"金稳委"），同年 11 月党中央、国务院同意批准金稳委成立。作为国务院统筹协调金融稳定和改革发展重大问题的议事协调机构，金稳委的成立可以说是拉开了新时代金融体系改革的大幕。

2018 年 3 月，为深化金融体制改革、顺应综合经营趋势、落实功能监管和加强综合监管，《深化党和国家机构改革方案》将银监会和保监会合并，组建中国银行保险监督管理委员会（以下简称"银保监会"）。值得注意的是，这是继金稳委之后，我国金融监管体系的又一重大变革。

银保监会的正式成立，进一步健全了我国金融监管体系，意味着我国金融监管体系进入了国务院金融稳定发展委员会、人民银行、银保监会和证监会"一委一行两会"为主导的新时代，综合监管步伐已正式迈开。

综上所述，我国金融监管体系日臻完善，组织体系架构更趋合理，监管规则逐步健全，监管决策机制更加高效，监管方式方法更加科学合理，为金融安全的稳定和社会经济的发展提供了重要支撑。

第四节　金融市场监管的主要内容

广义的金融市场监管就是金融监管，狭义的金融市场监管主要是对各种类型的金融市场进行监管。

一、货币市场监管

货币市场是一个相对分散的市场，因此世界各国通常是以中央银行作为对货币市场进行监管的主体，对货币市场各项专门业务，即各个子市场进行分别监管。

（一）对同业拆借市场的监管

同业拆借市场是金融机构之间相互调剂、融通短期资金的市场。中央银行对同业拆借市场的监管，就是指中央银行对金融业内部同业拆借活动所进行的计划、组织、指挥、协调、监督和控制。

（二）对票据市场的监管

对票据市场的管理，各国一般都有专门的《票据法》或在《商法典》中有专门的规定。票据市场的监管一般是对票据产生和流通的各个环节进行不同的有针对性的管理，这些环节包括票据的签发、承兑、转让和贴现。

（三）对国库券市场的监管

各国一般立法规定，国库券的发行一般由财政部决定发行条件、发行额度、发行方式等有关事项。国库券的发行多采用公募发行并以投标形式为主。国库券的流通享受豁免注册，即可以无条件上市。发达国家的国库券交易一般以场外交易为主。

我国国库券的发行审批通常是由财政部根据当年财政预算提出发行计划，经与中国人民银行、国家发展和改革委员会协商统一意见后，报国务院批准发行。发行主要采取承购包销的方式，小部分采用自愿直接认购。在二级市场上交易国库券，其交易价格随行就市，并遵循"时间优先、价格优先"的原则。

二、证券市场监管

对证券市场的监管包括以政府为主进行的监管和证券市场参与者的自律监管。

证券市场监管主要包括证券发行监管、证券交易监管、证券商监管以及对自律机构监管。

（一）证券市场监管的内容

（1）证券发行市场的监管主要包括证券发行的资格审查制度以及初始信息披露制度。

（2）证券交易监管主要包括上市公司的信息持续披露制度以及对证券交易行为的监管，比如对垄断与操纵的监管、对内幕交易的监管、反欺诈监管、信息披露监管及对证券商的监管等。

（3）证券交易市场的监管主要包括对证券交易所的监管，比如行政监管及自律监管。

（4）对证券经营机构的监管主要包括对证券经营机构设立的监管以及对其行为的监管，比如定期报告制度、财务保证制度、证券经营机构业务报送制度、行为规范及行为禁止制度、证券业务的监管等。

（二）证券市场的自律性监管

证券市场的自律监管机构由以下三类市场组织构成：证券交易所、电子交易系统；证券商协会；证券登记、托管、清算机构。

国家对证券自律机构的监管主要包括证券交易所的设立管理、证券商协会的职能及其设立的管理。

三、外汇市场监管

外汇市场监管是指一国外汇监管当局通过法令规定等形式对外汇市场中的外汇买卖、资本输出输入、国际清算及外汇汇率等进行的干预和控制。对外汇市场进行监管是保证外汇市场正常运行及维持汇率稳定的需要，同时，对外汇市场的监管，也是一国实施其货币政策的需要。加强外汇市场监管有助于保证一国经济的安全。

（一）外汇市场监管的主体、客体和形式

1. 外汇市场监管的主体

为了方便对外汇市场的监管，在对外汇市场实行管制的国家，一般都设有相应的监管机构，有的国家授权中央银行对外汇市场进行监管，有的国家设立外汇管理局履行监管职责。我国是中国人民银行授权国家外汇管理局对外汇业务和外汇市场实行监管。

2. 外汇市场监管的客体

外汇市场监管的客体具体分为对人和对物的监管。人是指自然人和法人。一般国家根据自然人和法人居住地的不同，把自然人和法人划分为居民和非居民。居民是指在外汇管制国家以内居住和营业的本国和外国的自然人和法人；非居民是指在外汇管制国家以外居住和营业的法人和自然人。对居民和非居民的管理在政策上是有差别的。多数国家对居民的监管较严，对非居民则较宽。物是指外汇及外汇资产，包括外国货币（钞票、铸币）、外币支付凭证（汇票、本票、支票、银行存款凭证、邮政储蓄凭证等）、外币有价证券（政府公债、国库券、股票、息票等）以及其他在外汇收支中所使用的各种支付手段和外汇资产。一些国家把黄金白银等贵金属也列入监管对象之内。

3. 外汇交易监管机构

外汇交易发展迅速，其中日益规范化的标准是其发展壮大的重要因素之一。

（1）美国的NFA。在2000年12月，美国通过了《期货现代化法案》，此项法案要求所有外汇交易商必须在美国期货协会（NFA）和美国商品期货交易委员会（CFTC）注册为期货佣金商，并接受上述机构的日常监管。

在期限内不符合资格或没有被核准的机构将被勒令停止营业。这一法案的出台，使得网络外汇保证金交易走上了规范发展的轨道。

（2）英国的FSA。无独有偶，英国金融服务管理局（FSA）是英国金融市场统一的监管机构。任何一家英国公司一旦被英国FSA批准在英国运营时，该公司则自动成为金融服务补偿计划有限公司（FSCS）的成员。

当某FSA成员公司被认定无力偿付其债务时，可以启动补偿程序，以赔偿投资者的交易资金。因此选择正规受监管的投资平台，将会极大地保护投资者的资金免受不必要的损失。

（3）澳大利亚的ASIC。澳大利亚证券和投资委员会（ASIC）于2001年根据澳大利亚《证券和投资委员会法》成立。该机构依法独立对公司、投资行为、金融产品和服务行使监管职能。

ASIC主要维护市场诚信和保护消费者权益。市场诚信是防止市场的人为操纵、欺诈和不公平竞争，保护市场参与者免受金融欺诈和其他不公平行为的影响，从而增强投资者对金融市场的信心。确保公司、证券和期权市场的诚信和公正，当投资者权益受到不公正的对待而遭受损失时，可以通过适当的途径得到补偿。

4. 外汇市场监管形式

根据不同的对象，外汇市场监管的形式分为直接监管和间接监管两种。

直接监管就是外汇监管机构对外汇市场的需求和供给直接从数量上进行控制，在管制严格的国家，要求所有外汇收入都要出售给国家指定的外汇银行，所有外汇支出都要经过批准。

间接监管是相对于直接监管而言，主要采取间接影响外汇供求的一些措施，包括设立外汇平准基金，干预市场汇率，进口许可和配额制等。

（二）我国外汇市场监管的主要内容

从 1996 年 12 月 1 日起，我国实现了人民币经常项目下的可兑换，但对资本项目下的人民币与外币之间的兑换仍实行严格管制，这是目前我国对银行结售汇进行监管的基本原则。

1. 对银行结售汇市场的监管

根据《中华人民共和国外汇管理条例》和银行《结汇、售汇及付汇管理规定》等法规，目前我国对银行结售汇的监管包括以下几个方面：

（1）对外汇账户（境内）的监管。主要包括：①经常项目与资本项目账户分开使用，不能串户；②境内机构只有符合特定的要求，才可开立经常项下的外汇账户，且应当经外汇管理局批准；③外商投资企业开立经常项目的外汇账户，必须向外汇管理局申请，且账户余额应控制在外汇管理局核定的最高余额以内；④境内机构、驻华机构一般不允许开立外币现钞账户；个人及来华人员一般不允许开立用于结算的外汇账户。

（2）对收汇和结汇的监管。主要包括：①1998 年 12 月 1 日各地外汇调剂中心全部关闭后，所有机构个人只能到外汇指定银行办理结汇；②境内机构的经常项目外汇收入必须调回境内，不得擅自存放境外；③境内机构除符合特殊条件，并经外汇管理局同意外，其经常项目下的外汇收入必须办理结汇，外商投资企业超过外汇管理局核定的最高限额的经常项目下外汇收入必须办理结汇；④除出口押汇外的国内外汇贷款和中资企业借入的国际商业贷款不得结汇；境内机构向境外出售房地产及其他资产收入的外汇应当结汇；其他资本项目下的外汇未经外汇管理局批准不得结汇。

（3）对购汇和付汇的监管。主要包括：①除少数例外，境内机构的贸易及非贸易经营性对外支付用汇，需持与支付方式相应的有效商业单据和有效凭证从其外汇账户中或者到外汇指定银行兑付；境内机构偿还境内中资金融机构外汇贷款利息，持《外汇（转）贷款登记证》、借贷合同及债权人的付息通知书，从其外汇账户中支付或到外汇指定银行兑付。②外商投资企业、外方投资者依法纳税后利润、红利的汇出，持董事会分配决议书和税务部门纳税证明，从其外汇账户中支付或到外汇指定银行兑付。③境内机构偿还境内中资金融机构外汇贷款本金，持《外汇（转）贷款登记证》、借贷合同及债权机构的还本通知书，从其外汇账户内支付或到外汇指定银行兑付；其他资本项目下的用汇，持有效凭证向外汇管理局申请，凭外汇管理局的核准件从其外汇账户中支付或到外汇指定银行兑付。④外商投资企业的外汇资本金增加、转让或者以其他方式处置，持董事会决议，经外汇管理局核准后，从其外汇账户中支付或者持外汇管理局核发的售汇通知单到外汇指定银行兑付；投资性外商投资企业外汇资本金在境内投资及外方所得利润在境内增资或者再投资，持外汇管理局核准件办理。

（4）对外汇买卖价格的监管。外汇指定银行对客户挂牌的美元兑人民币现汇卖出价与买入价之差不得超过中国人民银行公布的美元交易中间价的1%，现钞卖出价与买入价之差不得超过美元交易中间价的4%。在上述规定的价差幅度范围内，外汇指定银行可自行调整当日美元现汇和现钞买卖价。取消非美元货币对人民币现汇和现钞挂牌买卖价差幅度的限制，外汇指定银行可自行决定对客户挂牌的非美元货币兑人民币现汇和现钞买卖价。外汇指定银行可与客户议定现汇和现钞的买卖价。美元兑人民币现汇和现钞的议定价格不得超过规定的价差范围。

（5）对外汇指定银行的业务监管。经营外汇业务的银行应按照规定办理结售汇；按规定向外汇管理局报送结汇、售汇及付汇情况报表；应当建立结售汇内部监管制度。

2. 对银行间外汇市场的监管

1994年4月4日我国外汇交易中心正式运行，总部设在上海，北京、天津等19个城市设立了分中心。

我国的银行间外汇市场是指经国家外汇管理局批准可以经营外汇业务的境内金融机构（包括银行、非银行金融机构和外资金融机构）之间通过中国外汇交易中心进行的人民币与外币之间的交易市场。外汇市场由中国人民银行授权国家外汇管理局监管，交易中心是在中国人民银行领导下的独立核算、非营利性的企业法人，交易中心在国家外汇管理局的监管下，负责外汇市场的组织和日常业务管理。

交易中心为外汇市场上的外汇交易提供交易系统、清算系统以及外汇市场信息服务。外汇市场按照价格优先、时间优先的成交方式，采取分别报价、撮合成交、集中清算的运行方法。交易中心实行会员制，只有会员才能参与外汇市场交易。会员大会是交易中心的最高权力机构，每年召开1次。交易中心设立理事会，为会员大会闭会期间的常设机构。

交易中心会员，是经国家外汇管理局准许经营外汇业务的金融机构及其分支机构，向交易中心提出会员资格申请，经交易中心审核批准后成为的。中国人民银行也作为交易中心会员参与市场交易。会员选派的交易员，必须经过交易中心培训并颁发许可证方可上岗参加交易，交易员接受交易中心的管理。

交易中心会员之间的外汇交易必须通过交易中心进行，非会员的外汇交易必须通过有代理资格的会员进行。市场交易的交易方式、交易时间、交易币种及品种和清算方式等事项须报经国家外汇管理局批准。交易中心和会员单位应保证用于清算的外汇和人民币资金在规定时间内办理交割入账。

3. 对汇率的监管

我国对外汇汇率的监管主要表现在两方面。在银行结售汇市场，要求外汇指定银行根据中国人民银行每日公布的人民币汇率中间价和规定的买卖差价幅度，确定对客户的外汇买卖价格，办理结汇和售汇业务。在银行间外汇市场上，外汇交易应在中国人民银行公布的当日人民币市场汇率及规定的每日最大价格浮动幅度内进行。

四、保险市场监管

保险监管是指一个国家对本国保险业的监督管理。一个国家的保险监管制度通常由两大部分构成：一是国家通过制定保险法律法规，对本国保险业进行宏观指导与管理；二是国家专门的保险监管职能机构依据法律或行政授权对保险业进行行政管理，以保证保险法规的贯彻执行。

保险监管的内容主要有市场准入监管、公司股权变更监管、公司治理监管、内部控制监管、资产负债监管、资本充足性及偿付能力监管、保险交易行为监管、网络保险监管、再保险监管、金融衍生工具监管等。

保险市场的监管方式有两种：

（1）非现场监控与公开信息披露。监管机构应当建立有效的监控机制，应当设定辖区内保险公司提供财务报告、统计报告、精算报告以及其他信息的频率和范围；设定编制财务报告的会计准则；确定保险公司外部审计机构的资格要求；设定技术准备金、保单负债及其他负债在报告中的列示标准。

国际保险监督官协会于2002年1月颁布了保险公司公开信息披露的指导原则，旨在为保险人的信息披露提供指引，以便市场参与者更好地了解保险人当前的财务状况以及未来的发展潜力。但需要强调的是，国际保险监管组织并不提倡、也不认为监管机构有义务去披露他们自己手中掌握的保险公司的信息。

20世纪末至21世纪初，保险业越来越国际化，但各国的会计制度和惯例存在很大差异，不同国家保险公司财务信息的可比性很难实现。因此，应当对保险公司所使用的会计制度进行披露。

保险公司公开披露的信息必须与市场参与者的决策有关；必须具有及时性，以便人们在决策时所依据的信息是最新的；必须是经济和便利的，对市场参与者而言是可取的，而且不必支付过多费用；必须是全面和有价值的，有助于市场参与者了解保险公司的整体状况；必须是可靠的，基于这些信息的决策应当是可信的；必须是可比较的，要在不同保险公司之间以及保险公司与其他企业之间有可比性；必须是一致的，要具有连续性，以便可以看出相关的趋势。

（2）现场检查。现场检查可以为监管机构提供日常监督所无法获得的信息，发现日常监督所无法发现的问题。监管机构可借机与公司管理者建立良好的沟通关系，通过现场检查评估管理层的决策过程及内部控制能力，制止公司从事非法或不正当的经营行为。监管机构可以借现场检查的机会分析某些规章制度产生的影响，或从更广泛的意义上说，收集制定规则所需的信息。现场检查对于解决公司的问题也大有裨益。

在中国，《中华人民共和国保险法》《中华人民共和国外资保险公司管理条例》《中国保险监督管理委员会主要职责内设机构和人员编制规定》赋予了中国银保监会实施非现场监控与现场检查的权力,《保险公司管理规定》《金融企业会计制度》《保险企业财务制度》《保险监管报表管理暂行办法》《保险公司偿付能力额度及监管指标管理规定》《保险公司偿付能力报告编报规则》《财产保险公司分支机构监管指标》《人身保险新型产品信息披露管理暂行办法》等监管规章中对保险市场有明确具体的规定。

五、金融衍生工具市场监管

由于金融衍生工具既具有规避风险、提高金融体系效率的积极作用,也具有刺激投机、加剧金融体系脆弱性的消极作用。因此对金融衍生工具市场的监管已日益引起各国监管机构的重视,是 20 世纪 90 年代以来各国尤其是发达国家金融监管当局的监管重点。

(一)金融衍生工具市场监管概述

1. 金融衍生工具交易市场监管的原则要求

(1)从事金融衍生商品交易的机构及主管当局必须制定一套完善的风险管理、交易咨询收集制度,促使金融衍生工具的交易透明化,防范交易损失与不当交易。

(2)交易所、票据交换所与中央银行必须强化交易、清算以至于交割管理,着重于将交易日到交割日间的期限标准化,增加市场的流动性,进而增强市场抗突发风险事件冲击的能力。

(3)根据各项金融衍生工具的特性,将需要上报的信息资料标准化,确保监管当局能够借此正确评估交易本身以及双方的风险。

(4)金融衍生工具的投资人,尤其是市场大户必须与监管当局合作,遵从相关的交易法令,促进市场稳定。

(5)要严格对衍生交易员的选择与管理,加强操作规程控制和权力制约,防止交易员违规操作。

2. 金融衍生工具交易市场监管体系

由金融监管当局组成的专门监管机构,如证监会、期交会等专门机构,负责衍生工具交易的宏观监管,制定监管法规,组织对重大风险事件的预警和查处。由行业组成自律机构,负责行业内部协调与自律管理。组织从事衍生工具交易的金融机构,包括场内交易的交易所、清算所,对场外交易的银行、非银行金融机构进行有效的内部风险控制。

(二)场内衍生工具市场的监管

场内衍生工具市场的特征可以概括为:集中、正式、受监管、制度推动。为保证市场稳定和资金安全,交易所对会员实行严格、公开、透明、谨慎的管理,通常要求会员达到最低资本充足率,有保证客户资金安全的措施,建立汇报制度,以及满足其他制度和监管要求。交易所对交易活动进行严密监督,特别是要监视大客户头寸(或头寸集中度)。提高透明度的措施有报告资金头寸、成交量和价格数据，每日确定结算价格等。交易所一般允许会员在严格限定的条件下持有一部分投机头寸，同时要求会员提供初始的保证金，每天都要按市场计价并据以调整保证金要求，从而限制会员的净信用风险。根据交易所的规定，会员应服从对其财务状况和风险管理能力的突然审查和调查。出于同样的理由，交易所还规定非会员的交易必须通过会员来进行，以保证交易所及其会员免受非会员交易活动带来的风险。例如有些交易所规定，交易所会员不一定要成为清算所会员，但其交易必须通过清算所会员来清算。为了限制会员的客户风险，交易所除了限制头寸规模外，也有最低保证金要求（通常高于对会员风险要求的保证金）。清算会员如果还代理其客户账户的清算，就比只做自营业务的会员面临更高的资本充足率要求。

（三）场外衍生工具市场的监管

实际上，金融衍生工具市场的风险主要来自场外衍生工具市场，因此，对场外金融衍生工具市场的监管是金融监管的重点和难点。在场外衍生工具市场上，交易工具和交易行为基本上是不受管制的，只是间接地受国家法制、规章、银行业监管以及市场监督的影响。没有一个主要的金融中心会像对银行业或证券业那样，设置一个"场外衍生工具市场监管部门"。在管理制度上也存在漏洞，对于对冲基金和券商的某些分支机构就无人过问，国内监管和国际监管都是各自为政。此外，主要的做市机构在全球市场上灵活运转，审查和监督却是面向国内的。不过尽管作用有限，目前的监管框架还是表现了对市场的影响。

为了完善市场机制以支持场外衍生工具市场的良性运转，一些行业组织参与发起了机制设计工作，突出的有国际掉期与衍生产品协会（ISDA）、交易对手风险管理政策组织、30国集团（G30）和衍生产品政策小组。它们所做的努力包括：发布风险管理实践中的最佳做法，使合约文本标准化，认定风险管理中的疏漏和市场基础设施中的缺陷，评估法律风险及其他经营风险。它们还致力于在行业间，以及公共部门与私人部门间建立就关键问题进行对话的机制，倡导对监管当局进行自愿的信息披露。

📅 本章小结

本章首先讲述了监管与金融监管的关系，然后，对金融监管的对象与范围、目标与原则、方式和手段等进行了介绍；紧接着，基于金融市场监管理论，对金融市场监管的一般内容和监管体系、货币市场监管、证券市场监管、保险市场监管、金融衍生工具市场监管等分别进行了介绍。

📖 习题

1. 加强金融市场监管的理论基础是什么？

2. 简述金融监管的目标和原则，以及我国现阶段金融监管的一般目标。

3. 简述国际上金融监管体制的类型。

4. 金融监管的理论解释有哪些？其内容是什么？

参考文献

［1］常振芳．互联网金融信用体系建设和风险管理研究［D］．南京：南京大学，2018.

［2］陈慧英．互联网金融冲击下中小券商的转型研究［D］．杭州：浙江大学，2017.

［3］杜金富．金融市场学［M］.3版．北京：中国金融出版社，2018.

［4］弗雷德里克·S. 米什金，斯坦利·G. 埃金斯．金融市场与金融机构［M］.8版．北京：中国人民大学出版社，2018.

［5］顾媛．我国资产证券化产品的发展路径——借鉴美国次贷危机的启示［D］．上海：上海师范大学，2018.

［6］韩裕光．互联网金融演化：比特币研究［D］．合肥：安徽大学，2016.

［7］黄明刚．互联网金融与中小企业融资模式创新研究［D］．北京：中央财经大学，2016.

［8］贾楠．中国互联网金融风险度量、监管博弈与监管效率研究［D］．长春：吉林大学，2017.

［9］阚戈．互联网金融背景下中小型券商转型战略——以国金等中小型券商为例［D］．深圳：深圳大学，2017.

［10］李立新．证券市场监管研究（李立新）［M］．北京：立信会计出版社，2014.

［11］李树文．互联网金融风险管理研究［D］．大连：东北财经大学，2016.

［12］李心丹．金融市场与金融机构［M］．北京：中国人民大学出版社，2015.

［13］李张珍．互联网金融模式下的商业银行创新［D］．北京：中国社会科学院，2016.

［14］梁建峰．人民币外汇市场风险管理研究［M］．北京：经济管理出版社，2012.

［15］刘诗雨．大数据金融模式研究［D］．长沙：湖南大学，2018.

［16］刘晎．中国互联网金融的发展问题研究［D］．长春：吉林大学，2016.

［17］刘旭辉．互联网金融风险防范和监管问题研究［D］．北京：中共中央党校，2015.

［18］刘园．金融市场学［M］．北京：中国人民大学出版社，2016.

［19］马中，周月秋，等．中国绿色金融发展研究报告（2018）［M］．北京：中国金融出版社，2019.

［20］莫德·休亨瑞．全球货币市场手册［M］．北京：企业管理出版社，2016.

［21］南开大学中国市场质量研究中心．中国股票市场质量研究报告（2018）［M］．北

京：中国金融出版社，2018.

　[22] 祁群．中国货币市场的发展与创新［M］．北京：法律出版社，2012.

　[23] 邱灵敏．我国互联网金融信息披露监管研究［D］．南昌：江西财经大学，2018.

　[24] 全颖．P2P网络借贷信用风险及防范研究［D］．长春：东北师范大学，2018.

　[25] 沈悦．金融市场学［M］.3版．北京：科学出版社，2018.

　[26] 沈悦．金融市场学［M］．北京：北京师范大学出版社，2012.

　[27] 汪威．"互联网＋证券"发展对中小券商的影响及中小券商应对策略［D］.成都：电子科技大学，2017.

　[28] 王曦．中国货币市场研究Ⅱ：货币供给与通货膨胀［M］．北京：经济管理出版社，2016.

　[29] 杨丽．金融市场学［M］．北京：经济管理出版社，2018.

　[30] 衣丰．中国数字货币发展研究［D］．北京：对外经济贸易大学，2017.

　[31] 尹辉．互联网金融股权众筹产品质量评价研究［D］．济南：山东师范大学，2016.

　[32] 喻颖玲．互联网环境下券商业务转型策略研究——以G证券公司财富管理为例［D］．武汉：湖北工业大学，2018.

　[33] 云佳祺．互联网金融风险管理研究［D］．北京：中国社会科学院，2017.

　[34] 张磊．数字货币风险的防控与监管［D］．上海：华东师范大学，2017.

　[35] 张丽华．金融市场学［M］.3版．大连：东北财经大学出版社有限责任公司，2018.

　[36] 张薇薇．金融市场学［M］．北京：清华大学出版社，2017.

　[37] 张小明．互联网金融的运作模式与发展策略研究［D］．太原：山西财经大学，2015.

　[38] 张亦春．金融市场学［M］.4版．北京：高等教育出版社，2013.

　[39] 张亦春．现代金融市场学［M］.3版．北京：中国金融出版社，2012.

　[40] 赵俊豪．非法定数字货币风险研究——以比特币为例［D］．北京：中共中央党校，2018.

　[41] 赵琴琴．中国互联网金融风险问题与对策研究［D］．北京：中共中央党校，2017.

　[42] 滋维·博迪．投资学［M］．汪昌云，张永骥，等译．北京：机械工业出版社，2017.